滑铁卢战役
一部军事史

［美］约翰·科德曼·罗普斯 著
顾伟 译

THE CAMPAIGN OF WATERLOO
A MILITARY HISTORY

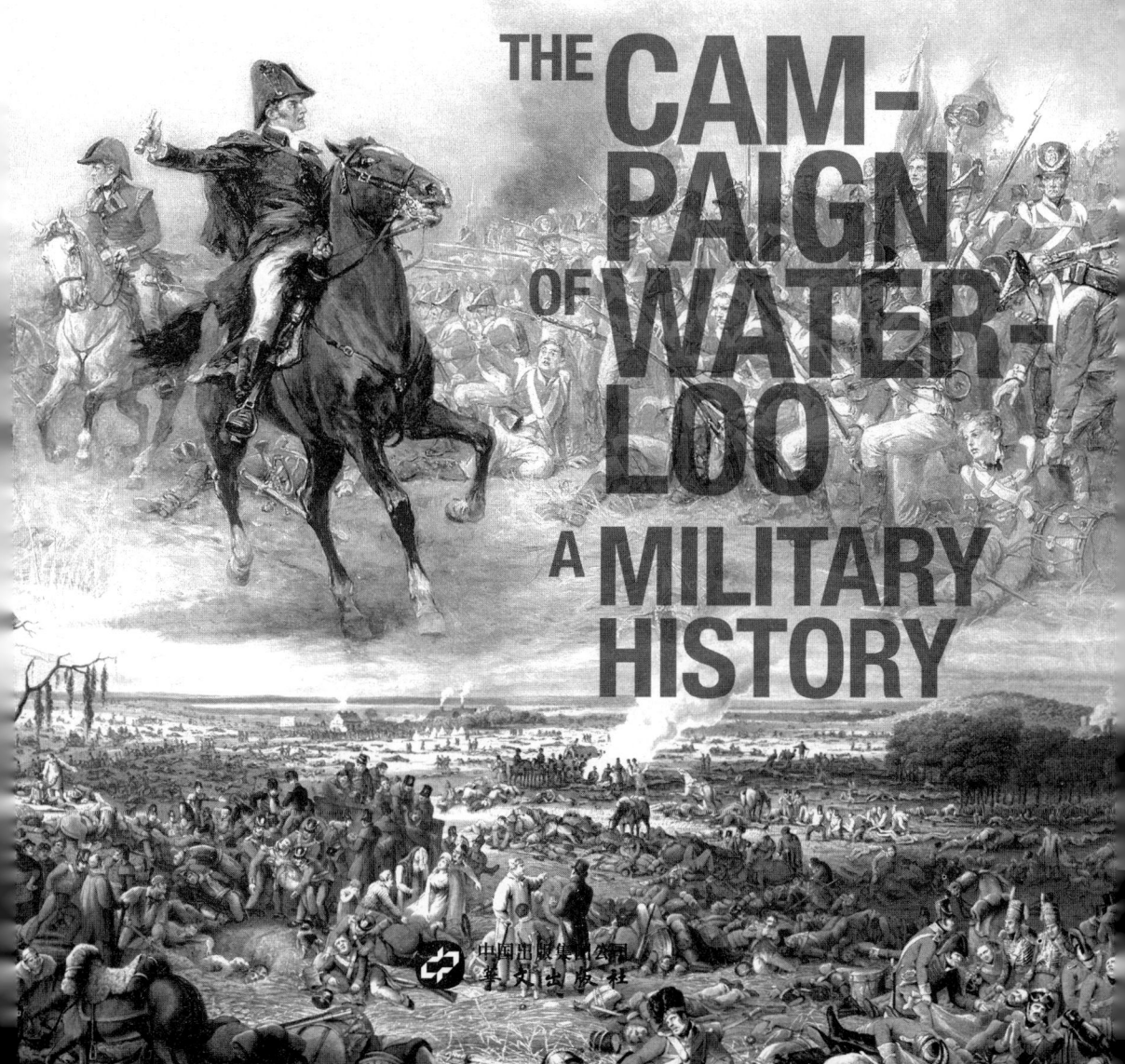

图书在版编目（CIP）数据

滑铁卢战役：一部军事史 /(美) 约翰·科德曼·罗普斯著；顾伟译. -- 北京：华文出版社, 2019.7

（华文全球史）

ISBN 978-7-5075-5139-6

Ⅰ.①滑… Ⅱ.①约… ②顾… Ⅲ.①滑铁卢战役(1815)—史料 Ⅳ.①E194.1

中国版本图书馆CIP数据核字(2019)第263423号

滑铁卢战役：一部军事史

作　者：	[美]约翰·科德曼·罗普斯
译　者：	顾伟
选题策划：	盛世章世
插图供应：	029—85504182
责任编辑：	毛娟
出版发行：	华文出版社
社　址：	北京市西城区广外大街305号8区2号楼
邮政编码：	100055
网　址：	http://www.hwcbs.com.cn
电　话：	总编室010—58336239
	发行部010—58336212
经　销：	新华书店
印　刷：	三河市国英印务有限公司
开　本：	710×1000　1/16
印　张：	28.5
字　数：	430千字
版　次：	2019年7月第1版
印　次：	2019年7月第1次印刷
标准书号：	ISBN 978-7-5075-5139-6
定　价：	112.00元

版权所有　侵权必究

出版前言

随着中国开放的大门越开越大,关注世界各国尤其是西方国家文明的源流、发展和未来已经成为当下世界史研究的一个热点。为了成系统地推出一套强调"史源性"且在现有世界史出版物中具有拾遗补阙价值的作品,我们经过认真论证,推出了"华文全球史"系列,首次出版约为一百个品种。

"华文全球史"系列从书目选择到译者的确定,从书稿中图片的采用到人名地名的规范,都有比较严格的遴选规定、编审要求和成稿检查,目的就是要奉献给读者一套具有学术性、权威性和高质量的世界史系列图书。

书目的选择。本系列图书重视世界史学科建设,视角宽阔,层级明晰,数量均衡,有所突出。计划出版的华文全球史中,既有通史,也有专题史,还有回忆录,基本上是世界历史著作中的上乘之作,同时也是填补国内同类作品出版的空白。

人名地名规范。本系列图书中人名地名,翻译规范,重视专业性。同时,在人名翻译方面,我们坚持"姓名皆全"的原则,加大考据力度,从而实现了有姓必有名,有名必有姓,方便了读者的使用。另外,在注释方面,书中既有原书注,即完整地保留了原著中的注释;也有译者注,又体现了译者的研究性成果。

书中的插图。本系列图书的一个重要特征是书中都有功能性插图,这些插图全方位、多层次、宽视角反映当时重大历史事件,或与事件的场景密切相关,涉及政治、军事、经济、社会、外交、人物、地理、民俗、生活等方面的绘画作品与摄影作品。功能性插图与文字结合,赋予文字视觉的艺术,增加了文字的内涵。

译者的确定。本系列图书的翻译主要凭借的是一个以大学教师为主的翻译团队,团队中不乏知名教授和相关领域的资深人士。他们治学严谨,译笔优美,为确保质量奉献良多。

"华文全球史"系列作为一套具有较高学术价值的优秀的世界历史丛书,对增加读者的知识,开阔读者的视野,具有积极的意义。同时要看到,一方面很多西方历史学家的观点符合事实,另一方面不少西方历史学家的观点是错误的,对于这些,我们希望读者不要不加分析地全盘接受或全盘否定,而是要批判地吸收外国文化中有益的东西。

华文出版社

2019 年 7 月

一名普鲁士军官将法两军官将法两军即将在利尼决战的消息带给正在参加里士满公爵查尔斯·伦诺克斯夫人举办舞会的威灵顿公爵阿瑟·韦尔斯利

法军进攻利尼村

利尼战役后利尼村一片狼藉

利尼战场上的掷弹兵,其身后是观察战场形势的拿破仑

夸特布拉斯战役

布伦瑞克军团帽徽上的骷髅头

法军猎骑兵

奥兰治公爵威廉·亨德里克在夸特布拉斯战场

拉贝尔客栈

滑铁卢战役中一名英军军官夺得法军鹰旗

威灵顿公爵阿瑟·韦尔斯利激励英军将士

拿破仑命令法军骑兵冲锋

苏格兰骑兵发起冲锋

法军骑兵发起冲锋

英军顽强阻击冲锋的法军骑兵

法军胸甲骑兵与英军激战

媒体评价

作为一名律师、历史学家及马萨诸塞军事史学会的创始人,约翰·科德曼·罗普斯致力于用"最真实的历史"来纪念滑铁卢战役中阵亡的勇士们。在该书的论述中,他大量使用实证性的论证手法,并始终秉持客观、中立的态度。——理查德·米勒(美国福坦莫大学教授)

滑铁卢战役是19世纪最具争议性的战役。约翰·科德曼·罗普斯在书中展现出他在军事评论方面的杰出天赋。全书围绕"拿破仑·波拿巴为什么会失败"这个问题展开,兼顾了英国、法国和普鲁士评论家们的视角和观点。该书令人印象最深刻的是,它认真评估了战役中的各类行动及法军与反法联军在不同情况下的兵力对比。——《美国艺术与科学学会会刊》

作为军事史评论家,约翰·科德曼·罗普斯坚持认为,叙述滑铁卢战役时要坚持绝对中立的态度。《滑铁卢战役:一部军事史》鲜明地体现了这一特点。该书考据严谨、论述清晰、客观公正,不啻为该领域的经典之作。——《观察家报》

一直以来,有关滑铁卢战役的权威评价均来自英国历史学家,他们或多或少会带有民族主义的偏见。约翰·科德曼·罗普斯的这部著作打破了这一传统。

他的论述逻辑严谨、分析合理、不偏不倚。他希望以此弥补法国历史学家评论较少的不足,从而平衡来自各国评论家的视角和观点,以期解决人们最关心的几大问题,例如,是佩里格林·梅特兰的英军近卫军还是弗雷德里克·亚当的步兵最终击溃了帝国近卫军?该书值得深入阅读。——《今日历史》

作为具有律师执业背景的军事评论家,约翰·科德曼·罗普斯将自己这一优势最大化地运用到对战争中每一个细节的评估上,并结合证据合理推导出最真实的历史、得出最客观的评价。——《学术》美国期刊

《滑铁卢战役:一部军事史》是有关拿破仑的"百日王朝"和拿破仑败于威灵顿公爵阿瑟·韦尔斯利的经典历史著作,考据水准极高。——《维多利亚历史季刊》

该书最值得推崇的地方是它严密的逻辑和推理。作者的每一步论证都辅以充分的史实和各方的观点,一步一步,抽丝剥茧,最终为读者拨开迷雾,还原争议掩盖下历史的原貌。——《经济学人》

作者介绍

约翰·科德曼·罗普斯，美国军事历史学家，律师，罗普斯-格雷律师事务所合伙人。

1836年4月28日，约翰·科德曼·罗普斯出生于俄罗斯圣彼得堡。他的父亲是在俄罗斯经商的波士顿大商人。十四岁时，约翰·科德曼·罗普斯随家人回到美国马萨诸塞州。不过，此时他不幸患上了脊柱疾病，并导致终身残疾。

1853年到1857年，约翰·科德曼·罗普斯在哈佛大学学习。大学期间他主要对宗教、法律和历史感兴趣，而且这些兴趣伴随了他一生。毕业之后，他成为一名颇有成绩的律师。1861年，美国内战爆发，约翰·科德曼·罗普斯开始研究军事史。他的哥哥亨利·罗普斯是马萨诸塞第二十团的士兵。因此，约翰·科德曼·罗普斯不断资助并帮助马萨诸塞第二十团。但不幸的是，亨利·罗普斯在葛底斯堡战役中阵亡。此后，约翰·科德曼·罗普斯开始致力于收集并评估有关美国内战的史料。1865年，约翰·科德曼·罗普斯与约翰·奇普曼·格雷在波士顿共同创立了罗普斯-格雷律师事务所。

约翰·科德曼·罗普斯总能以律师惯有的方式从充斥着偏见和矛盾的各类史料中客观、清晰地阐发史实，并且纠正权威历史学家和自传作家毫无根据的褒奖或诋毁。1876年，约翰·科德曼·罗普斯创办了马萨诸塞军事史学会，并投身于学会的相关工作。马萨诸塞军事史学会主要收集并论证重大、具有争议性历史事件的史料。尽管约翰·科德曼·罗普斯是马萨诸塞军事史学会中唯一没有亲历过战争的人，但上述工作从始至终都是在约翰·科德曼·罗普斯的主导下进行的。1899年10月28日，约翰·科德曼·罗普斯在马萨诸塞州波士顿市病逝。

约翰·科德曼·罗普斯晚年致力于创作1861年到1862年的美国内战史系列图书，但在他去世之前该系列图书尚未完成。该系列图书中的《教皇军》详细记述了1862年8月至9月的弗吉尼亚战役并纠正了当时针对该战役中某些行动的评价，同时他认为约翰·波特将军不该受到谴责。约翰·科德曼·罗普斯还创作了《滑铁卢战役：一部军事史》。这本书被视为有关滑铁卢战役的经典之作。

约翰·科德曼·罗普斯对美国内战的研究主要发表在马萨诸塞军事史学会的刊物上，有关滑铁卢战役的研究发表在1881年6月的《亚特兰大月刊》及1888年3月和4月斯克里伯纳出版社的杂志上。

序 言

乍一看，再次讲述滑铁卢战役似乎没有必要。有关滑铁卢战役的书籍充栋盈车，而且多数出自名家之手。伟大的现代军人①，一场最令人遗憾的战役，自然会不断吸引军事史学家的目光。安托万–亨利·约米尼②男爵、卡尔·冯·克劳塞维茨③、查拉斯中校、威廉·西博恩④上尉、荣获巴斯勋章⑤的詹姆斯·肖·肯尼迪、查尔斯·康沃利斯·切斯尼⑥、纪尧姆·德·沃德阔特、蒂雷纳子爵亨利·德拉图尔·奥弗涅⑦、阿道夫·梯也尔⑧、乔治·胡珀等人都曾试图解释这一令人费解的战果：一个公认的现代战争大师在一场极短的战役中完败。该主题似乎已经枯竭，无甚可说。

---

① 指拿破仑。（本书中除原注外，均为译者注，不再另行说明）
② 安托万–亨利·约米尼（Antoine-Henri Jomini, 1779—1869），瑞士人，曾先后在法军和俄军中任职，是研究拿破仑战争艺术最著名的作家。他的观点极受美国西点军校等军事学院的推崇。
③ 卡尔·冯·克劳塞维茨（Karl Von Clausewitz, 1780—1831），普鲁士人。作为一名军事理论家，他极重视战争道德和政治层面，著有《战争论》。
④ 威廉·西博恩（William Siborne, 1797—1849），曾在英国从政，同时是军事史学家，代表作是《滑铁卢战役史》。
⑤ 巴斯勋章由英王乔治一世在1725年5月18日设立。巴斯（Bath）一名源自中世纪，是册封骑士的一种仪式，象征着净化。
⑥ 查尔斯·康沃利斯·切斯尼（Charles Cornwallis Chesney, 1826—1876），英国军旅作家，曾在英军服役。
⑦ 亨利·德拉图尔·奥弗涅（Henri de La Tour d'Auvergne, 1823—1871），法兰西第二帝国政治家，曾两次担任法兰西第二帝国外交大臣。
⑧ 阿道夫·梯也尔（Adolphe Thiers, 1797—1877），法国政治家、历史学家，法兰西第三共和国第一任总统。

阿道夫·梯也尔

除个别情况外,作者的个人偏见同样对讲述这段历史有重要的影响。阿道夫·梯也尔和亨利·德拉图尔·奥弗涅认为拿破仑的统治近乎完美,而查拉斯中校和埃德加·基内则认为拿破仑统治毫无可圈可点之处。在滑铁卢战役引发的诸多争论中,大部分英国作者自然而然地站到了拿破仑的对立面。受上述因素的影响,讲述历史大多演变成了批判对立的观点。

尽管如此,讨论这些问题也不是完全没有价值。本书几乎掌握了全部史实。通过整合已经获取的史料,本书阐明了许多原本晦涩的内容,解决了不少令人费解的问题。接下来,本书只需秉持公正的态度收集并整理史料,这也是本书的任务。此外,书中的记述和讨论仅限于纯军事领域。

在"滑铁卢战役"这个主题下,拿破仑自然是核心人物。滑铁卢战役是拿破

19世纪初的拿破仑

仑的战役,在拿破仑与对手之间进行。本书将力图领会拿破仑在这次战役中一贯秉持的最真实的意图和期许,搞清楚他个人的态度,因此可能会关注那些风云变化的日子里拿破仑境遇的变化。本书相信,关注拿破仑境遇变化这一观点与英国及普鲁士指挥官们在滑铁卢战役中所持立场完全一致。本书试图谨慎地来看待拿破仑的战争意图。

本书采用了查尔斯·康沃利斯·切斯尼在《滑铁卢讲座》一书中的基本做法,即每一章前半部分为陈述或记叙,后半部分为百家争鸣。这样一来,本书可以核实有关该战役的大部分争论。对这些核实不感兴趣的读者可以只阅读前半部分。

考虑到本书篇幅有限，那些可能会占太多空间的争论会放到附录中。

附录C为重要命令和急报的副本。

感谢美国陆军R.奥德菲尔德少将与F.A.温耶特上校提供的富有价值的手稿、书籍及参考资料；感谢美国陆军工兵部队少校W.R.利弗莫尔与美国陆军军械部上尉A.H.拉塞尔给予的建设性意见和帮助。

感谢比利时布鲁塞尔上诉法院律师M.尤金·温瑟勒帮忙确定瓦隆尼亚的马雷特城堡的位置，第二代格鲁希侯爵埃曼努尔·德格鲁希元帅就是在瓦隆尼亚听到了滑铁卢的炮声，而不是之前公认的萨尔瓦隆尼亚。

约翰·科德曼·罗普斯

于波士顿佛农山街99号

第三版说明

作者之前一直认为威灵顿公爵阿瑟·韦尔斯利是在1815年6月17日晚上来到瓦夫尔的,而从本书出版后作者最新掌握的史料来看,该观点是错误的。

波士顿

佛农山街99号

约翰·科德曼·罗普斯

目录

001　**第 1 章**
动态博弈：反法联军既定部署背景下拿破仑的作战设想

017　**第 2 章**
危机：法军重组、军官阶层换血埋下的巨大隐患

045　**第 3 章**
反法联军："混合"军队对拿破仑制订作战计划的启示

067　**第 4 章**
1815 年 6 月 15 日：拿破仑

095　**第 5 章**
1815 年 6 月 15 日：列博莱希特·冯·布吕歇尔
和威灵顿公爵阿瑟·韦尔斯利

127　**第 6 章**
1815 年 6 月 15 日：荷兰－比利时联军

131　**第 7 章**
1815 年 6 月 16 日上午：威灵顿公爵阿瑟·韦尔斯利

| 141 | **第 8 章**
1815 年 6 月 16 日上午：米歇尔·奈伊

| 155 | **第 9 章**
1815 年 6 月 16 日上午：拿破仑严重误判了形势

| 167 | **第 10 章**
列博莱希特·冯·布吕歇尔决定在利尼迎战法军

| 175 | **第 11 章**
利尼战役

| 197 | **第 12 章**
夸特布拉斯战役

| 219 | **第 13 章**
1815 年 6 月 17 日：拿破仑

| 243 | **第 14 章**
1815 年 6 月 17 日：列博莱希特·冯·布吕歇尔
和威灵顿公爵阿瑟·韦尔斯利

| 263 | **第 15 章**
1815 年 6 月 18 日：第二任格鲁希侯爵埃曼努尔·德格鲁希
和列博莱希特·冯·布吕歇尔

| 303 | **第 16 章**
滑铁卢战役

| 357 | **附录 A**
《拿破仑回忆录》的一些特点

361　**附录 B**
　　　第二任格鲁希侯爵埃曼努尔·德格鲁希和伯特兰命令

369　**附录 C**
　　　滑铁卢战役讲话、急报与命令的节选

407　**专有名词英汉对照**

第1章

动态博弈：反法联军既定部署背景下拿破仑的作战设想

1815年3月20日，拿破仑离开厄尔巴岛回到巴黎。平定了法兰西帝国南部和西部声势浩大的保皇运动后，他的首要任务就是与各大国交流。他表示要走和平的道路，而且本书完全有理由相信，他真的是打算寻求和平。不过，他派出的代表在边境上遭到了拒绝。欧洲其他各国不愿与他有任何瓜葛。这些国家结成了具有攻击性的反法联盟，誓将拿破仑赶下皇帝的宝座。周边国家的军队迅速在边境集结，就连俄国都调集了军队，试图攻击法兰西帝国及其皇帝。

拿破仑离开厄尔巴岛

拿破仑归来，受到军队的热烈欢迎

为了应对实力强大的反法联盟，拿破仑倾尽所能。在他第一次退位后，军队已经重组，许多高级军官都被保皇党的领袖取代。帝国政府重建后，新政策的出台迫在眉睫。而在这些政策生效之前，拿破仑还有许多工作要做。

军队组织的改革需要时间。此外，拿破仑并不想多生事端。他迫切希望可以避开这场战争，从而集中精力处理国内事务。不过，本书不打算讨论他的新宪法中隐含的骗局。

除了扩充并重组军队，拿破仑开始加固主要城市的防御工事。

1815年6月1日前，法兰西帝国与邻国的关系并没有发生变化，确定下一步计划成为拿破仑的职责所在。

简而言之，局势如下。当时有两大联军。一支由英军、荷兰-比利时联军和汉诺威军，以及布伦瑞克军和拿骚分遣军构成，统一由威灵顿公爵阿瑟·韦尔斯利指挥。另一支由普鲁士、撒克逊和其他德意志军队构成，由列博莱希特·冯·布吕歇尔①指挥，驻扎在比利时及桑布尔河和默兹河以北以东地区。在东部边境，匈牙利集结了大量军队，并且俄国大军将在1815年7月赶来增援。如果拿破仑继续自己的防御战略，那么法兰西帝国将再次成为战场，就像前几年那样。通过拖延确实可以获取时间。拿破仑急需时间来完善军队建构、巩固防御工事、制造弹药，让整个国家进入防御状态。但反法联军一旦来犯，将是势不

列博莱希特·冯·布吕歇尔

---

① 列博莱希特·冯·布吕歇尔（Leberecht von Blücher, 1742—1819），普鲁士统帅。他曾经参加过莱比锡战役、滑铁卢战役，被誉为"前进元帅"。

蒙米拉伊战役

可挡的。当然，拿破仑1814年的战绩可能会重现，重建尚波贝尔战役①、蒙米拉伊战役②和兰斯战役③的辉煌，但也有可能经历布里耶纳战役④、拉昂战役⑤和发生在奥布河畔的阿尔西战役⑥的惨烈与徒劳。如果有可能，拿破仑就会争取减少双方军事力量的巨大差距。要做到这一点，他只能对敌人分而击之。他如果能先歼灭威灵顿公爵阿瑟·韦尔斯利和列博莱希特·冯·布吕歇尔元帅的军队，那么对抗奥军和俄军时将更加有利。毫无疑问，拿破仑认为，如果运气在1815年

---

① 尚波贝尔位于法国。1814年2月10日，拿破仑率领法军与俄军在尚波贝尔激战，最终法军获胜，史称"尚波贝尔战役"。
② 1814年2月11日，拿破仑率领法军与俄普联军在蒙米拉大战。最终，俄军战败，被迫向北撤退，之后前来增援的普军也被法军击溃。史称"蒙米拉伊战役"。
③ 1814年3月12日，拿破仑率领法军在兰斯与俄普联军大战。俄普联军最初轻松夺取了兰斯，但之后拿破仑卷土重来，最终击溃俄普联军。史称"兰斯战役"。
④ 1814年1月29日，拿破仑率领法军在布里耶纳进攻列博莱希特·冯·布吕歇尔指挥的俄普，最终法军大胜，列博莱希特·冯·布吕歇尔差点儿被俘。史称"布里耶纳战役"。
⑤ 拉昂是法国北部埃纳省首府。1814年3月9日，列博莱希特·冯·布吕歇尔率领普军在拉昂大败拿破仑指挥的法军，史称"拉昂战役"。
⑥ 1814年3月20日，阿尔西战役爆发。战役持续了两天，法军抵挡不住强大的反法联军，被迫撤退。

再次眷顾他,就像在1805年和1806年那样——如果在比利时,他能重现奥斯特利茨大捷①和耶拿大捷②,那么他将有可能与他的岳父——奥地利皇帝弗朗茨二世③和解。而俄国也有可能从战争中退出,因为参战对俄国来讲几乎毫无利益可言。本书认为,拿破仑的特长是进攻。他的天赋适合大胆的进攻型战略。对于他

拿破仑在奥斯特利茨战场

---

① 1805年12月2日,奥斯特利茨战役爆发,又称"三皇会战"。这是拿破仑战争生涯中最重要的战役之一。最终法军大败俄奥联军。
② 1806年10月14日,耶拿战役爆发。在今德国萨勒河西面的高地上,拿破仑率领的法军与腓特烈·威廉三世率领的普军激战,最终法军大胜。
③ 弗朗茨二世(Franz II, 1768—1835),神圣罗马帝国最后一位皇帝。奥斯特利茨战役被拿破仑打败后,神圣罗马帝国解体。1804年,他成为奥地利帝国第一位皇帝。

威灵顿公爵阿瑟·韦尔斯利

集中所有兵力迅速进攻威灵顿公爵阿瑟·韦尔斯利和列博莱希特·冯·布吕歇尔的军队,本书丝毫不感到吃惊。

如之前所述,反法联军驻扎在比利时边境线和边境线北侧的军营里。粗略地讲,反法联军的前线从东部的那慕尔、胡伊延伸至西部的蒙斯和图尔奈,共计一百多英里。这条线上散布着无数的城镇和村庄。有些城镇和村庄距离边境有四十英里。从很大程度上讲,拿破仑确实非常熟悉这种多样化的布兵方式。他认为,威灵顿公爵阿瑟·韦尔斯利的军队广泛散布在乡村,两天之内不可能聚集,而列博莱希特·冯·布吕歇尔元帅则需要一天以上的时间集结麾下的四个军。

从沙勒罗瓦向北穿过夸特布拉斯、热纳普和滑铁卢到达布鲁塞尔的公路，位于反法联军两支部队中间。其中，威灵顿公爵阿瑟·韦尔斯利的军队在公路以西，列博莱希特·冯·布吕歇尔元帅的军队在公路以东。比起英军和荷兰-比利时联军，普鲁士军队离比利时边境线更近。威灵顿公爵阿瑟·韦尔斯利的指挥部在布鲁塞尔，列博莱希特·冯·布吕歇尔的指挥部在那慕尔。从那慕尔穿过从夸特布拉斯到尼威尔的公路，是两支军队沟通的主干道。

普鲁士军队的补给线经列日、马斯特里赫特到达莱茵河，英军的补给线经奥斯坦德①、安特卫普直达大海。因此，两军的大本营位于两个相反的方向上。任何一方如果被迫撤退，都必然撤向己方的大本营。然而，向自己的大本营撤退就会远离友军。从很大程度上讲，拿破仑正是基于这一点制定了自己的作战计划。与让二十二万大军在比利时集结相比，现在的形势对他更加有利。这时，反

安特卫普

---
① 今比利时奥斯坦德。

法联军不但分成了两支，而且两支军队由不同的人指挥。在战争中，拿破仑完全可以寄希望于两支军队之间或多或少地出现嫌隙，或者双方无法完全领会对方的意图。同时，两方或其中任何一方如果受到打击，都必须向不同的方向撤离。

现在本书探讨一下拿破仑的作战计划。沙勒罗瓦位于上述两支相对的军队的交叉点附近，拿破仑提议在沙勒罗瓦附近秘密集结军队。他希望，在听到法军逼近的消息后，反法联军的两支军队能分别集结并伺机会合。普军不像英军那样分散，可能会比英军更早获悉法军逼近。拿破仑希望普军首先集中，并且在没有友军支援的情况下与法军遭遇。

古尔戈男爵加斯帕尔·古尔戈对拿破仑的作战计划表述如下：

> 普军比英军提前八小时到十小时察觉到法军的意图，所以会首先集结。拿破仑甚至希望在普军的四个军集结前袭击普军，或者迫使其向列日和莱茵河方向撤退，即普军的行动路线。这样一来，普军和英军就被隔离开来，从而为拿破仑排兵布阵创造机会。

在上述计划中，对方指挥官的性格必须被考虑在内。列博莱希特·冯·布吕歇尔元帅喜欢用轻骑兵，而且主动、果断，这与威灵顿公爵阿瑟·韦尔斯利的谨慎、深思熟虑及逻辑缜密形成了鲜明的对比。因此，拿破仑自然会认为，普军将首先集结，并且其友军会更果断、迅速地驰援。如果普军首先遭到袭击，其友军会比英军更快支援。列博莱希特·冯·布吕歇尔元帅如果只有两支军队可以调遣，就肯定会支援英军。但本书同样有理由相信，在英军各部集结完成前，威灵顿公爵阿瑟·韦尔斯利是不会通过袭击法军来支援列博莱希特·冯·布吕歇尔的。基于上述考量，拿破仑当然会率先进攻普军。因此本书认为，普军必然会首先集结，而且事实确实如此。

拿破仑在自己的《信函集》中提到："普军计划在弗勒吕的后方集结。1815年6月14日晚，机要通讯兵回到位于博蒙的法军总指挥部，报告说那慕尔、布鲁塞尔和沙勒罗瓦均无异常。这一迹象令人欣喜。法军前两天的行动成功地瞒过

普军士兵

了普军,从而获得了极大的优势。普军要么得在弗勒吕的后方建立一个集结点,要么就得在无法获得英荷联军援助的情况下在当前位置迎战。"因此,拿破仑制定的所有策略都是为了率先进攻普军。

总之,拿破仑相信,反法联军的将军们将选择在比利时边境线附近集结,目的是随时能给予法军致命性的打击。同样基于上述原因,他相信在战争伊始很可能只需对付普军。

当然,拿破仑还可以选择其他路线。一方面,他可以命法军迂回到普军东侧，通过调动普军左翼来切断其通讯。但这需要法军在一片不熟悉的乡村地带大范围迂回，而这种迂回总有结束的时候。届时，普军和英军必然会合，共同对付法军。另一方面，他可以经里尔、瓦朗谢讷或蒙斯前往根特或布鲁塞尔，从而调动威灵顿公爵阿瑟·韦尔斯利的右翼。显然，与之前提到的路线相比，法军在这个方向上前进的阻力更小，并且优势更大。威灵顿公爵阿瑟·韦尔斯利常常认为，这是拿破仑最好的一步棋。它很可能会切断英军与奥斯坦德的联系，同时无需交战便能让威灵顿公爵阿瑟·韦尔斯利撤离布鲁塞尔，除非他愿意在没有友军支援的情况下冒险一战。但同时，普军也可能在没有任何干扰的情况下集结起十二万大军。并且如果威灵顿公爵阿瑟·韦尔斯利成功避开了法军的精锐部队，那么反法联军的两位统帅要么能将拿破仑逐出比利时，要么能迫使拿破仑在极其不利的情况下迎战。不管在上述哪种行动中，拿破仑都不可能有机会对反法联军任何一支军队发动直接、迅速、毁灭性的攻击。正如拿破仑所想，如果他经沙勒罗瓦前行，鲁莽的列博莱希特·冯·布吕歇尔元帅就不会造成任何威胁。

　　本书看到，拿破仑似乎认为列博莱希特·冯·布吕歇尔很可能会迎战。但拿破仑只能猜测列博莱希特·冯·布吕歇尔会做什么，而肯定不知道列博莱希特·冯·布吕歇尔现在不会迎战。因为1813年在德意志，列博莱希特·冯·布吕歇尔就没有迎战，从而避免了与拿破仑正面冲突，并撤回自己的作战基地。当然，如果列博莱希特·冯·布吕歇尔真的拒绝迎战，反法联军的两部分就会被分割，从而被各个击破。不过，拿破仑可以在战争伊始就取得对普军的决定性胜利。与现在将反法联军各个击破相比，这种决定性胜利更容易实现。因为如果普军不愿迎战而选择后撤，拿破仑必定会追击，直到确定普军的真实意图，并且确保普军至少暂时与威灵顿公爵阿瑟·韦尔斯利的军队隔离。如果事实果真如此，那么问题来了，接下来该追击这两支军队的哪一支？就该问题而言，占领布鲁塞尔①的重要性自然会让拿破仑派遣大量军队来对付英荷联军。然而，上文已经提到，列博莱希特·冯·布吕歇尔元帅性格勇敢坚定，所以拿破仑认为，总体而言，不管有没有英军支援，列博莱希特·冯·布吕歇尔元帅都会迎战。他同时认

---

① 布鲁塞尔当时是奥属尼德兰首府，后来成为比利时首都。

拿破仑

为，鉴于英军自身处境不妙，列博莱希特·冯·布吕歇尔元帅很可能不会从英军那里获得太多帮助。因此，拿破仑希望以一次标志性的胜利拉开战役的序幕，削弱甚至击溃普军。拿破仑知道，如果自己得偿所愿，战败的普军定会撤退，而普军撤退的方向定会让其与英荷联军完全隔离。这样一来，拿破仑就能任意调集大量兵力来进攻英荷联军。如果威灵顿公爵阿瑟·韦尔斯利抵抗，拿破仑希望击败他；如果撤退，那么威灵顿公爵阿瑟·韦尔斯利会将比利时，大概还有荷兰拱手让给法军。

简而言之，以上就是拿破仑的打算和期望。

百家争鸣

上述关于拿破仑作战计划的看法并未被广泛接受。人们常常认为,"拿破仑意图分隔反法联军两部并将其各个击破"。但如果这句话的意思是先分别击溃反法联军两部,然后将其分隔,那么在本书看来,这种说法是不正确的。本书相信,拿破仑从不期望将自己的军队置于威灵顿公爵阿瑟·韦尔斯利和列博莱希特·冯·布吕歇尔元帅之间,或者仅通过占据战略要点,将反法联军两部完全隔断。如上文中所看到的那样,拿破仑真正的期望是,列博莱希特·冯·布吕歇尔元帅率部在没有英军支援的情况下单独迎战。如果列博莱希特·冯·布吕歇尔拒绝迎战,或者与法军交战但被击败,那么拿破仑认为列博莱希特·冯·布吕歇尔元帅将向其作战基地所在方向撤退,而在撤退过程中,他会离友军越来越远。

然而,对于拿破仑的作战方案,一些研究滑铁卢战役的专家持完全不同的意见。如果本书想搞清楚滑铁卢战役中的重要事件,其首要任务显然是正确理解拿破仑的作战计划。因此,本书将更加深入地审视这些不同的意见。

首先,看一下拿破仑的意图是让法军切入威灵顿公爵阿瑟·韦尔斯利和列博莱希特·冯·布吕歇尔之间这一观点。这是西尔·阿奇柏德·埃里松的看法。本书引用他的观点并不是因为他在军事领域多么举足轻重,而是因为第一代埃尔斯米尔伯爵弗朗西斯·埃杰顿在对西尔·阿奇柏德·埃里松《欧洲史:从法兰西大革命爆发到1815年波旁王朝复辟》评论中说,正是威灵顿公爵阿瑟·韦尔斯利本人明确指出了西尔·阿奇柏德·埃里松的错误。而众所周知,第一代埃尔斯米尔伯爵弗朗西斯·埃杰顿正是基于威灵顿公爵阿瑟·韦尔斯利的表述才做出了上述评论。下文引自普鲁士著名军事评论家卡尔·冯·克劳塞维茨的著作。

西尔·阿奇柏德·埃里松先生提到,"拿破仑最热衷的军事策略是插入反法联军两部中间,并首先利用优势兵力进攻反法联军的右翼,然后进攻其左翼"。

在这次战争中，拿破仑就是这样设想的，但未能实现。本书怀疑，插入反法联军中间这种说法是否适用于拿破仑所有成功的战役。如果拿破仑曾考虑过在这种形势下发动进攻的诸多危险，那么本书相信这是他第一次试图这样做。听听卡尔·冯·克劳塞维茨对这一问题的看法吧：

> 所有论及滑铁卢战役的专家一开始都会说，拿破仑将法军置于反法联军两部中间的意图是将其分割。然而，这种说法成了军事著作中的惯用术语，没有准确的依据。反法联军两部中间的空隙不会是军事行动的目标。拿破仑必须应对的反法联军是两倍于法军而不是一半。像他这样的统帅如果发现了反法联军两部中间的空隙，接着发动进攻却扑了个空，结果丧失战机，这将是极其不幸的。拿破仑只能最大程度节约用兵，才能达到跟兵力翻倍一样的效果。即使他可以迅速发动进攻、迫使一个方向上的敌军远离另一个方向上的敌军，结果仍然会使法军面临后方被另一支敌军袭击的巨大危险。因此，如果法军后方不是可以脱离这种危险的地方，那么指挥官很少会冒险发动进攻。所以，拿破仑选择前往反法联军两部中间的空隙，不是为了将其分割，而是为了寻找并攻击列博莱希特·冯·布吕歇尔元帅的军队，不管列博莱希特·冯·布吕歇尔元帅的军队已经集结还是仍然分散。

很明显，拿破仑的主要目标是找到普军，击败普军。

然而，本书发现，在卡尔·冯·克劳塞维茨的书问世很长时间之后，乔治·胡珀提出一个让卡尔·冯·克劳塞维茨完全不能赞同的观点：

> 拿破仑设想，如果要进攻反法联军两部的中心地带，就要楔入反法联军两部的中间，歼灭任何想要阻止法军前进的军队。在地势有利的情况下，他认为自己有能力将法军迅速地从一侧调到另一侧，从而依次歼灭反法联军各部。

埃德加·基内同样写道：

> 拿破仑会楔入反法联军两部的中心地带，即普军的最右侧。这样一来，在战斗的第一个小时内，威灵顿公爵阿瑟·韦尔斯利的军队和列博莱希特·冯·布吕歇尔元帅的军队会被分割。反法联军哪支部队首先会成为攻击对象将会视形势和时机而定。

上文清楚地讲述了与之不同的观点，这里不再赘述。很明显，专家们误解了拿破仑的计划。本书必须更充分地考虑这一问题。

约瑟夫·罗尼特在《回应拿破仑对〈论战争艺术〉的批评》中评论了拿破仑的军事行动，并给出了自己的推测。事实上，本书对滑铁卢战役的理解与约瑟夫·罗尼特的推测一致。约瑟夫·罗尼特认为，拿破仑本应率先占领那慕尔到尼威尔公路上的夸特布拉斯和松布雷夫两个据点，因为反法联军两部通过这两个据点互相联系。

连同在弗勒吕的预备军，拿破仑如果将法军左路向弗拉涅方向、先头部队向夸特布拉斯方向、中路与法军右路向松布雷夫方向推进八里格或九里格[①]而非六里格，那么将能获得他原本想取得的宝贵优势，即将反法联军两部分隔、延迟反法联军两部的集结、占据反法联军两部之间的空隙、依次进攻反法联军两部。事实上，夸特布拉斯和松布雷夫位于那慕尔到布鲁塞尔的公路上。法军如果占领它们，就可以阻断公路一侧的英军和公路另一侧的普军的联合。

安托万·亨利·约米尼男爵同样认同这一观点。显然，他认为拿破仑的计划一定如此。

拿破仑认为，普军会寻求在那慕尔和从沙勒罗瓦到布鲁塞尔的辅道之间集结，因为英军只能经由该路线支援普军；基于这一推测，拿破仑只有一个明智的选择。只要他略微瞥一眼地图就会发现，占据道路一侧的松布雷夫和另一侧的夸特布拉斯中心区域至关重要。因为一旦占据这两个地方，他就可以随心所欲地进攻反法联军的任何一方，并阻止其会合。

---

① 里格是欧洲和拉丁美洲传统计量单位，三英里为一里格。

拿破仑的支持者亨利·德拉图尔·奥弗涅在《滑铁卢：1815年战役研究》中概述了拿破仑的计划，大意也是如此：

> 一旦渡过桑布尔河，拿破仑就会占据英荷联军与普军的联络通道。他会命两支部队分别驻扎在夸特布拉斯和松布雷夫。
> 一旦反法联军两部被分割，拿破仑就能轻而易举地击败普军和英荷联军。因为他只需再次使用自己非常熟悉的战术，而这种战术常常会让他获胜。

查拉斯中校是对拿破仑持否定态度的评论家之一。但对拿破仑的战斗意图，他也持同样的观点：

> 只需瞥一眼地图，我们就能确定拿破仑军令中法军意图到达的地方。
> 法军一旦占领夸特布拉斯和松布雷夫，就会楔入英荷联军和普军之间。借用拿破仑自己的话说，之后，法军就能将反法联军两部各个击破。如果反法联军想要避开法军的攻击，那么等待它们的将是最沉重的打击。反法联军要么选择投降，要么在布鲁塞尔或布鲁塞尔南面集结兵力。

本书可以非常"自信"地反驳有关拿破仑本人、威灵顿公爵阿瑟·韦尔斯利和卡尔·冯·克劳塞维茨元帅的一系列权威观点。如上文所述，拿破仑期望普军率先集结，并期望在弗勒吕或弗勒吕附近作战。他期望在英荷联军赶来增援前进攻并打败普军。列博莱希特·冯·布吕歇尔元帅如果在战役的这个阶段迎战，那么应该会选择松布雷夫以南地区，从而保卫自己与威灵顿公爵阿瑟·韦尔斯利的联络通道——从那慕尔到尼威尔的公路。因此，本书大胆猜想，拿破仑原本没有打算占领松布雷夫，也没打算把占领松布雷夫作为与普军作战的序曲。相反，拿破仑认为占领松布雷夫必然会让普军向北撤退，比如撤到瓦夫尔或者布鲁塞尔附近。在布鲁塞尔，普军可以在不受干扰的情况下与英军会合。

然而，拿破仑最不希望看到普军撤到瓦夫尔或者布鲁塞尔附近，更不用说普军与英军会合了。拿破仑需要一场战斗和一场决定性的胜利[1]，而且这种需要非常迫切。他不能以演习的方式来应对这场危机。如果有可能的话，他会连续击溃列博莱希特·冯·布吕歇尔元帅的军队和威灵顿公爵阿瑟·韦尔斯利的军队，这至关重要。因此，拿破仑期待一场战斗。他希望列博莱希特·冯·布吕歇尔元帅迎战，并且单独迎战。只有击溃普军或者迫使普军撤退，法军才可能将普军与英军分割。

必须记住，仅仅占领反法联军两部联络通道上的两个据点，法军绝不可能阻止它们顺利集结，也不可能在它们集结后阻止它们前往指挥官确定的方向。这里不要将反法联军两部联络通道与补给线或撤退路线混淆。反法联军两部联络通道上的任何一个据点被占领，都必然会令他们陷入窘境，阻止或延迟与友军会合。不过，在反法联军没有支援的情况下，法军有可能击败反法联军，却仅让反法联军陷入这样的窘境，这就是贻误战机。

---

[1] 对比卡尔·冯·克劳塞维茨所著《1815年反法战争》（柏林，迪姆勒出版社，1862年）第14章。——原注

第 2 章

危机：法军重组、军官阶层换血埋下的巨大隐患

1814年4月，政府突然大换血①，这显然严重影响了法军。本书无需详述读者就能看到，拿破仑从厄尔巴返回巴黎后，发现有很多未竟之事要做。不过，本书不太关心法兰西帝国政府部分重组的细节。为了组建高效的军队，拿破仑倾尽了全力。从很大程度上讲，他确实取得了成效。多数将军和其他高级军官选择留下，士气高涨。年轻的军官和士兵们积极响应，抵抗反法联军。不过，少数将军和其他高级军官跟随路易十八撤退到比利时。还有一些将军和其他高级军官态度倦怠。背叛的人如此多，无疑会带来诸多猜疑和不安。因此，重组是必要的。高级军官们进行了大换血，各个团或多或少进行了重组。帝国近卫军也不例外。鉴于帝国近卫军一向闻名遐迩，重组帝国近卫军无疑是明智的。但帝国近卫军的重组过程同样过短，从很大程度上讲只能损害帝国近卫军的价值。这一时期的法军的确由老兵组成。当时约有二十万老兵被释放回国，其中有不少优秀人才。不过，在当时的形势下，军官阶层重组和兵力增加并不利于提升士兵及整个军队的士气，最终导致了对立情绪的爆发。而在这之前，拿破仑并没有足够的时间来处理这些事情。士兵们斗志高昂，虽然对拿破仑充满信心，但不信任自己的指挥官。他们几乎都是老兵，完全明白自己的职责所在。但最近十八个月来的变

---

① 1814年4月，反法联军占领巴黎，拿破仑退位，波旁王朝复辟，法兰西发生政权更迭。

革太过繁复、彻底。新的机构刚刚建立,面临着诸多不确定因素和谣言。因此,军官和士兵之间本应存在的如家庭成员般的绝对信任在法军中并不普遍①。

现在,我们来看一下法军的人事构成。拿破仑的原参谋长路易·亚历山大·贝尔捷已经跟随路易十八撤到比利时。他担任参谋长一职长达二十年,熟知

路易·亚历山大·贝尔捷

---

① 查拉斯中校:《1815年战役史:滑铁卢》,莱比锡,布洛克豪斯出版社,第1卷,第69页、第70页;埃米尔·马尔科·德圣希拉里:《帝国近卫军:历史、逸事、政治和军事》,巴黎,尤金·佩诺出版社,1847年,第654页。——原注

路易十八

拿破仑的作战方式,并且可以凭借丰富的经验弥补自身的不足。因此,拿破仑选择让·德迪乌·苏尔特继任参谋长的行为的确非常奇怪①。让·德迪乌·苏尔特与拿破仑同龄,在西班牙担任过几年军队指挥官,当然也有过自己的参谋长。让这样一个本应担任指挥官的人,以这样的年龄担任参谋长,会让所有人

---

① 埃米尔·马尔科·德圣希拉里:《帝国近卫军:历史、逸事、政治和军事》,巴黎,尤金·佩诺出版社,1847年,第653页、第654页。——原注

让·德迪乌·苏尔特

感到吃惊。他的人生阅历无法让他独立胜任参谋长的角色。多年来，他已经习惯了指挥官的角色，现在却变成了一个下属。现在拿破仑期望他所关注的事情，是作为一个下级军官所关注的事情。当然，他可以立刻承担起参谋长极度繁琐而劳累的工作。在结束这一话题之前，本书会多次看到让·德迪乌·苏尔特是如何履行新职责的。实际上，法军中有很多年轻军官可以更加高效地担任这一至关重要的职位。对参谋长这一职位而言，高昂的斗志及身体和心理上的警觉缺一不可。

除了强大的骑兵，拿破仑还派第一军、第二军、第三军、第四军和第六军及帝国近卫军进入比利时。五个军长德隆伯爵约翰·巴普蒂斯特·德鲁埃、奥诺雷·查尔斯·雷耶伯爵、约瑟夫·勒内·旺达姆、艾蒂安·莫里斯·热拉尔和洛博伯爵乔治·穆顿均经验丰富，能力出众。约瑟夫·勒内·旺达姆以严厉冷酷著称。艾蒂安·莫里斯·热拉尔相对年轻，拥有大好前途。洛博伯爵乔

奥诺雷·查尔斯·雷耶伯爵

治·穆顿在1809年奥地利战役中脱颖而出。但他们的军事天赋都无法与参加意大利战役或奥斯特利茨战役的主要将军们,如安德烈·马塞纳、约翰·拉纳、路易·尼古拉·达武和路易·查尔斯·安托万·德赛等媲美。骑兵指挥官第二代格鲁希侯爵埃曼努尔·德格鲁希是有过二十年艰苦战斗经历的老兵,却没有什么令人

安德烈·马塞纳

约翰·拉纳

称赞的才能。法兰西大革命造成的混乱和骚动改变了法兰西王国的军队,但事实上拿破仑无法这样变革自己的军队,即推翻旧有的特权和晋升模式,敞开大门,欢迎精力旺盛、拥有雄心壮志的年轻人。正是法兰西大革命的混乱,催生出这些令人敬畏的勇士。在之前的二十年,他们投身于波澜壮阔的战争中,从而迅速成长。拿破仑自己也不例外。

拿破仑是这样描述这一时期他的军官们的①：1814年的事件削弱了一些将军的斗志。他们不再勇敢、不再坚决、不再自信，而这些恰恰是让他们在之前的战斗中取胜的重要因素②。

查拉斯中校同样写道③，法兰西帝国充足的物质使将士们生活富足、逐渐腐败。奢侈享乐使他们丧失斗志，二十多年的征战使他们精疲力尽。比起行军的辛苦和风餐露宿的不适，一些将军们更偏爱家乡的安逸。他们享受了一整年的和平时光。回顾之前的战争，他们心生悔意。他们中有些人在独立指挥作战时曾遭受惨败，至今仍心有余悸。有些人对1813年和1814年残酷的战役感到震惊。反法联军兵力之强，法军防御工事之弱，让他们绝望。他们虽然依旧勇敢无畏，但没有了往日的活力、坚定与胆量，从而缺乏能够扭转逆境的士气。

以上说法可能过于主观，但确实都是事实。查拉斯中校显然是从相反的角度看待这场战役。在查拉斯中校的描述中，拿破仑竭力表明自己不是战斗失败的唯一或者主要原因。拿破仑声称自己的将士们没有像以前那样积极执行自己的命令。查拉斯中校一直对拿破仑的表现持批判态度，并且坚持认为，无论是生理上还是心理上，拿破仑都毫无活力可言。查拉斯中校和拿破仑均提到，法军的上层军官已经配不上他们之前取得的战绩，因此，上面说的可能是事实。

拿破仑要求军官们具备能取得战斗胜利的高素质，就算那些德高望重的军官们也并不具备这样的素质。这是一种远超一般要求的素质。只有牢记这一点，本书才能真正看到上述事实的重要性。拿破仑不满足于单纯的服从，希望军官们能领会自己的意图，并且积极大胆地执行他们的任务。事实上，这是一种合作。或许1809年奥地利战役伊始法军的行军最能证明这一点。毫不夸张地说，这些军官们忠心耿耿、头脑灵活。如果没有他们，拿破仑就不可能取得如此辉煌的战绩。所以本书应该能看到，拿破仑寄予米歇尔·奈伊和第二代格鲁希侯爵埃

---

① 拿破仑：《拿破仑信函集》，巴黎，帝国出版社，1869年，第31卷，第249页。——原注
② 对比古尔戈男爵加斯帕尔所著《百日战役：法兰西战役与比利时战役的关系》（巴黎，1818年）第67页到第68页。——原注
③ 查拉斯中校：《1815年战役史：滑铁卢》，莱比锡，布洛克豪斯出版社，第1卷，第70页。——原注

爱德华·莫尔捷元帅

曼努尔·德格鲁希很大的希望。如果本书想要了解滑铁卢战役,本书就必须充分考虑到主要军官们的无能和不作为。

本书没有谈到帝国近卫军军长爱德华·莫尔捷元帅,因为在滑铁卢战役前夕他病倒了,并且没有人继任他的职位。安托万·德鲁奥将军是近卫军副军长,曾作为炮兵军官立过大功。命令都是由他来传达。

米歇尔·奈伊

在大战前夕,拿破仑派人去请米歇尔·奈伊。至于为什么这位卓著的军官没有更早一些接到命令,本书无从得知,但不管怎样,这种疏忽是不可原谅的。米歇尔·奈伊一定也会这样认为①。米歇尔·奈伊没有时间准备,只能日夜兼程赶至前线,渡过桑布尔河后于1815年6月15日17时到达目的地。他奉命指挥德隆伯爵约翰·巴普蒂斯特·德鲁埃的第一军和奥诺雷·查尔斯·雷耶伯爵的第二军,但他并不了解这两个军的构成,甚至得熟悉各个师长的名字。要理解拿破仑这一

① 《米歇尔·奈伊给奥特朗特公爵约瑟夫·富歇的信》;乔治·琼斯:《滑铁卢战役》,伦敦,莱纳斯·布思出版社,1852年,第385页。——原注

异乎寻常的疏忽虽然不是不可能，但并不容易。拿破仑比任何人都清楚，给予一个军队或者军队一个侧翼的指挥官足够的时间来与军队互相了解有多么重要，而且对一个刚经历了重组的军队来讲，尤其重要。

新组建的军队有三个元帅。一个是让·德迪乌·苏尔特，他第一次担任参谋长；一个是米歇尔·奈伊，他没有得到足够的时间来充分了解自己的军队；另一个是第二代格鲁希侯爵埃曼努尔·德格鲁希，他没有出众的才能，也从未指挥

第二代格鲁希侯爵埃曼努尔·德格鲁希

过军队,而且刚刚被封为元帅。起初,第二代格鲁希侯爵埃曼努尔·德格鲁希被任命为预备骑兵指挥官,预备骑兵包括皮埃尔·克洛德·帕若尔、约瑟夫·伊西多尔·埃克塞尔曼斯、艾蒂安·德谢勒曼和约翰·巴普蒂斯特·米约的骑兵军,共一万三千七百八十四人。不过,战役还未开始,第二代格鲁希侯爵埃曼努尔·德

约瑟夫·伊西多尔·埃克塞尔曼斯

艾蒂安·德谢勒曼

格鲁希就被调离,去担任法军右路指挥官。法军右路包括约瑟夫·勒内·旺达姆的第三军和艾蒂安·莫里斯·热拉尔的第四军及大量骑兵。奇怪的是,拿破仑再次忽视了给予新元帅足够时间了解新职责的重要性。最后本书看到,在第二代格鲁希侯爵埃曼努尔·德格鲁希独立指挥时,这种弊端显现了出来。看来拿破仑很可能在最后时刻才决定召唤米歇尔·奈伊,而且直到战役开始后,拿破仑才决

路易·尼古拉·达武

定让第二代格鲁希侯爵埃曼努尔·德格鲁希指挥约瑟夫·勒内·旺达姆和艾蒂安·莫里斯·热拉尔的两个军。

然而,不但米歇尔·奈伊和第二代格鲁希侯爵埃曼努尔·德格鲁希的军队构成不如拿破仑设想的那样完美,并且还有一个问题,那就是有一个军官拿破仑既可以带上也可以留下,但拿破仑将他放在了巴黎,他就是享有很高声望的奥尔施泰特公爵兼埃克米尔公爵路易·尼古拉·达武。拿破仑任命他为战争部大臣,但路易·尼古拉·达武要求在战场指挥战斗。他对拿破仑说:"保卫巴黎的确重要。但就像所有的内部防御问题一样,比起战争结果,保卫巴黎只是次要的,战场才是起决定作用的。现在不是锻炼新人的时候,陛下①身边需要的是自己充分了解又有长期指挥经验的人。"路易·尼古拉·达武元帅未能说服拿破仑。拿破仑对自己的决定很满意,回答道:"我不放心将巴黎交给其他人。"路易·尼古拉·达武说:"可是陛下,如果您打胜了,巴黎会是您的;如果您失败了,无论是我还是其他人都无力回天。"②

路易·尼古拉·达武的分析无疑是合理的。但拿破仑仍坚持己见。在这场战役中,他让路易·尼古拉·达武留守带来的损失无法估量。这样想或许是愚蠢的,但毫不夸张地说,如果让路易·尼古拉·达武取代米歇尔·奈伊或者是第二代格鲁希侯爵埃曼努尔·德格鲁希任何一个,都不会出现法军在滑铁卢的惨败。

对法军人员状况的大致分析自然会让人嘀咕:在拿破仑人生的这个阶段,他是否适合参加这样一场大胆、劳累而危险的战役。当然,之后法军对列博莱希特·冯·布吕歇尔元帅和威灵顿公爵阿瑟·韦尔斯利的进攻肯定会证明这一点。

在大部分历史学家看来,拿破仑并没有像在之前的战役中那样亲自督战。事实上,这些历史学家的措辞非常激烈。他们认为,拿破仑精神倦怠,体力也大不如前。他们发现,拿破仑缺乏的正是早期的激情与坚定。本书所看到的对拿破仑最详细的描述之一来自马克西米利安·塞巴斯蒂安·富瓦。马克西米利安·塞巴斯蒂安·富瓦亲历了整个战役并在滑铁卢指挥一个师。因为这是来自同时期人物的描述,所以很有价值。

拿破仑尽管也犯错,但不管怎样,仍充满激情,是近代最伟大的勇士。在战争中,他坚韧勇敢,深思熟虑,不屈不挠。他常常出其不意,扰乱敌人的计划。

拿破仑拥有杰出的军事才能。他性情温和又雄心勃勃。他头脑警醒又嗜睡。当然,如果别人没有怀疑他,他也不会在意自己的这个问题。他不会忽视那些有时会起决定作用的细节。在战争中,他镇静冷酷。没有哪个谨慎的人可以像他那样迅速做出反应。成为皇帝后,他没有抛弃自己军人的身份。如果他的激情随着年龄增长而消退,那么这要归因于他体力的下降。

---

① 即拿破仑。
② 此段对话参见L.J.加布里埃尔·德切尼尔所著《奥尔施泰特公爵兼埃克米尔公爵路易·尼古拉·达武元帅军事政治史》(巴黎,戈斯、马沙尔和西埃出版社,1866年)第540页。——原注

马克西米利安·塞巴斯蒂安·富瓦

在一个注释中，马克西米利安·塞巴斯蒂安·富瓦补充道："在后面的几年，拿破仑身材发福。他吃得更多，睡得更长，并且马骑得更少了。但他的雄心丝毫未减，他的激情也未伤分毫。"[①]

事实上，本书没有理由怀疑，1815年拿破仑惯有的激情甚至强健的身体都明显衰退。像多数四十五岁的人一样，他不如自己在二十五岁时那样精力旺盛。他变得又矮又胖，而且饱受疾病困扰，从而无法长时间骑马[②]。上述情况或多或

[①] H.O.布鲁斯：《半岛战役史》（英文版），伦敦，约翰·默里出版社，1864年，第1卷，第110页到第112页；《半岛战争史》（法文版），第161页到第164页。——原注

[②] 阿道夫·梯也尔：《拿破仑统治下的执政府和法兰西帝国史》，伦敦，威利斯和莎乐伦出版社，1861年，第9册，第20卷，第37页；第二代格鲁希侯爵埃曼努尔·德格鲁希：《第二代格鲁希侯爵埃曼努尔·德格鲁希回忆录》，巴黎，E.顿图出版社，1874年，第4卷，第2页、第18页、第44页。——原注

少会消磨他曾经旺盛的精力。因此本书会看到,他不再像在早期的战役中那样深思熟虑、警醒认真。不过,本书用于衡量1815年的拿破仑的标准明显不是普通的标准①,拿破仑很可能无法达到自己往日的高标准。本书应该看到,在滑铁卢战役中,拿破仑具备普通人所具备的精力与体力。

总之,1815年6月,拿破仑准备投入战斗的军队不如之前他赖以取胜的军队那样组织严密,军长们也不像以前那些杰出的将军们一样才华横溢。鉴于形势的特殊,如果换一种安排,那么让·德迪乌·苏尔特、米歇尔·奈伊和第二代格

19世纪初期的拿破仑

---

① H.O.布鲁斯:《威廉·纳皮耶传》,伦敦,约翰·默里出版社,1864年,第1卷,第505页。在书中,让·德迪乌·苏尔特告诉威廉·纳皮耶说:"拿破仑似乎变得多变。有时,他像以往一样睿智、充满活力,有时冷漠乏味。例如,在没有核查反法联军位置的情况下他就发动了滑铁卢战役。他相信豪克斯将军的报告。在之前的那些天里,他本可以亲自核查反法联军的位置。"——原注

鲁希侯爵埃曼努尔·德格鲁希可能不会表现得那么无用。拿破仑本人多多少少不像以前那样有着用不尽的体力和精力。必须记住,拿破仑的将士们都是老兵,将军们都经历过血战,因战功卓著才取得今天的地位,但没有人在军事才华上超过最高统帅拿破仑。如果说拿破仑带往比利时的军队是他所指挥的军队中最好的,这并不恰当①。但可以肯定的是,这是参战的三支军队中最好的。

本书完全认同查拉斯中校②所述的法军兵力及其构成情况,详情如下:

一、第一军。军长德隆伯爵约翰·巴普蒂斯特·德鲁埃。共一万九千九百三十九人。下辖:

(一)四个步兵师。师长分别是阿利克斯、弗朗索瓦·格扎维埃·东泽洛、皮埃尔·马尔科涅及弗朗索瓦·约瑟夫·迪吕。共一万六千八百八十五人。

弗朗索瓦·格扎维埃·东泽洛

弗朗索瓦·约瑟夫·迪吕

---

① 查尔斯·康沃利斯·切斯尼:《滑铁卢讲座:1815年战役研究》,伦敦,朗文格林出版社,1874年第67页;乔治·胡珀:《1815年战役史:滑铁卢——拿破仑的陨落》,伦敦,老史密斯出版社,1862年,第62页、第161页。——原注

② 查拉斯中校:《1815年战役史:滑铁卢》,莱比锡,布洛克豪斯出版社,第1卷,第65页到第68页。——原注

让-巴普蒂斯特·吉拉尔

（二）一个骑兵师。师长是雅基诺男爵。共一千五百零六人。

（三）炮兵、工兵等。凡四十六门火炮，共一千五百四十八人。

二、第二军。军长奥诺雷·查尔斯·雷耶伯爵。共两万四千三百六十一人。下辖：

（一）四个步兵师。师长分别是吉尔贝·巴舍吕、杰罗姆·拿破仑、让-巴普蒂斯特·吉拉尔及马克西米利安·塞巴斯蒂安·富瓦。共两万零六百三十五人。

（二）一个骑兵师。师长皮尔。共一千八百六十五人。

皮埃尔·约瑟夫·阿贝尔

(三) 炮兵、工兵等。凡四十六门火炮，共一千八百六十一人。

三、第三军。军长是约瑟夫·勒内·旺达姆。共一万九千一百六十人。下辖：

(一) 三个步兵师。师长分别是艾蒂安·尼古拉·勒福尔、皮埃尔·约瑟夫·阿贝尔及皮埃尔·贝尔特泽纳。共一万六千八百五十一人。

(二) 一个骑兵师。师长是约翰·西梅翁·多蒙。共一千零一十七人。

(三) 炮兵、工兵等。凡三十八门火炮，共一千二百九十二人。

四、第四军。军长是艾蒂安·莫里斯·热拉尔。共一万五千九百九十五人。下辖：

(一) 三个步兵师。师长分别是尼古拉·路易·佩奇尤克斯、路易·约瑟夫·维谢瑞、路易·德布尔蒙。共一万两千八百人。

（二）一个骑兵师。师长是安托万·莫兰。共一千六百二十八人。

（三）炮兵、工兵等。凡三十八门火炮，共一千五百六十七人。

五、第六军。军长是洛博伯爵乔治·穆顿。共一万零四百六十五人。下辖：

（一）三个步兵师。师长分别是马丁·瓦朗坦·西梅、让南、弗朗索瓦·安托万·泰斯特。共九千二百一十八人。

（二）炮兵、工兵等。凡三十二门火炮，共一千二百四十七人。

六、帝国近卫军。由老年近卫军、中年近卫军与青年近卫军构成。共两万零八百八十四人。

（一）老近卫军。下辖一个师。师长是路易·弗里昂。共四千一百四十人。

路易·弗里昂

查尔斯·列斐伏尔-德努莱特

（二）中年近卫军①。下辖一个师②。师长是米歇尔·莫朗。共四千六百零三人。

（三）青年近卫军。下辖：

1.一个师。师长是巴鲁瓦·迪埃姆。共四千二百八十三人。

2.两个骑兵师。师长分别是居约伯爵、查尔斯·列斐伏尔-德努莱特。共三千七百九十五人。

3.炮兵、工兵等。凡九十六门火炮，共四千零六十三人。

---

① 许多历史学家说，米歇尔·莫朗指挥中年近卫军，我们同意这一说法。——原注
② 帝国近卫军猎骑兵。

七、预备骑兵军团。统帅是第二代格鲁希侯爵埃曼努尔·德格鲁希。共计一万三千七百八十四人。下辖四个骑兵军。

（一）第一骑兵军。军长是皮埃尔·克洛德·帕若尔。共三千零四十六人。下辖：

1.两个师。师长分别是让·德迪乌·苏尔特、舒贝维男爵。共两千七百一十七人。

2.炮兵。凡十二门火炮，共三百二十九人。

舒贝维男爵

（二）第二骑兵军。军长是约瑟夫·伊西多尔·埃克塞尔曼斯。共三千五百一十五人。下辖：

1.两个师。师长分别是巴普蒂斯特·亚历山大·斯特兹、艾梅·沙斯泰。共三千二百二十人。

2.炮兵。凡十二门火炮，共二百九十五人。

（三）第三骑兵军。军长是艾蒂安·德谢勒曼。共三千六百七十九人。下辖：

1.两个师。师长分别是莱里捷、尼古拉·鲁塞尔。共三千三百六十人。

2.炮兵。凡十二门火炮，共三百一十九人。

（四）第四骑兵军。军长是约翰·巴普蒂斯特·米约。共三千五百四十四人。下辖：

约翰·巴普蒂斯特·米约

皮埃尔·瓦蒂耶

1.两个师。师长分别是皮埃尔·瓦蒂耶、安托万·阿德里安·德洛尔。共三千一百九十四人。

2.炮兵。凡十二门火炮,共三百五十人。

八、其他。工人、车夫等,约三千五百人。

法军总计十二万八千零八十八人。最后一项主要是非战斗人员,除去这一部分,法军总计十二万四千五百八十八人。其中,步兵八万九千四百一十五人;骑兵——包括预备骑兵的炮骑兵——两万三千五百九十五人;炮兵(包括以上炮骑兵的火炮共三百四十四门)一万一千五百七十八人。

以上总计十二万四千五百八十八人[①]。

---

① 查拉斯中校所统计的法军骑兵和炮兵人数与我们统计的不同,而且他现在统计的人数比之前统计的结果少了五百人。——原注

百家争鸣

本章中所提到的拿破仑的健康问题,实际上引自阿道夫·梯也尔和查尔斯·康沃利斯·切斯尼的观点。阿道夫·梯也尔说,拿破仑的弟弟杰罗姆·拿破仑及拿破仑的医生均告诉他,这一时期的拿破仑饱受膀胱疾病的困扰。但阿道

杰罗姆·拿破仑

夫·梯也尔又说，拿破仑的贴身男仆路易·马尔尚否认了这种说法。不管这一时期拿破仑的健康状况如何，他依旧充满活力①。

查尔斯·康沃利斯·切斯尼也这样认为②，他不赞成查拉斯中校的观点③。多尔西·加德纳收集了这方面的更多证据④，他的结论与查尔斯·康沃利斯·切斯尼上校的看法完全相反。本书判断，多尔西·加德纳的结论太过依赖菲利普·保罗·塞居尔的观点。菲利普·保罗·塞居尔作品风格轻松，但多为道听途说的轶事。他的《拿破仑征俄史》是关于拿破仑健康问题最广为人知的作品，但实质上是一部演绎史。在书中，菲利普·保罗·塞居尔大胆地展开了自己最喜欢的话题，即拿破仑健康恶化⑤。但在不受伤的前提下，拿破仑的健康状况能够让他挺过战争的巨大压力，而且在1813年和1814年他也的确展示了依旧强健的体魄。当然，这种罕见的疾病时而发作，确实损害了拿破仑的身心健康，但菲利普·保罗·塞居尔的观点未免太过幼稚。古尔戈男爵加斯帕尔审视并批判了菲利普·保罗·塞居尔的作品，委婉而严厉地指出了其中的不足。至于多尔西·加德纳所提到的谈话，第五代阿尔比马尔伯爵奥古斯塔斯·凯佩尔⑥说，这是1870年他的儿子和奥雷利安·古丁将军的谈话。1815年，奥雷利安·古丁将军是服侍拿破仑的男仆。他们的谈话内容大致是，滑铁卢战役当天上午，拿破仑闭门不出，近中午时才从通往卧室的梯子上走下来，然后骑马离开了。这种杜撰真的让人难以接受。出于主观原因，查拉斯中校⑦竭力放大拿破仑在整个战役中的不作

---

① 阿道夫·梯也尔：《拿破仑统治下的执政府和法兰西帝国史》，伦敦，威利斯和莎乐伦出版社，1861年，第9册，第20卷，第37页。——原注
② 查尔斯·康沃利斯·切斯尼：《滑铁卢讲座：1815年战役研究》，伦敦，朗文格林出版社，1874年，第72页。——原注
③ 查拉斯中校：《1815年战役史：滑铁卢》，莱比锡，布洛克豪斯出版社，第2卷，第203页。——原注
④ 多尔西·加德纳：《夸特布拉斯、利尼和滑铁卢》，伦敦，基根·保罗·特伦奇出版社，1882年，第31页到第37页，第138页，第220页。——原注
⑤ 菲利普·保罗·塞居尔：《拿破仑与法军》，巴黎，1825年，1812年，第4册，第2章和第6章。——原注
⑥ 第五代阿尔比马尔伯爵奥古斯塔斯·凯佩尔：《人生五十载》，98页。对比阿道夫·梯也尔所著《拿破仑统治下的执政府和法兰西帝国史》（伦敦，威利斯和莎乐伦出版社，1861年）第20卷第37页。——原注
⑦ 顺便说一下，这并不是查尔斯·康沃利斯·切斯尼所认为的一些客观原因。——原注

为，将拿破仑描述为：拿破仑1815年6月18日8时后视察法军位置①；1815年6月18日9时到10时30分之间发布军队调度命令并视察军队的部署；1815年6月18日11时之前，沿前线骑行并下达战斗口令。本书完全可以相信查拉斯中校所说的上述事实，并且必须考虑到奥雷利安·古丁将军所说的内容的原意在传播过程中已经丢失至少多半。此外，在滑铁卢战役前夕拿破仑睡觉的房间并没有通往卧室的梯子②。

因此，本书重申，在滑铁卢战役中，拿破仑的确受某种疾病的困扰，痛苦不堪。此外，从1815年的拿破仑身上，我们无法找到他在1796年和1805年展现出的年轻人的活力。在这些方面，他无法与以前的自己媲美。本书进一步推断，生理上的病痛会降低他精神上的警觉和活力。但本书仍然相信，拿破仑在这次战役中展现了很好的体力和精神状态。随着叙述的推进，本书会了解更多这方面的信息。

---

① 查拉斯中校：《1815年战役史：滑铁卢》，莱比锡，布洛克豪斯出版社，第1卷，第270页、第271页。之后会看到，这是拿破仑半夜之后的第三次侦察。——原注
② 对比威廉·奥古斯塔斯·弗雷泽所著《威灵顿公爵轶事：公爵、滑铁卢和舞会》（伦敦，约翰·C.尼莫出版社，1889年）第250页。书中说普军放火烧了卡尤农庄，但主要房屋幸存下来，而且之后得到了修葺。——原注

第3章

反法联军:"混合"军队对拿破仑制订作战计划的启示

第一部分　列博莱希特·冯·布吕歇尔元帅与威灵顿公爵阿瑟·韦尔斯利麾下军队的构成状况

列博莱希特·冯·布吕歇尔元帅指挥的军队约有十二万四千人,兵力构成情况如下[①]:

一、第一军。军长是格拉夫·冯·齐滕。共三万两千六百九十二人。下辖:

(一)四个步兵师。师长分别是卡尔·弗里德里希·冯·斯坦梅茨、洛伦茨·冯·皮尔希、弗里德里希·威廉·冯·雅戈、亨克尔·冯·多纳斯马克。共两万七千八百七十七人。

(二)一个骑兵师。师长是弗里德里希·埃哈德·冯·罗德尔。共一千九百二十五人。

(三)炮兵、工兵等。凡九十六门火炮,共两千八百八十人。

二、第二军。军长是路德维希·冯·皮尔希。共三万两千七百零四人。下辖:

(一)四个步兵师。师长分别是恩斯特·路德维希·冯·蒂佩尔斯基希、卡

---

① 查拉斯中校:《1815年战役史:滑铁卢》,莱比锡,布洛克豪斯出版社,第1卷,第81页,第82页;第2卷,第202页;注释G。注释G表明,瓦格纳给出的炮兵人数过少。——原注

弗里德里希·奥古斯特·威廉·冯·布劳斯

尔·奥古斯特·阿道夫冯·克拉夫特、弗里德里希·奥古斯特·威廉·冯·布劳斯及冯·朗让。共两万五千八百三十六人。

（二）一个骑兵师。师长是格奥尔格·路德维希·冯·瓦伦-尤格斯。共四千四百六十八人。

（三）炮兵、工兵等。凡八十门火炮，共两千四百人。

三、第三军。军长是约翰·冯·蒂勒曼。共两万四千四百五十六人。下辖：

（一）四个步兵师。师长分别是卡尔·奥古斯特·斐迪南·冯·博尔克、肯普弗恩、冯·吕克及冯·斯塔普纳盖。共两万零六百一十一人。

（三）一个骑兵师。师长是弗里德里希·奥古斯特·冯·德马维茨。共两千四百零五人。

（四）炮兵、工兵等。凡四十八门火炮，共一千四百四十人。

四、第四军。军长是弗里德里希·威廉·弗赖赫尔·冯·比洛。共三万一千一百零二人。下辖：

（一）四个步兵师。师长分别是冯·哈克、冯·里尔、冯·洛斯蒂恩、冯·希勒。共两万五千三百八十一人。

（二）一个骑兵师。师长是普鲁士威廉公爵卡尔·冯·普鲁士。共三千零八十一人。

（三）炮兵、工兵等。凡八十八门火炮，共两千四百六十人。

约翰·冯·蒂勒曼

五、其他。工人、车夫等，约三千一百二十人。

因此，普军共十二万四千零七十四人。

如果除去最后一项，那么列博莱希特·冯·布吕歇尔元帅麾下共有十二万四千五百八十八人。其中，步兵九万九千七百一十五人；骑兵一万一千七百八十九人；炮兵（三百一十二门火炮）九千三百六十人。以上共十二万零九百五十四人。

格拉夫·冯·齐滕的指挥部在沙勒罗瓦，路德维希·冯·皮尔希的指挥部在那慕尔，约翰·冯·蒂勒曼的指挥部在西内，弗里德里希·威廉·弗赖赫尔·冯·比洛的指挥部在列日。前三个地方均靠近比利时边境。

弗里德里希·威廉·弗赖赫尔·冯·比洛

德里维兹战役

普军基本由老兵构成，即使最年轻的士兵也经历了1813年和1814年的战役。尽管只有弗里德里希·威廉·弗赖赫尔·冯·比洛有过独立指挥战斗的经历，但其他军长们也不缺乏经验。1813年，弗里德里希·威廉·弗赖赫尔·冯·比洛曾在德里维兹战胜过米歇尔·奈伊。当然，普军不像拿破仑的法军那样善战，也缺乏好的指挥官。但他们知道自己的职责所在，并做好了战斗准备。列博莱希特·冯·布吕歇尔元帅本人是有着七年作战经验的老兵，服役时间超过十五年。在1806年和1807年的战役中，他的斗志和胆识令人印象深刻。在1813年和1814年的战役中，尽管他年事已高、精力不济，未能完全履行军队司令的职责，尽管没有人认为他是一位拥有杰出才能的将军，但在参谋长奥古斯特·威廉·安东·奈特哈特·冯·格奈泽瑙的帮助下，他还是极大地提高了自己的声望。列博莱希特·冯·布吕歇尔元帅的指挥艺术粗放且缺陷重重。1814年冬，他的错误让自己的军队一次次地惨败于拿破仑，但他是一名真正的士兵，积极果敢，不屈不挠，并且从不怕承担责任。此外，他很受将士们欢迎。他几乎是被拿破仑不理

奥古斯特·威廉·安东·奈特哈特·冯·格奈泽瑙

智的仇恨推上了历史舞台,并且以近乎残忍的决心肩负起反法联军赋予自己的使命。列博莱希特·冯·布吕歇尔的精神鼓舞着军队①。每个士兵都做好了战斗准备,期望战斗到底。列博莱希特·冯·布吕歇尔的参谋长奥古斯特·威廉·安东·奈特哈特·冯·格奈泽瑙能力出众,能够让这位老元帅免受琐事的干扰。

---

① 这里针对普军的看法出自查拉斯中校《1815年战役史:滑铁卢》第1卷第89页。然而,《陆军元帅奥古斯特·威廉·安东·奈特哈特·冯·格奈泽瑙传》的作者冯·汉斯·德尔布鲁克说,多数部队都缺乏经验,而且一些部队缺乏热情。冯·汉斯·德尔布鲁克:《陆军元帅奥古斯特·威廉·安东·奈特哈特·冯·格奈泽瑙传》,柏林,1880年,第4卷,第381页,第382页。对比威廉·西博恩上尉所著《1815年战役史:法兰西战役和比利时战役》(伦敦,T.&W.布恩出版社,1844年)第1卷第302页、第303页。——原注

威灵顿公爵阿瑟·韦尔斯利的军队成分非常复杂。尽管按陆地国军队的做法,他的军队也采用了军的编制,但他以前从未使用过这种编制。因此,在1815年的战役中,它并未很好地发挥作用。①本书如果根据国籍的不同来分类列举,就可以更好地了解威灵顿公爵阿瑟·韦尔斯利的兵力。除了在安特卫普、奥斯坦德和根特等地驻防的一万两千二百三十三人②,威灵顿公爵阿瑟·韦尔斯利能派往战场的兵力构成如下:

一、英军。下辖:

(一)九个步兵旅。旅长分别是佩里格林·梅特兰(英军近卫军)、约翰·宾(英军近卫军)、弗雷德里克·亚当、休·亨利·米切尔、科林·哈尔克

佩里格林·梅特兰

---

① 例如在滑铁卢战役中,奥兰治公爵威廉·亨德里克的第一军驻扎在战线的两端。——原注
② 这些数据来自威廉·西博恩上尉。——原注

约翰·兰伯特

特、乔治·约翰斯通、詹姆斯·普特、丹尼斯·帕克、约翰·兰伯特。共两万零三百一十人。

（二）三个骑兵旅。旅长分别是爱德华·萨默塞特（英军近卫军）、威廉·庞森比、约翰·奥姆斯比·范德勒。共三千五百七十八人。

（三）包含在以下四个旅中的六个团。四个旅的旅长分别是威廉·冯·多恩贝格、科洪·格朗、理查德·赫西·维维安、弗里德里克·冯·阿伦特席尔德特。这四个旅的人员属于英王直辖德意志军团。其中的六个团共两千三百三十五人。

（四）炮兵。凡一百零二门火炮，共五千零三十人。

英王直辖德意志军团士兵

克里斯蒂安·弗里德里希·威廉·冯·奥姆普泰达

英军总兵力是三万一千二百五十三人。

二、英王直辖德意志军团。下辖：

（一）两个步兵旅及新加执行派遣性任务人员。旅长分别是迪普拉、克里斯蒂安·弗里德里希·威廉·冯·奥姆普泰达。两个步兵旅共三千二百八十五人。新加执行派遣性任务人员，共十六人。两个步兵旅及新加执行派遣性任务人员共三千三百零一人。

（二）骑兵。五个团整编成威廉·冯·多恩贝格、科洪·格朗、理查德·赫西·维维安和弗里德里克·冯·阿伦特席尔德特四个旅。共两千五百六十人。

（三）炮兵。凡十八门火炮，共五百二十六人。

因此，英王直辖德意志军团共六千三百八十七人。

三、汉诺威军。下辖：

威廉·冯·多恩贝格

（一）五个步兵旅。旅长分别是格拉夫·冯·凯尔曼塞格、休·哈尔克特男爵、查尔斯·贝斯特、恩斯特·冯·芬克、詹姆斯·弗雷德里克·里昂。

（二）一个骑兵旅。旅长是阿尔布雷希特·冯·艾斯托夫。

（三）炮兵。凡十二门火炮。

汉诺威军共一万五千九百三十五人。

四、荷兰-比利时联军。下辖：

（一）七个步兵旅。旅长分别是弗雷德里克·范比兰特、萨克森-魏玛公爵卡尔·伯纳德、迪特内、亚历山大·多布雷姆、斐迪南·奥夫、约翰·德伊恩斯、海因里希·威廉·安托宁。共两万四千一百七十四人。

萨克森-魏玛公爵卡尔·伯纳德

艾蒂安·德·吉尼尼

（二）三个骑兵旅。旅长分别为阿尔伯特·多米尼克斯·特里普、艾蒂安·德·吉尼尼、让·巴布蒂斯特·范梅莱男爵。共三千四百零五人。

（三）炮兵。凡四十八门火炮。

荷兰-比利时联军共两万九千二百一十四人。

五、布伦瑞克军。下辖：

（一）两个步兵旅。旅长分别是布特拉尔、弗里德里克·冯·施佩希特。共五千三百七十六人。

（二）两个骑兵团。共九百二十二人。

（三）炮兵。凡十六门火炮，共五百一十人。

奥古斯特·冯·克鲁泽

布伦瑞克军共六千八百零八人。

六、拿骚分遣军。指挥官是奥古斯特·冯·克鲁泽。下辖：

（一）一个步兵团。凡三个营，共两千八百八十人。

（三）工兵、坑道工兵、挖掘兵、辎重运输人员。共一千二百四十人。

威灵顿公爵阿瑟·韦尔斯利可用于作战的兵力共九万三千七百一十七人。按照兵种统计，其中，步兵六万九千八百二十九人，骑兵一万四千四百八十二人，炮兵一百九十六门火炮、八千一百六十六人，工兵、辎重运输人员等一千二百四十人。总计九万三千一百七十七人。

按照国别统计，其中，英军三万一千二百五十三人，英王直辖德意志军团六千三百八十七人，汉诺威军一万五千九百三十五人，荷兰-比利时联军①两万九千二百一十四人，布伦瑞克军六千八百零八人，拿骚分遣军两千八百八十人，各国工兵等一千二百四十人。总计九万三千七百一十七人。

如上所述，威灵顿公爵阿瑟·韦尔斯利的军队被分成了两个军和一个预备军，此外还有大量骑兵和小部分预备炮兵。军队中有六个所谓的英军师，其中只有乔治·库克指挥的第一师完全由英军——英军近卫军——组成。其他师包含了英王直辖德意志军团和汉诺威军。上述每个师都配有两个炮兵连，骑兵师配有六个骑炮兵连。

乔治·库克和查尔斯·阿尔滕分别指挥的英军第一师和第三师，与佩尔旁切·谢德利尼茨基和沙斯分别指挥的荷兰-比利时联军第二师和第三师，组成了

查尔斯·阿尔滕

---

① 包括共四千三百人的拿骚分遣军。——原注

第一军，由奥兰治公爵威廉·亨德里克指挥。他们分布在从夸特布拉斯到昂吉安及昂吉安前方的英军前线，据有尼韦尔、鲁尔克斯、苏瓦涅和布赖纳–勒孔代及周边的乡村地区。第一军有两万五千二百三十三人，火炮四十八门。

H.R.克林顿和查尔斯·科尔维尔分别指挥的英军第二师和第四师，斯特德曼指挥的荷兰–比利时联军第一师及印军海因里希·威廉·安托宁的旅，组成

奥兰治公爵威廉·亨德里克

托马斯·皮克顿

第二军,由理查德·希尔指挥。他们沿前线向西北延伸,占据着阿特、格拉蒙特和奥德纳尔德及周边的乡村地区。第二军共有兵力两万四千零三十三人,火炮四十门。

预备军中的作战储备兵力没有被安排参与防卫工作。他们由参谋长直接指挥。预备军包括托马斯·皮克顿和劳里·科尔分别指挥的英军第五师和第六师、

弗雷德里克·威廉

布伦瑞克公爵弗雷德里克·威廉指挥的布伦瑞克军及奥古斯特·冯·克鲁泽指挥的拿骚分遣军。预备军有两万零五百六十三人，火炮六十四门。

英军和英王直辖德意志军团骑兵由七个旅组成，全部由阿克斯布里奇伯爵亨利·佩吉特指挥，共八千四百七十三人。如前所述，骑兵军配有六个骑炮兵连，主要驻扎在第二军后方，靠近尼诺弗和格拉蒙特。但威廉·冯·多恩贝格麾下的一个旅驻扎在蒙斯及其周边地区。

汉诺威、布伦瑞克和荷兰–比利时联军的骑兵分别隶属于汉诺威军、布伦瑞克军和荷兰-比利时联军下属的各个师,共六千零九人,配有一个拥有八门火炮的骑炮兵连。

以上兵力概括如下:

一、第一军。军长是奥兰治公爵威廉·亨德里克。共两万五千二百三十三人。

二、第二军。军长是理查德·希尔。共两万四千零三十三人。

三、骑兵军。军长是阿克斯布里奇伯爵亨利·佩吉特。共八千四百七十三人。

四、其他骑兵。共六千零九人。

五、炮兵。凡一百九十六门火炮,共八千一百六十六人。

六、工兵等。共一千二百四十人。

以上总计九万三千七百一十七人。

威灵顿公爵阿瑟·韦尔斯利的军队成分复杂。他真正能依赖的只有英军和英王直辖德意志军团。英王直辖德意志军团最初建立于汉诺威,多年来一直隶属于英格兰王室。英王直辖德意志军团曾在伊比利亚半岛服役多年,拥有极高的声望。汉诺威分遣军①几乎没有什么战斗经验,荷兰-比利时联军也是如此。布伦瑞克军和拿骚分遣军的情况则不怎么了解。本书非常质疑反法联军中多支军队的忠诚度,因为它们的国家在过去几年中一直臣服于法兰西,士兵们应该会同情拿破仑②。威灵顿公爵阿瑟·韦尔斯利对自己军队的看法是众所周知的。他认为这是自己指挥过的最糟糕的军队③。虽然他很可能低估了这支军队的实力,但这支军队成分的确复杂,而且从未作为一个整体出现在战场上。鉴于不满情绪充斥及作战经验匮乏,威灵顿公爵阿瑟·韦尔斯利严重怀疑这支人数众多的军队的稳定性和品质。

拿破仑很可能已经知道这一点。下文中会看到,他对战争的谋划正是基于这一点。

---

① 严格意义上该这样称呼。——原注
② 卡尔·弗赖赫尔·冯·穆费林:《人生往事:1813年和1814年战役回忆》,伦敦,理查德·宾利出版社,1853年,第204页,第223页。——原注
③ 1815年5月8日威灵顿公爵阿瑟·韦尔斯利给斯图尔特中将的信及1815年6月25日威灵顿公爵阿瑟·韦尔斯利给巴瑟斯特伯爵的信。约翰·戈武德:《威灵顿公爵阿瑟·韦尔斯利的急报集》,伦敦,约翰·默里出版社,1838年,第12卷,第358页,第509页。——原注

本书只需大概说明一下这支杂牌军队的主要指挥官们。奥兰治公爵威廉·亨德里克指挥第一军。他虽然经验丰富，但作为将军从未有过出色的表现。理查德·希尔指挥第二军。这是个非常有价值的人。在伊比利亚半岛时，他的功绩就被完全认可。托马斯·皮克顿在任何位置上都精力旺盛，果敢大胆，能力出众，因此盛名在外。很多年轻军官们也战功卓著。

威灵顿公爵阿瑟·韦尔斯利本人刚过完四十六岁生日，正值人生的黄金期。他虽然从未与拿破仑交过手，但经常打败拿破仑的元帅。他的军旅生涯一直平坦、成功。与法军在战场上作战，他有丰富的经验。因此，他是目前这个职位的不二人选。威灵顿公爵阿瑟·韦尔斯利展现出全方位的能力，尽管他的军事想象力[①]可能不丰富，但在搞清楚形势以后，他可以做出最有利的决定，这一点无人可以匹敌。出于实际考虑，他总是口授决定，从不允许感性左右自己的认知。无论是进攻还是撤退，迎战还是撤退，他都决策自如。对他来讲，唯一的问题就是在这些情况下，什么是最好的选择。尽管人们认为威灵顿公爵阿瑟·韦尔斯利是一个谨慎的军官，但他一次次证明了自己不仅勇敢坚定，而且不管面临何种危机，都能大胆冷静、敢于冒险。他完美地掌控着自己的军队。他出众的能力、极高的声望与社会地位得到了英军及英王直辖德意志军团的军官们的认同，这一点令人振奋。他的确完全掌控着这些军队。他曾长期与西班牙友军[②]打交道，从而养成了管理混合军队的特殊能力。而现在他要指挥的正是这样一支军队。

三支军队在内部管理方式上存在不同，这令人好奇。上文提到，拿破仑希望高级军官们配合。《拿破仑信函集》中有很多拿破仑在滑铁卢战役期间写给元帅们的机密性长信，信中解释了当时的形势并大体说明了自己的作战意图。信中不仅有下达给元帅们的命令，而且给予他们意外情况发生时的指导性建议。本书应该能看到，《拿破仑信函集》中的书信样本非常完好。多年来，拿破仑一直习惯于谋划复杂的作战行动，而他的军官们能否主动、聪明地领会到他的主要目

---

① 如果我们可以用这样的词来描述的话。——原注
② 威灵顿公爵阿瑟·韦尔斯利曾在伊比利亚半岛与西班牙友军联合作战，共同反抗拿破仑及其家族——波拿巴家族的统治。

标和意图是决定胜负的关键。因此，这些煞费苦心的书信没有采用军事命令的形式。写信人很明显只是告诉对方自己获知的全部信息并且准确地告诉对方作战目标。

英军则完全不同。威灵顿公爵阿瑟·韦尔斯利要求的是服从而非合作。他需要的是绝对服从。与拿破仑相比，威灵顿公爵阿瑟·韦尔斯利的军队规模较小，他更简单的指挥方式更有助于实现自己的想法。而拿破仑和老部下们在意大利和埃及就开始并肩作战，他们之间一直是这种合作关系，但英军中从未存在过这种关系。

普军的管理模式又与英军、法军不同。卡尔·弗赖赫尔·冯·穆费林是威灵顿公爵阿瑟·韦尔斯利指挥部的普军使者，他说："我发现，与列博莱希特·冯·布吕歇尔相比，威灵顿公爵阿瑟·韦尔斯利对军队的掌控更有力。按照英军的管理模式，威灵顿公爵阿瑟·韦尔斯利有权撤换任何军官并将其遣返回英国。所有军官——不管是军长还是旅长——只要不听指挥，就不得出现在作战队伍中。这支军队没有批评或者左右统帅意见的传统。将士们严格遵守纪律，每个人都知道自己的权责所在。在决策方面，威灵顿公爵阿瑟·韦尔斯利迅速、果断。"[1]

卡尔·弗赖赫尔·冯·穆费林发现，普军的情况与英军不同[2]。普军统帅有时似乎不得不接受建议，甚至被公开批评。或许因为普军常常以军为单位，军长和其他所有高级官员拥有同等的社会地位，所以英军中更军事化的管理方式并不适用于普军。然而，不管原因是什么，在19世纪早期，这似乎就是事实。

---

[1] 卡尔·弗赖赫尔·冯·穆费林：《人生往事：1813年和1814年战役回忆》，伦敦，理查德·宾利出版社，1853年，213页，第214页。——原注
[2] 卡尔·弗赖赫尔·冯·穆费林：《人生往事：1813年和1814年战役回忆》，伦敦，理查德·宾利出版社，1853年，第15页到第18页，第83页，第304页，第311页；第五任斯坦诺普伯爵菲利普·亨利：《威灵顿公爵阿瑟·韦尔斯利谈话录》，纽约，朗文格林出版社，1886年，第110页。利尼战役后那天晚上进行了大讨论，当时，"列博莱希特·冯·布吕歇尔和卡尔·冯·格罗尔曼坚持与英军保持联系"，而奥古斯特·威廉·安东·奈特哈特·冯·格奈泽瑙不同意这样做。——原注

百家争鸣

上文提到，第一代埃尔斯米尔伯爵弗朗西斯·埃杰顿依据威灵顿公爵阿瑟·韦尔斯利的信息，对威灵顿公爵阿瑟·韦尔斯利的部分军队做了重要的评估。第一代埃尔斯米尔伯爵弗朗西斯·埃杰顿提到，在滑铁卢作战的英军和德意志军步兵共约三万人[①]。

正是这支军队承受着整个战役的炮火。请记住，这支军队中亲历过战争的人不超过六千或七千。很大程度上讲，英军步兵和德意志军步兵分成了两个营。所以本书不得不认为，威灵顿公爵阿瑟·韦尔斯利如果进攻法军，就会发现这一劣势。同样，如果普军继续坚守利尼，威灵顿公爵阿瑟·韦尔斯利就会在1815年6月17日离开夸特布拉斯进攻法军。如果他带入法兰西南部的军队可以由自己自行支配，那么他会在1815年6月18日于滑铁卢进攻法军。为了抗击法军，英军的新兵需要具备伊比利亚半岛上那些老兵那样的战斗力。不过，在实战中练兵可能是非常危险的。因为在滑铁卢漫长的一天中，一旦战场发生紧急情况，而且一旦各部就位，面临法军炮火和骑兵冲锋时，他们就不能退缩。

[①] 第一任埃尔斯米尔伯爵弗朗西斯·埃杰顿：《历史、档案、地理和工程集》，伦敦，约翰·默里出版社，1858年，第299页。——原注

第 4 章

1815 年 6 月 15 日：拿破仑

上文提到，拿破仑提议在沙勒罗瓦附近尽可能地秘密集结军队。当然，这是发起进攻的首要前提。法军主要由五个军组成，彼此之间相距甚远，且每个军距沙勒罗瓦都很远。第一军和第二军分别在沙勒罗瓦以西的里尔和瓦朗谢讷附近；第三军和第四军分别在沙勒罗瓦东南的埃尔和梅茨附近；第六军在沙勒罗瓦与巴黎之间中心位置的拉昂；帝国近卫军一部分驻扎在巴黎，一部分驻扎在离巴黎不远的贡比涅。四个骑兵军驻扎在拉昂以北和拉昂与阿韦讷之间。上述各部大都部署在比利时边境或边境附近，他们的一举一动很可能被反法联军发现。不过，他们还是安全、秘密地完成了集结。在梅茨附近的第四军早在1815年6月6日撤离，在里尔附近的第一军早在1815年6月9日撤离，帝国近卫军于1815年6月8日离开巴黎，其他军也在稍晚些时候离开原宿营地。拿破仑于1815年6月12日3时30分离开巴黎。一切都在他的预料之内。1815年6月14日晚上，拿破仑将指挥部设在了沙勒罗瓦以南不超过十六英里的博蒙。从这里，法军各部都"触手可及"。他下令在从西起英吉利海峡东近梅茨的前线各个据点上进行军事演习，从而转移反法联军侦察兵的注意力，让他们发出错误的警报。就这样，拿破仑那庞大的军队躲过了反法联军统帅们的视线，成功集结。

1815年6月14日晚，拿破仑在阿韦讷给士兵们下达了一个振奋人心的命令①。他提醒将士们，今天是马伦戈战役和弗里德兰战役周年纪念日。他呼吁将士们，要么征服，要么战死。以上有关拿破仑作战计划和期许的内容也可以在拿破仑当天早上写给约瑟夫·拿破仑的信中得到证实，内容如下："明天我将前往沙勒罗瓦，普军就在那里。在那里，敌军或者与我军交战，或者撤退。"②在他同一时间写给路易·尼古拉·达武的信中，内容也是如此："明天，也就是1815年6月

拿破仑在马伦戈战役中看望阵亡的将领

---

① 拿破仑：《拿破仑信函集》，巴黎，帝国出版社，1869年，第28卷，第234页，第22052号；附录C、附录I；第362页后记。——原注
② 拿破仑：《拿破仑信函集》，巴黎，帝国出版社，1869年，第28卷，第322页，第22050号。——原注

弗里德兰战场上的拿破仑

15日,我要渡过桑布尔河。如果普军不撤退,我们会有一战。"[1]这些信表明拿破仑头脑中的计划是多么清晰。他并不打算通过占领反法联军联络通道上的据点来分割反法联军,而是想赶在威灵顿公爵阿瑟·韦尔斯利前来支援列博莱希特·冯·布吕歇尔前,进攻并打败列博莱希特·冯·布吕歇尔,除非列博莱希特·冯·布吕歇尔选择撤退。

当晚,拿破仑在博蒙下达了前进的命令[2],要求军队第二天,也就是1815年6月15日2时30分出发。拿破仑给每个军及帝国近卫军的三个师都单独下达了指

---

[1] 拿破仑:《拿破仑信函集》,巴黎,帝国出版社,1869年,第28卷,第323页,第22051号。——原注
[2] 拿破仑:《拿破仑信函集》,巴黎,帝国出版社,1869年,第28卷,第325页,第22055号;附录C、附录II;后记第363页。——原注

奥诺雷·查尔斯·雷耶伯爵

令。帝国近卫军军长爱德华·莫尔捷元帅身体抱恙，不得不留在阿韦讷。第二军及紧随其后的第一军是左路；第三军、第六军和近卫军是中路；在菲利普维尔的第四军是右路。命令上说沙勒罗瓦是本次行军的最终目的地，但奥诺雷·查尔斯·雷耶伯爵接到警告——第二军很可能在桑布尔河上游几英里处的马歇纳渡河，而之后下达的命令①要求艾蒂安·莫里斯·热拉尔率第四军在桑布尔河下游的沙特莱渡河。坑道工兵②会赶在每支部队到达前维修道路和桥梁。在过去的几个月里，法军破坏了这些道路和桥梁，以防反法联军越过边境后继续前进。中

---

① 亨利·德拉图尔·奥弗涅：《滑铁卢：1815年战役研究》，巴黎，亨利·普隆出版社，1870年，第62页。——原注
② 查拉斯中校：《1815年战役史：滑铁卢》，莱比锡，布洛克豪斯出版社，第1卷，第101页，第117页。对比第五任斯坦诺普伯爵菲利普·亨利所著《威灵顿公爵阿瑟·韦尔斯利谈话录》（纽约，朗文格林出版社，1886年）第65页、第248页。——原注

路的先头部队是第三军的骑兵和皮埃尔·克洛德·帕若尔指挥的骑兵军。其他三个骑兵军在第二代格鲁希侯爵埃曼努尔·德格鲁希的指挥下紧随其后。但法军指挥部的人员太过大意,只派出一个军官通知约瑟夫·勒内·旺达姆,且没有要求约瑟夫·勒内·旺达姆回复①。这个军官意外从马上摔了下来,未能传达这一信息。因此,约瑟夫·勒内·旺达姆未能及时收到命令,直到1815年6月15日晚19时才率第三军上路。当然,这一耽搁带来了麻烦,扰乱了前往沙勒罗瓦的进程,使进军沙勒罗瓦不再像原计划的那样有决定意义。

第四军也突发变故。指挥第四军最前方那个师的路易·德布尔蒙率部投敌。路易·德布尔蒙是老保皇党,尽管从前摇摆不定,但最终还是投向了保皇派。他的叛变给士兵们带来负面影响,也导致军官们尤其是高级军官们互不信任。

路易·德布尔蒙

---

① J.F.莫里斯上校:《战争》,伦敦&纽约,麦克米伦出版社,1891年,第547页。——原注

滑铁卢战场上的拿破仑

尽管变故频发，但1815年6月15日对法军来讲仍旧卓有成效。格拉夫·冯·齐滕率普军第一军占据了桑布尔河一线，在河右岸①设置了前哨，从而在所有据点上都可以灵活有力地狙击法军②。尽管如此，法军的巨大优势决定了可以在任何地方立足。

拿破仑直接指挥法军中路的行动，他在1815年6月15日3时③上马出发。在前往沙勒罗瓦的过程中，青年近卫军跟在骑兵之后，而如前所述，约瑟夫·勒内·旺达姆的第三军未能按时前进。沿线反法联军各部都被迫后撤。皮埃尔·克洛德·帕若尔大约在中午进入沙勒罗瓦。他在这里暂停休整，等待约瑟夫·勒内·旺达姆部到来。反法联军占据了日利高地的有利地势。日利高地位于沙勒罗

---

① 南岸。
② 针对格拉夫·冯·齐滕行为有价值的讨论，请见J.F.莫里斯上校1890年10月发表在《武装部队联合杂志》上的有关滑铁卢战役的文章。——原注
③ 阿加顿·让·弗朗西斯·费恩男爵写给约瑟夫·拿破仑的信。拿破仑：《拿破仑信函集》，巴黎，帝国出版社，1869年，第28卷，第330页，第22055号。——原注

瓦略偏东北的方向。从某种程度上讲，反法联军这种坚韧的态度似乎让第二代格鲁希侯爵埃曼努尔·德格鲁希和约瑟夫·勒内·旺达姆倍感压力①。第二代格鲁希侯爵埃曼努尔·德格鲁希与约瑟夫·伊西多尔·埃克塞尔曼斯的骑兵军已经到达，约瑟夫·勒内·旺达姆1815年6月15日下午才到达，并在前进中占据了适当的位置。1815年6月15日17时以后，拿破仑亲自指挥。②他斗志高昂又有些急不可耐地要拿下反法联军据点，并且不惜动用保卫指挥部的骑兵。直到这时反法联军才放弃据点，撤向弗勒吕。

约瑟夫·勒内·旺达姆和第二代格鲁希侯爵埃曼努尔·德格鲁希率领皮埃尔·克洛德·帕若尔和约瑟夫·伊西多尔·埃克塞尔曼斯的骑兵在弗勒吕以南数英里的地方露营，帝国近卫军在沙勒罗瓦和日利之间休整，第六军在桑布尔河南岸靠近沙勒罗瓦的地方休整。

帝国近卫军士兵

---

① 但第二代格鲁希侯爵埃曼努尔·德格鲁希的看法不同。第二代格鲁希侯爵埃曼努尔·德格鲁希：《1815年各战役关系观察报告》，费城，1818年，第60页以后。——原注
② 查拉斯中校：《1815年战役史：滑铁卢》，莱比锡，布洛克豪斯出版社，第1卷，第111页。——原注

滑铁卢战场上的普鲁士士兵

法军右路——艾蒂安·莫里斯·热拉尔的第四军——在沙特莱渡过桑布尔河，当夜就在通往弗勒吕的公路上休息。

至此，法军三个军①、帝国近卫军与大部分骑兵都已经在沙勒罗瓦附近及沙勒罗瓦和弗勒吕之间集结，准备在1815年6月16日攻击弗勒吕和松布雷夫的普军。

拿破仑的指挥部设在沙勒罗瓦。

现在我们看一下法军左路的行动。1815年6月15日3时，奥诺雷·查尔斯·雷

---

① 第三军、第四军和第六军。——原注

耶伯爵指挥的第二军从桑布尔河上的莱尔出发，肃清了沿线反法联军各据点，占据了桑布尔河上的各座桥梁，并最终到达马歇纳①。根据1815年6月15日8时30分的命令②，奥诺雷·查尔斯·雷耶伯爵可以在马歇纳渡过桑布尔河，而另一项命令则命他前往哥斯利，以进攻那里的反法联军。这项命令没有保留下来，只是提到这是给德隆伯爵约翰·巴普蒂斯特·德鲁埃的命令③。奥诺雷·查尔斯·雷耶伯爵按照该命令率部经过马歇纳桥，直奔由沙勒罗瓦通往布鲁塞尔的公路上的一个小村庄——瑞梅。在瑞梅，奥诺雷·查尔斯·雷耶伯爵遇到了普军的一支后卫部队并快速将其歼灭，之后立刻前往哥斯利。他说，就在前往哥斯利时，米歇尔·奈伊到达并接管了第二军④。此时是1815年6月15日17时左右⑤。

刚刚接管第二军的米歇尔·奈伊是从沙勒罗瓦骑马赶来的。米歇尔·奈伊在沙勒罗瓦见到了拿破仑，并收到了指挥第一军和第二军的命令⑥。拿破仑告诉他，奥诺雷·查尔斯·雷耶伯爵正前往哥斯利。当米歇尔·奈伊到达奥诺雷·查尔斯·雷耶伯爵那里时，正如上文所述，他发现奥诺雷·查尔斯·雷耶伯爵正赶往哥斯利。

---

① 查拉斯中校：《1815年战役史：滑铁卢》，莱比锡，布洛克豪斯出版社，第1卷，第99页、第100页。——原注
② 埃尔兴根公爵费利克斯·奈伊：《1815年战役未出版文件集》，巴黎，1840年，第III页、第22页。——原注
③ 埃尔兴根公爵费利克斯·奈伊：《1815年战役未出版文件集》，巴黎，1840年，第V页、第25页。——原注
④ 奥诺雷·查尔斯·雷耶伯爵的表述。埃尔兴根公爵费利克斯·奈伊：《1815年战役未出版文件集》，巴黎，1840年，第56页。——原注
⑤ 查拉斯中校：《1815年战役史：滑铁卢》，莱比锡，布洛克豪斯出版社，第1卷，第123页。——原注
⑥ 埃尔兴根公爵费利克斯·奈伊：《1815年战役未出版文件集》，巴黎，1840年，第4页。海梅斯上校的表述。海梅斯所说的1815年6月15日19时太晚了。我们可以从第二代格鲁希侯爵埃曼努尔·德格鲁希元帅的表述中确定这段对话的时间。第二代格鲁希侯爵埃曼努尔·德格鲁希（《1815年各战役关系观察报告》，第61页）告诉我们，就在进攻日利之前，他前往沙勒罗瓦取拿破仑的命令，他发现拿破仑在给米歇尔·奈伊下达指令。以上我们看到，拿破仑在1815年6月15日17时下令进攻日利，这样，米歇尔·奈伊一定会在1815年6月15日17时之前和拿破仑会合，并很可能在三十分钟或四十五分钟之后到达奥诺雷·查尔斯·雷耶伯爵处。对比万·洛本·泽尔斯：《1815年澳属尼德兰战役详史》，海牙，埃里捷·多尔曼出版社，1849年，第140页。——原注

吉尔贝·巴舍吕

一到达哥斯利，米歇尔·奈伊就率第二军皮尔的骑兵及吉尔贝·巴舍吕的师前往弗拉涅。1815年6月15日18时30分左右①，米歇尔·奈伊率部将萨克森-魏玛公爵卡尔·伯纳德的旅逐出弗拉涅。萨克森-魏玛公爵卡尔·伯纳德的旅撤退到夸特布拉斯。让-巴普蒂斯特·吉拉尔的师奉命追击从哥斯利撤往弗勒吕的普军，另外两个师——杰罗姆·拿破仑的师和马克西米利安·塞巴斯蒂安·富瓦的师留在哥斯利。查尔斯·列斐伏尔-德努莱特指挥的近卫军一个骑兵师约有两千人，被暂时借调给米歇尔·奈伊，用于支援弗拉涅②的法军。米歇尔·奈伊在弗拉涅一直待到深夜。

---

① 万·洛本·泽尔斯：《1815年澳属尼德兰战役详史》，海牙，埃里捷·多尔曼出版社，1849年，第143页。这里全文给出了伯特兰亲王的报告，海梅斯所说的时间是完全错误的。海梅斯说，米歇尔·奈伊在1815年6月15日19时与拿破仑碰面，1815年6月15日20时接管第二军并在1815年6月15日晚上22时占领弗拉涅。埃尔兴根公爵费利克斯·奈伊：《1815年战役未出版文件集》，巴黎，1840年，第4页。——原注
② 海梅斯上校的表述。埃尔兴根公爵费利克斯·奈伊：《1815年战役未出版文件集》，巴黎，1840年，第4页，第5页。——原注

这样一来，第二军已经完成当日的任务。第二军的指挥官也展示出自己的斗志与能力。在弗拉涅的法军前哨发现了反法联军在夸特布拉斯的驻地。法军这天已经十分疲惫，需要在晚上好好休息。

德隆伯爵约翰·巴普蒂斯特·德鲁埃指挥的第一军却不尽如人意。首先，命令要求德隆伯爵约翰·巴普蒂斯特·德鲁埃于1815年6月15日3时出发，但他直到1815年6月15日4时才出发[1]。第一军并没有参加战斗，只是跟在第二军[2]后面。在桑布尔河畔索勒尔露营后，第一军仍需前进五英里[3]。大规模行军队伍的后半部分似乎常常会有拖延的问题，德隆伯爵约翰·巴普蒂斯特·德鲁埃的第一军也不例外。因为众所周知，相对而言，后半部分的速度从来赶不上前半部分的速度。德隆伯爵约翰·巴普蒂斯特·德鲁埃同样被要求派部分兵力驻守桑布尔河的各个通道[4]，但这无法合理解释第一军行军的迟缓。1815年6月15日晚，德隆伯爵约翰·巴普蒂斯特·德鲁埃的指挥部设在了马歇纳，他的先头部队弗朗索瓦·约瑟夫·迪吕的师已经到达瑞梅[5]，但第一军至少四分之一还未渡过桑布尔河。然而，德隆伯爵约翰·巴普蒂斯特·德鲁埃从1815年6月15日15时的命令[6]得知，奥诺雷·查尔斯·雷耶伯爵已经奉命前往哥斯利并进攻那里的反法联军，并且拿破

---

[1] 《滑铁卢的拿破仑》，巴黎，J.杜梅因出版社，1866年，第53页。书中给出了德隆伯爵约翰·巴普蒂斯特·德鲁埃命第一军在1815年6月15日4时出发而非3时出发的全文，并严肃地评论了这件事。——原注

[2] 查拉斯中校：《1815年战役史：滑铁卢》，莱比锡，布洛克豪斯出版社，第1卷，第98页。对比《1815年6月15日10时给德隆伯爵约翰·巴普蒂斯特·德鲁埃的命令》。这个命令要求德隆伯爵约翰·巴普蒂斯特·德鲁埃在马歇纳或哈姆越过桑布尔河，并在靠近奥诺雷·查尔斯·雷耶伯爵的地方占据有利位置。埃尔兴根公爵费利克斯·奈伊：《1815年战役未出版文件集》，巴黎，1840年，第IV页，第24页。——原注

[3] 埃尔兴根公爵费利克斯·奈伊：《1815年战役未出版文件集》，巴黎，1840年，第98页。——原注

[4] 查拉斯中校：《1815年战役史：滑铁卢》，莱比锡，布洛克豪斯出版社，第2卷，第207页，第208页。——原注

[5] 弗朗索瓦·约瑟夫·迪吕的表述。弗朗索瓦·约瑟夫·迪吕说这个军晚上在哥斯利前方宿营，这没有证据。弗朗索瓦·约瑟夫·迪吕很可能指的是瑞梅而非哥斯利。第二军马克西米利安·塞巴斯蒂安·富瓦和杰罗姆·拿破仑的师占领了哥斯利。埃尔兴根公爵费利克斯·奈伊：《1815年战役未出版文件集》，巴黎，1840年，第71页。——原注

[6] 埃尔兴根公爵费利克斯·奈伊：《1815年战役未出版文件集》，巴黎，1840年，第V页，第25页。——原注

仑希望德隆伯爵约翰·巴普蒂斯特·德鲁埃前往哥斯利支援这一军事行动。1815年6月15日晚些时候，或许是在晚上①米歇尔·奈伊在接管了这两个军后，德隆伯爵约翰·巴普蒂斯特·德鲁埃得知②拿破仑打算让自己在哥斯利与第二军会合，而且米歇尔·奈伊也会给他下达这样的命令③。最后这句话无疑表明，拿破仑已经命米歇尔·奈伊指挥这两个军。查拉斯中校④说的是事实。他说，1815年6月15日晚，第一军排成楔型队形从马歇纳前往瑞梅，这表明所有部队已经渡过桑布尔河，而且这一点也被广泛接受⑤。不过，本书发现了一封抬头为"1815年6月16日3时于马歇纳"的急报⑥。急报是由第一军第三师参谋长皮埃尔·马尔科涅写给该师第一旅指挥官安托万·诺格斯将军的。皮埃尔·马尔科涅通知安托万·诺格斯将军，直到阿利克斯的第一师到达后第二旅才会离开马歇纳。这无疑表明，尽管1815年6月15日15时的命令要求第一军前往哥斯利并支援奥诺雷·查尔斯·雷耶伯爵进攻反法联军并且之后的命令内容也是如此，但十二小时之后的1815年6月16日3时，一个师未到达桑布尔河，另一个师的两个旅仍在马歇纳。回顾前文，在上述过程中，整个第一军停留在哥斯利及其前方已超过八小时！本书必须要谴责德隆伯爵约翰·巴普蒂斯特·德鲁埃行军极度缓慢，不仅因为他在接到1815年6月15日15时的命令后没有立即前往哥斯利，而且因为他没有注意到在

---

① 查拉斯中校认为是1815年6月15日18时或19时。查拉斯中校：《1815年战役史：滑铁卢》，莱比锡，布洛克豪斯出版社，第2卷，第224页。——原注
② 埃尔兴根公爵费利克斯·奈伊：《1815年战役未出版文件集》，巴黎，1840年，第Ⅵ页，第25页。——原注
③ 难以解释的是，查尔斯·康沃利斯·切斯尼忽视了拿破仑下达给德隆伯爵约翰·巴普蒂斯特·德鲁埃并要求他率部在哥斯利向奥诺雷·查尔斯·雷耶伯爵靠拢的命令。因此，查尔斯·康沃利斯·切斯尼完全不应该严厉批评拿破仑。查尔斯·康沃利斯·切斯尼：《滑铁卢讲座：1815年战役研究》，伦敦，朗文格林出版社，1874年，第118页，第119页。——原注
④ 查拉斯中校：《1815年战役史：滑铁卢》，莱比锡，布洛克豪斯出版社，第1卷，第110页。——原注
⑤ 亨利·德拉图尔·奥弗涅：滑铁卢：1815年战役研究》，巴黎，亨利·普隆出版社，1870年，第91页；威廉·西博恩上尉：《1815年战役史：法兰西战役和比利时战役》，伦敦，T.&W.布恩出版社，1844年第1卷，第82页；埃德加·基内：《1815年战役》，巴黎，米歇尔·列维·弗里尔出版社，1862年，第1卷，第90页；乔治·胡珀：《1815年战役史：滑铁卢——拿破仑的陨落》，伦敦，老史密斯出版社，1862年，第76页。只有《滑铁卢的拿破仑》作者说第一军的部分军队当天晚上已经过河。《滑铁卢的拿破仑》，巴黎，J.杜梅因出版社，1866年，第34页，第60页。——原注
⑥ 《滑铁卢的拿破仑》，巴黎，J.杜梅因出版社，1866年，第144页。——原注

整个行军过程中距第二军距离极近①。综合考虑所有情况，尤其是奥诺雷·查尔斯·雷耶伯爵要在敌占区前进并且实际上受到了反法联军的顽强抵抗，德隆伯爵约翰·巴普蒂斯特·德鲁埃显然有必要采取一定措施。同时要记住，在1815年6月中旬的比利时，21时天才变黑，而4时之前太阳就已升起。

人们可能注意到，在拿破仑是否于1815年6月15日给米歇尔·奈伊下达占领夸特布拉斯的口头命令这一问题上存在争议。备受历史学家们关注的这一争议与本书现在讨论的问题没有太大关系。本书现在关注的是1815年6月15日第一军行军中德隆伯爵约翰·巴普蒂斯特·德鲁埃的表现。下文中会看到，这一问题与接下来第一军的行动息息相关。

这里不会解释这个棘手的问题。1815年6月15日，拿破仑给米歇尔·奈伊下达书面命令，要求他前往夸特布拉斯，这是事实。这否定了拿破仑所说的下达给米歇尔·奈伊的是口头命令，而且拿破仑的这个说法②受到普遍质疑。基于诸多原因，本书倾向于依据已经被广泛接受或者有确凿证据的事实展开叙述。本书会在本章的第二部分阐释这个问题。

综上所述，除了第一军的延误，1815年6月15日当天法军的行动还是令拿破仑满意的。拿破仑自己说："所有的军事行动都如我所愿。因此，我有能力逐个进攻普军。为避免这一灾难——最大的灾难，普军只能丢弃阵地，在布鲁塞尔或其前方集结。"

事实上，拿破仑认为普军并不可能在1815年6月16日冒险迎战。如果普军果真迎战，拿破仑在弗勒吕前方已经集结足够的兵力来对抗普军。在这场战斗中，拿破仑并不担心英荷联军会与其友军会合，因为他认为威灵顿公爵阿瑟·韦尔斯利无力及时集结足够的兵力战胜米歇尔·奈伊的两个军。拿破仑打算让米歇尔·奈伊率的两个军在1815年6月16日上午占领夸特布拉斯。拿破仑故意放弃占领松布雷夫，以防列博莱希特·冯·布吕歇尔元帅在发现自己在松布雷夫与威灵顿公爵阿瑟·韦尔斯利的联络通道被切断后会不战而退，并力图与英军在

---

① 查拉斯中校：《1815年战役史：滑铁卢》，莱比锡，布洛克豪斯出版社，第1卷，第98页。——原注
② 拿破仑：《拿破仑信函集》，巴黎，帝国出版社，1869年第31卷，第199页；古尔戈男爵加斯帕尔：《百日战役：法兰西战役与比利时战役的关系》，巴黎，1818年，第47页。——原注

英军士兵

瓦夫尔或瓦夫尔以北会合。不过,只要连接普军和威灵顿公爵阿瑟·韦尔斯利军队的公路畅通无阻,列博莱希特·冯·布吕歇尔元帅就会期待友军的支援,从而自信地冒险一战,以保卫在弗勒吕或其附近的友军联络通道。但如果列博莱希特·冯·布吕歇尔元帅真的冒险迎战,拿破仑就期望打败普军。因为拿破仑推算,一旦1815年6月16日上午法军占领夸特布拉斯,就能阻止英荷联军支援列博莱希特·冯·布吕歇尔元帅。

拿破仑的一个秘书阿加顿·让·弗朗西斯·费恩男爵给约瑟夫·拿破仑写了

一封信[1]，信的抬头是"1815年6月15日21时于沙勒罗瓦"。信中说，拿破仑刚刚回来，十分疲惫。从1815年6月15日3时到现在，他一直都待在马背上。他倒在床上休息了几个小时。但午夜时分，他又要骑上马背。然而，下文中会提到，拿破仑并没有这样做。因为午夜时分，米歇尔·奈伊刚刚从弗拉涅的最前方回来与拿破仑商谈。

约瑟夫·拿破仑

---

[1] 拿破仑：《拿破仑信函集》，巴黎，帝国出版社，1869年，第31卷，第202页；第28卷，第330页，第22055号。——原注

百家争鸣

1815年6月15日下午和晚上的形势对米歇尔·奈伊极其不利，前文已经提到这一点。J.F.莫里斯上校在最近发表的一篇文章①中明确指出了米歇尔·奈伊的难题。文中说，米歇尔·奈伊面临巨大压力。公正地讲，他的人员配备极不恰当。米歇尔·奈伊的确不是战争新手。他麾下的军长们，事实上是所有将士们，都知道他的大名。遗憾的是，1815年6月15日近17时他才到达前线，而且只带了一个参谋。他本人理应亲自前往弗拉涅参加骑兵的行动并且留意后备部队吉尔贝·巴舍吕步兵师的部署。深夜返回的途中，他很可能在瑞梅和哥斯利②之间发现第一军的先头部队弗朗索瓦·约瑟夫·迪吕的师从弗拉涅前往哥斯利。然而，米歇尔·奈伊很清楚，第一军并未完全履行职责。本书至少可以推断，鉴于德隆伯爵约翰·巴普蒂斯特·德鲁埃行动缓慢，如果想要自己麾下所有军队参加第二天的行动，米歇尔·奈伊就必须竭尽全力，亲自将第一军带到前线③。

关于1815年6月15日拿破仑是否实现了自己的计划或者实现了既定目标，学者们存在分歧。安托万·亨利·约米尼男爵和查拉斯中校等人认为拿破仑的目标是立刻攻占松布雷夫和夸特布拉斯，而约瑟夫·罗尼特等人则坚持认为，攻占松布雷夫和夸特布拉斯原本应该成为拿破仑的目标，但拿破仑没有制定这样的目标。他们认为法军第一天的行动并不完整。安托万·亨利·约米尼男爵说："拿破仑不得不放弃法军在1815年6月15日推进至松布雷夫和夸特布拉斯的想法，

---

① 《武装部队联合杂志》：1890年9月，第541页以后。——原注
② 弗朗索瓦·约瑟夫·迪吕的表述。如之前所述，弗朗索瓦·约瑟夫·迪吕很可能将瑞梅错认为哥斯利。埃尔兴根公爵费利克斯·奈伊：《1815年战役未出版文件集》，巴黎，1840年，第71页。——原注
③ 米歇尔·奈伊承认在1815年6月15日晚上让第一军切入马歇纳和瑞梅之间是错误的。古尔戈男爵加斯帕尔：《百日战役：法兰西战役与比利时战役的关系》，巴黎，1818年，第66页。——原注

安托万·亨利·约米尼男爵

这决定了他之后所有的行动。"①查拉斯中校说:"人们可能确信,在战役的第一天,为了实现占领松布雷夫和夸特布拉斯的目标,拿破仑打算让法军急行军一整天。法军因为严重耽误了时间,所以未能占领上述两个地方。连接列博莱希特·冯·布吕歇尔和威灵顿公爵阿瑟·韦尔斯利的公路尽管受法军威胁,但依旧

---

① 安托万·亨利·约米尼男爵:《1815年政治军事史》,巴黎,1839年,第123页,第225页,第226页。安托万·亨利·约米尼男爵说:"拿破仑给第二代格鲁希侯爵埃曼努尔·德格鲁希一个口头命令,要求他在可行的情况下于当天晚上推进至松布雷夫。"但没有给出上述命令存在的证据。对比亨利·德拉图尔·奥弗涅:《滑铁卢:1815年战役研究》,巴黎,亨利·普隆出版社,1870年,第69页。安托万·亨利·约米尼男爵说,拿破仑从来没有因第二代格鲁希侯爵埃曼努尔·德格鲁希未能在1815年6月15日推进到松布雷夫而责备他,这很好地证明了拿破仑即没有命第二代格鲁希侯爵埃曼努尔·德格鲁希前往松布雷夫,也不希望他这样做。——原注

畅通无阻。"①因此本书认为，拿破仑写的"时间上的耽误危害极大"是事实，也就是说法军并未完成1815年6月15日的任务。

查拉斯中校所参考的这段话出现在《拿破仑信函集》中。这段话的内容是：

> 同一天，即1815年6月15日，法军奉命于16时在弗勒吕前方的树林中发起攻击，但直到1815年6月15日17时进攻才开始。在法军到达弗勒吕之前，夜幕已经降临，而拿破仑原本打算当天将指挥部设在弗勒吕。在战斗伊始，三小时的延误是非常致命的。②

既然法军中路和右路的行动受到影响，那么本书首先考虑一下1815年6月15日法军未能占领松布雷夫这一问题。

约瑟夫·罗尼特的批评很有意思。他认为，1815年6月15日拿破仑的目标原本应该是占领松布雷夫。后来，拿破仑本人在圣赫勒拿岛上回应了约瑟夫·罗尼特的批评。

对此，拿破仑回应道，1815年6月15日，他本应该完成八里格到十里格的强行军，使整个部队推进至弗勒吕，并让先头部队推进至松布雷夫。但不知道是因为糟糕的天气还是他有别的什么想法，他没有通过急行军楔入反法联军中间，而是在沙勒罗瓦停留③。

拿破仑原打算派先头部队占领弗勒吕④，而让大部分部队隐藏在弗勒吕附

---

① 查拉斯中校：《1815年战役史：滑铁卢》，莱比锡，布洛克豪斯出版社，第1卷，第116页；第2卷，第225页；注释K。——原注
② 拿破仑：《拿破仑信函集》，巴黎，帝国出版社，1869年，第31卷，第249页。——原注
③ 拿破仑：《拿破仑信函集》，巴黎，帝国出版社，1869年，第31卷，第417页。——原注
④ 约瑟夫·罗尼特称，关于帝国近卫军占领弗勒吕，这个表述和《拿破仑回忆录》中的表述非常不同。《拿破仑回忆录》中说，拿破仑打算将指挥部设在弗勒吕。但这似乎是吹毛求疵。查拉斯中校说："如果拿破仑打算将指挥部设在弗勒吕，他会占领松布雷夫，这才是合理的。"但这似乎离题太远。法军指挥部很可能就设在了弗勒吕，而普军占据着布莱和松布雷夫的高地，甚至是利尼和圣阿曼达；1815年6月16日的情况确实如此。拿破仑自然会将沙勒罗瓦和松布雷夫之间的中心地带作为他1815年6月15日晚上休息的地方。查拉斯中校：《1815年战役史：滑铁卢》，莱比锡，布洛克豪斯出版社，第2卷，第221页。——原注

近①的树林后方。他小心翼翼，一方面避免被反法联军发现，另一方面——也是最重要的方面——不占领松布雷夫。占领松布雷夫本身会导致他的整个行动失败。这样一来，列博莱希特·冯·布吕歇尔元帅会被迫在瓦夫尔集结军队，那么利尼之战也就不复存在了。而且普军在未全部集结且没有英军支援的情况下就不会被迫迎战了。②

在《回应拿破仑对〈论战争艺术〉的批评》③中，约瑟夫·罗尼特批评了这一观点，内容如下：

> 如果在1815年6月15日占领松布雷夫，拿破仑不费吹灰之力就能将两支敌军分割，从而实现与它们分别作战的目的。而在利尼战役中，拿破仑尽管付出了高昂的代价，但没有取得这样的结果。④

约瑟夫·罗尼特批评拿破仑未能在1815年6月15日提出占领松布雷夫的计划，查拉斯中校则几乎不理会拿破仑的上述说法，认为这不值得太多关注。⑤他说，未能按计划在1815年6月15日攻占松布雷夫与"拿破仑的战略原则"相悖。因此，查拉斯中校认为，1815年6月15日拿破仑未能攻占目标据点。

如上文所述，安托万·亨利·约米尼男爵⑥对拿破仑作战计划的看法与查拉斯中校⑦的观点一致。

---

① 卡尔·冯·克劳塞维茨：《1815年反法战争》，柏林，迪姆勒出版社，1862年，第30章，第60页。但约瑟夫·罗尼特的看法不同。约瑟夫·罗尼特：《回应拿破仑对〈论战争艺术〉的批评》，巴黎，1823年，第262页。——原注
② 事实上普军确实在没有英军支援的情况下被迫应战。——原注
③ 约瑟夫·罗尼特：《回应拿破仑对<论战争艺术>的批评》，巴黎，1823年，第14页，第264页，第265页。——原注
④ 很难看出此处的意思是什么。由于法军1815年6月15日没能拿下松布雷夫，拿破仑在1815年6月16日要单独对战普军。由于一些特殊原因，利尼战役的胜利没有之前所设想的那样有决定性。——原注
⑤ 埃德加·基内：《1815年战役》，巴黎，米歇尔·列维·弗里尔出版社，1862年，第1卷，第115页注释。但他在102页中没有赞同查拉斯中校的观点。——原注
⑥ 安托万·亨利·约米尼男爵：《1815年政治军事史》，巴黎，1839，第123页，第125页。——原注
⑦ 亨利·德拉图尔·奥弗涅持相同观点。亨利·德拉图尔·奥弗涅：《滑铁卢：1815年战役研究》，巴黎，亨利·普隆出版社，1870年，第73页以后。——原注

普军步兵团士兵

　　首先，针对以上批评，本书首先发现，一些学者尽管质疑拿破仑本人对作战计划和目标的解释，但未给出充分的理由。拿破仑的解释内容清晰、前后一致。本书相信，他想在战役伊始就与反法联军打一场具有决定意义的仗。他希望这一仗会产生重要的结果。拿破仑说，他期望普军能及时集结并在弗勒吕附近的松布雷夫南侧迎战。一方面因为威灵顿公爵阿瑟·韦尔斯利的军队还未做好战斗准备，另一方面拿破仑提议在战役的首日占领夸特布拉斯，所以他能够在普军与英军暂时分隔①的情况下进攻普军。拿破仑已经命令法军在第一天占领夸特布拉斯，但从未提议在这一天占领松布雷夫。每当他因此受到批评，他总是坚持自己是对的。拿破仑说，他认为在战役的这一阶段，列博莱希特·冯·布吕歇尔

---

① 纪尧姆·德沃德阔特：《1814年和1815年反法战争史》，巴黎，1826年，第3卷，第2部分，第134页、第135页。纪尧姆·德沃德阔特说拿破仑的计划非常清楚，但在书中第165页、第166页，他又不知不觉地赞同了安托万·亨利·约米尼男爵的分析。——原注

元帅的作战目标一定是与自己的友军保持联系[①]。因此，普军如果迎战，就会选择由那慕尔通往夸特布拉斯的公路南侧，即松布雷夫以南某个地方。拿破仑期待这一战会是伟大的且有决定意义的[②]，所以1815年6月15日仅仅命法军中路与右路威胁由那慕尔通往夸特布拉斯的公路并故意避免占领松布雷夫。因为拿破仑认为，一旦列博莱希特·冯·布吕歇尔元帅发现松布雷夫被占，自己与威灵顿公爵阿瑟·韦尔斯利的联络通道实际上就被法军控制了；在这种情况下，他可能进一步向北撤退，从而与英军轻松地会合。这样一来，在普军与英军分离的情况下，法军就没有机会单独与普军作战了。

其次，本书没有看到约瑟夫·罗尼特谴责拿破仑未采纳的那个方案，也就是安托万·亨利·约米尼男爵和查拉斯中校相信拿破仑实际上想到了但没有实施的方案——1815年6月15日攻占松布雷夫和夸特布拉斯。无论如何，这都是对上文拿破仑自己所描述的方案的改进。这些学者希望拿破仑占领反法联军联络通道上的两个据点，分隔反法联军两部，以此拉开战役的序幕。拿破仑说，如果自己这样做，反法联军肯定会被分隔，但同时会丧失在其中一支敌军孤立无援的状态下将其一举歼灭的战机。拿破仑的观点很可能是正确的。列博莱希特·冯·布吕歇尔元帅如果发现法军占领了经过松布雷夫的那慕尔-夸特布拉斯公路，自然就会撤退。他可能会在瓦夫尔或布鲁塞尔附近与威灵顿公爵阿瑟·韦尔斯利联合行动。这样一来，他就不会给拿破仑机会，让法军主力在利尼进攻没有英军一兵一卒支援的普军。

在本书看来，拿破仑的理由似乎是对的。他在利尼击败了一个孤立无援的对手。这样的绝佳战机完全符合他的预期，同时这得益于他深思熟虑的部署。总而言之，本书没有充分的理由推断拿破仑打算让军队在1815年6月15日晚上推进至松布雷夫并占据经过松布雷夫的从那慕尔通往尼威尔的公路。他很可能希

[①] 对比卡尔·冯·克劳塞维茨所著《1815年反法战争》(柏林，迪姆勒出版社，1862年)第22章第46页。人们肯定会认为两个将军彼此会保持联系。——原注

[②] 拿破仑希望，如果遇上列博莱希特·冯·布吕歇尔的主力，自己能在威灵顿赶来之前通过快速进攻而击败他。卡尔·冯·克劳塞维茨：《1815年反法战争》，柏林，迪姆勒出版社，1862年，第22章，第46页。——原注

望将指挥部设在弗勒吕,尽管这一点未能做到。不过,从法军中路和右路的行动来看,在战役第一天结束时,拿破仑事实上已经实现自己的目标了。

现在,本书考虑一下该问题的另一个方面,即在1815年6月15日,拿破仑有没有打算占领夸特布拉斯?

一、如果以上观点正确,也就是说,拿破仑之所以没有打算于1815年6月15日占领松布雷夫是因为他怕列博莱希特·冯·布吕歇尔元帅发现法军在松布雷夫占据了普军与威灵顿公爵阿瑟·韦尔斯利军队的联络通道后会向北撤退并与英荷联军会师。那么很遗憾地说,列博莱希特·冯·布吕歇尔元帅如果发现法军在夸特布拉斯占领了通向尼威尔的公路,仍旧会向北撤退。但这似乎离题太远了。与夸特布拉斯被法军占领相比,格拉夫·冯·齐滕第一军被逐出松布雷夫及法军主力占领松布雷夫对列博莱希特·冯·布吕歇尔元帅的影响更大。一方面,从理论上讲,法军占领那慕尔–尼威尔公路上的任何一个据点对列博莱希特·冯·布吕歇尔元帅的影响及对他之后行动的影响都是一样的。然而,本书看到事实并非如此。另一方面,列博莱希特·冯·布吕歇尔元帅也可能不会在松布雷夫或其附近迎战,除非他认为自己可以得到威灵顿公爵阿瑟·韦尔斯利的支援。但列博莱希特·冯·布吕歇尔元帅如果知道法军占领了夸特布拉斯,就不会指望威灵顿公爵阿瑟·韦尔斯利的支援了。尽管如此,拿破仑仍打算早点儿占领夸特布拉斯,以便能在1815年6月16日进攻普军时阻止威灵顿公爵阿瑟·韦尔斯利支援普军。这一行动的重要性很可能促使拿破仑在1815年6月15日向米歇尔·奈伊下达命令,要求他立刻攻克夸特布拉斯,并利用好普军撤向瓦夫尔或布鲁塞尔的时机。

二、然而,对拿破仑计划的成功实施而言,这个问题没有什么实际意义。本书假设拿破仑所说的1815年6月15日向米歇尔·奈伊下达口头命令,要求米歇尔·奈伊率军进至夸特布拉斯是事实。不过,本书刚刚看到,拿破仑的个人回忆证实,1815年6月15日晚,拿破仑对法军这一天的行动基本满意,尽管法军未能占领夸特布拉斯。事实上,拿破仑从未说过必须在1815年6月15日占领夸特布拉斯。本书马上要讨论的1815年6月16日早上向米歇尔·奈伊下达的书面命令表明，拿破仑在签发该命令时对米歇尔·奈伊在1815年6月15日占领弗拉涅并威胁夸特布拉斯的做法感到满意，而且希望米歇尔·奈伊能在1815年6月16日上午推进至夸特布拉斯，而他自己则会集结部队前往松布雷夫，并希望在当天下午与普军开战。实际上，如果考虑到拿破仑亲率的法军主力不具备在1815年6月16日拂晓时与普军交战的条件，那么我们很容易就能理解为什么拿破仑[1]对米歇尔·奈伊没能率军进至夸特布拉斯仍然感到非常满意。[2]

安托万·亨利·约米尼男爵[3]和查拉斯中校[4]承认，拿破仑因为意识到法军不可能在1815年6月15日占领松布雷夫，所以不再期望占领夸特布拉斯，并且对1815年6月15日米歇尔·奈伊率部在弗拉涅过夜没有表示不满。基于上文中给出的原因，本书完全同意这一结论，但本书并不完全赞同他们对拿破仑计划的分析，如前文中所述，他们的分析与拿破仑自己的分析存在很大的分歧。

总之，即使法军未能占领夸特布拉斯，法军在1815年6月15日这天的行动结果也是令人满意的。但上文中本书已指出，1815年6月15日这天结束时，派给米歇尔·奈伊的全部兵力远未集结完毕。[5]

三、不过，基于上述内容人们可能会质疑，假设拿破仑在1815年6月16日17时给米歇尔·奈伊下达了口头命令，假设当天晚上米歇尔·奈伊没有占领夸特布拉斯、未真正打乱拿破仑的计划，那么拿破仑为什么还要责备米歇尔·奈伊未能占领夸特布拉斯？第一个原因是米歇尔·奈伊未能遵从命令。第二个原因是拿破仑认为米歇尔·奈伊在夸特布拉斯南侧的弗拉涅止步不前是因为过度谨慎，像米歇尔·奈伊这样的人如此谨慎令人既惊讶又烦恼。第三个原因是在开始叙述

---

[1] 不管拿破仑在1815年6月15日17时给米歇尔·奈伊下达了什么命令，他期望米歇尔·奈伊在1815年6月16日早上之前取得的进展远超实际情况。——原注
[2] 但亨利·德拉图尔·奥弗涅意见不同。亨利·德拉图尔·奥弗涅：《滑铁卢：1815年战役研究》，巴黎，亨利·普隆出版社，1870年，第75页，第76页。——原注
[3] 安托万·亨利·约米尼男爵：《1815年政治军事史》，巴黎，1839年，第125页，第215页。——原注
[4] 查拉斯中校：《1815年战役史：滑铁卢》，莱比锡，布洛克豪斯出版社，第1卷，第124页。对比埃德加·基内所著《1815年战役》（巴黎，米歇尔·列维·弗里尔出版社，1862年）第102页。——原注
[5] 古尔戈男爵加斯帕尔：《百日战役：法兰西战役与比利时战役的关系》，巴黎，1818年，第66页。——原注

这场战役时,拿破仑将米歇尔·奈伊在1815年6月15日未能冒险前行的犹豫与米歇尔·奈伊1815年6月16日对部队奇怪的指挥方式联系了起来。本书只有继续关注接下来的事态发展,才能做出评论。拿破仑①自然会把第一军未能参加夸特布拉斯战役或利尼战役,归咎于他所认为的米歇尔·奈伊在1815年6月16日的错误安排。因此,本书发现,拿破仑之所以严厉批评米歇尔·奈伊未能在1815年6月15日晚向夸特布拉斯大胆推进,不是因为法军需要在当天晚上占领这一十字路口②,而是因为米歇尔·奈伊的犹豫似乎让拿破仑认为他缺乏胆量和斗志,而一直以来,拿破仑非常自信地认为米歇尔·奈伊拥有上述品质。

四、在上文中,本书假设拿破仑在1815年6月15日17时给米歇尔·奈伊下达了口头命令,要求米歇尔·奈伊率麾下两个军向前推进并占领夸特布拉斯。但这是事实吗?

正如每个研究滑铁卢战役的人看到的那样,该问题存在不少争议。但如上文所述,本书认为这个问题无足轻重。拿破仑从未说过米歇尔·奈伊没有执行该命令是多么严重的问题,尽管他确实将最终的后果归咎于米歇尔·奈伊不必要的谨慎和警惕,进而责备了他。不过,这一问题仍然引发了激烈的讨论。因此,本书最好简要说明一下。

古尔戈男爵加斯帕尔③及拿破仑个人回忆④中提到与米歇尔·奈伊在日莱附近会面时,拿破仑命令米歇尔·奈伊率麾下的两个军向夸特布拉斯大胆推进并占据前方的有利位置,同时守卫通往尼威尔、布鲁塞尔和那慕尔的公路。这一点拿破仑表达得非常明确清楚。上述说法发表于1818年和1820年。本书所掌握的同时期的证据是法军的一份官方公告⑤。该公告于1815年6月15日晚从沙勒罗

---

① 顺便说一句,拿破仑并不知道全部事实。——原注
② 因为法军也可以在第二天上午占领此处。——原注
③ 古尔戈男爵加斯帕尔:《百日战役:法兰西战役与比利时战役的关系》,巴黎,1818年,第47页。——原注
④ 拿破仑:《拿破仑信函集》,巴黎,帝国出版社,1869年,第31卷,第199页。——原注
⑤ 拿破仑:《拿破仑信函集》,巴黎,帝国出版社,1869年,第28卷,第333页。拿破仑命莫斯科公爵米歇尔·奈伊指挥法军左路,1815年6月15日晚上,米歇尔·奈伊的指挥部设在布鲁塞尔公路上的夸特布拉斯。这个公告出现在1815年6月18日的《箴言报》中。乔治·琼斯:《滑铁卢战役》,伦敦,莱纳斯·布思出版社,1852年,第378页,第379页。——原注

瓦发出。公告上说，当天晚上，米歇尔·奈伊打算将指挥部设在夸特布拉斯，这强有力地证明了古尔戈男爵加斯帕尔和拿破仑个人回忆中的说法[1]。

本书再次看到，古尔戈男爵加斯帕尔[2]和拿破仑个人回忆[3]中所给出的米歇尔·奈伊在夸特布拉斯南侧停下的原因是，米歇尔·奈伊自然会从弗勒吕和日利附近的炮声判断出在法军主力到达前进一步向前方推进是不明智的[4]。这确实也是1815年6月15日晚上米歇尔·奈伊在沙勒罗瓦和拿破仑会面时所给出的原因。

一方面，米歇尔·奈伊和让·德迪乌·苏尔特对此事都没有留下书面解释[5]。

---

[1] 滑铁卢战役结束仅仅三年后的1818年，在费城出版《1815年各战役关系观察报告》，第二代格鲁希侯爵埃曼努尔·德格鲁希为自己辩解说，在1815年6月18日，他严格遵守命令，所以没有前往滑铁卢炮声响起的地方。他说："此外，我亲眼看到拿破仑不赞同米歇尔·奈伊的举动，所以更加坚定地这样做。我听到拿破仑责备米歇尔·奈伊在1815年6月15日听到日利和弗勒吕之间的炮声时推迟了军队的行动并让奥诺雷·查尔斯·雷耶伯爵军在哥斯利和弗拉涅之间停了下来，并且责备米歇尔·奈伊派一个师前往战斗发生的弗勒吕，而不是单纯按命令的要求，前往夸特布拉斯。"当第二代格鲁希侯爵埃曼努尔·德格鲁希谈到他拒绝了前往炮声响起的地方的提议时，他再次说道，"另外，我能那么快忘记拿破仑批评米歇尔·奈伊元帅在听到弗勒吕附近的炮声时停了下来，批评他派部队前往弗勒吕方向，批评他没有执行命令吗？"第二代格鲁希侯爵埃曼努尔·德格鲁希此处所指的场景，是发生在1815年6月15日至16日晚上在拿破仑指挥部的场景。在1819年于费城再版及1819年于巴黎再版的手册中，第二代格鲁希侯爵埃曼努尔·德格鲁希删掉了他所说的他听到拿破仑责备米歇尔·奈伊这件事，而是基于古尔戈男爵加斯帕尔书中对米歇尔·奈伊行为的批评来论述这件事。人们可能会猜测，在1818年的版本本出版后，第二代格鲁希侯爵埃曼努尔·德格鲁希得知米歇尔·奈伊的家人否认米歇尔·奈伊在1815年6月15日收到过前往夸特布拉斯的命令，而且第二代格鲁希侯爵埃曼努尔·德格鲁希不愿意给出与米歇尔·奈伊元帅朋友们的论点相悖的证据。第二代格鲁希侯爵埃曼努尔·德格鲁希：《1815年各战役关系观察报告》，费城，1819年，第32页。——原注
[2] 古尔戈男爵加斯帕尔：《百日战役：法兰西战役与比利时战役的关系》，巴黎，1818年，第48页。——原注
[3] 拿破仑：《拿破仑信函集》，巴黎，帝国出版社，1869年，第31卷，第200页。——原注
[4] 对比安托万·亨利·约米尼男爵所著《1815年政治军事史》(巴黎，1839年)第214页。安托万·亨利·约米尼男爵认为米歇尔·奈伊犹豫要不要拿下夸特布拉斯是合理的，"除非让他快速奔袭至夸特布拉斯的命令是一个正式命令"。——原注
[5] 米歇尔·奈伊在给奥特朗托公爵的信中说："拿破仑于1815年6月15日命令我立刻率领第一军和第二军。我率上述军队追击敌军，并迫使敌军撤离哥斯利、弗拉涅、米勒和禾匹尼斯。我们就在上述地方过夜。1815年6月16日，我收到进攻夸特布拉斯的英军的命令。"我们看到，米歇尔·奈伊没有说拿破仑在1815年6月15日给他什么样的指令。他只是列举了指派给他的军队，并说明了他率这些军队取得了什么成就。拿破仑命米歇尔·奈伊在1815年6月16日进攻夸特布拉斯的说法无法解释我们现在正探讨的问题。我们现在关注的问题是，米歇尔·奈伊在1815年6月15日到底收到了什么样的命令。乔治·琼斯：《滑铁卢战役》，伦敦，莱纳斯·布思出版社，1852年，第386页。——原注

本书也没有听说米歇尔·奈伊口头解释过此事。阿道夫·梯也尔①认为，让·德迪乌·苏尔特经常说，1815年6月15日他听到拿破仑命令米歇尔·奈伊率军向夸特布拉斯挺进。他还引用了约瑟夫·勒内·旺达姆麾下的师长皮埃尔·贝尔特泽纳的回忆录的内容。其大意是，让·德迪乌·苏尔特告诉皮埃尔·贝尔特泽纳拿破仑给米歇尔·奈伊下达了上述命令。

另一方面，米歇尔·奈伊之子埃尔兴根公爵费利克斯·奈伊说，1841年米歇尔·奈伊的副官海梅斯上校告诉他②，拿破仑与米歇尔·奈伊1815年6月15日下午的谈话没有提到夸特布拉斯。埃尔兴根公爵费利克斯·奈伊进一步说③，1829年，让·德迪乌·苏尔特告诉他和海梅斯上校，拿破仑并没有打算在1815年6月15日晚占领夸特布拉斯，也没有下达这样的命令。

但法军官方公告上说，1815年6月15日晚米歇尔·奈伊的指挥部会设在夸特布拉斯，这是不可否认的事实。那本书如何解释上述道听途说的证据呢？埃尔兴根公爵费利克斯·奈伊提到的海梅斯上校与让·德迪乌·苏尔特跟他说的话及他们的回忆是两个人分别在事情发生十四年和二十六年后告诉他的，而法军官方公告是当晚发出的，公告上说米歇尔·奈伊在夸特布拉斯④。相比而言，前者的说法可能不太准确。作为法军的参谋长，让·德迪乌·苏尔特一定知道法军公告的内容。事实上，公告肯定就是让·德迪乌·苏尔特本人或是在让·德迪乌·苏尔特的直接授意下写成的。让·德迪乌·苏尔特如果知道拿破仑既没有在1815年6月15日晚占领夸特布拉斯的想法也没有下达这样的命令，那么他在公告中说1815年6月15日晚米歇尔·奈伊的指挥部在夸特布拉斯，实在让人难以置信。同样值得注意的是，查拉斯中校偶然提到了这个官方公告。在本书中，该官方公告是仅有的同时期的证据，并且查拉斯对法军官方公告的讨论仅仅是为了验证有

---

① 阿道夫·梯也尔：《拿破仑统治下的执政府和法兰西帝国史》，伦敦，威利斯和莎乐伦出版社，1861年，第20卷，第31页。——原注
② 《埃尔兴根公爵米歇尔·奈伊给安托万·亨利·约米尼男爵的信》。埃尔兴根公爵费利克斯·奈伊：《1815年战役未出版文件集》，巴黎，1840年，第III页，第22页。——原注
③ 埃尔兴根公爵费利克斯·奈伊：《1815年战役未出版文件集》，巴黎，1840年，第30页。——原注
④ 尽管米歇尔·奈伊事实上并未到达那里。——原注

关让·德迪乌·苏尔特和海梅斯言论的说法是否属实。同时本书考虑到①，海梅斯上校在其精心著成的书中并没有明确指出夸特布拉斯是否被提到，也没有指出不存在让·德迪乌·苏尔特亲自签名的公告。那些来自让·德迪乌·苏尔特和海梅斯上校的说法仅仅是道听途说，而且就算有，也是在滑铁卢战役多年后说的。因此，法军官方公告中的说法是迄今为止本书所掌握的最佳证据。当时的法军官方公告中提到了夸特布拉斯而且只是偶然提到，所以不应该被看作有什么特殊目的。

如果该证据如此有争议，那么许多人据此下结论的情况就不可能出现了。如上文所述，夸特布拉斯是否被提到没有重要到左右战役走向的地步。米歇尔·奈伊是否在1815年6月15日17时接到在当天晚上占领夸特布拉斯的口头命令呢？这一问题要结合当时拿破仑计划的大格局及他责备米歇尔·奈伊不必要的犹豫来看才有意义。坦诚地说，本书似乎可以确定这样的命令的确存在。不管怎样，本书几乎可以确定，当天晚上，公告发往巴黎时，法军指挥部相信米歇尔·奈伊就在夸特布拉斯。本书必须承认这一点，除非本书想在这一问题上刻意欺骗读者。因为米歇尔·奈伊几乎不会在没有命令的情况下占领夸特布拉斯，所以一定是起草公告的人——法军参谋长让·德迪乌·苏尔特和拿破仑本人——推测他已按照当天下午口头命令的指示进至夸特布拉斯了。②

1815年6月16日早上签发的、要求米歇尔·奈伊率军进至夸特布拉斯的后续书面命令，既没有提到这一口头命令，也没有提到米歇尔·奈伊未能遵从该口头命令。在本书看来，这似乎并不能表明拿破仑没有下达过这一口头命令。因为在

---

① 埃尔兴根公爵费利克斯·奈伊：《1815年战役未出版文件集》，巴黎，1840年，第4页。——原注
② 除了亨利·德拉图尔·奥弗涅、威廉·奥康纳·莫里斯及《滑铁卢的拿破仑》给予这个问题足够的重视，我们无法在其他权威著作中找到这个公告所给出的信息。所以，查拉斯中校和查尔斯·康沃利斯·切斯尼之间煞费苦心的争论，并没有给出重要的证据，也无助于确定这一问题。事实可能是查尔斯·康沃利斯·切斯尼没有注意到这个公告。然而查拉斯中校引用了这个公告说，《滑铁卢的拿破仑》是对查拉斯中校著作的回应，亨利·德拉图尔·奥弗涅的《滑铁卢：1815年战役研究》是对查尔斯·康沃利斯·切斯尼著作的回应，这就解释了为什么我们没有发现查尔斯·康沃利斯·切斯尼和查拉斯中校探讨这个话题。然而我们很难理解为何查拉斯中校在他精心所著的书中未能从公告中推断出这一点。——原注

后续书面命令中无需提到之前的口头命令,而且提到的话既不正常,也不符合军事常规①。如果之前的口头命令存在,那么该书面命令的内容又如何帮本书理解之前的口头命令?本书会在下文中考虑这一问题。

---

① 对比查拉斯中校所著《1815年战役史:滑铁卢莱比锡》(莱比锡,布洛克豪斯出版社)第1卷第120页。——原注

第 5 章

1815 年 6 月 15 日：列博莱希特·冯·布吕歇尔和威灵顿公爵阿瑟·韦尔斯利

为防止法军在沙勒罗瓦或其附近渡过桑布尔河，列博莱希特·冯·布吕歇尔早就选定松布雷夫作为普军的集结地，甚至将比邻圣阿曼达村、利尼村和巴拉特村的利尼河一线作为潜在的战场①。

1815 年 6 月 13 日晚，指挥部在沙勒罗瓦的普军第一军军长格拉夫·冯·齐滕看到博蒙和索勒尔②两处有法军宿营的篝火。1815 年 6 月 14 日晚，列博莱希特·冯·布吕歇尔命第二军、第三军、第四军在松布雷夫或其附近集结，命格拉夫·冯·齐滕率第一军尽量阻击法军，并守住弗勒吕村，为整个普军的集结争取时间③。

---

① 卡尔·冯·克劳塞维茨：《1815 年反法战争》，柏林，迪姆勒出版社，1862 年，第 15 章、第 16 章；威廉·西博恩上尉：《1815 年战役史：法兰西战役和比利时战役》，伦敦，T.&W. 布恩出版社，1844 年，第 1 卷，第 39 页。——原注

② 查尔斯·康沃利斯·切斯尼：《滑铁卢讲座：1815 年战役研究》，伦敦，朗文格林出版社，1874 年，第 71 页；威廉·西博恩上尉：《1815 年战役史：法兰西战役和比利时战役》，伦敦，T.&W. 布恩出版社，1844 年，第 1 卷，第 54 页。——原注

③ 卡尔·冯·克劳塞维茨：《1815 年反法战争》，柏林，迪姆勒出版社，1862 年，第 23 章，第 48 页；查尔斯·康沃利斯·切斯尼：《滑铁卢讲座：1815 年战役研究》，伦敦，朗文格林出版社，1874 年，第 71 页。——原注

所有学者都承认，在采取上述措施时，列博莱希特·冯·布吕歇尔没有与威灵顿公爵阿瑟·韦尔斯利进行任何协商。不过，据称，两位统帅之间存在绝对的默契，而这成为列博莱希特·冯·布吕歇尔行动的前提[①]。

1815年5月3日，威灵顿公爵阿瑟·韦尔斯利和列博莱希特·冯·布吕歇尔曾在迪勒蒙会谈[②]。在写给奥兰治公爵威廉·亨德里克的一封信中，威灵顿公爵阿瑟·韦尔斯利称这次会谈令人满意。卡尔·弗赖赫尔·冯·穆费林是威灵顿公爵阿瑟·韦尔斯利指挥部的普军使者。他说，如果法军进攻，他们对英军和普军分别该采取的行军路线已经达成一致并签署书面协议[③]。该协议可能是在迪勒蒙会谈中达成的，尽管卡尔·弗赖赫尔·冯·穆费林并没有这样说。

卡尔·弗赖赫尔·冯·穆费林接着说[④]："英军和普军会合，打一场防御战……这实在太受制于战场形势和双方所处位置，其中变数会很多。"

卡尔·弗赖赫尔·冯·穆费林继续表达自己的看法，最后说："因此，普军的集结地在松布雷夫和沙勒罗瓦之间，而英军最后的集结地是在哥斯利和马歇纳之间。"

本书并不认为卡尔·弗赖赫尔·冯·穆费林想表明，如果法军进攻，列博莱希特·冯·布吕歇尔元帅和威灵顿公爵阿瑟·韦尔斯利对各自的行动已经达成共

---

① 查拉斯中校在其所著《1815年战役史：滑铁卢》第1卷127页说这是事实，但没有引用权威的证据。——原注
② 约翰·戈武德：《威灵顿公爵阿瑟·韦尔斯利的急报集》，伦敦，约翰·默里出版社，1838年，第12卷，第345页。卡尔·冯·克劳塞维茨很可能指的就是这次会议，但他给出的地点是圣特伦德。卡尔·冯·克劳塞维茨：《1815年反法战争》，柏林，迪姆勒出版社，1862年，第11章，第28页。对比查尔斯·康沃利斯·切斯尼所著《滑铁卢讲座：1815年战役研究》(伦敦，朗文格林出版社，1874年)第77页。——原注
③ 卡尔·弗赖赫尔·冯·穆费林：《人生往事：1813年和1814年战役回忆》，伦敦，理查德·宾利出版社，1853年，第231页。——原注
④ 卡尔·弗赖赫尔·冯·穆费林：《人生往事：1813年和1814年战役回忆》，伦敦，理查德·宾利出版社，1853年，第232页。——原注

识①。卡尔·弗赖赫尔·冯·穆费林只是告诉本书他所判断的双方选择的真实路线。正如他所认为的那样，该路线是由当时的形势和双方的位置所决定的。鉴于威灵顿公爵阿瑟·韦尔斯利常常会担心自己的联络通道问题，他很可能已经同意军队推进至桑布尔河岸边及沙勒罗瓦比邻区域。从这一点讲，本书的观点是对的②。为防止法军经沙勒罗瓦向前推进，列博莱希特·冯·布吕歇尔元帅打算在松布雷夫集结普军。本书相信，威灵顿公爵阿瑟·韦尔斯利尽管确实知道普军的这一行动计划，但在己方行动方面并没有与列博莱希特·冯·布吕歇尔达成一致。反法联军两大统帅确实打算协同行动，期待并且依赖彼此真诚的支援。但本书相信，在针对法军进攻这一问题上，双方并没有在具体的行动方案上达成一致。

　　这是一个亟待解决的重要问题，因为普鲁士一些历史学家宣称，列博莱希特·冯·布吕歇尔元帅之所以在利尼迎战，是因为威灵顿公爵阿瑟·韦尔斯利同意给予支援。在这里，本书虽然不能明确这一问题，但已经注意到列博莱希特·冯·布吕歇尔元帅命令自己的四个军在松布雷夫集结，而这必然会招致战争。不过，列博莱希特·冯·布吕歇尔元帅事先没有获得威灵顿公爵阿瑟·韦尔斯利在战斗中支援普军的许诺或者取得威灵顿公爵阿瑟·韦尔斯利的理解。列博莱希特·冯·布吕歇尔元帅所能期待的是，在获知这一情况后威灵顿公爵阿瑟·韦尔斯利能立刻集结军队，并且盼望威灵顿公爵阿瑟·韦尔斯利能明智且成

---

① 例如查尔斯·康沃利斯·切斯尼也说，英军和普军统帅同意在以上卡尔·弗赖赫尔·冯·穆费林给出的地点各自集结军队。J.F.莫里斯上校也这样认为。这两个作家的观点明显是基于以上所引用的卡尔·弗赖赫尔·冯·穆费林的表述，但在我们看来，卡尔·弗赖赫尔·冯·穆费林的表述似乎站不住脚。他只是将他们的协议限定成如果法军经沙勒罗瓦前进，他们该采取什么措施。对比亨利·德拉图尔·奥弗涅所著《滑铁卢：1815年战役研究》（巴黎，亨利·普隆出版社，1870年）第107页。威廉·西博恩上尉说，列博莱希特·冯·布吕歇尔和威灵顿公爵阿瑟·韦尔斯利同意在上述情况下在松布雷夫和夸特布拉斯各自集结军队，但他没有给出证据。安托万·亨利·约米尼男爵实质上与威廉·西博恩上尉的看法相同。查拉斯中校同样表达了这样的观点，却也没有给出任何证据。他很可能引述了威廉·西博恩上尉的话。对比查尔斯·康沃利斯·切斯尼所著《滑铁卢讲座：1815年战役研究》（伦敦，朗文格林出版社，1874年）第93页。——原注

② 对比阿瑟·理查德·韦尔斯利所著《威灵顿公爵阿瑟·韦尔斯利补充的急报、信函及备忘录》（伦敦：约翰·默里出版社，1863年）第10卷第521页。——原注

功地集结军队、支援普军①。但列博莱希特·冯·布吕歇尔元帅也冒着英军在第二天的战斗中没有赶来支援的风险。首先，列博莱希特·冯·布吕歇尔知道，英荷联军比较分散，集结完毕大约需要几天的时间。其次，他不能确定拿破仑让部分法军经蒙斯和哈尔展开行动是否会诱使威灵顿公爵阿瑟·韦尔斯利向西集结军队，从而无法给予在桑布尔河前方作战的普军任何支援。

　　上文提到，1815年6月14日晚，列博莱希特·冯·布吕歇尔元帅命第二军、第三军和第四军在松布雷夫或其附近集结。按照该指令，第二军与第三军分别集结并迅速前往松布雷夫。然而，指挥部设在列日的弗里德里希·威廉·弗赖赫尔·冯·比洛已经按照第一个命令集结军队，所以决定不执行1815年6月15日11时左右收到的第二个命令，该命令要求他立刻前往汉努特。不过，他将执行该命令的时间推迟到第二天。如之前常说的，本书几乎没有必要确定，由于没能在命令中说明敌情急迫，列博莱希特·冯·布吕歇尔元帅的参谋长奥古斯特·威廉·安东·奈特哈特·冯·格奈泽瑙应该因贻误战机受到多大的指责。学者们常常谈论这一问题②，似乎弗里德里希·威廉·弗赖赫尔·冯·比洛最应受到指责。但奥古斯特·威廉·安东·奈特哈特·冯·格奈泽瑙肩负着在1815年6月16日上午集结全部军队的重任。在大战来临之际，他怎么能忘记通知离自己最远的军长当时的形势和列博莱希特·冯·布吕歇尔元帅的意图！这让人捉摸不透。在形势如此紧急的情况下，参谋长必须保证万无一失才能成功完成任务。

　　与列博莱希特·冯·布吕歇尔元帅一样，在战役爆发前最后几天，威灵顿公爵阿瑟·韦尔斯利虽然也发现大量法军压向前线，但认为没有必要或是不希望改变原来的部署。威灵顿公爵阿瑟·韦尔斯利认为，要依靠自己的军队保卫奥属

---

① 只要当时的情势允许威灵顿公爵阿瑟·韦尔斯利前来支援，列博莱希特·冯·布吕歇尔当然期望能得到威灵顿公爵阿瑟·韦尔斯利的支援。冯·奥勒赤：《1815年战役史》，柏林，1876年，第124页。——原注

② 卡尔·冯·克劳塞维茨：《1815年反法战争》，柏林，迪姆勒出版社，1862年，第20章；威廉·西博恩上尉：《1815年战役史：法兰西战役和比利时战役》，伦敦，T.&W.布恩出版社，1844年，第1卷，第70页，第71页；查拉斯中校：《1815年战役史：滑铁卢》，莱比锡，布洛克豪斯出版社，第1卷，第128页；冯·汉斯·德尔布鲁克：《陆军元帅奥古斯特·威廉·安东·奈特哈特·冯·格奈泽瑙传》，第4卷，柏林，1880年，第360页以后；冯·奥勒赤：《1815年战役史》，柏林，1876年，第90页以后。——原注

根特

尼德兰首府布鲁塞尔及法王路易十八驻跸之地根特。最重要的是,他不能让那些刚刚建立的政权陷入对拿破仑的战争,不能让拿破仑重新夺回比利时和荷兰从而获得政治优势[1]。此外,威灵顿公爵阿瑟·韦尔斯利非常清楚,与安特卫普和奥斯坦德保持联络非常重要[2]。他相信,拿破仑的最佳策略就是切断自己的联络通道。在这种想法的驱动下,在集结军队并向左与列博莱希特·冯·布吕歇尔元帅会合之前,他觉得应该三思[3]。

于是,威灵顿公爵阿瑟·韦尔斯利仍然选择将指挥部设在距沙勒罗瓦三十四英里[4]的布鲁塞尔。如上文所述,他的部队在从沙勒罗瓦通往布鲁塞尔的公路西侧安营。众所周知,威灵顿公爵阿瑟·韦尔斯利期望法军要么沿蒙斯到布

---

[1] 阿瑟·理查德·韦尔斯利:《威灵顿公爵阿瑟·韦尔斯利补充的急报、信函及备忘录》,伦敦,约翰·默里出版社,1863年,第10卷,第521页;第一任埃尔斯米尔伯爵弗朗西斯·埃杰顿:《历史、档案和地理等文集》,伦敦,约翰·默里出版社,1858年,第171页。——原注
[2] 阿瑟·理查德·韦尔斯利:《威灵顿公爵阿瑟·韦尔斯利补充的急报、信函及备忘录》,伦敦,约翰·默里出版社,1863年,第10卷,第530页。——原注
[3] J.F.莫里斯上校:《滑铁卢文集》,第148页,第149页。《陆海军联合杂志》,1890年5月。——原注
[4] 查尔斯·康沃利斯·切斯尼:《滑铁卢讲座:1815年战役研究》,伦敦,朗文格林出版社,1874年,第76页。——原注

鲁塞尔的公路行军，要么沿该公路西侧行军。他已经修缮了蒙斯、伊普尔和图尔奈等地的防御工事①，并让这些地方进入防御状态。同时我们要看到，在滑铁卢战役打响前三天，威灵顿公爵阿瑟·韦尔斯利所获取的法军行动情报表明，法军可能会在蒙斯附近集结②。例如，威灵顿公爵阿瑟·韦尔斯利的军队如果继续在其1815年6月12日所占领的地方逗留，那么很可能在布赖纳-勒孔代或哈尔③集结。这些地方比夸特布拉斯或哥斯利更容易到达。也就是说，英军已经做好准备，反击威灵顿公爵阿瑟·韦尔斯利所认为的拿破仑很可能发动的进攻。威灵顿公爵阿瑟·韦尔斯利的军队确实仍散布在城镇和乡村的各个军营中，但威灵顿公爵阿瑟·韦尔斯利明显认为，在确定法军的动向后，有足够的时间集结各部。因为持有这种观点，他遭到了尖锐的批评。这一点本书会另作论述。

因此，我们必须记住，首先，威灵顿公爵阿瑟·韦尔斯利认为，如果拿破仑出动大军，那么很可能会取道蒙斯或者蒙斯西侧。其次，威灵顿公爵阿瑟·韦尔斯利认为自己的军队已经做好应对法军进攻的准备了。事实上，本书可以进一步说，威灵顿公爵阿瑟·韦尔斯利认为法军很可能沿上述路线前进，因而感觉更加有必要让自己的部队坚守现在的位置。他判定自己可以轻松集结军队以应对法军的进攻，因为他清楚地看到，在紧急情况下，普军距离蒙斯-布鲁塞尔一线太远，无法立刻给予支援。在上述行动中，会遇到法军或阻击法军的必定是英荷联军。威灵顿公爵阿瑟·韦尔斯利同样清楚地看到，如果法军经蒙斯发起主攻，那么英荷联军仓促向夸特布拉斯和松布雷夫前进最能使法军实现目标。因为这样一来，英荷联军的联络通道就会完全暴露。因此，本书期望威灵顿公爵阿瑟·韦尔斯利谨慎小心，不要贸然向夸特布拉斯和松布雷夫进军；期望威灵顿公爵阿瑟·韦尔斯利将分散在各个集结地的部队集结起来前，先确认法军会由沙勒罗瓦发动主攻。

---

① 威廉·西博恩上尉：《1815年战役史：法兰西战役和比利时战役》，伦敦，T.&W.布恩出版社，1844年，第1卷，第33页。——原注
② J.F.莫里斯上校：《滑铁卢文集》，第148页，第149页。《陆海军联合杂志》，1890年5月。J.F.莫里斯上校同样认为，拿破仑下令暂时占领班什镇是为了让敌军错以为至少部分法军正前往蒙斯。——原注
③ 蒙斯到布鲁塞尔公路上的小镇。

如前文所述，指挥第一军的奥兰治公爵威廉·亨德里克在1815年6月15日一早离开了布赖纳-勒孔代的指挥部，骑马前往前哨。在沙勒罗瓦以西约十英里的蒂安方向上，他听到了枪声，转而赶往布鲁塞尔①，中途没有在自己的指挥部停留。奥兰治公爵威廉·亨德里克不在指挥部期间②，蒙斯的威廉·冯·多恩贝格和约瑟夫·贝尔将军向他报告，大意是他们的前方一切平静。让·巴布蒂斯特·范梅莱男爵的部队在蒙斯略往东一些。他报告说，1815年6月15日早上，普军卡

让·巴布蒂斯特·范梅莱男爵

① 冯·奥勒赤：《1815年战役史》，柏林，1876年，第115页。——原注
② J.F.莫里斯上校：《滑铁卢文集》，第114页，第115页。《陆海军联合杂志》，1890年9月。——原注

卡尔·弗里德里希·冯·斯坦梅茨

尔·弗里德里希·冯·斯坦梅茨旅[1]被法军攻击,法军似乎要前往沙勒罗瓦。几小时后,这些报告才从奥兰治公爵威廉·亨德里克的指挥部发出并发给当晚才到达布鲁塞尔的威灵顿公爵阿瑟·韦尔斯利。但在这之前,事实上也就是1815年6月15日15时之前,奥兰治公爵威廉·亨德里克本人到达布鲁塞尔。他的报告内容模糊,大意是法军攻击了蒂安附近的普军前哨。这是威灵顿公爵阿瑟·韦尔斯利

---

[1] 1815年6月15日8时,卡尔·弗里德里希·冯·斯坦梅茨将这一信息送给让·巴布蒂斯特·范梅莱男爵。万·洛本·泽尔斯:《1815年澳属尼德兰战役详史》,海牙,埃里捷·多尔曼出版社,1849年,第125页;查尔斯·康沃利斯·切斯尼:《滑铁卢讲座:1815年战役研究》,伦敦,朗文格林出版社,1874年,第94页;注释。——原注

第一次收到战斗打响①的消息。几乎与此同时,格拉夫·冯·齐滕发给卡尔·弗赖赫尔·冯·穆费林的急报②到达布鲁塞尔,上面说他在到达沙勒罗瓦之前遭到法军进攻。

威灵顿公爵阿瑟·韦尔斯利对上述报告的内容深信不疑。他③命各师④立刻在各自的指定地点集结并随时做好出发准备。但从蒙斯再次发来报告之前,他没有做出其他举动⑤。上述命令是1815年6月15日17时到19时之间发出的⑥。

如上文所述,这些命令仅仅让各师在各自方便的地方集结。然而,这些命令中有段话值得注意。命令的前一部分要求英军第三师查尔斯·阿尔滕师在布赖纳–勒孔代集结,但之后又命该师前往尼威尔。荷兰–比利时联军的沙斯和佩尔旁切·谢德利尼茨基两个师也奉命在尼威尔集结,以防1815年6月15日尼威尔被袭。然而,直到1815年6月15日,他们才确定法军攻击的是普军右翼和英

---

① 查拉斯中校在其所著《1815年战役史:滑铁卢》第1卷第130页说,1815年6月15日9时,威灵顿公爵阿瑟·韦尔斯利收到了格拉夫·冯·齐滕的急报,急报上所说的格拉夫·冯·齐滕的前哨遭到进攻是明显错误的。乔治·胡珀在其所著《1815年战役史:滑铁卢——拿破仑的陨落》第83页指出,查拉斯中校的结论所依据的表述实际上表明1815年6月15日9时是从沙勒罗瓦收到最新情报的时间。威廉·西博恩上尉严厉批评了奥兰治公爵威廉·亨德里克对于情报传送的安排。威廉·西博恩上尉:《1815年战役史:法兰西战役和比利时战役》,伦敦,T.&W.布恩出版社,1844年,第1卷,第164页。——原注
② 卡尔·弗赖赫尔·冯·穆费林:《人生往事:1813年和1814年战役回忆》,伦敦,理查德·宾利出版社,1853年,第228页。——原注
③ 约翰·戈武德:《威灵顿公爵阿瑟·韦尔斯利的急报集》,第12卷,第472页。伦敦:约翰·默里出版社:1838年。本书主要依据"副军需长的备忘录"。依照这一备忘录威灵顿公爵阿瑟·韦尔斯利起草了这个命令。在某些情况下我们知道,实际上发出的命令与备忘录中所说的略有不同。不管怎样这都是事实,但这些差异并不重要。万·洛本·泽斯:《1815年澳属尼德兰战役详史》,海牙,埃里捷·多尔曼出版社,1849年,第177页。——原注
④ 冯·奥勒赤说,这些命令中没有提到乔治·库克的师。在这点上他是错误的。命令中没有提到的是H.R.克林顿的师。正如冯·奥勒赤所说,乔治·库克师而非H.R.克林顿师奉命在阿特集结。冯·奥勒赤:《1815年战役史》,柏林,1876年,第116页。——原注
⑤ 卡尔·弗赖赫尔·冯·穆费林:《人生往事:1813年和1814年战役回忆》,伦敦,理查德·宾利出版社,1853年,第229页。——原注
⑥ 报告下发的时间是1815年6月15日20时到21时30分之间。查尔斯·康沃利斯·切斯尼:《滑铁卢讲座:1815年战役研究》,伦敦,朗文格林出版社,1874年,第83页;卡尔·弗赖赫尔·冯·穆费林:《人生往事:1813年和1814年战役回忆》,伦敦,理查德·宾利出版社,1853年,第225页;查拉斯中校:《1815年战役史:滑铁卢》,莱比锡,布洛克豪斯出版社,第1卷,第132页。——原注

军左翼①。第一条命令或者第一组命令只规定了三个步兵师及骑兵和炮兵约两万五千人在夸特布拉斯以西七英里的尼威尔集结，以应对法军可能发起的进攻。通过这一部署，本书似乎可以合理地推断出，如果法军取道沙勒罗瓦前进，那么威灵顿公爵阿瑟·韦尔斯利选择的集结地将是尼威尔而非夸特布拉斯。因此，我们要注意以下事实，即在1815年6月15日19时②的一份急报中，卡尔·弗赖赫尔·冯·穆费林告诉列博莱希特·冯·布吕歇尔元帅，威灵顿公爵阿瑟·韦尔斯利全军会在第二天上午到达尼威尔③。

1815年6月15日深夜，列博莱希特·冯·布吕歇尔元帅从那慕尔发给卡尔·弗赖赫尔·冯·穆费林的急报到达④。上面说普军在松布雷夫集结，并要求卡尔·弗赖赫尔·冯·穆费林立刻将威灵顿公爵阿瑟·韦尔斯利军队的集结情况相告。卡尔·弗赖赫尔·冯·穆费林说："我立刻将这一情况报告给威灵顿公爵阿瑟·韦尔斯利。威灵顿公爵阿瑟·韦尔斯利勉强同意了列博莱希特·冯·布吕歇尔的部署。但在从蒙斯发来他所期待的消息之前，威灵顿公爵阿瑟·韦尔斯利无法确定集结地点。"

然而，来自列博莱希特·冯·布吕歇尔的信息使威灵顿公爵阿瑟·韦尔斯利在1815年6月15日22时左右⑤下达了第二组命令，要求部队整体向东开进⑥。现在，威灵顿公爵阿瑟·韦尔斯利明确要求查尔斯·阿尔滕师前往尼威尔。之前乔治·库克师奉命在其指挥部所在地昂吉安东南八英里的阿特集结，现在被要求

---

① 约翰·戈武德：《威灵顿公爵阿瑟·韦尔斯利的急报集》，伦敦，约翰·默里出版社，1838年，第12卷，第473页。——原注
② 但很可能在1815年6月15日午夜后才送出。——原注
③ 冯·汉斯·德尔布鲁克：《陆军元帅奥古斯特·威廉·安东·奈特哈特·冯·格奈泽瑙传》，柏林，1880年，第4卷，第365页。——原注
④ 卡尔·弗赖赫尔·冯·穆费林：《人生往事：1813年和1814年战役回忆》，伦敦，理查德·宾利出版社，1853年，第229页。——原注
⑤ 然而，1815年6月15日22时，在布鲁塞尔的人还不知道沙勒罗瓦已被法军占领。在给费尔特雷公爵的一封抬头为1815年6月16日10时的急报中，威灵顿公爵阿瑟·韦尔斯利说，敌军似乎正在逼近沙勒罗瓦。约翰·戈武德：《威灵顿公爵阿瑟·韦尔斯利的急报集》，伦敦，约翰·默里出版社，1838年，第12卷，第473页。——原注
⑥ 约翰·戈武德：《威灵顿公爵阿瑟·韦尔斯利的急报集》，伦敦，约翰·默里出版社，1838年，第12卷，第474页。——原注

亨利·佩吉特

前往昂吉安东南八英里的布赖纳-勒孔代。第二师、第四师及阿克斯布里奇伯爵亨利·佩吉特的骑兵是威灵顿公爵阿瑟·韦尔斯利军队的最右翼并在斯凯尔特河边的阿特和奥德纳尔德之间宿营,现在被派往昂吉安。昂吉安位于布赖纳-勒孔代西北约八英里处、尼威尔以西约九英里处,而尼威尔在夸特布拉斯以西约七英里处。预备部队没有接到任何命令。

截至目前,本书接触到很多档案。但它们给本书带来了难题。不管怎样,所有人都知道,1815年6月16日,威灵顿公爵阿瑟·韦尔斯利在夸特布拉斯集结了大量部队。本书已经知道，据称，1815年6月15日至1815年6月16日晚，威灵顿公爵阿瑟·韦尔斯利命部队前往夸特布拉斯。本书可以说明一下荷兰-比利时联军是如何在没有威灵顿公爵阿瑟·韦尔斯利命令的情况下到达夸特布拉斯的，但现在本书的任务是核查在给出上文的急报后威灵顿公爵阿瑟·韦尔斯利下达的命令，核查他的滑铁卢战役报告，查看1815年6月16日上午他的活动，从而发觉这些档案和他的活动如何解释上文有关他的一些说法。

抬头为"滑铁卢，1815年6月19日"的威灵顿公爵阿瑟·韦尔斯利官方报告[①]似乎明确提到了三组命令。

威灵顿公爵阿瑟·韦尔斯利说："直到1815年6月15日晚，我才听说法军袭击了桑布尔河畔的普军岗哨。之后我立刻下达命令，让部队做好出发准备。"威灵顿公爵阿瑟·韦尔斯利在这里提到的命令，就是他分别于1815年6月15日17时到19时签发及1815年6月15日22时签发的命令。他说："一旦我从其他军营处获知法军对沙勒罗瓦的进攻属实，我军将立刻向法军左侧进发。"

接着，威灵顿公爵阿瑟·韦尔斯利说到奥兰治公爵威廉·亨德里克如何支援了夸特布拉斯的萨克森-魏玛公爵卡尔·伯纳德的旅及如何在1815年6月16日上午重新夺回了1815年6月15日晚丢失的部分阵地。之后，他又说，"同一时间"，也就是"1815年6月16日早上"，"我已命全军前往夸特布拉斯"[②]。

卡尔·弗赖赫尔·冯·穆费林[③]说，临近半夜时[④]，威灵顿公爵阿瑟·韦尔斯

[①] 约翰·戈武德：《威灵顿公爵阿瑟·韦尔斯利的急报集》，伦敦，约翰·默里出版社，1838年，第12卷，第478页之后。——原注

[②] 战后那天的官方报告上的这一表述内容鲜明清晰，但值得注意的是，这竟然没有得到丝毫的关注。不管人们相不相信威灵顿公爵阿瑟·韦尔斯利确实命军队在夸特布拉斯集结，都没有提到这一点。威廉·西博恩上尉、查尔斯·康沃利斯·切斯尼、乔治·胡珀、詹姆斯·肖·肯尼迪、J.F.莫里斯上校和威廉·奥康纳·莫里都没有提到这一点。——原注

[③] 卡尔·弗赖赫尔·冯·穆费林：《人生往事：1813年和1814年战役回忆》，伦敦，理查德·宾利出版社，1853年，第230页。对比J.F.莫里斯上校所著《滑铁卢文集》第261页。《陆海军联合杂志》，1890年6月。——原注

[④] 威廉·西博恩上尉说这一信息1815年6月16日10时左右送达，查拉斯中校说这一信息1815年6月16日近11时才到达。威廉·西博恩上尉：《1815年战役史：法兰西战役和比利时战役》，伦敦，T.&W.布恩出版社，1844年，第1卷，第79页，第80页；查拉斯中校：《1815年战役史：滑铁卢》，莱比锡，布洛克豪斯出版社，第1卷，第134页。——原注

利走进他的房间说:"我从蒙斯的威廉·冯·多恩贝格那里得到消息,拿破仑率军转向了沙勒罗瓦,威廉·冯·多恩贝格前方已经没有任何法军。于是,我下达急令,要求我军在尼威尔和夸特布拉斯集结。所以,我们还是去参加里士满公爵夫人的舞会吧。"

尽管上面这段话存在,但本书还是很难下结论说,威灵顿公爵阿瑟·韦尔斯利在1815年6月15日晚至1815年6月16日晚或者1815年6月16日上午下达命令要求英荷联军全部在夸特布拉斯集结。这不仅因为卡尔·弗赖赫尔·冯·穆费林说威灵顿公爵阿瑟·韦尔斯利下达[1]急令不存在,而且要求[2]全军前往夸特布拉斯的命令也不存在,威灵顿公爵阿瑟·韦尔斯利从来没有下达过这样的命令。事实上,除了给预备部队的命令,我们没有看到威灵顿公爵阿瑟·韦尔斯利要求部队前往夸特布拉斯的任何命令。这尽管是事实,但没有足够的证据。约翰·戈武德上校[3]说,给威廉·德兰西[4]上校下达的原指令与其他文件[5]一同丢失了。因此,

---

[1] 卡尔·弗赖赫尔·冯·穆费林给奥古斯特·威廉·安东·奈特哈特·冯·格奈泽瑙的急报上所标的日期是1815年6月16日19时,但急报无疑是在1815年6月16日半夜左右发出的(卡尔·弗赖赫尔·冯·穆费林:《人生往事:1813年和1814年战役回忆》,第229页,第230页)。急报上说:"月亮升起之时,预备军要立刻出发。如果法军没有进攻尼威尔,威灵顿公爵阿瑟·韦尔斯利会在1815年6月17日早上率全军到达尼威尔地区,以支援阁下您的行动。"冯·汉斯·德尔布鲁克:《陆军元帅奥古斯特·威廉·安东·奈特哈特·冯·格奈泽瑙传》,第4卷,第360页以后。柏林:1880年。急报中没有提到夸特布拉斯。冯·汉斯·德尔布鲁克说:"半夜时分,卡尔·弗赖赫尔·冯·穆费林同样向普军统帅报告说,盟军会在十二小时内集结而且第二天10时将在夸特布拉斯集结两万人的军队,骑兵军将会到达尼威尔。"冯·汉斯·德尔布鲁克:《陆军元帅奥古斯特·威廉·安东·奈特哈特·冯·格奈泽瑙传》,柏林,1880年,第4卷,第365页。但冯·汉斯·德尔布鲁克的这一令人诧异的说法既不是引述自卡尔·弗赖赫尔·冯·穆费林,也不是来源于其他权威资料。卡尔·弗赖赫尔·冯·穆费林亲口告诉我们,他认为骑兵在夜幕降临之前不会到达夸特布拉斯,所以骑兵只能在夜幕降临前两三个小时到达尼威尔。卡尔·弗赖赫尔·冯·穆费林:《人生往事:1813年和1814年战役回忆》,伦敦,理查德·宾利出版社,1853年,第235页。——原注
[2] 威灵顿公爵阿瑟·韦尔斯利自己的话。——原注
[3] 约翰·戈武德:《威灵顿公爵阿瑟·韦尔斯利的急报集》,伦敦,约翰·默里出版社,1838年,第12卷,第474页。对比J.F.莫里斯上校所著《滑铁卢文集》第144页。《陆海军联合杂志》,1890年5月;万·洛本·泽斯:《1815年澳属尼德兰战役详史》,海牙,埃里捷·多尔曼出版社,1849年,第181页;第一任埃尔斯米尔伯爵弗朗西斯·埃杰顿:《历史、档案和地理等文集》,伦敦,约翰·默里出版社,1858年,第173页,第174页。——原注
[4] 副军需长或参谋长。——原注
[5] 威廉·德兰西上校在滑铁卢战死。——原注

让威廉·德兰西上校下各军或师在夸特布拉斯集结的指令可能存在，但已经丢失了①。难以做上述结论的真正问题在于，1815年6月15日晚上的某个时刻或是1815年6月16日一早，威灵顿公爵阿瑟·韦尔斯利下达了上述指令，所以上述结论与1815年6月16日早上所下达的唯一一次命令②内容不符③，而且与威灵顿公爵阿瑟·韦尔斯利在该段时间内的行动不符。

我们来考虑一下命令中的一些节点。本书刚刚所提到的命令有两份，据说是由副军需长或参谋长威廉·德兰西上校签署。命令上仅标有1815年6月16日，没有标明地点和具体时间，但一定是在1815年6月16日早上于布鲁塞尔④签署的。这些命令都是发给理查德·希尔的。第一个命令要求理查德·希尔派第二步兵师前往布赖纳-勒孔代并告诉理查德·希尔骑兵师已被派往该地。之前的命令要求这些师前往昂吉安，尽管现在命令要求它们从昂吉安前往布赖纳-勒孔代。它们是在靠近夸特布拉斯。当然，这跟前往夸特布拉斯还是不同。事实上，布赖纳-勒孔代位于夸特布拉斯以西十六英里。命令最后提到，威灵顿公爵阿瑟·韦尔斯利将去滑铁卢。这似乎表明，当时威灵顿公爵阿瑟·韦尔斯利还未决定是否应该亲自前往尼威尔或者夸特布拉斯，前往这两个地方的公路在滑铁卢分开了⑤。

第二个命令要求驻扎在索特格姆的荷兰-比利时联军第一师斯特德曼师和海因里希·威廉·安托宁旅，向夸特布拉斯以西约二十五英里的昂吉安推进。所以本书推测，这就是1815年6月16日早上下达的命令，但在从蒙斯的威廉·冯·多恩贝格那里得知法军已转向沙勒罗瓦几个小时后，威灵顿公爵阿瑟·韦尔斯利在

---

① 不过，各个军或师的指挥部会收到这些命令，而且现在很可能还能找到这些命令。——原注
② 约翰·戈武德：《威灵顿公爵阿瑟·韦尔斯利的急报集》，伦敦，约翰·默里出版社，1838年，第12卷，第474页。——原注
③ 我们拥有这一命令的副本。——原注
④ 之前的命令内容是从布鲁塞尔前往夸特布拉斯。威廉·西博恩上尉：《1815年战役史：法兰西战役和比利时战役》，伦敦，T.&W.布恩出版社，1844年，第1卷，第88页。——原注
⑤ J.F.莫里斯上校：《滑铁卢文集》，第344页。《陆海军联合杂志》，1890年5月。这是J.F.莫里斯上校的总结。冯·奥勒赤也持相同观点。冯·奥勒赤：《1815年战役史》，柏林，1876年，第118页。——原注

骑在马上的托马斯·皮克顿

命令中没有只言片语表明自己想要在夸特布拉斯集结军队①。在下达这些命令时,如果威灵顿公爵阿瑟·韦尔斯利有意让部队在夸特布拉斯集结,那么不可思议的是,这些命令,至少是第一个命令,竟然没有提到在夸特布拉斯集结军队。这两份命令主要是让军队向东推进,这样就可以在尼威尔轻松地集结。很明显,这些命令都是基于这一主要内容。

托马斯·皮克顿师的行动似乎同样表明,不仅在命令下达给该师的时候——1815年6月16日2时,而且在威灵顿公爵阿瑟·韦尔斯利1815年6月16日7时30分离开布鲁塞尔的时候,威灵顿公爵阿瑟·韦尔斯利都没决定在夸特布拉斯集结部队。托马斯·皮克顿奉命在滑铁卢停下。如前文所述,滑铁卢是通向尼

---

① 威廉·西博恩上尉说,1815年6月16日拂晓,威灵顿公爵阿瑟·韦尔斯利的全部军队开往尼威尔和夸特布拉斯。之后,威灵顿公爵阿瑟·韦尔斯利给理查德·希尔下达了实质性的命令。在这里,我们很难跟上威廉·西博恩上尉一连串的思路。威廉·西博恩上尉:《1815年战役史:法兰西战役和比利时战役》,伦敦,T.&W.布恩出版社,1844年,第1卷,第88页。——原注

威尔和夸特布拉斯公路的分叉点。1815年6月16日10时左右，托马斯·皮克顿到达滑铁卢，并停留了几个小时[1]。而且1815年6月16日12时左右，托马斯·皮克顿接到命令，要求他率部继续向夸特布拉斯推进[2]。1815年6月16日早上，威灵顿公爵阿瑟·韦尔斯利骑马前往夸特布拉斯的途中，遇到了正在行军的托马斯·皮克顿师。当时威灵顿公爵阿瑟·韦尔斯利似乎还没有决定派托马斯·皮克顿去尼威尔还是夸特布拉斯[3]。威灵顿公爵阿瑟·韦尔斯利知道，在夸特布拉斯有荷兰-比利时联军的一个旅或多个旅，但他本人并未命荷兰-比利时联军的上述部队前往夸特布拉斯。前一天晚上，威灵顿公爵阿瑟·韦尔斯利命它们前往尼威尔。事实上，荷兰-比利时联军的这些部队违背了他的命令，它们去了夸特布拉斯并驻扎下来。威灵顿公爵阿瑟·韦尔斯利显然还没有完全决定是撤回它们还是增援它们。

因此，如果单凭1815年6月16日早上威灵顿公爵阿瑟·韦尔斯利的行为、所下达的唯一命令[4]及之前本书鉴定过的那些命令来下结论的话，我们似乎看到威灵顿公爵阿瑟·韦尔斯利一开始非常希望在尼威尔集结部队。无论如何，这都是极其恰当的，而且他最终决定在尼威尔附近集结军队。从上述行为和命令中，本书合理推测，威灵顿公爵阿瑟·韦尔斯利离开布鲁塞尔之前并没有考虑进一步向东集结部队。直到骑马前往夸特布拉斯，并且看到前方真的有小股军队[5]，他才想到在布鲁塞尔公路上的预备军和在尼威尔的部队离此并不远，因此决定冒着被法军优势兵力包围的风险占领夸特布拉斯。在做出上述决定后，威灵顿公爵阿瑟·韦尔斯利立刻派副官前去通知托马斯·皮克顿、通往布鲁塞尔的公路上

---

[1] 弗朗西斯·卡林·卡尔戈姆：《威廉·梅纳德·戈姆信函和日记汇编》，伦敦，约翰·默里出版社，1881年，第352页。威廉·梅纳德·戈姆说，1815年6月16日13时他继续前行。——原注

[2] 威廉·西博恩上尉：《1815年战役史：法兰西战役和比利时战役》，伦敦，T.&W.布恩出版社，1844年，第1卷，第102页；注释。——原注

[3] J.F.莫里斯上校：《滑铁卢文集》，第344页。《武装部队联合杂志》，1815年6月。其中同样提到："奇怪的是，上述事实和威灵顿公爵阿瑟·韦尔斯利在报告中所说的话有背离之处，但这竟然从未引起过注意。"——原注

[4] 我们有该命令的副本。——原注

[5] 威灵顿公爵阿瑟·韦尔斯利给列博莱希特·冯·布吕歇尔的信。冯·奥勒赤：《1815年战役史》，柏林，1876年，第125页；J.F.莫里斯上校：J.F.莫里斯上校：《滑铁卢文集》，第344页；《陆海军联合杂志》，1890年5月。——原注

的其他部队及在尼威尔的部队。但直至此时，他还没有下达全军在夸特布拉斯集结的命令，尽管严格意义上说，他确实在竭力将全军调往夸特布拉斯。

不过，本书仍然需要考虑另外两个证据。证据里的内容与本书上面的推测相悖。两个证据证实了威灵顿公爵阿瑟·韦尔斯利在离开布鲁塞尔之前改变了主意。正如他在自己的战役报告中所说，他确实下令让全军在夸特布拉斯集结。第一个证据是1815年6月16日早上威灵顿公爵阿瑟·韦尔斯利给列博莱希特·冯·布吕歇尔元帅写的一封信①，第二个证据是1815年6月16日7时英军的部署②，这是"威廉·德兰西上校记下来以通知部队指挥官的"。

本书确信，1876年冯·奥勒赤的《1815年战役史》出版后，这封亟待讨论的信才公之于众。之后，本书会给出信的全译文。原信是用法语写的。以下本书给出副本的"部署令"不是由威廉·德兰西上校签发③，而是由德拉西·埃文斯签

---

① 冯·奥勒赤：《1815年战役史》，柏林，1876年，第125页；J.F.莫里斯上校：《滑铁卢文集》，第106页；《陆海军联合杂志》，1890年6月。——原注
② 阿瑟·理查德·韦尔斯利：《威灵顿公爵阿瑟·韦尔斯利补充的急报、信函及备忘录》，伦敦，约翰·默里出版社，1863年，第10卷，第496页。——原注
③ 1815年6月16日7时英军的部署
第一师　布赖纳-勒孔代　前往尼威尔和夸特布拉斯
第二师　布赖纳-勒孔代　前往尼威尔
第三师　尼威尔　前往夸特布拉斯
第四师　奥德纳尔德　前往布赖纳-勒孔代
第五师　滑铁卢前方　前往热纳普
第六师　阿斯澈　前往热纳普和夸特布拉斯
汉诺威军第五旅　哈尔　前往热纳普和夸特布拉斯
汉诺威军第四旅　滑铁卢前方　前往热纳普和夸特布拉斯
低地国家军的第二师和第三师　尼威尔和夸特布拉斯
低地国家军的第一师和印军旅　索特格姆　前往昂吉安
威廉·冯·多恩贝格少将的旅和
坎伯兰郡轻骑兵　滑铁卢前方　前往热纳普和夸特布拉斯
其他骑兵　布赖纳-勒孔代　前往尼威尔和夸特布拉斯
布伦瑞克公爵弗雷德里克·威廉的军　滑铁卢前方　前往热纳普
拿骚分遣军　滑铁卢前方　前往热纳普
威廉·德兰西上校写下以上部署是为了通知部队的统帅。中间一列是军队已到达或将要到达的地点，右侧的　列是在英军遭到进攻之前，即1815年6月16日7时军队要到达的地方。以上部署由德兰西·埃文斯签发。"军队已到达或将要到达的地点"这句话表明，威廉·德兰西上校认为，1815年6月16日7时，上述军队很可能离与其对应的这些地方最近。——原注

发。1815年，德拉西·埃文斯①是陆军少校，担任第二骑兵旅指挥官威廉·庞森比的临时副官。后来，他成长为一名杰出的将军。因此，以他当时的地位，他无法证实这一文件的真实性。但本书推测②，部署令上是威廉·德兰西上校的笔迹，或者德拉西·埃文斯有其他证据来证实它的真实性。本书认为，通过这份部署令，

德拉西·埃文斯

---

① 查尔斯·道尔顿：《滑铁卢名录》，伦敦，威廉·克洛斯出版公司，1890年，第4页，第19页。——原注
② 针对上述说法，J.F.莫里斯上校采用了一个不同的解释。他认为，所提到的要求军队前往不同地点的命令是1815年6月16日7时签发的。但为什么人们认为有必要通知威灵顿公爵阿瑟·韦尔斯利命令签发的时间呢？威灵顿公爵阿瑟·韦尔斯利想知道的是，在所述时间内他的各个师在什么地方及它们将前往何处。J.F.莫里斯上校：《滑铁卢文集》，第261页。《陆海军联合杂志》，1890年6月。——原注

威廉·庞森比

威灵顿公爵阿瑟·韦尔斯利的参谋长意在说明1815年6月16日7时部队各个师可能所处的位置及它们各自的目的地。

对比这两份证据发现,威灵顿公爵阿瑟·韦尔斯利给列博莱希特·冯·布吕歇尔元帅写信时,依据的是这份"部署令",这一点似乎非常清楚。例如,本书发现"部署令"中说,1815年6月16日7时,在第一军的四个师中,乔治·库克师驻扎在布赖纳–勒孔代,正要前往尼威尔和夸特布拉斯;查尔斯·阿尔滕师驻扎在尼威尔,正要前往夸特布拉斯;沙斯师和佩尔旁切·谢德利尼茨基师分别驻扎在尼威尔和夸特布拉斯。接着,本书发现,在写给列博莱希特·冯·布吕歇尔的信中,威灵顿公爵阿瑟·韦尔斯利提到,1815年6月16日10时30分,第一军的一个师在夸特布拉斯,其他师在尼威尔。不可否认的是,就第一军的行动而言,两份文件的内容完全一致。威灵顿公爵阿瑟·韦尔斯利完全可以认为,1815年6月16日7时到10时30分之间乔治·库克可以从布赖纳－勒孔代到达或者接近尼威尔。至于其他师的位置,他只是凭借参谋长为了通知他而准备的备忘录判断,而且他完全可以相信这份备忘录的内容。本书会给出两份文件中内容契合的其他例子。在本书看来,这似乎证明了这份"部署令"的真实性。

假设备忘录的内容是真实的,本书想要指出的是,备忘录里的内容表明,除了那些本书拥有副本的命令,也就是上文中本书简要介绍的命令,当时还下达了其他的命令。所以迄今为止,根据下达给乔治·库克师的命令可以确认,1815年6月15日22时的命令要求乔治·库克部从昂吉安前往布赖纳－勒孔代。威廉·德兰西上校的备忘录显示,乔治·库克部之后又奉命前往尼威尔和夸特布拉斯。威灵顿公爵阿瑟·韦尔斯利毫不犹豫地告诉列博莱希特·冯·布吕歇尔元帅[①],乔治·库克在1815年6月16日10时30分之前一定到达尼威尔。根据威廉·德兰西上校备忘录,乔治·库克已经遵命向尼威尔挺进。

骑兵也奉命前往尼威尔。上文中我们看到,1815年6月16日早上的命令提到骑兵已被派往布赖纳－勒孔代,然而,接下来,阿克斯布里奇伯爵亨利·佩吉特肯定又接到了命令,因为本书发现"部署令"里说,1815年6月16日7时,骑兵驻扎在布赖纳－勒孔代,并且将要前往尼威尔和夸特布拉斯,而且威灵顿公爵阿瑟·韦尔斯利的参谋长说,下一个命令已经发出,要求骑兵继续前往尼威尔。基于参谋长的这一说法,威灵顿公爵阿瑟·韦尔斯利立刻告诉列博莱希特·冯·布吕歇尔元帅,骑兵将在中午到达尼威尔。

在下文,本书会验证两份文件的细节问题,但以上所指出的问题足以证明本书现在的观点。

也就是说,威廉·德兰西上校为了通知威灵顿公爵阿瑟·韦尔斯利而准备的"部署令",及威灵顿公爵阿瑟·韦尔斯利写给列博莱希特·冯·布吕歇尔的信,确实是来自该时期的证据。这些证据的确表明,1815年6月16日早上威灵顿公爵阿瑟·韦尔斯利给上述人员下达了进一步的命令,要求他们的军

---

① 按照威廉·德兰西的说法,1815年6月16日7时,乔治·库克在布赖纳－勒孔代。——原注

滑铁卢战场上的威灵顿公爵阿瑟·韦尔斯利与列博莱希特·冯·布吕歇尔

队前往夸特布拉斯。威灵顿公爵阿瑟·韦尔斯利在自己的滑铁卢战役报告中也清楚地说明了这一点。

因此,我们权且再看一下抬头为1815年6月16日的命令和从中得出的推论。1815年6月16日下达给理查德·希尔的急报要求他派第二师前往布赖纳–勒孔代,而且命令中说威灵顿公爵阿瑟·韦尔斯利将前往滑铁卢。在命令签发时,威灵顿公爵阿瑟·韦尔斯利尽管肯定还未下定决心要在夸特布拉斯集结军队,但之后,并且很可能是之后不久确实决定这样做了。如"部署令"中所述,他基于该急报下达命令,要求第二师前往尼威尔。至于1815年6月16日下达的另一个命令中提到的斯特德曼师和海因里希·威廉·安托宁旅,"部署令"中只提到了该命令的主要意图。至于上文本书呼吁大家关注的托马斯·皮克顿师在滑铁卢停留这一问题，如果本书假设威灵顿公爵阿瑟·韦尔斯利在离开布鲁塞尔前往夸特布拉斯之前就已经下达了全军，或者至少大部分部队在夸特布拉斯集结的命令，那么他很可能在前往滑铁卢的路上遇到了托马斯·皮克顿师。确信部队在滑铁卢短暂休整不会带来什么问题后，在布鲁塞尔的人员①很可能下达了这一命令并送至托马斯·皮克顿处，要求他继续前往夸特布拉斯。

威灵顿公爵阿瑟·韦尔斯利很可能在里士满公爵夫人夏洛特·戈登的舞会上就已经决定在夸特布拉斯集结全部或是大部分部队了，因为威廉·德兰西上校的备忘录中甚至都没有提到威灵顿公爵阿瑟·韦尔斯利想让最远处的查尔斯·科尔维尔师和斯特德曼师及时赶来。1815年6月15日22时或22时稍过，威

查尔斯·科尔维尔

---

① 约翰·奥德菲尔德上尉说，在没有军需长威廉·德兰西或其他军官的陪伴下，威灵顿公爵阿瑟·韦尔斯利骑马前往夸特布拉斯。约翰·奥德菲尔德上尉：《滑铁卢战役信函集》。——原注

里士满公爵查尔斯·伦诺克斯

灵顿公爵阿瑟·韦尔斯利前往舞会,并一直待到1815年6月16日2时以后。就在离开之前,他告诉里士满公爵查尔斯·伦诺克斯自己已命部队在夸特布拉斯集结。因此,在给理查德·希尔下达1815年6月16日的命令之后及1815年6月16日2时或2时30分之前,威灵顿公爵阿瑟·韦尔斯利决定让部队在夸特布拉斯集结。

百家争鸣

为回应卡尔·冯·克劳塞维茨《1815年反法战争》一书中的观点，在这里，本书用寥寥几句话说一下威灵顿公爵阿瑟·韦尔斯利1842年写成的《滑铁卢战役备忘录》。该备忘录中的有些说法确实令人诧异。

例如，我们知道威灵顿公爵阿瑟·韦尔斯利已得知法军只在1815年6月15日15时发动进攻，而1815年6月16日3时之前他就在夸特布拉斯，并拥有足够的兵力拖住法军左路[1]。

事实上，1815年6月16日3时，只有萨克森-魏玛公爵卡尔·伯纳德的旅在夸特布拉斯，而且如前文所述，他违背了威灵顿公爵阿瑟·韦尔斯利的命令，将部队带至夸特布拉斯。

然而，本书无需一一列出对上述说法的驳斥。英国最权威的研究者们并不把这一备忘录作为依据[2]。他们认为，威灵顿公爵阿瑟·韦尔斯利写备忘录时，其记忆已经模糊[3]。本书认为，该备忘录无助于我们了解史实，而事实就是如此。1842年，威灵顿公爵阿瑟·韦尔斯利写下了备忘录，距滑铁卢战役爆发仅二十七年。这距事发时间并不长，盖兹堡战役距今也就二十九年。许多知道事实的军官当时一定健在，而且威灵顿公爵阿瑟·韦尔斯利可以得到所有官方资料。但很遗憾，威灵顿公爵阿瑟·韦尔斯利没有对战役的事实做详尽、准确的描述。

---

[1] 阿瑟·理查德·韦尔斯利：《威灵顿公爵阿瑟·韦尔斯利补充的急报、信函及备忘录》，第10卷，伦敦，约翰·默里出版社，1863年，第523页。——原注
[2] 查尔斯·康沃利斯·切斯尼：《滑铁卢讲座：1815年战役研究》，伦敦，朗文格林出版社，1874年，第83页，第101页，第131页。——原注
[3] 查尔斯·康沃利斯·切斯尼：《滑铁卢讲座：1815年战役研究》，伦敦，朗文格林出版社，1874年，第101页，第131页。——原注

本书再次提醒读者，没有证据表明一旦法军入侵比利时，威灵顿公爵阿瑟·韦尔斯利和列博莱希特·冯·布吕歇尔元帅达成协同行动的协议。

但至少有一件事是非常清楚的，那就是，本书判断盟军两大统帅的行动并没有按照这样的协议进行。听说拿破仑向沙勒罗瓦推进时，列博莱希特·冯·布吕歇尔命军队在松布雷夫集结。之后，他将上述举动告诉了威灵顿公爵阿瑟·韦尔斯利。而如上文所述，尽管威灵顿公爵阿瑟·韦尔斯利知道法军会由沙勒罗瓦发起主攻，继而进攻普军，而且尽管他早就知道，在这种情况下，列博莱希特·冯·布吕歇尔元帅会在松布雷夫集结军队，但他没有立即采取措施，并率部与列博莱希特·冯·布吕歇尔元帅会合。当然，威灵顿公爵阿瑟·韦尔斯利首先想到的是在尼威尔集结军队。事实上，对已经接受对威灵顿之前部署分析的学者们来讲，这并不算困扰他们的难题。例如，威廉·西博恩上尉似乎很可能相信，威灵顿公爵阿瑟·韦尔斯利已经同意在夸特布拉斯集结军队①。然而，威廉·西博恩上尉实际上让人们注意②，在得知列博莱希特·冯·布吕歇尔元帅将在松布雷夫集结军队后，威灵顿公爵阿瑟·韦尔斯利命托马斯·皮克顿在滑铁卢停下，因为当时他还没有决定是该派托马斯·皮克顿前往尼威尔还是夸特布拉斯。不过，威廉·西博恩上尉和其他赞同自己的观点或接受自己解释的历史学家们，肯定要遇到一个难题。一方面，大约午夜时分③，威灵顿公爵阿瑟·韦尔斯利得知佩尔旁切·谢德利尼茨基师占领了夸特布拉斯，而且听说列博莱希特·冯·布吕歇尔元帅将在松布雷夫集结军队。威灵顿公爵阿瑟·韦尔斯利如果按列博莱希特·冯·布吕歇尔元帅所说的让英荷联军在夸特布拉斯集结，那么肯定会及时下达这样的命令④，而且肯定会在1815年6月16日10时之前在夸特布

---

① 威廉·西博恩上尉：《1815年战役史：法兰西战役和比利时战役》，伦敦，T.&W.布恩出版社，1844年，第1卷，第40页。——原注
② 威廉·西博恩上尉：《1815年战役史：法兰西战役和比利时战役》，伦敦，T.&W.布恩出版社，1844年，第1卷，第102页；注释。——原注
③ 依据1815年6月15日晚上22时从布赖纳–勒孔代送给在布鲁塞尔的奥兰治公爵威廉·亨德里克的急报。力·洛本·泽尔斯：《1815年澳属尼德兰战役详史》，海牙，埃里捷·多尔曼出版社，1849年，第176页注释。——原注
④ 至少分析者们会这样认为。——原注

拉斯集结大部分兵力。但另一方面，威灵顿公爵阿瑟·韦尔斯利的行为似乎表明，他认为自己对该做的事情有良好的判断，似乎认为自己不受任何协议的约束。事实上，直到快要离开布鲁塞尔前往夸特布拉斯时，威灵顿公爵阿瑟·韦尔斯利才决定是否该守住夸特布拉斯。

但要注意，夸特布拉斯发生的战斗立刻引起了世人的重视，结果那些崇拜威灵顿公爵阿瑟·韦尔斯利的历史学家们都断言，一得知法军进攻的消息，威灵顿公爵阿瑟·韦尔斯利就决定在夸特布拉斯集结军队。伴随这一断言而来的是各种歌功颂德，赞扬威灵顿公爵阿瑟·韦尔斯利的前瞻性和果断，而威灵顿公爵阿瑟·韦尔斯利却不值得这样赞扬。1815年6月15日晚上10时，乔治·格莱格说①，法军的行动足以暴露拿破仑的意图；除了预备军，所有部队都被投入战斗。各部沿不同的道路前往夸特布拉斯。沃尔特·斯科特对滑铁卢战争的叙述主要依赖于皇家工兵约翰·普林格尔上尉的说法②。约翰·普林格尔上尉说："1815年6月15日23时左右，在进一步获知法军事实上将在桑布尔河沿线发动进攻后，威灵顿公爵阿瑟·韦尔斯利立刻就命部队前往夸特布拉斯。"

上文刚刚看到，直到1815年6月16日早上威灵顿公爵阿瑟·韦尔斯利才下达上述命令。

四、现在本书可以猜测，直到快要离开布鲁塞尔时，威灵顿公爵阿瑟·韦尔斯利才命全军在夸特布拉斯集结，也就是在1815年6月16日2时。本书会尽力理解在威灵顿公爵阿瑟·韦尔斯利之前下达的命令中他最初的意图与期待。威灵顿公爵阿瑟·韦尔斯利命三个师前往尼威尔③，命驻扎在更西边的师前往昂吉安和尼威尔方向上的布赖纳-勒孔代。在前往尼威尔的军队中，有些已驻扎在热纳普和夸特布拉斯。事实上，威灵顿公爵阿瑟·韦尔斯利尽管知道法军会由沙勒罗瓦进攻，列博莱希特·冯·布吕歇尔会在松布雷夫集结军队，荷兰-比利时联军的一个旅已经进驻夸特布拉斯，并且与法军发生了小规模冲突，但还是命部队在尼威尔集结。威灵顿公爵阿瑟·韦尔斯利的上述行为是否恰当，的确值得探讨。

① 乔治·格莱格：《威灵顿公爵阿瑟·韦尔斯利传》，第308页。——原注
② 沃尔特·斯科特：《拿破仑传》，巴黎，加里尼涅出版社，1828年，第833页。——原注
③ 所有的预备军前往沙勒罗瓦-布鲁塞尔公路一线。从那里它们可以轻松到达尼威尔。——原注

约翰·巴普蒂斯特·德鲁埃

  J.F.莫里斯上校是最近评论该战役的人。他讨论了这一问题,然后总结说威灵顿公爵阿瑟·韦尔斯利原本打算在尼威尔集结军队,这符合战争原则[①]。如果一件事更取决于经验,他说,那就是一支军队不能在分散的状态下迎战兵力集中的敌军。因此,威灵顿公爵阿瑟·韦尔斯利打算在远离法军前进路线的区域集结军队。基于对英军位置的大致了解,拿破仑认为英军在撤回集结前自然不敢冒险一战,事实也确实如此。德隆伯爵约翰·巴普蒂斯特·德鲁埃的第一军漫无目的地行军,导致米歇尔·奈伊未能全歼夸特布拉斯的驻军。

---

① J.F.莫里斯上校:《滑铁卢文集》,第344页。《武装部队联合杂志》,1890年6月。查拉斯中校持不同看法。查拉斯中校:《1815年战役史:滑铁卢》,莱比锡,布洛克豪斯出版社,第1卷,第132页以后。——原注

以下是本书对上述问题的回答：

（一）如前文中所述，1815年6月15日23时，威灵顿公爵阿瑟·韦尔斯利得知拿破仑亲率法军主力在普军前方集结，而普军将在松布雷夫集结。因此，他自然会想到，如果行动及时，他可以在1815年6月16日上午在夸特布拉斯集结军队，而且其兵力完全可以与法军主力中抽出的、用以对付他的兵力相当。因此，确认法军主力在弗勒吕或其附近，以及普军主力已经准备在弗勒吕迎战法军后，威灵顿公爵阿瑟·韦尔斯利如果命令全军在夸特布拉斯集结，就不会让军队在分散的状态下，迎战兵力集中的法军了。

（二）如果德隆伯爵约翰·巴普蒂斯特·德鲁埃的第一军及时赶到，威灵顿公爵阿瑟·韦尔斯利在夸特布拉斯的兵力，包括赶来增援的部队，就都会被分别歼灭。但下文很快会阐明，威灵顿公爵阿瑟·韦尔斯利没有及时下令部队在夸特布拉斯集结以实现他的目标。1815年6月15日晚至1815年6月15日16日晚，他如果这样做，那么一定会拥有比事实上更多的兵力，这很可能足以让他成功抵挡德隆伯爵约翰·巴普蒂斯特·德鲁埃和奥诺雷·查尔斯·雷耶伯爵的进攻。要记住，大概直到1815年6月16日2时，威灵顿公爵阿瑟·韦尔斯利才命部队向夸特布拉斯推进。

因此，本书得出结论，听说法军经由沙勒罗瓦前进时，威灵顿公爵阿瑟·韦尔斯利不想贸然犯险，让军队在夸特布拉斯集结。事实上，在后来对战役的描述中，他也承认了自己的这一做法[①]。在上文对《滑铁卢战役备忘录》的评论中，我们也表达了自己的看法。如果威灵顿公爵阿瑟·韦尔斯利实际上下达的命令被严格执行，如果萨克森-魏玛公爵卡尔·伯纳德旅按照1815年6月15日22时的命令撤回尼威尔，那么1815年6月16日上午，米歇尔·奈伊可能会在没有任何抵抗的情况下占领夸特布拉斯。尽管当天下午，米歇尔·奈伊可能[②]被英军攻击，而且如果英军在尼威尔，米歇尔·奈伊不可能前往布鲁塞尔。但米歇尔·奈伊如果集

[①] 查尔斯·康沃利斯·切斯尼：《滑铁卢讲座：1815年战役研究》，伦敦，朗文格林出版社，1874年，第101页。——原注
[②] 事实上米歇尔·奈伊很可能被英军攻击。——原注

结完毕他的两个军①，那么在利尼之战中，肯定能抽出一部分兵力进攻后方的普军，这也是拿破仑所期待的。

（三）至于J.F.莫里斯上校所说的拿破仑预测英军会占领夸特布拉斯，所有人都承认拿破仑认为占领十字路口非常重要。拿破仑之所以让米歇尔·奈伊拥有四万五千人、装备精良的军队，就是为了确保他占领夸特布拉斯。拿破仑可能没有想到，在兵力如此分散的情况下，威灵顿公爵阿瑟·韦尔斯利竟然能在1815年6月16日上午集结起如此多的兵力。不过，拿破仑显然想到了自己的对手很可能集结三万人或四万人，要么用以支援普军，要么进攻法军左路。事实如果真是这样，那将非常危险。因此，拿破仑将人数最多的两个军交给最善战的将军米歇尔·奈伊，让米歇尔·奈伊拿下夸特布拉斯这一十字路口，以确保能应对这一紧急情况。如果危机出现，拿破仑肯定要做好准备。拿破仑如果认为在夸特布拉斯或其附近根本不可能遇到英军，那么很可能将交给米歇尔·奈伊的一个军留在主力部队中，以增强主力部队的兵力。

五、分析家们普遍承认，在拿破仑发动攻势前，威灵顿公爵阿瑟·韦尔斯利和列博莱希特·冯·布吕歇尔元帅错误地将兵力分散在各个军营中。詹姆斯·肖·肯尼迪的评论②强有力地总结了这一问题。

确定法军的进攻路线前，反法联军指挥官决定继续留在营地中。现在，本书可以预测，未来中立的历史学家们会认为该决定是一个巨大的错误，因为反法联军不应该观望法军会在何处进攻，而是应该立刻集结。还有另外一个错误，那就是英军和普军的兵营太过分散。因此，在获知拿破仑军队集结并准备发动进攻之后，威灵顿公爵阿瑟·韦尔斯利和列博莱希特·冯·布吕歇尔元帅本应该也集结军队以应对任何可能发生的情况。而且在知道法军全军在行动后，反法联军本应从各个兵营中回撤兵力并拉近彼此的距离。

---

① 米歇尔·奈伊本应这样做。——原注
② 詹姆斯·肖·肯尼迪：《滑铁卢战役注解》，伦敦，约翰·默里出版社，1865年，第168页到170页；卡尔·冯·克劳塞维茨：《1815年反法战争》，柏林，迪姆勒出版社，1862年，第11章，第15章，第17章；查拉斯中校：《1815年战役史：滑铁卢》，莱比锡，布洛克豪斯出版社，第1卷，第80页；拿破仑：《拿破仑信函集》，巴黎，帝国出版社，1869年，第31卷，第254页。——原注

我们记得，威灵顿公爵阿瑟·韦尔斯利和列博莱希特·冯·布吕歇尔元帅几天前就知道拿破仑在集结兵力，然而，直到最后一刻拿破仑在各个集结地集结部队时，他们才有所行动。

詹姆斯·肖·肯尼迪继续讨论了在获悉拿破仑组织大量兵力准备进攻①后，反法联军如何恰当地布置防线。他认为，列博莱希特·冯·布吕歇尔元帅本应将指挥部设在热纳普，让部队驻扎在鲁汶和哥斯利之间，并派大量骑兵占领从那慕尔到桑布尔河一线等。威灵顿公爵阿瑟·韦尔斯利的指挥部设在布鲁塞尔，所以威灵顿公爵阿瑟·韦尔斯利本应让部队驻扎在布鲁塞尔和苏瓦尼之间，并设置骑兵前哨。

对于威灵顿公爵阿瑟·韦尔斯利的排兵布阵，查拉斯中校②也表达了相同的看法。但他认为，1815年5月底前，威灵顿公爵阿瑟·韦尔斯利本应将指挥部从布鲁塞尔向前推进六里格或八里格，即十五英里或二十英里③。而同时，列博莱希特·冯·布吕歇尔应将指挥部移至弗勒吕④，并且在六里格或八里格，即十五英里或二十英里的范围内集中兵力同时在桑布尔河和默兹河上设置前哨。

最后，查拉斯中校说，他同意拿破仑的做法⑤。要注意的是，拿破仑没有像查拉斯中校和卡尔·冯·克劳塞维茨那样批评威灵顿公爵阿瑟·韦尔斯利一直将指挥部设在布鲁塞尔，而只是批评他的兵力过于分散⑥。拿破仑似乎认为，英荷联军适合将指挥部设在布鲁塞尔，普军适合将指挥部设在弗勒吕。从1815年5月15日起，反法联军两大统帅就应大量缩减兵营的数量。这样一来，除了前哨，各部队距指挥部都不会超过二十英里。拿破仑说，如果采用这一方案，那么1815

---

① 詹姆斯·肖·肯尼迪：《滑铁卢战役注解》，伦敦，约翰·默里出版社，1865年，第171页。——原注
② 卡尔·冯·克劳塞维茨持同样的观点。卡尔·冯·克劳塞维茨：《1815年反法战争》，柏林，迪姆勒出版社，1862年，第18章。——原注
③ 查拉斯中校：《1815年战役史：滑铁卢》，莱比锡，布洛克豪斯出版社，第1卷，第80页。——原注
④ 查拉斯中校及卡尔·冯·克劳塞维茨说更靠近尼威尔，即比那慕尔更靠近尼威尔。查拉斯中校：《1815年战役史：滑铁卢》，莱比锡，布洛克豪斯出版社，第1卷，第80页；卡尔·冯·克劳塞维茨：《1815年反法战争》，柏林，迪姆勒出版社，1862年，第18章。——原注
⑤ 拿破仑：《拿破仑信函集》，巴黎，帝国出版社，1869年，第31卷，第253页。——原注
⑥ 拿破仑：《拿破仑信函集》，巴黎，帝国出版社，1869年，第31卷，第254页。——原注

年6月15日中午①，普军可能已在利尼集结并准备迎战法军。但他没有继续说明上述情况下英军的协作模式和协作时间。本书能说明上述观点就已经足够了。

列博莱希特·冯·布吕歇尔元帅在最后一刻才集结广泛分散的兵力，并且错误地将松布雷夫作为集结地，不管从原则上讲还是从权威观点来看，这一点似乎是非常清楚的。以下是拿破仑对此事的看法②：

> 在得知1815年6月15日晚法军在沙勒罗瓦后，列博莱希特·冯·布吕歇尔元帅不该将弗勒吕或利尼作为部队的集结地，因为它们都在法军的炮击范围内。他应该将瓦夫尔作为部队的集结地，因为法军直到1815年6月16日晚才到达瓦夫尔。这样一来，他可以利用1815年6月16日白天、6月16日晚到6月17日早上的时间让全军集结。

基于同样的原因，拿破仑谴责威灵顿公爵阿瑟·韦尔斯利③将夸特布拉斯作为部队的集结地。詹姆斯·肖·肯尼迪④也这样认为：

> 威灵顿公爵阿瑟·韦尔斯利和列博莱希特·冯·布吕歇尔决定在弗勒吕和夸特布拉斯与前进的法军碰面，这与当时他们兵力广泛分散的情况完全不符。从很大程度上讲，他们的这一决定是战争中常犯的错误，即使是一个伟大的指挥官也会错误地把部分兵力能到达并占领、而敌军却能集结全部兵力的地方作为军队集结地。

如上文所述，本书并不相信威灵顿公爵阿瑟·韦尔斯利和列博莱希特·冯·布吕歇尔元帅会事先做出上述决定。但列博莱希特·冯·布吕歇尔元帅

---

① 拿破仑：《拿破仑信函集》，巴黎，帝国出版社，1869年，第31卷，第253页。——原注
② 这段话出现在1820年版的《拿破仑回忆录》中，但并不在《拿破仑信函集》中。《拿破仑回忆录》中说的是"1815年6月17日"而非"1815年6月16日晚上"。拿破仑：《拿破仑信函集》，巴黎，帝国出版社，1869年，第31卷，第254页。——原注
③ 拿破仑：《拿破仑信函集》，巴黎，帝国出版社，1869年，第31卷，第255页。——原注
④ 詹姆斯·肖·肯尼迪：《滑铁卢战役注解》，伦敦，约翰·默里出版社，1865年，第172页。——原注

采取的关键一步是命部队在松布雷夫而非瓦夫尔集结。这迫使威灵顿公爵阿瑟·韦尔斯利必须在夸特布拉斯集结全部或部分军队，除非他打算让自己的盟军处于孤立无援的境地。因此，本书认为，拿破仑和詹姆斯·肖·肯尼迪实际上批评的是列博莱希特·冯·布吕歇尔元帅的行为。鉴于列博莱希特·冯·布吕歇尔元帅在松布雷夫集结，拿破仑并未考虑威灵顿公爵阿瑟·韦尔斯利原本应该做什么，而只是给出了自己的看法。他认为，就一般原则来看，英军在得知法军转向沙勒罗瓦后不该将夸特布拉斯作为部队的集结地，就像普军不该把松布雷夫作为集结地一样。要注意的是，拿破仑和詹姆斯·肖·肯尼迪都认为，反法联军两大统帅已经同意分别将松布雷夫和夸特布拉斯作为部队的集结地[1]。如果没有这样的协议[2]，我们无法恰当地理解威灵顿公爵阿瑟·韦尔斯利为何将夸特布拉斯定为部队的集结地，除非本书认为列博莱希特·冯·布吕歇尔元帅已经将全部兵力投入利尼战役中，并且需要威灵顿公爵阿瑟·韦尔斯利的支援。

---

[1] 拿破仑：《拿破仑信函集》，巴黎，帝国出版社，1869年，第31卷，第195页，第197页。詹姆斯·肖·肯尼迪：《滑铁卢战役注解》，伦敦，约翰·默里出版社，1865年，第172页。——原注
[2] 本书认为不存在这样的协议。——原注

第 6 章

1815 年 6 月 15 日：荷兰－比利时联军

现在，本书的视线首先要从反法联军统帅的部署转移到萨克森-魏玛公爵卡尔·伯纳德的旅占领夸特布拉斯上。这个旅隶属于奥兰治公爵威廉·亨德里克军的荷兰-比利时联军佩尔旁切·谢德利尼茨基师。该旅在从热纳普到弗拉涅的公路沿线及其附近的村庄中驻扎①。一听到战斗打响的消息，萨克森-魏玛公爵卡尔·伯纳德就命部队在夸特布拉斯集结，并在弗拉涅设置前哨。他在没有收到命令的情况下做出上述举动，因此受到盛赞②。然而，事实上，下达给他的命令当时正在路上，内容也是如此。当时，奥兰治公爵威廉·亨德里克不在布鲁塞尔，他的参谋长康斯坦特·勒贝克将军听说了法军前进的消息，并且给佩尔旁切·谢德利尼茨基送去了命令③，要求他在夸特布拉斯集结该师的一个旅并在尼威尔集结另一个旅。1815 年 6 月 15 日 17 时到 18 时，萨克森-魏玛公爵卡尔·伯纳德

---

① 万·洛本·泽尔斯：《1815 年澳属尼德兰战役详史》，海牙，埃里捷·多尔曼出版社，1849 年，第 130 页。——原注
② 万·洛本·泽尔斯：《1815 年澳属尼德兰战役详史》，海牙，埃里捷·多尔曼出版社，1849 年，第 131 页，第 132 页；查尔斯·康沃利斯·切斯尼：《滑铁卢讲座：1815 年战役研究》，伦敦，朗文格林出版社，1874 年，第 100 页。——原注
③ 万·洛本·泽尔斯：《1815 年澳属尼德兰战役详史》，海牙，埃里捷·多尔曼出版社，1849 年，第 128 页注释。——原注

康斯坦特·勒贝克

的旅在弗拉涅附近受到前进中的奥诺雷·查尔斯·雷耶伯爵军攻击[1]。1815年6月15日21时,萨克森-魏玛公爵卡尔·伯纳德将上述事件的报告送至尼威尔。该报告又立刻被送到奥兰治公爵威廉·亨德里克指挥部所在地布赖纳-勒孔代[2]。不过,奥兰治公爵威廉·亨德里克当时正在布鲁塞尔参加里士满公爵夫人夏洛

---

[1] 万·洛本·泽尔斯:《1815年澳属尼德兰战役详史》,海牙,埃里捷·多尔曼出版社,1849年,第133页,第134页注释。——原注

[2] 万·洛本·泽尔斯:《1815年澳属尼德兰战役详史》,海牙,埃里捷·多尔曼出版社,1849年,第175页。——原注

特·戈登的舞会,他的参谋长康斯坦特·勒贝克将军自行决定命佩尔旁切·谢德利尼茨基派弗雷德里克·范比兰特旅①支援夸特布拉斯的萨克森-魏玛公爵卡尔·伯纳德旅。1815年6月15日22时,康斯坦特·勒贝克将军给在布鲁塞尔的奥兰治公爵威廉·亨德里克发出了一封急报,将上述安排告诉了他。

1815年6月15日23时左右②,也就是执行上述命令至少一小时后,威灵顿公爵阿瑟·韦尔斯利于1815年6月15日17时下达给奥兰治公爵威廉·亨德里克的命令送达,要求他在尼威尔集结荷兰-比利时联军的第二师和第三师。遵照此命令,康斯坦特·勒贝克将军签发了新的命令③并送到佩尔旁切·谢德利尼茨基那里,但佩尔旁切·谢德利尼茨基坚持执行之前的命令并命令他的师全部在夸特布拉斯集结。他的这一举动得到了他的军长奥兰治公爵威廉·亨德里克的支持。1815年6月16日早上,弗雷德里克·范比兰特旅大部到达。佩尔旁切·谢德利尼茨基本人在1815年6月16日3时④到达,奥兰治公爵威廉·亨德里克在1815年6月16日6时到达⑤。

就这样,萨克森-魏玛公爵卡尔·伯纳德的旅在1815年6月15日傍晚和晚上占领了夸特布拉斯,这不但不是威灵顿公爵阿瑟·韦尔斯利的命令,而且违背了他的命令。如果萨克森-魏玛公爵卡尔·伯纳德的旅遵从威灵顿公爵阿瑟·韦尔斯利的命令,那么1815年6月16日早上米歇尔·奈伊就会发现自己前方没有任何阻击他的敌人。

---

① 万·洛本·泽尔斯:《1815年澳属尼德兰战役详史》,海牙,埃里捷·多尔曼出版社,1849年,第176页。——原注
② 万·洛本·泽尔斯:《1815年澳属尼德兰战役详史》,海牙,埃里捷·多尔曼出版社,1849年,第176页注释。——原注
③ 似乎命佩尔旁切·谢德利尼茨基回到尼威尔只是走走形式。万·洛本·泽尔斯:《1815年澳属尼德兰战役详史》,海牙,埃里捷·多尔曼出版社,1849年,第148页。——原注
④ 万·洛本·泽尔斯:《1815年澳属尼德兰战役详史》,海牙,埃里捷·多尔曼出版社,1849年,第183页。——原注
⑤ 万·洛本·泽尔斯:《1815年澳属尼德兰战役详史》,海牙,埃里捷·多尔曼出版社,1849年,第185页。——原注

百家争鸣

J.F.莫里斯上校[①]说，几乎所有历史学家都认为萨克森-魏玛公爵卡尔·伯纳德占领夸特布拉斯不但为他赢得了极高的赞誉，而且使英军获得了巨大的优势。但J.F.莫里斯上校并不赞同这些历史学家的说法。前文已经讨论过这一问题。在这里，需要再次说明的是，除列博莱希特·冯·布吕歇尔元帅在松布雷夫集结军队这一情况外，威灵顿公爵阿瑟·韦尔斯利此时不会考虑将夸特布拉斯作为英荷联军的集结地是否合适。而且在确认这一情况后，威灵顿公爵阿瑟·韦尔斯利必须在夸特布拉斯集结军队，否则就会错失支援盟军的所有机会。本书同样指出，让普军对战法军主力不符合常规。因为本书猜测，在这种情况下，威灵顿公爵阿瑟·韦尔斯利只需迎战拿破仑从主力中分出的那部分军队。

如果本书的这一观点正确，那么与威灵顿公爵阿瑟·韦尔斯利相比，荷兰-比利时联军的指挥官康斯坦特·勒贝克将军、佩尔旁切·谢德利尼茨基及萨克森-魏玛公爵卡尔·伯纳德更早地得知了法军和普军的形势，并且做出了威灵顿公爵阿瑟·韦尔斯利会命令他们做出的部署[②]。此外，他们及时、有力的行动得到了广泛赞扬，对此本书完全赞同。

---

① J.F.莫里斯上校：《滑铁卢文集》，第345页。武装部队联合杂志，1890年7月。——原注
② 查尔斯·康沃利斯·切斯尼：《滑铁卢讲座：1815年战役研究》，伦敦，朗文格林出版社，1874年，第102页；乔治·胡珀：《1815年战役史：滑铁卢——拿破仑的陨落》，伦敦，老史密斯出版社，1862年，第84页。——原注

第7章

1815年6月16日上午：威灵顿公爵阿瑟·韦尔斯利

上文提到，威灵顿公爵阿瑟·韦尔斯利直到1815年6月16日早上才决定让军队在夸特布拉斯集结。

本书提到的两个命令都是下达给理查德·希尔的，而且都是1815年6月16日上午于布鲁塞尔签发的。本书已经指明，至少第一个命令是在威灵顿公爵阿瑟·韦尔斯利决定在夸特布拉斯集结前签发的。然而，本书同样指明，离开布鲁塞尔前，威灵顿公爵阿瑟·韦尔斯利确实决定让军队在夸特布拉斯集结，而且随后确实下达了这样的命令。虽然本书无法确定具体时间，但时间肯定是在威灵顿公爵阿瑟·韦尔斯利离开布鲁塞尔之前。对于威灵顿公爵阿瑟·韦尔斯利离开的具体时间，专家们的看法不同[①]，但很可能是在1815年6月16日7时30分左右。之后，他离开了在布鲁塞尔[②]的副军需长和其他部门官员们，并考虑下达军队在夸特布拉斯集结的命令。他骑马前往夸特布拉斯，并在1815年6月16日10时左右到达。在夸特布拉斯，他看到了奥兰治公爵威廉·亨德里克麾下的荷兰–比利时联军佩尔旁切·谢德利尼茨基的师。

[①] 卡尔·弗赖赫尔·冯·穆费林说是1815年6月16日5时左右，威廉·马福德说是1815年6月16日7时，多尔西·加德纳说是1815年6月16日8时。——原注

[②] 约翰·奥德菲尔德上尉：《滑铁卢战役信函集》。——原注

1815年6月16日10时30分，威灵顿公爵阿瑟·韦尔斯利给列博莱希特·冯·布吕歇尔元帅写了上文提到的那封信。如上文所述，本书相信，这封信是以附于1876年冯·奥勒赤于柏林①出版的《1815年战役史》②一书中的形式公之于众的。它的全译本如下：

> 写于弗拉涅前方高地
>
> 1815年6月16日10时30分
>
> 尊敬的公爵阁下：
>
> 我军现部署如下：
>
> 奥兰治公爵威廉·亨德里克陆军的一个师部署在弗拉涅和夸特布拉斯，其他部队在尼威尔。
>
> 预备军正从滑铁卢赶往热纳普，预计于中午到达。
>
> 英军骑兵将在中午到达尼威尔。
>
> 理查德·希尔的军在布赖纳－勒孔代。
>
> 我军前方没有发现大股法军。我在等待您的消息及部队到达的消息，从而确定今天的行动方案。
>
> 班什一侧和我军右侧均未出现敌情。
>
> 此致
>
> 敬礼
>
> 威灵顿公爵阿瑟·韦尔斯利

让我们好好看一下，这封信与上文提到的威廉·德兰西上校为通知威灵顿

---

① 冯·奥勒赤：《1815年战役史》，柏林，1876年，第125页；J.F.莫里斯上校：《滑铁卢文集》，第257页；《武装部队联合杂志》，1890年6月。——原注

② 查拉斯中校认为，这表明1815年6月16日10时30分威灵顿公爵阿瑟·韦尔斯利在弗拉涅对面，但他没有再提这一点。查拉斯中校：《1815年战役史：滑铁卢》，莱比锡，布洛克豪斯出版社，第1卷，第192页；注释。——原注

公爵阿瑟·韦尔斯利而写的①备忘录在多大程度上契合。该备忘录标题是"1815年6月16日7时英军的部署"。

威灵顿公爵阿瑟·韦尔斯利在信中说,第一军有一个师在弗拉涅和夸特布拉斯。上文中本书看到,这是荷兰-比利时联军的第二师佩尔旁切·谢德利尼茨基师。威灵顿公爵阿瑟·韦尔斯利说,第一军其他部队在尼威尔。现在,第一军的其他部队就是指三个师:荷兰-比利时联军沙斯师、查尔斯·阿尔滕师和乔治·库克师。其中前两个师已在昨天晚上被派往尼威尔,根据威廉·德兰西上校的"部署令",最后一个师——乔治·库克师——1815年6月16日7时在布赖纳-勒孔代。因此,威灵顿公爵阿瑟·韦尔斯利很可能推测乔治·库克师可以在三个半小时内走完布赖纳-勒孔代到尼威尔的大半路程,两地相隔九英里。

威灵顿公爵阿瑟·韦尔斯利在信中接着说,预备军正从滑铁卢赶往热纳普,预计于1815年6月16日中午到达。

威灵顿公爵阿瑟·韦尔斯利的这一表述不需要参考"部署令"。大约1815年6月16日9时以前,威灵顿公爵阿瑟·韦尔斯利可能在滑铁卢以北一英里或两英里的公路上看到了托马斯·皮克顿师,并且确实认为托马斯·皮克顿要么已经收到,要么即将收到前往夸特布拉斯的命令。威灵顿公爵阿瑟·韦尔斯利很确定地说,托马斯·皮克顿师会在1815年6月16日中午到达热纳普。在"部署令"中,劳里·科尔的师部署在布鲁塞尔西北八英里的阿斯彻,汉诺威军第五旅部署在哈尔。威灵顿公爵阿瑟·韦尔斯利没有刻意把这两个情况从自己的叙述中排除。他无疑认为自己的表述已足够准确直白。威灵顿公爵阿瑟·韦尔斯利在信中还说,英军骑兵将在1815年6月16日中午到达尼威尔。"部署令"中说,1815年6月16日7时,英军骑兵在布赖纳-勒孔代。基于这一说法,威灵顿公爵阿瑟·韦尔斯利说,1815年6月月16日中午之前,英军骑兵会走完从布赖纳-勒孔代到尼威尔的九英里的路程。理查德·希尔的军在布赖纳-勒孔代是信中的下一句话,也是最后一句话。理查德·希尔军由英军第二师和第四师、荷兰-比利时联军第一师和海因里希·威廉·安托宁旅组成。

---

① 可能在威灵顿公爵阿瑟·韦尔斯利离开布鲁塞尔之前。——原注

"部署令"中说，1815年6月16日7时，英军第二师在布赖纳-勒孔代，英军第四师在奥德纳尔德并且正要前往布赖纳-勒孔代。然而，威灵顿公爵阿瑟·韦尔斯利一定没有想到，第四师会在1815年6月16日7时到10时30分之间走完从奥德纳尔德到布赖纳-勒孔代的三十多英里的路程。"部署令"中说，1815年6月16日7时，荷兰-比利时联军第一师和印度籍士兵组成的步兵旅在奥德纳尔德附近的索特格姆村并正要前往昂吉安。因此，有关理查德·希尔军的上述位置，威灵顿公爵阿瑟·韦尔斯利在信中所说的不如"部署令"中所说的权威。但这些师驻扎的位置实在太远了，威灵顿公爵阿瑟·韦尔斯利可能打心眼儿里从未指望它们能在夸特布拉斯集结。在滑铁卢战役当日，威灵顿公爵阿瑟·韦尔斯利将这些部队留在了哈尔和蒂比兹，其目的是保护英军右翼。

因此，我们很容易看到，在给列博莱希特·冯·布吕歇尔元帅写信时，威灵顿公爵阿瑟·韦尔斯利面前就放着"部署令"。他似乎盲目地遵从了"部署令"中的内容。他似乎从未想过，他的各个师实际上不可能在1815年6月16日7时到达参谋长所说的其已经到达的位置。威灵顿公爵阿瑟·韦尔斯利认为，备忘录的内容是准确的。所以在给列博莱希特·冯·布吕歇尔元帅的信中，他实际上依据了"部署令"中的内容①。不仅如此，威灵顿公爵阿瑟·韦尔斯利立刻按照"部署令"展开行动。1815年6月16日中午左右，他骑马前往布莱与列博莱希特·冯·布吕歇尔元帅协商并提议与他合作。卡尔·弗赖赫尔·冯·穆费林当时就在威灵顿公爵阿瑟·韦尔斯利身边。从他的叙述中②，我们明显看到，他认为威灵顿公爵阿瑟·韦尔斯利严重误读了自己军队的大致位置。卡尔·弗赖赫尔·冯·穆费林称，谈话主要涉及他们期待的合作方式。奥古斯特·威廉·安东·奈特哈特·冯·格奈泽瑙希望威灵顿公爵阿瑟·韦尔斯利从夸特布拉斯前往布莱，而威灵顿公爵阿瑟·韦尔斯利不希望暴露自己与布鲁塞尔及尼威尔之间的联络通道。卡尔·弗赖赫尔·冯·穆费林说，谈话接近尾声时，威灵顿公爵阿瑟·韦尔斯利接受了他的一个建议，并且说："在弗拉涅，我会扫清前方的法军，并前往哥

---

① 当然我们已经指出，威灵顿公爵阿瑟·韦尔斯利只做了些许改动。——原注
② 卡尔·弗赖赫尔·冯·穆费林：《人生往事：1813年和1814年战役回忆》，伦敦，理查德·宾利出版社，1853年，第236页；冯·奥勒赤：《1815年战役史》，柏林，1876年，第126页。——原注

斯利。"本书引用这句话只是为了表明威灵顿公爵阿瑟·韦尔斯利是多么自信。他认为，1815年6月16日2时30分左右从布莱回到夸特布拉斯时他可以拥有足够多的兵力。查尔斯·阿尔滕师如果1815年6月16日7时在尼威尔，那么应该会在1815年6月16日中午之前到达夸特布拉斯。预备军从布鲁塞尔出发前往夸特布拉斯，1815年6月16日7时前快要到达滑铁卢了。预备军应该在1815年6月16日14时或15时前到达距滑铁卢不到十一英里的夸特布拉斯。如果真的在1815年6月16日9时到达布赖纳–勒孔代，它们很可能在1815年6月16日中午前到达尼威尔并在1815年6月16日15时前到达距此仅有七英里的夸特布拉斯。乔治·库克可能率英军近卫军的师在1815年6月16日15时左右到达夸特布拉斯。上述情况一定是威灵顿公爵阿瑟·韦尔斯利在与列博莱希特·冯·布吕歇尔元帅会谈后骑马回夸特布拉斯的途中所期待的。普鲁士传记作家冯·汉斯·德尔布鲁克①的分析表明或者暗示，威灵顿公爵阿瑟·韦尔斯利告诉列博莱希特·冯·布吕歇尔元帅的英军位置是不准确的。他这样做是为了让列博莱希特·冯·布吕歇尔元帅相信自己会派军支援并能够信守诺言，从而让普军在利尼与法军开战。这样一来，威灵顿公爵阿瑟·韦尔斯利就可以获得部队集结所需要的时间。但据本书判断，这一分析没有证据支撑②。事实很清楚，威灵顿公爵阿瑟·韦尔斯利完全被参谋长提供的信息欺骗了。他理所当然地认为部队就在参谋长所说的地方并据此做出了部署。这不但让他极度失望，而且让他面临战败的极大风险。因为事实上，1815年6月16日7时，很多师都没有出现在威廉·德兰西上校备忘录中指定给它们的位置附近。该话题本书会另作讨论。简而言之，威灵顿公爵阿瑟·韦尔斯利派出的援军到达战场的时间比他预想的晚很多。如果米歇尔·奈伊及时执行拿破仑的命令，那么在大约几小时的时间里，反法联军将陷入非常危险的境地，而且必定会惨败。

---

① 冯·汉斯·德尔布鲁克：《陆军元帅奥古斯特·威廉·安东·奈特哈特·冯·格奈泽瑙传》，柏林，1880年，第4卷，第369页，第370页。——原注
② 人们必然要说，冯·汉斯·德尔布鲁克很自然地采纳这个建议。只有假设"部署令"是一个真实的文件而且威灵顿公爵阿瑟·韦尔斯利在给列博莱希特·冯·布吕歇尔的信中盲目但确实相信了这个文件，我们才能合理解释冯·汉斯·德尔布鲁克采纳的这个建议。——原注

百家争鸣

本书会尽可能准确地说明"部署令"中提到的各部队在1815年6月16日7时的真实位置,我们有必要这样做。

1815年6月16日7时,第一师并不在布赖纳-勒孔代。直到1815年6月16日9时[1],第一师才从昂吉安赶到布赖纳-勒孔代。该师指挥官乔治·库克没有收到下一步命令,命将士们休息。1815年6月16日中午,乔治·库克自行决定率部继续前往尼威尔,并于1815年6月16日15时到达。在尼威尔,他收到要求他立刻前往夸特布拉斯的命令。

"部署令"中说,H.R.克林顿的第二师在1815年6月16日7时到达布赖纳-勒孔代并将前往尼威尔。事实上,直到"部署令"中所标注的时间之后三小时,也就是在1815年6月16日10时,该师才接到从其在阿特附近的驻地出发前往昂吉安的命令。第二师直到1815年6月16日14时才到达昂吉安,并且明显错过了直线路线。最后,直到半夜,第二师才到达布赖纳-勒孔代。

"部署令"中说,查尔斯·阿尔滕的第三师1815年6月16日7时在尼威尔,并准备前往夸特布拉斯。但实际上,直到1815年6月16日中午第三师才到达尼威尔[2]。

"部署令"中说,查尔斯·科尔维尔的第四师1815年6月16日7时在奥德纳尔德。毫无疑问,这是事实。1815年6月15日22时的命令要求该师前往昂吉安。基于之前给出的原因,本书推测查尔斯·科尔维尔一定收到了下一步的命令。该命令要求他继续前进。

---

[1] F.W.汉密尔顿:《英军近卫军第一团或掷弹兵团史》,伦敦,约翰·默里出版社,1874年,第3卷,第15页。——原注

[2] 威廉·西博恩上尉:《1815年战役史:法兰西战役和比利时战役》,伦敦,T.&W.布恩出版社,1844年,第1卷,第90页。——原注

"部署令"中说，1815年6月16日7时，托马斯·皮克顿的第五师并没有到达滑铁卢前方。事实上，1815年6月16日7时①，从布鲁塞尔一侧来看，托马斯·皮克顿的第五师距滑铁卢大约六英里。该师还包括汉诺威军②第四旅及布伦瑞克公爵弗雷德里克·威廉的军。

"部署令"中说，1815年6月16日7时，劳里·科尔的第六师已经到达阿斯彻，事实的确如此。但要求劳里·科尔的第六师前往热纳普和夸特布拉斯的命令是否也这么早到达，这存在疑问。

"部署令"中说，1815年6月16日7时，汉诺威军第五旅已经到达哈尔并将前往热纳普和夸特布拉斯。1815年6月16日7时，荷兰-比利时联军的第一师和海因里希·威廉·安托宁指挥的由印度籍士兵组成的旅将经索特格姆前往昂吉安，上述情况均存在疑问。

"部署令"中说，1815年6月16日7时，荷兰-比利时联军的第二师和第三师驻扎在夸特布拉斯和尼威尔，而1815年6月16日7时，第三师，即沙斯的师，实际上并不在尼威尔。1815年6月16日临近中午时③，沙斯的第三师才在尼威尔集结。而在上文中我们看到，1815年6月16日7时，佩尔旁切·谢德利尼茨基的第二师确实在夸特布拉斯。

"部署令"中说，1815年6月16日7时，威廉·冯·多恩贝格少将的旅和坎伯兰郡轻骑兵在滑铁卢前方，这当然不对。威廉·冯·多恩贝格接到1815年6月15日

---

① 威廉·西博恩上尉：《1815年战役史：法兰西战役和比利时战役》，伦敦，T.&W.布恩出版社，1844年，第1卷，第102页；弗朗西斯·卡林·卡尔戈姆：《威廉·梅纳德·戈姆信函和日记汇编》，伦敦，约翰·默里出版社，1881年，第353页，第354页。威廉·梅纳德·戈姆说，1815年6月16日5时，托马斯·皮克顿师离开布鲁塞尔前往滑铁卢，两地相距约十一英里。这个师在滑铁卢停留了两个小时，之后于1815年6月16日1时再次出发前往夸特布拉斯，并于1815年6月16日15时30分到达。威廉·西博恩上尉说，托马斯·皮克顿中午离开滑铁卢，并于1815年6月16日14时45分到达夸特布拉斯。鉴于中间有十三英里的距离，威廉·梅纳德·戈姆所给出的时间要晚一些。——原注

万·洛本·泽尔斯：《1815年澳属尼德兰战役详史》，海牙，埃里捷·多尔曼出版社，1849年，第232页。万·洛本·泽尔斯所说的时间很可能是正确的。——原注

② 威廉·西博恩上尉：《1815年战役史：法兰西战役和比利时战役》，伦敦，T.&W.布恩出版社，1844年，第1卷，第103页。——原注

③ 万·洛本·泽尔斯：《1815年澳属尼德兰战役详史》，海牙，埃里捷·多尔曼出版社，1849年，第232页。——原注

滑铁卢战场上的英军骑兵

17时至19时发出的命令,要求他的旅从蒙斯附近撤往布鲁塞尔以北七英里的维伏迪。直到1815年6月16日下午很晚,他才到达维伏迪。

至于"部署令"中所说的驻扎在尼诺弗及其附近的其他骑兵部队,1815年6月17日7时,它们不但没有出现在布赖纳-勒孔代,而且直到1815年6月17日近6时才收到第一个命令,而该命令是1815年6月15日22时左右从布鲁塞尔发出的①。因此，从尼诺弗出发到1815年6月17日7时到达昂吉安，它们只有一小时的行军时间。直到夜深战斗停止时，这些骑兵部队才到达战场②。

"部署令"中说，1815年6月16日7时，拿骚分遣军的奥古斯特·冯·克鲁泽旅已经穿过滑铁卢并在前往热纳普的路上，这同样不对。因为该旅未能及时到达夸特布拉斯参战。

将有关"部署令"的这些事实展现在读者面前，我们也很难过。这一定是传递给威灵顿公爵阿瑟·韦尔斯利的最具误导性的信息。似乎没有人考虑什么时候会收到命令或者什么时候要求执行命令。担任威灵顿公爵阿瑟·韦尔斯利参谋长的人应该有足够丰富的作战经验，在任何情况下都能预估各师的大致位置并报告给统帅，他的预估必须真实可靠③。

如果参谋长预估正确，那么威灵顿公爵阿瑟·韦尔斯利是否会留在夸特布拉斯就可能是个问题。但他也许会冒险一试，因为他明显没有料到前方会出现大量法军，并且他认为，如果可能的话，保卫与列博莱希特·冯·布吕歇尔元帅的联络通道显然最重要。

最后我们必须说，就从前线获取的信息而言，在1815年6月15日这天，威灵顿公爵阿瑟·韦尔斯利的下属们没有给他准确的信息④。直到1815年6月15日15时，他才收到法军进攻蒂安附近普军的消息，而在大约十小时或十一个小时前，法军已经宣布了上述行动。1815年6月15日中午，法军主力占领沙勒罗瓦，但1815年6月15日22时威灵顿公爵阿瑟·韦尔斯利获知的全部消息仅仅是一个书面文件，上面说法军似乎会威胁沙勒罗瓦。布鲁塞尔距沙勒罗瓦仅三十五英里或三十六英里。如果良好的情报传送系统存在，这么重要的消息本应在四个小时

---

① 《近卫军骑兵团史录》（第二版），伦敦，朗文出版社，1840年，第193页；《第十一轻龙骑兵团罗伯特·霍顿·布洛克日记集》，《英国历史杂志》，1888年7月，第549页。——原注
② 《近卫军骑兵团史录》（第二版）中说战斗停止的时间是1815年6月17日8时。《近卫军骑兵团史录》（第二版），伦敦，朗文出版社，1840年。第193页。——原注
③ 然而，我们应该记住，"部署令"很可能是在非常匆忙的情况下起草的。威灵顿公爵阿瑟·韦尔斯利将在夸特布拉斯集结部队的时间推迟至很晚，导致必要命令的下达和"部署令"的准备都极其匆忙。——原注
④ 对比威廉·西博恩上尉所著《1815年战役史：法兰西战役和比利时战役》（伦敦：T.&W.布恩出版社，1844年）第1卷第166页；注释。——原注

内送达。如果威灵顿公爵阿瑟·韦尔斯利在1815年6月15日16时或17时确认法军已经占领沙勒罗瓦，并且如果从蒙斯传来的情报在上述同一时间送达①，那么本书完全可以推测，威灵顿公爵阿瑟·韦尔斯利会立刻部署军队在夸特布拉斯集结。但从上文我们看到，威灵顿公爵阿瑟·韦尔斯利下达的部队在夸特布拉斯集结的命令直到1815年6月16日早上才送出。如果他及时获知法军行动的消息，我们完全可以推测，上述命令会提前大约九小时或十小时送出。作为统帅，威灵顿公爵阿瑟·韦尔斯利应该对上述延误负多大的责任值得商榷。他应事先想到有效的方法，并时常核查，从而确保这些方法在紧急情况下是可靠的，这是必须的。1815年6月，威灵顿公爵阿瑟·韦尔斯利面临的形势当然需要他高度警惕并做好所有预防措施。综上所述，本书只能认为，以上方面威灵顿公爵阿瑟·韦尔斯利做得不够。

---

① 消息本应在这一时间送达。——原注

第 8 章

1815 年 6 月 16 日上午：米歇尔·奈伊

上文提到，米歇尔·奈伊骑马从弗拉涅前线赶往沙勒罗瓦向拿破仑回报，并于 1815 年 6 月 15 日半夜到达。海梅斯上校说①，米歇尔·奈伊将自己的部署告诉了拿破仑。拿破仑留他吃晚饭，给他下达命令，并自信而坦率地向他展示了兵营。他向米歇尔·奈伊讲述了自己在即将到来的 1815 年 6 月 16 日这天的计划和期待。1815 年 6 月 15 日到 1815 年 6 月 16 日的夜里，他与米歇尔·奈伊谈了很长时间。在拿破仑指挥部所有军官都可以证实这一点。埃曼努尔·德格鲁希元帅当然是其中之一。

不言而喻，在会谈中，米歇尔·奈伊告诉拿破仑他并没有占领夸特布拉斯及他没有这样做的原因。我们几乎同样相信，拿破仑也告诉他必须在第二天上午占领夸特布拉斯。

海梅斯上校继续说②，1815 年 6 月 16 日 2 时，米歇尔·奈伊从沙勒罗瓦回到哥斯利。他在哥斯利停留了几分钟，与奥诺雷·查尔斯·雷耶伯爵协商。米歇尔·奈

---

① 海梅斯的表述。埃尔兴根公爵费利克斯·奈伊：《1815 年战役未出版文件集》，巴黎，1840 年，第 6 页。——原注
② 埃尔兴根公爵费利克斯·奈伊：《1815 年战役未出版文件集》，巴黎，1840 年，第 6 页，第 7 页。——原注

骑在马上的米歇尔·奈伊将军

伊命奥诺雷·查尔斯·雷耶伯爵立刻率两个师和炮兵出发并在弗拉涅集结军队，而他本人几乎会在同一时间到达弗拉涅。

海梅斯补充道，1815年6月16日8时，奥诺雷·查尔斯·雷耶伯爵率两个师正在前往弗拉涅的路上。然而，奥诺雷·查尔斯·雷耶伯爵尽管说[1]自己的军队准备在1815年6月16日上午[2]出发，但同样说1815年6月16日7时前去见米歇尔·奈伊以征求命令。米歇尔·奈伊告诉他，他也在等待拿破仑的命令。上述说法并不一致，从中我们可以推测出，从沙勒罗瓦回到哥斯利时，米

---

[1] 前帝国近卫军史：《诞生与瓦解》，巴黎，德劳内出版社，1821年，第57页。——原注
[2] 从上下文看，奥诺雷·查尔斯·雷耶伯爵指的似乎是1815年6月16日7时之前。——原注

歇尔·奈伊要求奥诺雷·查尔斯·雷耶伯爵必须做好随时出发的准备。奥诺雷·查尔斯·雷耶伯爵立刻下令做好行军准备。1815年6月16日7时之前,奥诺雷·查尔斯·雷耶伯爵将部队带上从沙勒罗瓦通往布鲁塞尔的公路,做好出发准备。或许从这些说法中我们可以推测出更多的内容——一从拿破仑那里回来,米歇尔·奈伊就命奥诺雷·查尔斯·雷耶伯爵率领两个师迅速从哥斯利推进至弗拉涅,这样一来,如果占领夸特布拉斯的命令下达,这两个师就可以马上执行命令。但米歇尔·奈伊之后又考虑了一下,便命奥诺雷·查尔斯·雷耶伯爵等书面命令来到时再从哥斯利出发。

然而,不管事实是否如此,如果米歇尔·奈伊如海梅斯上校说的那样已经从拿破仑本人那里获知了拿破仑在第二天的计划,那么他显然应该立刻命奥诺雷·查尔斯·雷耶伯爵率当时在哥斯利的两个师赶往弗拉涅,从而使自己麾下的两个军[①]完成集结,并要求后面的第一军做好准备、及时跟进。在这一点上,本书不需要权威资料支撑。事实上,米歇尔·奈伊如果想在1815年6月16日上午取得实质性进展,就应该让这两个师离开哥斯利,因为第一军应于1815年6月16日早上在哥斯利集结。然而,从拿破仑那里回来后,无论米歇尔·奈伊首先打算做什么,实际上什么都没做[②]。我们不禁感到,米歇尔·奈伊不想承担一丁点儿责任。考虑到当时的形势和下达给第一军的书面命令,不管是让第二军的三个师在弗拉涅会合,还是在第二军离开后让第一军的四个师前往哥斯利都是米歇尔·奈伊明显应该采取的措施。如果米歇尔·奈伊这样做,他就可以立刻执行他所等待的占领夸特布拉斯的正式命令。然而,他直到收到命令后才让奥诺雷·查尔斯·雷耶伯爵从哥斯利出发。从哥斯利到弗拉涅要行军五英里,这会将行动时间拖延大约两个多小时,而米歇尔·奈伊对此似乎并不在乎。事实上,除了让奥诺雷·查尔斯·雷耶伯爵做好行军准备,米歇尔·奈伊似乎没有为执行自己急切盼望的那个重要命令做任何准备。

---

① 让-巴普蒂斯特·吉拉尔师与拿破仑指挥的法军主力在一起。——原注
② 对比:亨利·德拉图尔·奥弗涅:《滑铁卢:1815年战役研究》,巴黎,亨利·普隆出版社,1870年,第109页;C·马夸特:《1815年澳属尼德兰战役详史》,布鲁塞尔,梅尔茨巴赫和福克出版社,1887年,第145页,第146页。——原注

米歇尔·奈伊确实让第一军跟上来并很好地指挥着第一军。这时,他必然要付出最艰辛、积极的努力。考虑到这一点,上述说法并非完全有道理。上文提到,1815年6月16日2时左右,米歇尔·奈伊从沙勒罗瓦回到哥斯利。1815年6月16日近7时[①],他似乎才离开哥斯利。我们知道,1815年6月16日3时,第一军的一个师甚至还未到达桑布尔河,而另一个师仍在马歇纳。另外两个师已经渡过桑布尔河,其先头部队已在瑞梅和哥斯利之间。讲清英军在夸特布拉斯的位置之后,海梅斯上校说[②],因为米歇尔·奈伊没有任何参谋,帝国近卫军猎骑兵和枪骑兵的军官们被派去迎接马歇纳桥方向的第一军。第一军已奉命前往弗拉涅。

帝国近卫军枪骑兵

① 奥诺雷·查尔斯·雷耶伯爵。埃尔兴根公爵费利克斯·奈伊:《1815年战役未出版文件集》,巴黎,1840年,第57页。——原注
② 埃尔兴根公爵费利克斯·奈伊:《1815年战役未出版文件集》,巴黎,1840年,第8页。——原注

帝国近卫军猎骑兵

但现在我们应该看到，直到1815年6月16日11时，米歇尔·奈伊才命奥诺雷·查尔斯·雷耶伯爵率马克西米利安·塞巴斯蒂安·富瓦和杰罗姆·拿破仑各自指挥的师出哥斯利，向夸特布拉斯挺进；才命德隆伯爵约翰·巴普蒂斯特·德鲁埃第一军前方的三个师前往弗拉涅。根据海梅斯上校的说法，我们可以看出，他希望人们注意米歇尔·奈伊的行动，也就是1815年6月16日11时后米歇尔·奈伊命这些师前往弗拉涅之后的行动。海梅斯上校说，帝国近卫军猎骑兵和枪骑兵的军官们分工详细。因为帝国近卫军猎骑兵和枪骑兵是弗拉涅后方的预备军，因此不在哥斯利。从海梅斯上校的说法来看[1]，上面这一推测是正确的。因此没有证据表明，米歇尔·奈伊在1815年6月16日11时之前[2]令第一军跟进。海梅斯上校当时

---

[1] 埃尔兴根公爵费利克斯·奈伊：《1815年战役未出版文件集》，巴黎，1840年，第5页，第7页。——原注

[2] 奥诺雷·查尔斯·雷耶伯爵。埃尔兴根公爵费利克斯·奈伊：《1815年战役未出版文件集》，巴黎，1840年，第5页，第7页。——原注

是米歇尔·奈伊军中一员,如果米歇尔·奈伊这样做的话,他肯定会提到。本书必然会从海梅斯上校的说法推测,当这些临时军官被派去寻找第一军并让其加快速度时,米歇尔·奈伊认为第一军至少有一部分已经到达马歇纳附近。

1815年6月16日上午,米歇尔·奈伊收到的第一个书面命令[1]是让·德迪乌·苏尔特签发的。让·德迪乌·苏尔特告诉米歇尔·奈伊,艾蒂安·德谢勒曼已经奉命率骑兵团前往哥斯利并交由米歇尔·奈伊指挥。这些骑兵将代替查尔斯·列斐伏尔–德努莱特指挥的帝国近卫军骑兵师。接着,让·德迪乌·苏尔特询问第一军是否按照前一天下达给德隆伯爵约翰·巴普蒂斯特·德鲁埃的命令[2]开始行动,即是否已渡过桑布尔河与在哥斯利的第二军会合。让·德迪乌·苏尔特还期望米歇尔·奈伊告诉自己第一军、第二军及其麾下两个骑兵师的确切位置。本书不知道米歇尔·奈伊是如何回答这些询问的,但在上文提到的1815年6月16日7时前的那次对话中,米歇尔·奈伊告诉奥诺雷·查尔斯·雷耶伯爵[3]他已经向拿破仑报告了自己的境地。因此,第一个命令一定是在1815年6月16日6时左右送达的。从命令的内容、送出的时间及前一天下达给德隆伯爵约翰·巴普蒂斯特·德鲁埃的命令的大意来看,我们知道法军指挥部是多么密切地关注着左路各部队的行动。

与奥诺雷·查尔斯·雷耶伯爵会谈后不久,米歇尔·奈伊回到弗拉涅[4]。他嘱咐奥诺雷·查尔斯·雷耶伯爵,在自己不在期间,接到任何有关部队行动的命令都要立刻执行,并将命令的内容告知在瑞梅或瑞梅后方的德隆伯爵约翰·巴普蒂斯特·德鲁埃。

奥诺雷·查尔斯·雷耶伯爵说[5],1815年6月16日9时左右,他收到了第二军

---

[1] 埃尔兴根公爵费利克斯·奈伊:《1815年战役未出版文件集》,巴黎,1840年,第VII页,第26页,第27页。——原注
[2] 海梅斯。埃尔兴根公爵费利克斯·奈伊:《1815年战役未出版文件集》,巴黎,1840年,第V页,第VI页,第25页。——原注
[3] 奥诺雷·查尔斯·雷耶伯爵。埃尔兴根公爵费利克斯·奈伊:《1815年战役未出版文件集》,巴黎,1840年,第57页。——原注
[4] 埃尔兴根公爵费利克斯·奈伊:《1815年战役未出版文件集》,巴黎,1840年,第57页。——原注
[5] 奥诺雷·查尔斯·雷耶伯爵。埃尔兴根公爵费利克斯·奈伊:《1815年战役未出版文件集》,巴黎,1840年,第57页。——原注

查尔斯·约瑟夫·弗拉奥

师师长让-巴普蒂斯特·吉拉尔的报告,让-巴普蒂斯特·吉拉尔已率部前往右侧并与法军主力会合。报告的大意是普军正在弗拉涅前方集结。奥诺雷·查尔斯·雷耶伯爵立刻将该报告送至在沙勒罗瓦的法军指挥部。但当时他并没有将之告诉正在弗拉涅的米歇尔·奈伊。

大约一小时后,也就是1815年6月16日10时左右[1],拿破仑军中的查尔斯·约瑟夫·弗拉奥将军经过了哥斯利,并给米歇尔·奈伊带来拿破仑的一

---

[1] 奥诺雷·查尔斯·雷耶伯爵说时间是1815年6月16日11时。但奥诺雷·查尔斯·雷耶伯爵给米歇尔·奈伊的急报上标注的时间是1815年6月16日10时15分,奥诺雷·查尔斯·雷耶伯爵在急报中说他读了查尔斯·约瑟夫·弗拉奥的命令。埃尔兴根公爵费利克斯·奈伊:《1815年战役未出版文件集》,巴黎,1840年,第XI页,第37页,第38页。——原注

封重要的亲笔信①。查尔斯·约瑟夫·弗拉奥将军也将信的内容告诉了奥诺雷·查尔斯·雷耶伯爵。对于信的内容，本书会另作介绍。显然，这封信提到了占领夸特布拉斯，并提到参谋长签署的正式命令会在大约同一时间到达。事实的确如此②。

回顾上文，米歇尔·奈伊给奥诺雷·查尔斯·雷耶伯爵的命令是强制性的且内容明确，要求奥诺雷·查尔斯·雷耶伯爵在自己不在的时候，立刻执行③收到的有关军队行动的所有命令。然而，我们看到，1815年6月16日10时15分，奥诺雷·查尔斯·雷耶伯爵从哥斯利写信④给在五英里以外的弗拉涅的米歇尔·奈伊，说他已经从查尔斯·约瑟夫·弗拉奥将军那里获知了拿破仑亲笔信的内容。不过，1815年6月16日9时之前，他从让-巴普蒂斯特·吉拉尔那里得知普军驻扎在弗勒吕附近。因此，他认为最好等到送信员⑤回来后再让自己的两个师从哥斯利出发前往弗拉涅。此时，奥诺雷·查尔斯·雷耶伯爵刚读完拿破仑的一封亲笔信。亲笔信规定了米歇尔·奈伊在执行完率部前往夸特布拉斯的命令后该怎样部署军队。我们不禁回想起，本书在第二章提到了拿破仑和查拉斯中校对这支部队的将军们的批评。奥诺雷·查尔斯·雷耶伯爵如果认为让-巴普蒂斯特·吉拉尔送来的信息如此重要，为什么没有立刻将该信息告诉米歇尔·奈伊，而是等了一个半小时之后才这样做呢？

米歇尔·奈伊给奥诺雷·查尔斯·雷耶伯爵发回了一个强制性的命令，要求

---

① 埃尔兴根公爵费利克斯·奈伊：《1815年战役未出版文件集》，巴黎，1840年，第X页，第32页以后。——原注
② 至少这是米歇尔·奈伊儿子的观点。埃尔兴根公爵费利克斯·奈伊：《1815年战役未出版文件集》，巴黎，1840年，第30页。——原注
③ 奥诺雷·查尔斯·雷耶伯爵。埃尔兴根公爵费利克斯·奈伊：《1815年战役未出版文件集》，巴黎，1840年，第57页。——原注
④ 埃尔兴根公爵费利克斯·奈伊：《1815年战役未出版文件集》，巴黎，1840年，第XI页，第37页，第38页。在"具有历史意义的军队公告"这一部分，他没有提到他推迟执行了米歇尔·奈伊的命令。——原注
⑤ 查拉斯中校估计不是推迟了一小时十五分钟，而实际上是一小时四十五分钟，因为奥诺雷·查尔斯·雷耶伯爵本应该在1815年6月16日10时出发。查拉斯中校：1815年战役史：滑铁卢，第2卷，第238页。莱比锡：布洛克豪斯出版社。——原注

他立刻向前线推进①。1815年6月16日11时45分左右②，奥诺雷·查尔斯·雷耶伯爵率部出发，马克西米利安·塞巴斯蒂安·富瓦师为先头部队。

现在，我们看一下拿破仑的信及1815年6月16日上午让·德迪乌·苏尔特签发给米歇尔·奈伊的命令。

米歇尔·奈伊是在1815年6月16日夸特布拉斯战役打响之前收到这些命令的，总共有三个。上文已经提到了第一个命令③。第二个命令④是正式命令，要求米歇尔·奈伊派第一军、第二军及第三骑兵军⑤前往夸特布拉斯，占据那里的有利位置，并侦察布鲁塞尔和尼威尔方向；要求他在热纳普部署一个带有骑兵的师，并在马尔拜或其附近部署一个师。

拿破仑的信上说⑥，少将让·德迪乌·苏尔特已经签署命令。不过，拿破仑的副官快马加鞭，所以米歇尔·奈伊可能比原计划更早收到这封信。接着，拿破仑将当天的计划（这一问题更适合另外讨论）告诉米歇尔·奈伊，并且说："你可以按以下方式部署军队：第一师部署在夸特布拉斯前方两里格处；六个步兵师部署在夸特布拉斯及其附近；一个步兵师部署在马尔拜。这样一来，我如果需要它们，就可以将它们调到我所在的松布雷夫。艾蒂安·德谢勒曼的军队部署在通往罗马的公路与通往布鲁塞尔的公路的交叉点，这样一来，我如果需要它们，就可以将它们调到我身边。你方一侧将包括第一军的四个师、第二军的四个师、两个轻骑兵师雅基诺男爵师和皮尔师及艾蒂安·德谢勒曼军的两个师。"

---

① 奥诺雷·查尔斯·雷耶伯爵。埃尔兴根公爵费利克斯·奈伊：《1815年战役未出版文件集》，巴黎，1840年，第XII页，第38页。——原注
② 查拉斯中校。查拉斯中校：《1815年战役史：滑铁卢》，莱比锡，布洛克豪斯出版社，第1卷，第189页；第2卷，第238页。——原注
③ 埃尔兴根公爵费利克斯·奈伊：《1815年战役未出版文件集》，巴黎，1840年，第VII页，第26页，第27页。——原注
④ 埃尔兴根公爵费利克斯·奈伊：《1815年战役未出版文件集》，巴黎，1840年，第VIII页，第27页。——原注
⑤ 由瓦尔米伯爵艾蒂安·德谢勒曼指挥。——原注
⑥ 埃尔兴根公爵费利克斯·奈伊：《1815年战役未出版文件集》，巴黎，1840年，第X页，第32页以后。——原注

学者们断定①，这封信限制米歇尔·奈伊调用艾蒂安·德谢勒曼的骑兵，但很明显上述部队都由米歇尔·奈伊调遣，以执行从让·德迪乌·苏尔特少将那里收到的命令。学者们还断定，拿破仑要求米歇尔·奈伊所做的部署，是完成占领夸特布拉斯这一十字路口的主要行动目标之后的部署。但米歇尔·奈伊不可能对此有所质疑，因为让·德迪乌·苏尔特又发来了第三个正式命令。

　　该命令②告诉米歇尔·奈伊，枪骑兵的一个军官报告说，夸特布拉斯附近发现大量敌军，接着继续说道："集结奥诺雷·查尔斯·雷耶伯爵、德隆伯爵约翰·巴普蒂斯特·德鲁埃及艾蒂安·德谢勒曼③的军，艾蒂安·德谢勒曼正率部与你会合。凭借这些兵力，你应该可以打败并消灭遇到的任何敌军。"命令还提到，列博莱希特·冯·布吕歇尔元帅不太可能派军前往夸特布拉斯，所以米歇尔·奈伊只需应对从布鲁塞尔赶来的敌军。

　　命令最后提到，第二代格鲁希侯爵埃曼努尔·德格鲁希已经前往松布雷夫，而米歇尔·奈伊从之前的命令中获知了他的行动。现在，这些命令，当然包括最后一次命令的内容，意图再明显不过了。这些命令要求执行者绝对遵从。然而，米歇尔·奈伊仍然不想放弃自己的判断，坚持认为让自己的部队进至离主力部队如此远的地方是不明智的。于是，他命④第一军的三个师在弗拉涅驻扎。我们一定记得，弗拉涅距夸特布拉斯二点五英里，距战场近两英里，行军需一个小时。不仅如此，米歇尔·奈伊还命瓦米尔伯爵的两个骑兵师在距弗拉涅和弗拉涅西南两英里的利比切兹村驻扎。

　　我们暂且考虑一下这一点。最重要的正式命令明确要求米歇尔·奈伊集结两个陆军军和骑兵军，并且要求他占领夸特布拉斯，而非弗拉涅。就艾蒂安·德

---

① 查拉斯中校：《1815年战役史：滑铁卢》，莱比锡，布洛克豪斯出版社，第1卷，第204，第205页。——原注
② 埃尔兴根公爵费利克斯·奈伊：《1815年战役未出版文件集》，巴黎，1840年，第IX页，第31页。——原注
③ 查拉斯中校说，这个命令与让·德迪乌·苏尔特之前授权米歇尔·奈伊动用艾蒂安·德谢勒曼骑兵的命令不同。但让·德迪乌·苏尔特的这两个命令都清楚地说明了这一点。查拉斯中校：《1815年战役史：滑铁卢》，第1卷，第190页。莱比锡：布洛克豪斯出版社。——原注
④ 埃尔兴根公爵费利克斯·奈伊：《1815年战役未出版文件集》，巴黎，1840年，第XII页，第38页，第39页。——原注

约瑟夫·富歇

谢勒曼军的骑兵而言,即使拿破仑的信中允许他们灵活部署,让·德迪乌·苏尔特的最后一个命令肯定不会出错的。这根本就没有灵活部署的空间。所有部队都要集结,以占领上述公路的交叉点,瓦米尔伯爵的骑兵肯定也包含在内。这一命令的内容明确且具有强制性,要求米歇尔·奈伊同时调用派给他的所有部队或者至少集结可以集结的所有部队,而米歇尔·奈伊没有执行这一命令,他让自己一半的兵力在十字路口以南两英里多的地方"占据有利位置""驻扎"。在写给奥特朗特公爵约瑟夫·富歇①的信中,米歇尔·奈伊说,第一军"已被他作为预

---

① 乔治·琼斯:《滑铁卢战役》,伦敦,莱纳斯·布思出版社,1852年,第386页;查拉斯中校:《1815年战役史:滑铁卢》,莱比锡,布洛克豪斯出版社,第1卷,第215页。——原注

备军留在弗拉涅"。这一说法尽管并不准确,因为遗憾的是,这个军根本就没有到达弗拉涅,但无可争议地表明了米歇尔·奈伊打算交给第一军的任务。在信中,米歇尔·奈伊进一步说,准备让第一军从弗拉涅向前推进时,他获知拿破仑已经这样做了。也就是说,米歇尔·奈伊原本打算让整个军两万人的兵力或至少四分之三的兵力在1815年6月16日17时之前一直待在据战场两英里的地方,因为正如下文所述,直到1815年6月16日17时米歇尔·奈伊才知道德隆伯爵约翰·巴普蒂斯特·德鲁埃军已经离开原处了。

百家争鸣

1815年6月15日到6月16日的夜里米歇尔·奈伊的行为一直存在很大争议。其中一个主要原因是,在对滑铁卢战役的叙述中,拿破仑歪曲了事实,目的是让米歇尔·奈伊承担战役失利的大部分责任。因此,成为大家讨论的话题的是拿破仑对米歇尔·奈伊行为的描述及他这样说的动机,而非米歇尔·奈伊本人的行为。本书的叙述严格地限定在讨论米歇尔·奈伊的行为、下达的命令及米歇尔·奈伊的表述上,同时辅以他的军长们及他的参谋长的表述。从中可以看出:

一、1815年6月15日至16日晚,米歇尔·奈伊获知了拿破仑的意图。

二、1815年6月16日2时回到哥斯利时,米歇尔·奈伊命奥诺雷·查尔斯·雷耶伯爵率两个师做好出发准备,并对此感到满意。米歇尔·奈伊可以命奥诺雷·查尔斯·雷耶伯爵前往弗拉涅,但没有这样做。他也没有注意到,奥诺雷·查尔斯·雷耶伯爵师在哥斯利的位置已被德隆伯爵约翰·巴普蒂斯特·德鲁埃第一军的两个师取代，而在上文我们看到，这两个师当时已经渡过桑布尔河。

三、在最终收到书面命令时，尽管这些命令明确要求米歇尔·奈伊必须率麾下所有兵力向右推进至夸特布拉斯，但他没有这样做。他命第一军的三个师驻扎在距战场两英里的弗拉涅，并命艾蒂安·德谢勒曼的两个骑兵师部分驻扎在弗拉涅，部分驻扎在距战场更远的利比切兹。

四、米歇尔·奈伊有意将第一军的三个师和两个骑兵师留在弗拉涅和利比切兹作为预备军，而没有直接将它们投入夸特布拉斯的战场。

五、最后，本书承认，以上所述都是事实，并不是对米歇尔·奈伊的指责。这些事实要么来自米歇尔·奈伊的陈述，要么来自他的命令或者信件，要么来自他的参谋长或者奥诺雷·查尔斯·雷耶伯爵的陈述。

当然，从上述事实中可以推测出一点，1815年6月15日晚上至1815年6月16日上午，米歇尔·奈伊没有打算进行决战。本书猜测，如果这样做，米歇尔·奈伊要做出太多让步。米歇尔·奈伊并不打算严格遵守命令，这一点也很清楚。他明显质疑这些命令的明智性。他不会深入执行他认为明显会带来灾难的命令。他会率第二军的三个师继续向夸特布拉斯推进，但会让第一军的三个师和艾蒂安·德谢勒曼的两个骑兵师来保卫侧翼和撤退路线，并在拿破仑需要它们的时候，能将它们调至跟前。他不敢完全信任拿破仑。他觉得必须根据自己的判断行事。

如果这一结论正确，那我们很容易就会明白米歇尔·奈伊为什么未执行1815年6月15日17时下达的要求他当晚占领夸特布拉斯的命令。基于前文所述的原因，本书先把命令是否下达这一有争议的问题放在一边。不过，尽管如此，本书还是认为命令确实下达了。本书相信，米歇尔·奈伊在1815年6月16日的行为与其在1815年6月15日的行为无异。

本书认为，1815年6月15日到1815年6月16日上午签发给左路军长们或左路统帅命令的主旨不会遭到严厉批评。不管是拿破仑还是米歇尔·奈伊，都没有竭尽全力来激发要指挥战斗①的军官们的士气。这些命令内容明确、语气强硬。问题是，接到命令的军官们缺乏执行命令所需要的能力和魄力。

然而，人们会问，在发现1815年6月15日晚米歇尔·奈伊没有占领夸特布拉斯之后，拿破仑为什么没有立刻命令他于1815年6月16日早上向夸特布拉斯推进并占领该地？为什么他没有及时发给米歇尔·奈伊正式的书面命令？

本书会在下一章叙述拿破仑1815年6月16日的行为时分析这一问题。

---

① 有关查尔斯·康沃利斯·切斯尼严厉批评拿破仑的解释，见本书第2章。——原注

第 9 章

1815 年 6 月 16 日上午：拿破仑严重误判了形势

现在，我们回到法军的总指挥部看一下。

上一章提到，1815 年 6 月 15 日半夜米歇尔·奈伊亲自赶往沙勒罗瓦向拿破仑报告。海梅斯上校说："他向拿破仑报告了自己的兵力部署。"因此，拿破仑得知，前一天晚上，米歇尔·奈伊的军队在弗拉涅停下了，而且没有占领夸特布拉斯。米歇尔·奈伊一定在沙勒罗瓦逗留了约两个半小时，因为 1815 年 6 月 16 日 2 时左右他回到了哥斯利。米歇尔·奈伊一定告诉了拿破仑自己部分军队的所在位置，即第二军吉尔贝·巴舍吕的步兵师和皮尔的骑兵师在弗拉涅；杰罗姆·拿破仑和马克西米利安·塞巴斯蒂安·富瓦的师在哥斯利；第一军弗朗索瓦·约瑟夫·迪吕的师在瑞梅和哥斯利之间。米歇尔·奈伊知道的就这么多。不过，他才刚刚回到部队，并且一回来就忙于军务，所以不可能告诉拿破仑更多有关第一军位置的信息。米歇尔·奈伊几乎没有参谋，这对他而言极其不利，并让他这时仍无法集结起麾下所有部队，否则他的部队已经集结完毕了。他很可能已经通知德隆伯爵约翰·巴普蒂斯特·德鲁埃赶紧前往前线。但他一定已经告诉拿破仑，第一军的大量兵力或许是一半的兵力仍然远在后方。

无论是在自己的回忆录中，还是在古阿瑟·戈尔上尉的书中，拿破仑都没有提到这次会面。他也从未说过，1815年6月16日上午，除了上章提到的书面命令，曾给米歇尔·奈伊下达过其他命令。

通过这些命令似乎可以看出，拿破仑认为，米歇尔·奈伊试图通过突袭的战术占领夸特布拉斯，这是不明智的。拿破仑推测的是正确的。与前一晚相比，形势已发生了变化。现在可以预料到的是，夸特布拉斯这一十字路口会被威灵顿公爵阿瑟·韦尔斯利的大量兵力固守；或者至少，米歇尔·奈伊未能为这一可能出现的情况做好适当的准备，很明显这是不明智的，也是很危险的。在1815年6月15日半夜的会谈中米歇尔·奈伊所说的同样清楚地表明，1815年6月16日早上，他还无法集结起足够的兵力来发动决定性的进攻[①]。因此，1815年6月16日5时左右，从沙勒罗瓦发出了上一章提到的三个命令中的第一个命令。该命令告诉米歇尔·奈伊，艾蒂安·德谢勒曼的骑兵已被派往他那里代替查尔斯·列斐伏尔-德努莱特的军队，并且要求米歇尔·奈伊，无论第一军有无"开始行动"都要报告给拿破仑，并且要告诉拿破仑第一军、第二军的准确位置。本书看到，米歇尔·奈伊在1815年6月16日7时之前回复了该命令。本书猜测他的回复中包含第一军前进的一些消息，并且说，第二军杰罗姆·拿破仑和马克西米利安·塞巴斯蒂安·富瓦的师在哥斯利已做好出发准备。米歇尔·奈伊的回复一定是接近8时到达法军指挥部。一收到米歇尔·奈伊的回复，拿破仑和让·德迪乌·苏尔特就立刻准备给法军左路下达当天下午行动的正式命令。

本书看到，该命令要求米歇尔·奈伊集结第一军、第二军及瓦米尔伯爵的骑兵立刻向前推进，占领夸特布拉斯。米歇尔·奈伊的报告提到，上述行动是可行的，也就是说，可以集结足够的兵力，战胜可能遇到的一切对手。得到拿破仑的赞同后，该命令立刻下达。在拿破仑赞同之前，米歇尔·奈伊认为令法军左路推进至弗拉涅更远的地方是不妥的。

本书能够准确确定让·德迪乌·苏尔特准备占领夸特布拉斯正式命令的时间。我们知道，拿破仑口授了一封信给米歇尔·奈伊，并由查尔斯·约瑟

---

① 对比亨利·德拉图尔·奥弗涅：滑铁卢所著《1815年战役研究》（巴黎，亨利·普隆出版社，1870年）第91页、第92页。——原注

让·德迪乌·苏尔特的半身像

夫·弗拉奥将军①送达。这封信和正式命令几乎同时到达哥斯利,即1815年6月16日10时左右送达。查尔斯·约瑟夫·弗拉奥将军给米歇尔·奈伊的儿子、彼时的埃尔兴根公爵费利克斯·奈伊写信②说,他最多能回忆起拿破仑在1815年6月16日8时到9时之间向他口授的这封信。正如奥诺雷·查尔斯·雷耶伯爵所说③,拿破仑于1815年6月16日8时到9时之间口授这封信,之后又将语言适当润色。这封信在1815年6月16日10时左右送达距沙勒罗瓦四点五英里的

---

① 埃尔兴根公爵费利克斯·奈伊:《1815年战役未出版文件集》,巴黎,1840年,第X页,第32页。——原注
② 埃尔兴根公爵费利克斯·奈伊:《1815年战役未出版文件集》,巴黎,1840年,第XXI页,第63页。——原注
③ 埃尔兴根公爵费利克斯·奈伊:《1815年战役未出版文件集》,巴黎,1840年,第XI页,第37页,第38页。——原注

哥斯利。这与上文提到的拿破仑构思上午行动命令之前在等待米歇尔·奈伊发来更准确的消息的说法完全吻合。

然而，德隆伯爵约翰·巴普蒂斯特·德鲁埃第一军的落后不仅延迟了法军左路的推进，而且似乎耽误了法军主力的前进。直到确定米歇尔·奈伊率其麾下大量兵力正在自己左侧前进，并且能够告诉米歇尔·奈伊试图与普军会合或是试图干扰法军主力左翼的英荷联军的详细情况，拿破仑似乎才愿意进攻列博莱希特·冯·布吕歇尔元帅的军队。拿破仑的部分计划是，米歇尔·奈伊率法军左路至少"吃掉"很可能在夸特布拉斯集结的威灵顿公爵阿瑟·韦尔斯利的军队。因此，1815年6月15日午夜，在米歇尔·奈伊向拿破仑报告第一军落后的情况时，拿破仑不仅决定在得到第一军更确定的及更令人满意的消息后，在他认为米歇尔·奈伊有足够的时间集结麾下部队后再给米歇尔·奈伊下达下一步的命令，而且在米歇尔·奈伊能够前往夸特布拉斯前，他延迟了自己军队向弗勒吕和松布雷夫的推进。上述考虑足以解释1815年6月16日早上的延误，而这一延误让拿破仑在当时备受指责。事实上，拿破仑别无选择，除非他寄希望于米歇尔·奈伊只凭第二军就能阻止英军的支援，从而冒险与普军一战。事实上拿破仑的确这样做了。但他原本打算让米歇尔·奈伊率麾下所有兵力阻击英军，并且在确认米歇尔·奈伊能够做到这一点前他暂缓了让部队前进命令的下达。他只是执行了自己最初的计划。

最后，我们看一下拿破仑针对法军左路的计划和期待。拿破仑很可能希望米歇尔·奈伊在收到正式命令前就已经命奥诺雷·查尔斯·雷耶伯爵率两个师前往弗拉涅。1815年6月16日早上，在回复拿破仑的询问时，米歇尔·奈伊说，奥诺雷·查尔斯·雷耶伯爵已经做好出发准备，已经集结除让-巴普蒂斯特·吉拉尔师之外的整个第二军。同样，第一军最前方的师在哥斯利整装待发，可以马上前进。拿破仑一定希望自己的命令在1815年6月16日10时前送到哥斯利，1815年6月16日11时前送到弗拉涅。他认为，前一天晚上，米歇尔·奈伊率三个步兵师和一个骑兵师极有可能①将所遇到的荷兰-比利时联军逐出夸特布拉斯，除非敌

---

① 实际上确实很有可能。——原注

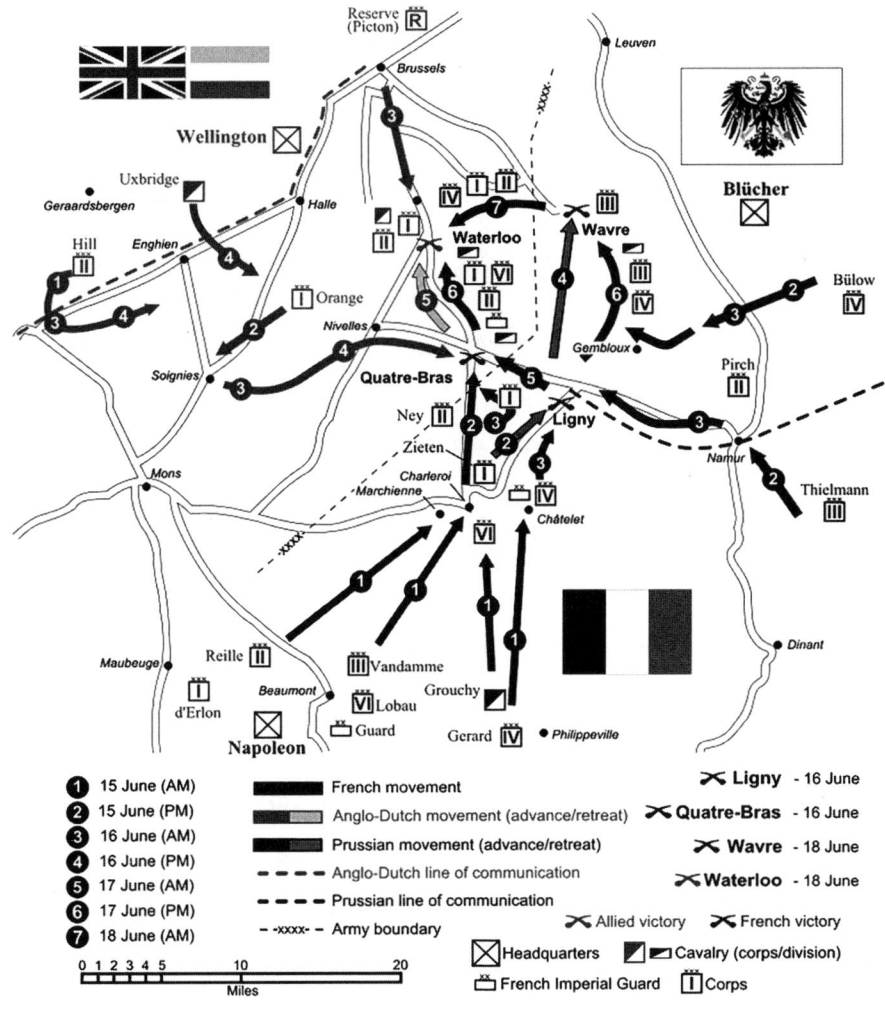

滑铁卢战役示意图

军获得大量援军增援。然而，因为1815年6月16日10时到11时之间第一军最前面的师会离开哥斯利，那么1815年6月16日13时左右，第一军应该会到达夸特布拉斯。这样一来，1815年6月16日14时或至少15时之前，米歇尔·奈伊麾下的所有部队都会到达夸特布拉斯并受他指挥。本书可以确定[①]，米歇尔·奈伊可以击败遇

---

① 至少拿破仑会这样认为。——原注

到的任何敌军。我们看到，拿破仑的上述期待是建立在自己收到的情报基础上的。基于这些期待，他谋划了当天的行动。

因此，在沙勒罗瓦等待事态进展和左路的确切消息时，拿破仑利用这段时间或至少部分时间来确定紧急情况下自己该采取的行动路线。上文中我们看到，拿破仑迫切想在1815年6月16日与列博莱希特·冯·布吕歇尔元帅开战。拿破仑期望列博莱希特·冯·布吕歇尔元帅在松布雷夫附近集结并在松布雷夫以南迎战，以保卫自己与威灵顿公爵阿瑟·韦尔斯利的联络通道，即从那慕尔通往尼威尔的公路。当然，反法联军指挥官们也可能会做其他部署[①]。例如，拿破仑军队的集结太过突然，他们不是不可能撤退或至少暂时撤退。他们要么分别撤向自己原来的营地，要么向北平行撤退。不管是哪种情况，拿破仑明显要告知法军左路和右路指挥官们自己在上述情况下可能采取的路线，这样一来，就可以及时利用形势优势，尽管法军指挥官可能并不需要这样的命令。因为如果列博莱希特·冯·布吕歇尔元帅的行动正如拿破仑所料，那么法军指挥官们肯定不需要这样的指令。在这种情况下，不管是米歇尔·奈伊还是第二代格鲁希侯爵埃曼努尔·德格鲁希都不需要详细的命令，战斗本身就能解决一切问题。但为防意外情况，拿破仑还是给两路法军准备了信。

本书看到，给米歇尔·奈伊的信[②]是1815年6月16日8时到9时之间由拿破仑口授给查尔斯·约瑟夫·弗拉奥将军的，并由查尔斯·约瑟夫·弗拉奥将军送给米歇尔·奈伊。查尔斯·约瑟夫·弗拉奥将军一定是1815年6月16日近11时[③]见到了在弗拉涅的米歇尔·奈伊，并告诉他第二代格鲁希侯爵埃曼努尔·德格鲁希元帅正率第三军和第四军前进。拿破仑将率帝国近卫军前往弗勒吕，并于1815年6月16日中午之前到达。如果拿破仑与他会合，那么两部将会对反法联军发起进攻，并扫清向东远至让布卢的道路上的一切障碍。在让布卢，拿破仑将决定下一

---

① 冯·奥勒赤：《1815年战役史》，柏林，1876年，第123页。——原注
② 拿破仑：《拿破仑信函集》，巴黎，帝国出版社，1869年，第28卷，第234页；埃尔兴根公爵费利克斯·奈伊：《1815年战役未出版文件集》，巴黎，1840年，第X页，第32页。——原注
③ 弗拉奥说奥诺雷·查尔斯·雷耶伯爵1815年6月16日10时左右穿过了哥斯利。埃尔兴根公爵费利克斯·奈伊：《1815年战役未出版文件集》，巴黎，1840年，第XI页、第37页、第38页。——原注

步的行动，时间或许在1815年6月16日15时或者是晚上以后。但拿破仑告诉米歇尔·奈伊，一旦自己做出决定，就希望米歇尔·奈伊立刻做好前往布鲁塞尔的准备。拿破仑本人会率在弗勒吕或松布雷夫①的帝国近卫军支援米歇尔·奈伊，而且他很可能在第二天上午前往布鲁塞尔。拿破仑将自己所设想的米歇尔·奈伊麾下各师的驻扎位置告诉了米歇尔·奈伊。他告诉米歇尔·奈伊，他将法军分成了左右两路和一个预备军。米歇尔·奈伊的左翼由第一军、第二军组成，包括八个步兵师、两个轻骑兵师及瓦米尔伯爵的骑兵师。第二代格鲁希侯爵埃曼努尔·德格鲁希元帅指挥右路。帝国近卫军作为预备军。最后，拿破仑重申，米歇尔·奈伊要做好部署，以便接到命令时立刻从夸特布拉斯前往布鲁塞尔，这非常重要。

　　拿破仑给第二代格鲁希侯爵埃曼努尔·德格鲁希信的内容与此相似②。拿破仑让第二代格鲁希侯爵埃曼努尔·德格鲁希指挥约瑟夫·勒内·旺达姆和艾蒂安·莫里斯·热拉尔的第三军和第四军及皮埃尔·克洛德·帕若尔、约翰·巴普蒂斯特·米约和约瑟夫·伊西多尔·埃克塞尔曼斯三个骑兵军。拿破仑命第二代格鲁希侯爵埃曼努尔·德格鲁希率其麾下所有法军前往松布雷夫。骑兵要立刻出发，步兵紧随其后。拿破仑说，他的指挥部将从沙勒罗瓦迁往弗勒吕，并且他将于1815年6月16日10时到11时之间到达弗勒吕。届时他将前往松布雷夫并将帝国近卫军留在弗勒吕，除非需要征调近卫军。拿破仑接着说："如果敌军在松布雷夫，我就进攻敌军。我甚至打算进攻在让布卢的敌军并且占领该地。我的计划是，在侦察上述两地之后今晚就出发，并与米歇尔·奈伊指挥的左路一起行动，进攻英军。"接着，拿破仑希望第二代格鲁希侯爵埃曼努尔·德格鲁希将获知的所有信息告诉自己。最后，拿破仑说："我所知道的所有信息是普军不可能集结四万多人与我们对抗。"

---

① 这似乎暗示着拿破仑不打算让帝国近卫军前往让布卢。——原注
② 拿破仑：《拿破仑信函集》，巴黎，帝国出版社，1869年，第28卷，第336页。——原注

一些学者指出①，拿破仑的最后这句话表明，1815年6月16日上午，他严重误判了当时的形势，事实也的确如此。但如果将拿破仑写这些信的目的看作是预估可能发生的情况，那是不对的。这些信更像是针对可能发生的意外情况所下达的指令。最后这句话的意思只不过是法军主力将向前推进以进攻普军。如果发现大量普军并且普军迎战，那么战斗必然会解决一切。但如果普军撤退而非迎战，法军就必然会追击普军。这样一来，法军就会分成数量不等的两部分，而法军右路和预备军将远离米歇尔·奈伊；因此，拿破仑非常想告诉米歇尔·奈伊应该追击普军至多远的地方。拿破仑尤其希望米歇尔·奈伊注意，如果让第二代格鲁希侯爵埃曼努尔·德格鲁希对付普军是可靠的，并且拿破仑自己能率帝国近卫军折回与左路会合，那么就会命他随时做好前往布鲁塞尔的准备。

大家一定注意到，这些信②表明拿破仑多么坚持自己最初的作战计划。法军首先要进攻普军，追击普军一段距离以确认它们的撤退方向。接下来，并且仅仅是接下来，折回到通往布鲁塞尔的公路并向英军所在的位置挺进。这就是拿破仑在给米歇尔·奈伊和第二代格鲁希侯爵埃曼努尔·德格鲁希的信中指明的计划。对此本书会另作讨论。

最后，拿破仑在给第二代格鲁希侯爵埃曼努尔·德格鲁希的信中直接表明，他估计普军不可能集齐四万多人与自己对抗，并且从拿破仑给米歇尔·奈伊的信中我们或许可以推测出，他认为米歇尔·奈伊不会或只会遇到极少数敌军的抵抗。然而，从拿破仑各方面的表现来看，他似乎期望遇到大股敌军。拿破仑明确指示米歇尔·奈伊和第二代格鲁希侯爵埃曼努尔·德格鲁希要动用各自麾下的所有兵力，在上文本书已经提到了这一点，因为这影响了米歇尔·奈伊的行动。对第二代格鲁希侯爵埃曼努尔·德格鲁希的要求同样如此，将右路军队，即两个步兵军和三个骑兵军带向松布雷夫③。不管拿破仑如何猜测敌军

---

① 冯·奥勒赤：《1815年战役史》，柏林，1876年，第112页，第113页；亨利·德拉图尔·奥弗涅：《滑铁卢：1815年战役研究》，巴黎，亨利·普隆出版社，1870年，第104页，第193页。查拉斯中校：《1815年战役史：滑铁卢》，莱比锡，布洛克豪斯出版社，第1卷，第143页，第144页。——原注
② 尤其是把让·德迪乌·苏尔特给两个元帅的正式命令放到一起看时。——原注
③ 与右路在松布雷夫会合。——原注

的兵力或意图，当天上午他的两次行动，即让法军主力前往松布雷夫并让左路推进至夸特布拉斯，都是大规模的行动，这动用了他可以动用的所有兵力。如果像一些学者所认为的那样，拿破仑的确希望敌军撤退，那么如果敌军迎战，他至少会做好万全准备与敌军一战并将之击溃，而在上文本书指出，这些大规模的行动被推迟至当天很晚的时候进行，第一军的落后使左路的集结推迟了几个小时。

本书注意到，无论是这些信中还是正式命令中都没有提到洛博伯爵乔治·穆顿的第六军。因此，本书推测，当时拿破仑希望将第六军作为整个法军的预备军。如果可能的话，拿破仑希望在现阶段无需动用第六军就可以顺利推进。

百家争鸣

1815年6月16日上午，拿破仑亲率的法军主力行动出现延误。也就是说，由于左路部队未能同时前往夸特布拉斯，法军主力的行动也相应延迟。本章简单解释了延迟的原因，多数研究滑铁卢战役的历史学家[①]似乎都未曾给出这样的解释。但能够确定的是，如果这一解释成立，那么安托万·亨利·约米尼男爵[②]、查拉斯中校[③]和威廉·西博恩上尉[④]等人对此严厉批评必然会被认为是毫无缘由

---

① 然而A.迪卡斯给出了这一点。A.迪卡斯：《约瑟夫·勒内·旺达姆将军及其信函》，巴黎，迪迪埃和西埃出版社，1870年，第2卷，第562页。——原注
② 安托万·亨利·约米尼男爵：《1815年政治军事史》，巴黎，1839年，第129页，第130页。——原注
③ 查拉斯中校：《1815年战役史：滑铁卢》，莱比锡，布洛克豪斯出版社，第1卷，第138页，第145页，第182页。——原注
④ 威廉·西博恩上尉：《1815年战役史：法兰西战役和比利时战役》，伦敦，T.&W.布恩出版社，1844年，第1卷，第85页。——原注

的。如果米歇尔·奈伊在1815年6月15日晚上占领了夸特布拉斯，法军主力肯定可以按时向前推进。拿破仑可能有必要将第六军派给米歇尔·奈伊，来代替落后的第一军，而米歇尔·奈伊会在1815年6月16日早上攻占夸特布拉斯。不过，前一天晚上夸特布拉斯并未被拿下，而且德隆伯爵约翰·巴普蒂斯特·德鲁埃第一军的落后使米歇尔·奈伊直到1815年6月16日近中午才能率领麾下所有部队向前推进，从而耽误了法军主力的行动。于是，法军主力只能休息并补充体力，而这种休息原本是不必要的[①]。

此处要看到，米歇尔·奈伊决不应该为1815年6月15日半夜第一军行动的落后负责。他刚刚到达军中并且缺乏合适的参谋，这让他完全不该因这次遗憾的延误而受到指责。德隆伯爵约翰·巴普蒂斯特·德鲁埃必须对此负全责。

在上文，本书提到了米歇尔·奈伊从沙勒罗瓦与拿破仑会谈后返回哥斯利途中的行为，此处无需再重复。本书看到，在收到命令后，任何一个能力出众、体能充沛的军官如果能立刻做好执行命令的准备，并且执行所收到的信中的命令，那么就可能有所收获，要比米歇尔·奈伊当天上午实际上收获得多。

本书希望大家注意一个事实，迄今为止没有证据表明拿破仑表现出任何的倦怠和优柔寡断。从1815年6月12日3时30分他离开巴黎到现在，他似乎表现出最高水平的指挥能力和战斗能力。1815年6月15日他下达的部队行动的总体命令是内容最清晰、最全面的命令。1815年6月15日他展现的体力和冲刺能力令人瞩目。他似乎拥有符合战争要求的斗志和坚韧。从1815年6月15日3时到20时，他一直在马背上并亲自指挥军队。1815年6月15日半夜，他与米歇尔·奈伊进行了长时间的会谈。在上文本书看到，会谈的结果是他推迟了法军主力的前进时间，那么拿破仑很可能在1815年6月16日凌晨休息了几个小时。但他要求米歇尔·奈伊告诉自己其部确切位置的命令一定是在1815年6月16

[①] 然而，威灵顿公爵阿瑟·韦尔斯利认为，1815年6月16日上午拿破仑的不作为要归咎于他在之前几天的长途行军。 第一任埃尔斯米尔伯爵弗朗西斯·埃杰顿：《历史、档案、地理和工程集》，伦敦，约翰·默里出版社，1858年，第296页，第297页。卡尔·冯·克劳塞维茨也这样认为。卡尔·冯·克劳塞维茨：《1815年反法战争》，柏林，迪姆勒出版社，1862年，第25章，第53页。——原注

日5时左右发出,而且1815年6月16日上午8时或8时稍过,本书发现拿破仑向查尔斯·约瑟夫·弗拉奥将军口授了给米歇尔·奈伊和第二代格鲁希侯爵埃曼努尔·德格鲁希的信。所以,如果以上给出的1815年6月16日上午法军主力推迟前进的解释正确,那么指责拿破仑优柔寡断是毫无理由的,但分析家们常常这样指责拿破仑。

不管是进攻英军,还是攻克布鲁塞尔,一些作者并不认为拿破仑有必要在布鲁塞尔方向上采取行动前击败普军或者迫使普军撤退。因此,查尔斯·康沃利斯·切斯尼[1]谈到了1815年6月16日上午拿破仑的意图,他说,拿破仑早上下达的命令明显证明自己不想在现阶段遭到普军或英军的大规模抵抗。他有两个想法,要么命法军穿过反法联军两支部队之间的空隙向布鲁塞尔推进,要么进攻可能在前一天撤向弗勒吕的普军右翼。

但查尔斯·康沃利斯·切斯尼在这里提到的拿破仑给米歇尔·奈伊和第二代格鲁希侯爵埃曼努尔·德格鲁希写的信明显与这一可能性相矛盾。拿破仑在给米歇尔·奈伊的信[2]中说:"我将命第二代格鲁希侯爵埃曼努尔·德格鲁希率第三步兵军和第四步兵军前往松布雷夫。我会率帝国近卫军前往弗勒吕,而且我本人会在(1815年6月16日)中午之前到达。如果在弗勒吕发现敌军,我会发动进攻并扫清远至让布卢的道路上的敌军。在离开让布卢后,我会做下一步决定。"

拿破仑要求米歇尔·奈伊,一旦自己做出决定,米歇尔·奈伊就要立刻做好前往布鲁塞尔的准备。然而,本书看到,在普军按拿破仑预想的被击溃或者至少撤至让布卢之前,拿破仑并没有做出决定。

拿破仑写给第二代格鲁希侯爵埃曼努尔·德格鲁希的信内容也大概如此[3]:

---

[1] 查尔斯·康沃利斯·切斯尼:滑铁卢讲座:《1815年战役研究》,伦敦,朗文格林出版社,1874年,第138页,第139页。——原注
[2] 拿破仑:《拿破仑信函集》,巴黎,帝国出版社,1869年,第28卷,第334页;埃尔兴根公爵费利克斯·奈伊:《1815年战役未出版文件集》,巴黎,1840年,第X页、第32页。——原注
[3] 拿破仑:《拿破仑信函集》,巴黎,帝国出版社,1869年,第28卷,第336页。——原注

> 如果敌军在松布雷夫，我就打算进攻敌军。我甚至打算进攻在让布卢的敌军并且占领该地。我的计划是，在侦察已知的上述两地后，今晚就出发，并与米歇尔·奈伊指挥的左路一起行动，进攻英军。

一些分析家认为拿破仑有两个打算，要么让法军穿过反法联军两支部队之间的空隙向布鲁塞尔推进，要么进攻前方的普军。换句话说，拿破仑在犹豫到底该选择哪种路线，而这两封信清楚地表明上述说法完全没有依据。在这两封信中，拿破仑都明确表明了自己最直接的意图，那就是进攻普军。只有在进攻普军并将普军向东驱赶至让布卢之后，拿破仑才打算折回、增援米歇尔·奈伊并转攻英军。拿破仑确实将占领布鲁塞尔视作本次战役最重要的目标，这仅次于将威灵顿公爵阿瑟·韦尔斯利的部队和列博莱希特·冯·布吕歇尔的部队击败或驱散后所获得的巨大军事优势。不过，拿破仑只能做到这些了。要想拿下布鲁塞尔，拿破仑就必须进攻并击败这些敌军，否则它们肯定会分散并撤向各自的营地。可以说，拿破仑从未想过在战役的这一阶段从反法联军两支部队之间的空隙穿过。安托万·亨利·约米尼男爵[①]说的是对的，拿破仑的目标不是拿下布鲁塞尔，而是依次击溃大量敌军。

---

① 安托万·亨利·约米尼男爵：《1815年政治军事史》，巴黎，1839年，第112页。——原注

第 10 章

列博莱希特·冯·布吕歇尔决定在利尼迎战法军

上文提到，1815年6月14日晚，列博莱希特·冯·布吕歇尔命全部普军在松布雷夫集结。之前本书已经指出，他肯定没有与威灵顿公爵阿瑟·韦尔斯利协商就做出了上述决定。在上文，本书发现他的这一行为不符合两大统帅之前的安排。至少可以肯定的是，除了1815年6月14日半夜时分从布鲁塞尔发出的冯·穆费林急报中提到了英军统帅的保证并且告诉列博莱希特·冯·布吕歇尔，威灵顿公爵阿瑟·韦尔斯利可能率主力于1815年6月15日10时到达尼威尔，列博莱希特·冯·布吕歇尔没有收到威灵顿公爵阿瑟·韦尔斯利准备支援自己的任何书面和口头的保证。在这种情况下，列博莱希特·冯·布吕歇尔依然占据了从那慕尔到尼威尔公路南侧的有利位置，准备迎战。1815年6月16日5时左右，格拉夫·冯·齐滕的第一军从弗勒吕①撤到利尼河北侧②并占据了圣阿曼达村、布莱村和利尼村的有利位置。1815年6月16日9时到10时之间，路德维希·冯·皮尔希③的第二军到达并驻扎在第一军后方④。1815年6月16日11时到12时之间，约

---

① 1815年6月15日晚上，格拉夫·冯·齐滕的第一军在弗勒吕过夜。——原注
② 冯·奥勒赤：《1815年战役史》，柏林，1876年，第120页。——原注
③ 洛伦茨·冯·皮尔希指挥第一军的一个旅。——原注
④ 冯·奥勒赤：《1815年战役史》，柏林，1876年。第122页。——原注

翰·冯·蒂勒曼的第三军到达并占据了松布雷夫到通格瑞奈尔一线。以上就是集结后的三个军所处的位置。当时，列博莱希特·冯·布吕歇尔刚刚知道冯·比洛的第四军当日无法到达。来自威灵顿公爵阿瑟·韦尔斯利的抬头为"于弗拉涅后方高地，1815年6月16日10时30分"的信直到1815年6月16日中午[①]才送达。威灵顿公爵阿瑟·韦尔斯利直到1815年6月16日13时[②]才与列博莱希特·冯·布吕歇尔会面。接着，他们进行了会谈。威灵顿公爵阿瑟·韦尔斯利确实保证[③]，1815年6月16日下午早些时候他的大部分兵力会在夸特布拉斯集结。他口头告诉列博莱希特·冯·布吕歇尔的与他在信中写的内容一样。在这一点上，本书已经看到列博莱希特·冯·布吕歇尔严重误解了威灵顿公爵阿瑟·韦尔斯利的意思及他是如何误解威灵顿公爵阿瑟·韦尔斯利的。列博莱希特·冯·布吕歇尔对威灵顿公爵阿瑟·韦尔斯利所写所说的深信不疑。威灵顿公爵阿瑟·韦尔斯利确实向列博莱希特·冯·布吕歇尔保证，如果普军迎战大规模法军，英荷联军会前去支援。根据一些权威学者的说法，威灵顿公爵阿瑟·韦尔斯利向列博莱希特·冯·布吕歇尔许诺会给予援助。而且这些学者毫不怀疑地断言，列博莱希特·冯·布吕歇尔决定在利尼迎战是基于威灵顿公爵阿瑟·韦尔斯利的许诺[④]。查拉斯中校说："基于这一许诺，普军统帅决定迎战，但他原本可以避开这一战。"

本书所获知的威灵顿公爵阿瑟·韦尔斯利和列博莱希特·冯·布吕歇尔谈话

---

① 冯·汉斯·德尔布鲁克：《陆军元帅奥古斯特·威廉·安东·奈特哈特·冯·格奈泽瑙传》，柏林，1880年，第4卷，第373页。——原注
② 冯·奥勒赤：《1815年战役史》，柏林，1876年，第125页。——原注
③ 冯·穆费林：《人生往事：1813年和1814年战役回忆》，伦敦，理查德·宾利出版社，1853年，第230页，第231页，第237页。——原注
④ 达米兹：《1815年战役史》，巴黎，科雷亚尔出版社，1840年，第92页；冯·汉斯·德尔布鲁克：《陆军元帅奥古斯特·威廉·安东·奈特哈特·冯·格奈泽瑙传》，柏林，1880年，第4卷，第375页。查拉斯中校在上文引用的注释中说，卡尔·冯·克劳塞维茨说，"是威灵顿公爵阿瑟·韦尔斯利许诺支援，列博莱希特·冯·布吕歇尔才决定迎战的"，但我们找不到这句话。查拉斯中校还说，在这一点上，威廉·西博恩上尉实际上赞同达米兹的观点，但我们没有看到威廉·西博恩上尉说威灵顿公爵阿瑟·韦尔斯利做出过上述许诺。在战争的官方报告中，列博莱希特·冯·布吕歇尔并没有说威灵顿公爵阿瑟·韦尔斯利给过这样的许诺。查拉斯中校：《1815年战役史：滑铁卢》，莱比锡，布洛克豪斯出版社，第1卷，第150页、第151页。——原注

滑铁卢战役中的威灵顿公爵阿瑟·韦尔斯利

的主要内容是来自冯·穆费林①。冯·穆费林说,威灵顿公爵阿瑟·韦尔斯利说的最后一句话是,"好的!只要我没有受到攻击,我会赶来"。威廉·冯·多恩伯格的话也证明了这一点②。最近研究滑铁卢战役的普鲁士历史学家们③并不认为威灵顿公爵阿瑟·韦尔斯利会无条件地保证向列博莱希特·冯·布吕歇尔给予支援。本书自然认可学者们对普军所持的不同看法。威灵顿公爵阿瑟·韦尔斯利十分诚恳地表明了自己军队的大体位置,但如上文所述,他的说法是基于错误的

---

① 冯·穆费林:《人生往事:及1813年和1814年战役回忆》,伦敦,理查德· 宾利出版社,1853年,第233页到第237页。——原注
② 冯·奥勒赤:《1815年战役史》,柏林,1876年,第127页。——原注
③ 冯·奥勒赤:《1815年战役史》,柏林,1876年,第127页。——原注

数据，这无疑会给普军统帅带来不该有的希望。普军参谋长奥古斯特·威廉·安东·奈特哈特·冯·格奈泽瑙之后也推测了威灵顿公爵阿瑟·韦尔斯利会在哪些方面给予支援及给予普军何种程度的支援。从冯·汉斯·德尔布鲁克的《陆军元帅冯·格奈泽瑙传》来看，这极有可能是事实①。不过，现有的证据表明事实并非如此，而且这种事情也不太可能发生。也就是说，在没有得到威灵顿公爵阿瑟·韦尔斯利许诺支援的情况下，列博莱希特·冯·布吕歇尔做出了在利尼迎战的决定，因为威灵顿公爵阿瑟·韦尔斯利是否许诺支援取决于他是否决定两天后在滑铁卢迎战法军。

　　如果我们看一下上文提到的奥古斯特·威廉·安东·奈特哈特·冯·格奈泽瑙的一个主张，即列博莱希特·冯·布吕歇尔决定在利尼迎战是因为威灵顿公爵阿瑟·韦尔斯利②许诺支援，这一点似乎就更加清楚了。在《陆军元帅奥古斯特·威廉·安东·奈特哈特·冯·格奈泽瑙传》③一书中，冯·汉斯·德尔布鲁克说："他们是经过认真考虑后慎之又慎地占据了利尼及周边地区。然而，他们仍未决定要在这里迎战。"本书得知，在得到威灵顿公爵阿瑟·韦尔斯利给予支援的许诺后，列博莱希特·冯·布吕歇尔才决定于利尼迎战法军，而且因为威灵顿公爵阿瑟·韦尔斯利直到1815年6月16日13时才到达布莱，所以列博莱希特·冯·布吕歇尔直到1815年6月16日13时到14时之间才做出迎战决定。冯·穆费林说："当拿破仑最前面的进攻部队向圣阿曼达进发时，威灵顿公爵阿瑟·韦尔斯利问陆军元帅列博莱希特·冯·布吕歇尔和冯·格奈泽瑙：'你想让我做什么？'"④

---

① 冯·奥勒赤在1815年6月17日引用了奥古斯特·威廉·安东·奈特哈特·冯·格奈泽瑙的话。他写道，"我们从威灵顿公爵阿瑟·韦尔斯利那里收到了书面的承诺，如果敌军进攻我军，他会从后方进攻敌军"。而在威灵顿给列博莱希特·冯·布吕歇尔的信中，他没有提到上述承诺。冯·奥勒赤：《1815年战役史》，柏林，1876年，第142页。——原注
② 亨利·德拉图尔·奥弗涅：《滑铁卢：1815年战役研究》，巴黎，亨利·普隆出版社，1870年，第109页。亨利·德拉图尔·奥弗涅完全不相信这一说法。——原注
③ 冯·汉斯·德尔布鲁克：《陆军元帅奥古斯特·威廉·安东·奈特哈特·冯·格奈泽瑙传》，柏林，1880年，第4卷，第372页。——原注
④ 冯·穆费林：《人生往事：1813年和1814年战役回忆》，伦敦，理查德·宾利出版社，1853年，第234页。——原注

骑在马上的列博莱希特·冯·布吕歇尔和冯·格奈泽瑙

也就是说，本书不得不相信，在威灵顿公爵阿瑟·韦尔斯利表明他能够做到列博莱希特·冯·布吕歇尔和冯·格奈泽瑙希望他所做的后，列博莱希特·冯·布吕歇尔才完全决定迎战法军。这支法军现在正沿他们精心选择的据点前行，法军在这些据点都精心部署了兵力。本书不得不相信，如果威灵顿公爵阿瑟·韦尔斯利告诉列博莱希特·冯·布吕歇尔自己的真实处境及自己无法给予支援，列博莱希特·冯·布吕歇尔会选择后撤。

在本书看来，这一争论似乎不值得严肃考虑。当然，列博莱希特·冯·布吕歇尔显然在没有与英军统帅协商①的情况下选择了一个战场，将军队驻扎在

---

① 列博莱希特·冯·布吕歇尔的报告让这个问题真相大白。乔治·琼斯：《滑铁卢战役》，伦敦，莱纳斯·布思出版社，1852年，第320页、第321页。——原注

那里，并鼓舞将士们与法军一战。他如果决定在威灵顿公爵阿瑟·韦尔斯利保证支援的前提下迎战，那么就不会轻而易举地得到上述保证。难道列博莱希特·冯·布吕歇尔会完全仰仗威灵顿公爵阿瑟·韦尔斯利给他写信，或者亲自骑马到威灵顿公爵阿瑟·韦尔斯利的指挥部吗？这些问题不言而喻。

因此，综上所述，列博莱希特·冯·布吕歇尔决定在不可能得到英荷联军支援的情况下在利尼迎战法军是不争的事实。在没有盟军支援的情况下，列博莱希特·冯·布吕歇尔仅凭借自己匆忙在前线附近集结的兵力冒险与拿破仑亲率的法军主力一战，这样做的明智性本书会另外讨论。在这里，本书要阐明的是，上述都是事实。

百家争鸣

是什么使列博莱希特·冯·布吕歇尔决定在利尼占据防御的有利位置，并在利尼迎接拿破仑的进攻？这个问题当然十分重要。一些普鲁士学者回答道，列博莱希特·冯·布吕歇尔之所以决定迎战是基于威灵顿公爵阿瑟·韦尔斯利许诺予以支援，本书在上文已经讨论并反驳了这一答案。至于还有什么其他原因使列博莱希特·冯·布吕歇尔采取严重危及盟军未来的这一措施还有待观察。

卡尔·冯·克劳塞维茨和安托万·亨利·约米尼男爵都没有关注这一问题。

达米兹[①]是这样解释的："列博莱希特·冯·布吕歇尔可以拒绝迎战。他本可以避开这场战役，并且等到第四军赶来会合后再与法军开战。但做为八万人的统帅，他坚定果断的性格不允许自己面对敌军时不战而退。他知道，在战略上

---

① 达米兹：《1815年战役史》，巴黎：科雷亚尔出版社，1840年，第85页。——原注

他不是拿破仑的对手，所以只能通过一次次进攻取胜。列博莱希特·冯·布吕歇尔和将士们认为自己足够强大，这本身就是他迎战的一个原因。"

达米兹接着说，如果前去与英军会合，那么列博莱希特·冯·布吕歇尔就得暂时放弃普军的作战基地。

以上就是达米兹给出的原因。他又出人意料地补充道："很明显，普军决定迎战是因为威灵顿公爵阿瑟·韦尔斯利曾许诺给予支援。"[1]不过，这些事实直到达米兹谈及[2]1815年6月16日13时到14时之间威灵顿公爵阿瑟·韦尔斯利与列博莱希特·冯·布吕歇尔的谈话时才提到，当时法军正在部署，以发动进攻。本书难以相信，在这之前，列博莱希特·冯·布吕歇尔已经决定在完全没有威灵顿公爵阿瑟·韦尔斯利许诺支援的情况下迎战。

冯·奥勒赤是这样回答这一问题的："为什么在军队还未完全到达的情况下，列博莱希特·冯·布吕歇尔会决定在1815年6月16日迎战？"[3]他这样做是为了给英军集结的时间。冯·奥勒赤没有妄称威灵顿公爵阿瑟·韦尔斯利给了陆军元帅列博莱希特·冯·布吕歇尔任何支援的许诺[4]。

在《陆军元帅奥古斯特·威廉·安东·奈特哈特·冯·格奈泽瑙传》一书中，冯·汉斯·德尔布鲁克说[5]，基于威灵顿公爵阿瑟·韦尔斯利的许诺，列博莱希特·冯·布吕歇尔仍然希望第四军的部分部队至少能在1815年6月16日晚上晚些时候到达并参战。

在这一问题上，太多解释真的是没必要的，事实已经足够清楚。上文提到，列博莱希特·冯·布吕歇尔早就将松布雷夫锁定为普军的集结地，以防法军在沙勒罗瓦或其附近渡过桑布尔河。而且他很可能已经将这一决定告诉了威灵顿公爵阿瑟·韦尔斯利。在做出该决定时，列博莱希特·冯·布吕歇尔肯定认为自己能够集结起麾下的所有军队，人数大概有十二万人。他认为而且完全可以认为，

---

① 达米兹：《1815年战役史》，巴黎，科雷亚尔出版社，1840年，第87页。——原注
② 达米兹：《1815年战役史》，巴黎，科雷亚尔出版社，1840年，第92页。——原注
③ 冯·奥勒赤：《1815年战役史》，柏林，1876年，第123页、第124页。——原注
④ 冯·奥勒赤：《1815年战役史》，柏林，1876年，第127页。——原注
⑤ 冯·汉斯·德尔布鲁克：《陆军元帅奥古斯特·威廉·安东·奈特哈特·冯·格奈泽瑙传》，柏林，1880年，第4卷，第375页。——原注

如果拿破仑取道沙勒罗瓦，并且拿破仑发现普军驻扎在松布雷夫或松布雷夫以南，肯定会进攻普军。而且拿破仑将不得不调用大部分兵力来对抗他。因此列博莱希特·冯·布吕歇尔认为，这样一来，英荷联军就可以在没有干扰的情况下集结，而且他至少可以指望这部分集结的军队能够给予援助。但当这一天到来的时候，列博莱希特·冯·布吕歇尔发现自己的一个军无法及时到达并参战。然而，他仍然坚持迎战，一方面是因为他不愿意在战斗开始时就撤退，另一方面是因为他希望威灵顿公爵阿瑟·韦尔斯利能给予重要的支援。不过，他做这一决定时没有与威灵顿公爵阿瑟·韦尔斯利商量，也未收到威灵顿公爵阿瑟·韦尔斯利的信[①]，而且当时威灵顿公爵阿瑟·韦尔斯利本人还未到达布莱。威灵顿公爵阿瑟·韦尔斯利的话确实让列博莱希特·冯·布吕歇尔更加相信自己的决定是正确的，同时让他更加相信自己的判断并给了他胜利的希望。但如果说列博莱希特·冯·布吕歇尔决定在利尼迎接法军是基于威灵顿公爵阿瑟·韦尔斯利许诺的支援，那么这与上述证据完全不符。

[①] 要注意，威灵顿公爵阿瑟·韦尔斯利的信中也没有给予任何承诺。——原注

第 11 章

利尼战役

列博莱希特·冯·布吕歇尔已在利尼占据了有利位置,尽管某种程度上讲,位置是否有利取决于地貌特征。但列博莱希特·冯·布吕歇尔仍然想要实现两个目标,一是保卫与那慕尔的联络通道并保证他所盼望的第四军冯·比洛军能畅通无阻地到达,二是保卫与英荷联军的大道。他盼望1815年6月16日下午至少能有部分英荷联军会从该大道上赶来支援。这样一来,松布雷夫就成了普军中心,因为普军右翼贯穿西南方向的利尼村和圣阿曼达村一线,普军左翼在东南方向贯穿松布雷夫到蒙斯·波特奥艾斯村再到通格瑞奈尔和巴拉特一线。普军左翼为约翰·冯·蒂勒曼的第三军,包括步兵两万两千零五十一人,骑兵两千四百零五人和火炮四十八门[1]。格拉夫·冯·齐滕的第一军驻扎在普军中路和右路的前方。在整个区域内,他可以得到路德维希·冯·皮尔希第二军的支援。以上两个军包括步兵五万六千八百零三人,骑兵六千零九十三人和火炮一百七十六门[2]。右翼的情况并不确定,它们完全有可能经圣阿曼达和瓦格纳丽改变方向。布莱村位于利尼和圣阿曼达后方的高地上。因

---

[1] 查拉斯中校:《1815年战役史:滑铁卢》,莱比锡,布洛克豪斯出版社,第1卷,第155页。——原注
[2] 查拉斯中校:《1815年战役史:滑铁卢》,莱比锡,布洛克豪斯出版社,第1卷,第155页。——原注

拿破仑第一次侦察敌情

此,列博莱希特·冯·布吕歇尔的全部兵力为八万七千三百五十二人,其中步兵八千四百九十八人,火炮二百二十四门。

1815年6月16日9时刚过,拿破仑下达完命令。1815年6月16日11时左右[①],拿破仑本人到达弗勒吕。法军主力快到达时,拿破仑正忙于侦察普军的位置。据说,拿破仑从弗勒吕郊区一个废弃的旧风车房的塔楼上进行了第一次

---

① 查拉斯中校:《1815年战役史:滑铁卢》,莱比锡,布洛克豪斯出版社,第1卷,第145页。——原注

侦察。接着，拿破仑半骑马半步行①，沿普军驻扎地的前方前行，亲自侦察了自己可以看见的一切。在法军主力到达弗勒吕附近之前，拿破仑已经有了自己的计划。然而，他错误地估计了普军的数量，因为在当时的地貌让他无法看到普军的全部兵力②。

拿破仑更有可能命法军进攻没有遮挡的普军右翼，并且可能暂时与米歇尔·奈伊的法军左路协同行动。拿破仑将经由瓦格纳丽和布莱前往圣阿曼达方向，这几乎能保证让他战胜对手。不过，在这种情况下，拿破仑发现自己无法发动决定性的进攻③，最多只能击败暴露在空旷地带的普军右翼，而且没有什么能够阻止普军右翼撤向普军中路和左翼。尽管情况对普军极其不利，但这种失利几乎不会摧垮它们，它们的联络通道压根不会遭到破坏。

而拿破仑决定发动的是更具决定性的战斗。拿破仑看到，列博莱希特·冯·布吕歇尔将部分普军部署在松布雷夫、通格瑞奈尔和巴拉特附近，目的是保护通向那慕尔的联络通道。这部分普军很可能不敢擅离原来的位置，因此无法参战。于是，他只需对付松布雷夫和圣阿曼达之间的普军，数量大概是全部普军的四分之三。拿破仑同样看到，如果他可以摧毁利尼和松布雷夫的普军中路，那么普军右翼就会与其他部队脱离，所以他很可能希望歼灭普军右翼。拿破仑还意识到另外一件事，如果他真能歼灭普军右翼并且在他歼灭普军右翼之时，米歇尔·奈伊能率其两个强大的军沿夸特布拉斯通往那慕尔的公路前往布莱，那么几乎可以肯定，接下来的战斗将是最具决定性④。普军右翼前方和后方同时遭到进攻，与其他部队的联系被切断，并且被大量法军包围，如此一来，普军右翼必然会被击溃。

1815年6月16日13时，法军到达弗勒吕附近。拿破仑将拥有约一万六千人⑤、

---

① 不带随从是拿破仑在之前战斗中的一贯作风。——原注
② 查拉斯中校：《1815年战役史：滑铁卢》，莱比锡，布洛克豪斯出版社，第1卷，第150页。——原注
③ 有关这一问题进一步的讨论，请见本章"百家争鸣"。——原注
④ "这一行动一定会取得巨大的胜利。"安托万·亨利·约米尼男爵：《1815年政治军事史》，巴黎，1839年，第223页。——原注
⑤ 艾蒂安·于洛的师和安托万·莫兰的骑兵驻扎在普军战线弯曲处的对立面、利尼前方。查拉斯中校：《1815年战役史：滑铁卢》，莱比锡，布洛克豪斯出版社，第1卷，第155页，第161页。——原注

三十八门火炮的艾蒂安·莫里斯·热拉尔第四军派到右侧，与利尼的整个普军前线相对，派拥有约一万九千人①、三十八门火炮的第三军约瑟夫·勒内·旺达姆军驻扎于第四军左侧，再加上拥有约四千三百人②、八门火炮的第二军约翰·巴普蒂斯特·吉拉尔师，共同威胁圣阿曼达的普军。而皮埃尔·克洛德·帕若尔和约瑟夫·伊西多尔·埃克塞尔曼斯的骑兵共有约六千五百人③、二十四门火炮，并受法军左路第四军艾蒂安·于洛师的支援。它们监视着驻扎在松布雷夫到巴拉特一线的普军左翼。帝国近卫军连同约翰·巴普蒂斯特·米约的胸甲骑兵共有大约两万两千人、一百零二门火炮④，它们作为预备军驻扎在弗勒吕附近。待利尼和圣阿曼达的普军连续战斗三四个小时、战斗力严重削弱时，它们会给普军最后一击。法军的全部兵力为六万七千七百八十七人，其中骑兵一万三千三百九十四人，火炮二百一十门⑤。上述部署可能需要花费一个多小时的时间。1815年6月16日14时，参谋长让·德迪乌·苏尔特写信⑥告诉米歇尔·奈伊，1815年6月16日14时30分，第二任格鲁希侯爵埃曼努尔·德格鲁希元帅会率第三军和第四军对驻扎在松布雷夫和布莱之间的普军发动进攻。拿破仑打算让米歇尔·奈伊也进攻其前方的普军。并且如上文所述，在将普军驱逐至远处后，米歇尔·奈伊要折回，并与法军主力一起包围这部分普军。

1815年6月16日14时30分整，战斗打响⑦。约翰·巴普蒂斯特·吉拉尔率部猛攻利尼的普军，约瑟夫·勒内·旺达姆和约翰·巴普蒂斯特·吉拉尔率部猛攻圣阿曼达。普军同样顽强地守卫阵地，战斗立刻进入白热化状态。双方交战激烈，它们都一心赢得胜利。不到一小时拿破仑就确认，他所对付的远不止普军的一

---

① 查拉斯中校：《1815年战役史：滑铁卢》，莱比锡，布洛克豪斯出版社，第1卷，第155页。——原注
② 查拉斯中校：《1815年战役史：滑铁卢》，莱比锡，布洛克豪斯出版社，第1卷，第155页。——原注
③ 查拉斯中校：《1815年战役史：滑铁卢》，莱比锡，布洛克豪斯出版社，第1卷，第155页。——原注
④ 查拉斯中校：《1815年战役史：滑铁卢》，莱比锡，布洛克豪斯出版社，第1卷，第155页。——原注
⑤ 这不包括第六军。第六军是预备军，一万零四百六十五人，拥有三十二门火炮。查拉斯中校：《1815年战役史：滑铁卢》，莱比锡，布洛克豪斯出版社，第1卷，第155页。——原注
⑥ 埃尔兴根公爵费利克斯·奈伊：《1815年战役未出版文件集》，巴黎，1840年，第XIII页、第40页。——原注
⑦ 利尼战役多次被描述。查拉斯中校、亨利·德拉图尔·奥弗涅、阿道夫·梯也尔从法军的角度，卡尔·冯·克劳塞维茨和奥勒赤从普军的角度都给出了精彩的描述。威廉·西博恩上尉的描述也非常清晰精彩。此处不需要再重复这些细节了。——原注

法军猛攻利尼的普军

个军①。因此,如果米歇尔·奈伊能保证在恰当的时间赶来支援,那么法军取得的胜利可能比之前拿破仑设想的更有决定意义。确实,就算没有米歇尔·奈伊的支援,拿破仑也肯定能获胜。拿破仑很清楚,在利尼、圣阿曼达及其附近的村庄中,以及在这些村庄后方高地上的普军已经露出疲态,他们在高地上的位置暴露于法军的炮火之下②并遭到了法军炮火的重创。拿破仑知道自己可以在适当的时机击败这些普军。但他想要的不止这些。拿破仑看到,如果米歇尔·奈伊能按照1815年6月16日14时命令的要求从夸特布拉斯赶往普军右侧和后方,那么击溃

---

① 正如拿破仑在信中告诉米歇尔·奈伊的一样。——原注
② 亨利·哈丁中校对威灵顿公爵阿瑟·韦尔斯利说:"在你检查了普军位置之后,我记得你对此非常不满,并且对我说:'如果普军在此处迎战,我他妈就会受到攻击。'"威灵顿公爵阿瑟·韦尔斯利补充道,普军这样太集中了。普军所有军队都在山坡上,这样一来所有的敌军炮弹都能击中它们。第五任斯坦诺普伯爵菲利普·亨利:《威灵顿公爵阿瑟·韦尔斯利谈话录》,纽约:朗文格林出版社,1886年,第109页。对比乔治·胡珀所著《1815年战役史:滑铁卢——拿破仑的陨落》(伦敦,老史密斯出版社,1862年)第96页。——原注

或俘虏这部分普军就是板上钉钉的事情。所以，1815年6月16日15时15分，让·德迪乌·苏尔特再次给米歇尔·奈伊写信①，催促米歇尔·奈伊立刻行动，以包抄普军右侧，继而迂回到普军后方。让·德迪乌·苏尔特告诉米歇尔·奈伊，如果他行动及时，"普军就会被击溃。法军的命运掌握在他的手上"。信上继续说，"因此，要立刻按照拿破仑命令上的要求前往布莱和圣阿曼达的高地，以促成这一可能具有决定性意义的胜利"。

传送上述命令的军官们骑马要走大约十三英里的路程，其中，从哥斯利到梅莱大约六英里，其余路程都在通往布鲁塞尔的公路上，而德隆伯爵约翰·巴普蒂斯特·德鲁埃的第一军正经这条公路赶往弗拉涅。这些送信的军官们不可能在两小时之内完成使命。事实上，他们需要三小时。拿破仑几乎不会指望米歇尔·奈伊会在1815年6月16日17时之前收到第一个命令②，并且在1815年6月16日18时之前收到第二个命令。从夸特布拉斯到马尔拜有近四英里的路程，经那慕尔公路通往瓦格纳丽的道路在马尔拜分开。于是，如果米歇尔·奈伊在1815年6月16日17时能够执行1815年6月16日14时发布的命令，本书就可以期待他在1815年6月16日19时左右出现在马尔拜方向上，或者听到他在该方向上的消息。如果米歇尔·奈伊不能执行1815年6月16日14时的命令，却能够执行1815年6月16日15时15分的命令，那么本书就可以期待他在1815年6月16日20时左右出现在那慕尔公路上。

战事依然没有减弱的迹象，双方都损失惨重。一方面，列博莱希特·冯·布吕歇尔不时派兵增援战斗部队。这样一来，他用尽了所有的预备军，几乎将所有的师都投入到战斗中。另一方面，拿破仑对增援第二军慎之又慎。他希望尽可能地保留预备军。1815年6月16日17时30分，拿破仑投入的兵力比列博莱希

---

① 埃尔兴根公爵费利克斯·奈伊：《1815年战役未出版文件集》，巴黎，1840年，第XIV页、第42页。——原注
② 埃尔兴根公爵米歇尔·奈伊估计，这个距离接近五里格，即十二点五英里，并且需要两个小时的行程。查拉斯中校说这个距离是六里格，即十五英里，并且估计行程是三个小时。查拉斯中校：《1815年战役史：滑铁卢》，莱比锡，布洛克豪斯出版社第1卷，第204页；埃尔兴根公爵费利克斯·奈伊：《1815年战役未出版文件集》，巴黎，1840年，第41页。——原注

约瑟夫·勒内·旺达姆

特·冯·布吕歇尔少一万①。此时,普军第六军正从沙勒罗瓦赶来。与此同时,拿破仑也在期待米歇尔·奈伊的到来。

迄今为止,拿破仑率军一直坚守在弗勒吕前方②,这是一个中心位置,最适合他亲自坐阵指挥。但现在,他准备给予普军决定性的一击。他决定投入帝国近卫军。他打算将青年近卫军的步兵师及近卫军猎骑兵师③的一个旅④派给约瑟夫·勒内·旺达姆。猎骑兵师另外一个旅由艾蒂安·莫里斯·热拉尔指挥。他

---

① 查拉斯中校:《1815年战役史:滑铁卢》,莱比锡,布洛克豪斯出版社,第1卷,第166页。——原注
② 查拉斯中校:《1815年战役史:滑铁卢》,莱比锡,布洛克豪斯出版社,第1卷,第164页。——原注
③ 猎骑兵师有时也作为老近卫军的一部分,亨利·德拉图尔·奥弗涅:《滑铁卢:1815年战役研究》,巴黎,亨利·普隆出版社,1870年,第48页。猎骑兵师有时被归为中年近卫军,《滑铁卢的拿破仑》,巴黎,J.杜梅因出版社,1866年,第1页、第315页、第325页。——原注
④ 猎骑兵师共两个旅。——原注

本人将率领名为老近卫军的掷弹步兵师、帝国近卫军的所有炮兵、帝国近卫军居约伯爵的重骑兵师及约翰·巴普蒂斯特·米约的胸甲骑兵师取代米歇尔·奈伊所指挥的左路帝国近卫军轻骑兵师列斐伏尔·德努莱特师,以备占领利尼村及该村前方的制高点,同时准备转到该村右侧,以击溃普军中路。

然而,此时,约瑟夫·勒内·旺达姆传来消息,在大约两英里以外的树林中发现普军出没,看上去它们正赶往弗勒吕。此刻并不是米歇尔·奈伊赶来增援的预期时间。令人好奇的是,约瑟夫·勒内·旺达姆没有确认这到底是哪支部队,而他为什么没有这样做令人费解。如果他能够派一支巡逻队侦察一下这是哪支部队,就能够节约时间,而且在当日的那个时刻,时间是非常宝贵的。拿破仑派他的一个副官去核查事实。因为他无法确认约瑟夫·勒内·旺达姆的报告真实与否,所以推迟了原计划的进攻。战斗仍如期打响,但列博莱希特·冯·布吕歇尔一次次从其中路和左翼调来了更多兵力,以支援在圣阿曼达及其附近村庄中的右路。

拿破仑的副官不到两小时就回来了。约瑟夫·勒内·旺达姆所报告的部队是德隆伯爵约翰·巴普蒂斯特·德鲁埃的第一军①。所有担心解除了,拿破仑自然认为②德隆伯爵约翰·巴普蒂斯特·德鲁埃是奉米歇尔·奈伊之命并将立刻前往布莱。他立刻重启了之前的计划③。1815年6月16日19时30分之前,约瑟夫·勒内·旺达姆得到德隆伯爵约翰·巴普蒂斯特·德鲁埃的支援,法军所补充的生力军让战斗得以持续。同时,拿破仑率帝国近卫军的掷弹兵和骑兵及约翰·巴普蒂斯特·米约的胸甲骑兵前往利尼村,而利尼村的东部早已被艾蒂安·莫里斯·热拉尔的部队占据。尽管普军顽强抵抗,法军还是很快将其击败。法军占领了利尼村。对骑兵和炮兵来讲,利尼村的溪流是个不小的障碍。法军从利尼村的桥上渡

---

① 至于约瑟夫·勒内·旺达姆发现德隆伯爵约翰·巴普蒂斯特·德鲁埃的第一军撤向弗拉涅之后不久德隆伯爵约翰·巴普蒂斯特·德鲁埃军是如何到达那里的,我们会在别处讨论。——原注
② 亨利·德拉图尔·奥弗涅:《滑铁卢:1815年战役研究》,巴黎,亨利·普隆出版社,1870年,第135页;安托万·亨利·约米尼男爵:《1815年政治军事史》,巴黎,1839年,第138页、第139页。——原注
③ 正如威廉·西博恩上尉所说,并没有发生延误。从帝国近卫军驻扎的位置到帝国近卫军要到达的利尼村北端至少有二点五英里。在约瑟夫·勒内·旺达姆的消息导致法军暂停进攻之前,它们只走了一小段路程。威廉·西博恩上尉:《1815年战役史:法兰西战役和比利时战役》,伦敦,T.&W.布恩出版社,1844年,第1卷,第218页。——原注

交战中，列博莱希特·冯·布吕歇尔的战马被杀死

过了这些溪流。1815年6月16日20时30分①，法军从利尼村的北端出来，部署在利尼村和松布雷夫之间的高地上，并登上了比西高原。比西高原是通向战场的关键点，上面有风车房。列博莱希特·冯·布吕歇尔留在此处的普军进行了顽强但徒劳的抵抗。列博莱希特·冯·布吕歇尔错误地认为普军在圣阿曼达的败局已定。他亲自从圣阿曼达赶来，并率领骑兵猛烈进攻获胜的法军。在交战中，他的马被杀死，自己也严重擦伤，差点儿被法军俘虏。

与此同时，普军从圣阿曼达及其附近村庄撤退，约瑟夫·勒内·旺达姆立刻占据了上述地方。然而，直到半夜，路德维希·冯·皮尔希才率强大的后卫部队离开布莱，约翰·冯·蒂勒曼占据了松布雷夫和波因汝。格拉夫·冯·齐滕军撤向松布雷夫偏北、瓦夫尔方向上的蒂利镇，路德维希·冯·皮尔希的部队最终也跟在格拉夫·冯·齐滕后面撤退。

---

① 让·德迪乌·苏尔特给约瑟夫·波拿巴的信。查拉斯中校：《1815年战役史：滑铁卢》，莱比锡，布洛克豪斯出版社，第1卷，第2页、第175页。——原注

在本次战役中，普军伤亡①约一万八千人。之后的一两天，普军又伤亡约一万到一万两千人。这些普军士兵似乎已在战斗中尽责。他们放弃了自己的阵地，并撤到了列日。他们故乡所在的省原属法兰西帝国，所以他们同情拿破仑②。法军俘虏了约上千名受伤的普军士兵并缴获了二十五门到三十门火炮。法军的伤亡在一万一千人到一万两千人之间③。

1815年6月16日21时30分左右战斗结束。法军第三军占据了圣阿曼达和瓦格纳丽并在上述地点前方露营；第六军占据了比西高原；第四军在第六军右侧，它的一个师在波特奥艾斯及其附近。帝国近卫军和约翰·巴普蒂斯特·米约的胸甲骑兵驻守在上述军队④的后方。1815年6月16日23时，拿破仑回到弗勒吕⑤并将指挥部设在那里。

除了第一军和第六军，所有在战场上的法军都参加了战斗。第一军在被发现后就迅速撤向弗拉涅。至于第六军，给洛博伯爵乔治·穆顿的命令直到1815年6月16日14时30分才送出，所以这个命令不可能在1815年6月16日15时30分之前送达在沙勒罗瓦附近的洛博伯爵乔治·穆顿宿营地。洛博伯爵乔治·穆顿需要率部行军八英里才能到达弗勒吕。之后，他奉命前往利尼。就在帝国近卫军对利尼发动进攻并成功占领该地后，洛博伯爵乔治·穆顿经过利尼并前往在比西高原上的最终目的地。1815年6月16日21时30分左右⑥，冯·比洛到达在布莱和松布雷夫之间的这个目的地。奇怪的是，冯·比洛大概在1815年6月16日19时30分⑦到达弗勒吕。当时，他本应该被派往利尼支援近卫军的行动。而且如果拿破

---

① 查拉斯中校谈论了普鲁士作家们的一些权威观点。查拉斯中校：《1815年战役史：滑铁卢》，莱比锡：布洛克豪斯出版社，第1卷，第179页。——原注
② 冯·穆费林：《人生往事：1813年和1814年战役回忆》，伦敦，理查德·宾利出版社，1853年，第204页，第205页，第223页；威廉·西博恩上尉：《1815年战役史：法兰西战役和比利时战役》，伦敦，T.&W.布恩出版社，1844年，第1卷，第302页，第303页。——原注
③ 查拉斯中校：《1815年战役史：滑铁卢》，莱比锡，布洛克豪斯出版社，第1卷，第180页。——原注
④ 查拉斯中校：《1815年战役史：滑铁卢》，莱比锡，布洛克豪斯出版社，第1卷，第177页、第178页。——原注
⑤ 查拉斯中校：《1815年战役史：滑铁卢》，莱比锡，布洛克豪斯出版社，第1卷，第179页。——原注
⑥ 查拉斯中校：《1815年战役史：滑铁卢》，莱比锡，布洛克豪斯出版社，第1卷，第178页。——原注
⑦ 查拉斯中校认为，第六军在1815年6月16日18时30分之前到达弗勒吕。查拉斯中校：《1815年战役史：滑铁卢》，莱比锡：布洛克豪斯出版社，第1卷，第184页。——原注

仑命洛博伯爵乔治·穆顿绕道圣阿曼达和瓦格纳丽前往布莱,那么洛博伯爵乔治·穆顿可能会袭击侧翼和后方战败的普军,这事实上就等于完成了拿破仑交代给米歇尔·奈伊的任务。然而,本书只能靠假设米歇尔·奈伊遇到了大量英军才能解释第一军的后撤。在上述情况下,拿破仑可能认为让第六军作为整个法军的预备军更加明智①。

利尼战役尽管不具有决定性,但确实是一场伟大的胜利。拿破仑歼灭了普军三分之一的兵力并将列博莱希特·冯·布吕歇尔逐出了战场。他确实取得了巨大的成功。但这场胜利带来的优势却不尽如他意。要不是德隆伯爵约翰·巴普蒂斯特·德鲁埃的第一军在圣阿曼达附近出现,帝国近卫军会在1815年6月16日17时30分进攻。那时,天还没有完全黑,他们原本可以进一步扩大战果。拿破仑原本可以期待拥有这样的战果,但没有做到这一点绝不是他的错②。因此,为了评估拿破仑在战斗中所采取的措施恰当与否,为了评估列博莱希特·冯·布吕歇尔决定迎战时所冒的风险,本书应该考虑,如果帝国近卫军提前两小时进攻,如果在天黑之前他们拥有两小时的时间来击败并追击普军,结果又会如何。

至于米歇尔·奈伊的支援,情况又有所不同。拿破仑不会知道米歇尔·奈伊可能遇到的阻碍,所以无法指望米歇尔·奈伊能克服阻碍并前来支援主力部队。他只能盼望米歇尔·奈伊能做到这一点。如果米歇尔·奈伊能够避开英军,拿破仑就能指望他前来支援。至于米歇尔·奈伊能否取得比他实际上所取得的更大的成果,本书会另作讨论。

一支人数众多的军队,即第一军,出乎意料地在威胁到法军左路的地方出现,这让拿破仑推迟了对普军中路的进攻。这一推迟导致利尼战役不再像原本设想的那样具有决定性。普军从圣阿曼达和附近的村庄撤退,在法军乘胜追击之前天就已经黑了。不过,利尼战役让列博莱希特·冯·布吕歇尔暂时消失了三十六小时,这至少让拿破仑有机会在第二天没有普军介入的情况下进攻威灵顿公爵阿瑟·韦尔斯利。在这场胜利中,法军第一军和第六军未伤分毫,

---

① 查拉斯中校严厉批评了这个决定。查拉斯中校:《1815年战役史:滑铁卢》,莱比锡,布洛克豪斯出版社,第1卷,第184页,第185页。——原注
② 在陌生军队出现时,他错误地阻止了帝国近卫军的进攻。——原注

帝国近卫军伤亡也不大，拿破仑可以很好地利用这一时机。也就是说，列博莱希特·冯·布吕歇尔才集结了四分之三的军队就决定迎战，而且威灵顿公爵阿瑟·韦尔斯利也没有给予他任何支援，这导致了在战役第二天结束时出现了这样的结果。既然反法联军的一支部队伤亡惨重，那么第二天，拿破仑完全可以凭借优势兵力进攻多数由新兵组成反法联军的另一支部队。

百家争鸣

直到1815年6月16日14时到15时之间拿破仑才发起利尼战役。他常常因此受到指责。在上文，本书已经提到这些批评。现在，本书只是重述一下，拿破仑希望法军主力的前进与左路的前进同步，而左路一半的部队远在后方，这极有可能是造成法军延误的更主要原因。当然，拿破仑也有可能花费了太多时间来侦察普军的位置。

卡尔·冯·克劳塞维茨[①]的下列说法的确是正确的："如果拿破仑原本打算在1815年6月16日上午发动战略性进攻，那么推迟进攻就是一个巨大的错误。当时列博莱希特·冯·布吕歇尔正在集结军队，普军全部兵力[②]远远超出拿破仑能投入战斗的七万五千人，没有什么比在普军集结之前发动进攻更重要了。"

同样[③]，拿破仑如果1815年6月16日早上能率法军主力出发，并让米歇尔·奈

---

① 卡尔·冯·克劳塞维茨：《1815年反法战争》，柏林，迪姆勒出版社，1862年，第25章，第53页。——原注
② 包括冯·比洛军。冯·比洛的部队当天可能会到达，而拿破仑了解的情况却与此相反。——原注
③ 对比查拉斯中校所著《1815年战役史：滑铁卢》（莱比锡，布洛克豪斯出版社）第1卷第182页第183页。——原注

伊尽快率法军左路前进，那么至少能够在没有英荷联军介入的情况下打乱普军的前线部署。但从拿破仑给第二任格鲁希侯爵埃曼努尔·德格鲁希和米歇尔·奈伊的信中可以清楚地看到，拿破仑不希望遭遇大规模的普军或英军。尽管如此，拿破仑总体上还是更希望与米歇尔·奈伊的左路同时向前推进。拿破仑无法确定列博莱希特·冯·布吕歇尔会在利尼高地或附近地区部署多少兵力，也无法知道威灵顿公爵阿瑟·韦尔斯利能集结多少兵力。因此，他决定推迟行动，直到米歇尔·奈伊做好准备集结指派给他的所有兵力，以保护主力部队的左侧免受英荷联军攻击。

针对这一问题一直都存在不同的看法。拿破仑采取的措施无疑是最符合战争规律的。真正的问题是，成功的可能性能否为违背战争规律辩护，或者是否在紧急情况下可以违背战争规律，但在这里本书已经没有篇幅来讨论这一问题了。

拿破仑在利尼的战斗计划遭到了严厉的批评，最具代表性的是卡尔·冯·克劳塞维茨①、约瑟夫·罗尼特②和路易·尼古拉·达武③。他们认为，拿破仑本应调动普军右翼而非直捣中路。约瑟夫·罗尼特是这样表述这一问题的："我们到达了普军右侧，因此，进攻右侧的普军右翼是非常合理的。在某种程度上，我们就避免进入利尼溪流环绕的小路。我们本应向我军正在夸特布拉斯战斗的左翼靠拢。这样一来，两军可以互相支援，而且最终会迫使普军向那慕尔撤退，从而远离英军。"

对此，在圣赫勒拿岛时拿破仑回应④道："本次战斗的问题不是将英军和普军分离。我们知道，英军在第二天才能做好战斗准备。但问题是列博莱希特·冯·布吕歇尔的第三军1815年6月16日11时之前还没有与他会合。第三军会经那慕尔赶来，第四军会从列日经让布卢赶来，我要阻止上述军队在战场上与第一军和第二军会合。通过切断利尼的普军战线，普军在圣阿曼达的整个右翼就会被迫转向并受到威胁，但如果只是占领圣阿曼达，我们会一无所获。"

---

① 卡尔·冯·克劳塞维茨：《1815年反法战争》，柏林，迪姆勒出版社，1862年，第34章。——原注
② 康斯坦特·勒贝克：《战争的艺术》，第339页。——原注
③ L.J.加布里埃尔·德切尼尔：《奥尔施泰特公爵兼埃克米尔公爵路易·尼古拉·达武元帅军事政治史》，巴黎，戈斯、马沙尔和西埃出版社，1866年。第545页。——原注
④ 拿破仑：《拿破仑信函集》，巴黎，帝国出版社，1869年，第31卷，第472页。——原注

换句话说，拿破仑表明自己的目标是获得一场战略性的、具有决定意义的胜利。如果这一计划能够实现，他将歼灭半数普军。而进攻暴露在平地上的普军右翼，该计划是无法实现的。拿破仑以此为自己的战斗计划辩护。他认为，1815年6月16日当天普军与英军完全隔离，事实也确实如此。他最好是利用普军的错误部署，切断并摧毁普军暴露的两个军。拿破仑认为自己可以凭借现有的兵力实现这一目标。在这次行动中，他的确希望米歇尔·奈伊能予以支援[1]。1815年6月16日14时，拿破仑下达给米歇尔·奈伊的命令上明确说明了这一点。1815年6月16日15时15分，同样的命令再次下达给米歇尔·奈伊。在战斗中，拿破仑对艾蒂安·莫里斯·热拉尔说[2]："可能在三小时内，战局就会确定。如果米歇尔·奈伊严格按命令行事，普军没有一炮一卒可以逃脱。我们可以歼灭这支部队。"最后一句话同样出现在1815年6月16日15时15分的命令中。因此，拿破仑决定在利尼开战的另外一个原因是米歇尔·奈伊可能会派一部分法军经夸特布拉斯通往那慕尔的公路进攻暴露在后方的普军右翼，从而孤立普军右翼，进而包围并歼灭普军右翼。如上文所述，拿破仑确实无法指望米歇尔·奈伊的支援。但拿破仑相信，他可以在没有米歇尔·奈伊支援的情况下实施自己的计划，而且如果米歇尔·奈伊赶来支援，他会取得压倒性的胜利。

除了约瑟夫·罗尼特给出的拿破仑主要进攻普军右翼的原因，路易·尼古拉·达武也给出了另外一个原因[3]，拿破仑"原本不该将普军置于自己和米歇尔·奈伊的法军左路之间。因为这样一来，如果他打败普军，普军就会被迫向英军的方向撤退"。

卡尔·冯·克劳塞维茨也这样认为[4]。他问道："拿破仑是该将列博莱希

---

[1] 卡尔·冯·克劳塞维茨指出，对拿破仑的战斗计划来讲，米歇尔·奈伊的配合并不是至关重要的，因为拿破仑"不知道米歇尔·奈伊能不能派兵支援"。卡尔·冯·克劳塞维茨：《1815年反法战争》，柏林，迪姆勒出版社，1862年，第34章，第81页以后。——原注
[2] 拿破仑：《拿破仑信函集》，巴黎：帝国出版社，1869年，第31卷，第206页。——原注
[3] L.J.加布里埃尔·德切尼尔：《奥尔施泰特公爵兼埃克米尔公爵路易·尼古拉·达武元帅军事政治史》，巴黎，戈斯、马沙尔和西埃出版社，1866年，第545页。——原注
[4] 卡尔·冯·克劳塞维茨：《1815年反法战争》，柏林，迪姆勒出版社，1862年，第34章，第83页。——原注

特·冯·布吕歇尔驱逐至威灵顿公爵阿瑟·韦尔斯利的方向,还是迫使他往相反方向撤退?"其实,这意味着拿破仑发起的战斗会导致列博莱希特·冯·布吕歇尔向英军的方向撤退。

卡尔·冯·克劳塞维茨说:"如果拿破仑派法军右路进攻圣阿曼达,派法军左路进攻瓦格纳丽,并且派第三支部队推进至通向布鲁塞尔的公路[1],那么,普军如果战败,就不得不沿罗马公路撤退,即撤向默兹河方向。这样一来,普军当天战败后就不会或者不可能与威灵顿公爵阿瑟·韦尔斯利会合。"

本书完全承认,普军如果战后被迫撤向默兹河方向,就无法在1815年6月18日支援英军。但如果拿破仑按既定的战斗计划歼灭了普军第一军和第二军,本书相信普军也几乎无法进一步支援英军。然而,普军将军们当时没有决定在战后保卫与威灵顿公爵阿瑟·韦尔斯利的联络通道,并且以全军之力支援在滑铁卢的英军。这仅仅或者主要是因为,在利尼战役中战败的普军两个军从战场上撤退时[2],可以向北撤退,而非只是向东撤退。向北撤退确实更有助于实现普军的计划,并且节约了时间。同时,这至少不会让向北撤退的风险,即暂时放弃普军的供给线,给普军造成多大的影响。

在上文,本书提到,拿破仑相信,在法军主力直捣普军中路时,米歇尔·奈伊的支援会让法军赢得重大胜利。但卡尔·冯·克劳塞维茨质疑[3]:"强大的普军拥有八万人,为什么其后方的一万法军在一个平坦的、毫无遮蔽的地方,就一定会帮助法军完胜呢?"换句话说,就算米歇尔·奈伊派一万人前往通向那慕尔的公路,拿破仑也无法确保取得决定性的胜利[4]。不过,对于上述问题,卡尔·冯·克劳塞维茨的说法有失偏颇。拿破仑考虑的问题是,战斗伊始,不到六万三千人的普军两个军会被猛攻三四个小时。他们会遭受最猛烈的炮击,因伤亡会锐减至不到五万人,在最后几个小时,其前方的普军有两万人的生力军来

---

[1] 这个纵队到底前往哪个方向走并不是十分清楚。——原注
[2] J.F.莫里斯上校:《滑铁卢文集》,第250页,第251页。《陆海军联合杂志》,1890年7月。J.F.莫里斯上校认为,战败的普军一定已穿过沙勒罗瓦公路,即使他们打算撤往莱茵河方向。——原注
[3] 卡尔·冯·克劳塞维茨:《1815年反法战争》,柏林,迪姆勒出版社,1862年,第31章,第66页。——原注
[4] 卡尔·冯·克劳塞维茨这样认为。——原注

支援，而它们自己与其他部队的联系又被切断，只能仓皇撤退，那么米歇尔·奈伊的支援会对它们产生怎样的影响呢？此时，一支拥有一万人的生力军从后方出其不意地猛攻，这会对他们产生何种影响呢？拿破仑判断，战斗的结果就是法军完全击溃这两个军，缴获所有火炮，并俘获一半的普军。拿破仑的这一观点可能是对的。

然而，拿破仑在多大程度上能确保米歇尔·奈伊前来支援呢？

在上文，本书已经提到1815年6月16日14时的命令送达米歇尔·奈伊时米歇尔·奈伊的大体位置[①]，也表明早在1815年6月16日16时整个第二军和第一军的大部就应该到达夸特布拉斯。事实上，我们要记住，奥诺雷·查尔斯·雷耶伯爵如果立刻执行米歇尔·奈伊给他的命令，就会在1815年6月16日中午到达夸特布拉斯，而且德隆伯爵约翰·巴普蒂斯特·德鲁埃也会在没有任何阻碍的情况下紧随其后。从拿破仑自己的叙述中确实看到，拿破仑听说了奥诺雷·查尔斯·雷耶伯爵的这一令人恼火的延误并自然会把这归咎于奥诺雷·查尔斯·雷耶伯爵的上司米歇尔·奈伊。虽然这样做是不对的，但拿破仑似乎仍然认为米歇尔·奈伊能够在1815年6月16日中午到达夸特布拉斯。这确实不是米歇尔·奈伊能控制的。不过，1815年6月16日17时前米歇尔·奈伊没有在夸特布拉斯或其前方集结麾下的所有兵力，这是不可原谅的。拿破仑责备他完全是合理的。

但米歇尔·奈伊就算很可能在夸特布拉斯集结所有兵力，也无法完全按照拿破仑的命令派一支部队从后方进攻普军。卡尔·冯·克劳塞维茨指出[②]，米歇尔·奈伊的这支四万人的部队很可能会遇上拥有五万甚至六万人的英荷联军，事实也确实如此。再补充一点，送达米歇尔·奈伊的最后一个命令[③]说，枪骑兵的一个军官刚刚告诉拿破仑，在夸特布拉斯附近会出现大量英荷联军。事实上，这一消息是不正确的，但在签发命令时，大家都认为这是真的。当然，在

[①] 送达时间大概是1815年6月16日17时。——原注
[②] 卡尔·冯·克劳塞维茨：《1815年反法战争》，柏林，迪姆勒出版社，1862年，第31章，第65页。——原注
[③] 埃尔兴根公爵费利克斯·奈伊：《1815年战役未出版文件集》，巴黎，1840年，第IX页、第31页。——原注

1815年6月16日14时命令发给米歇尔·奈伊之前事实可能就澄清了，但对此本书没有确凿证据。当然，拿破仑没有理由确定米歇尔·奈伊会派兵前来支援，这完全取决于威灵顿公爵阿瑟·韦尔斯利的英荷联军的集结速度。关于这一点，拿破仑只能猜测，因为他得不到任何情报。

在拿破仑的计划中，米歇尔·奈伊的支援对战斗的胜利至关重要。所以，如果拿破仑无法完全依赖米歇尔·奈伊的支援，那么采用这种计划是否合理？如果他采用约瑟夫·罗尼特、路易·尼古拉·达武和卡尔·冯·克劳塞维茨所推荐的方案，派全部兵力进攻暴露在平地上的普军右翼，不是更明智一些吗？

如果不认真研究当时的客观状况，本书就无法恰当地回答这一问题，而所有批评拿破仑的人都没有详细说明这一点。因此，本书将单独讨论一下这个问题。在侦察完普军位置后，拿破仑看到，他有两个进攻方案可以执行。每个方案都可能带来巨大的胜利。他选择了他认为在没有米歇尔·奈伊支援的情况下更有机会获胜的方案，而且如果米歇尔·奈伊能够支援，这个胜利会是决定性的。事实正是如此，尽管没有米歇尔·奈伊的支援，尽管意外情况导致法军的主攻延迟进而贻误了战机，但拿破仑仍然取得了辉煌的胜利。本书似乎不需要再讨论如果拿破仑采用了另一方案，结果又会如何。

为什么拿破仑没有让德隆伯爵约翰·巴普蒂斯特·德鲁埃的军留下来参战？他因此遭到了查拉斯中校[①]等人的严厉批评。但拿破仑一定想到，德隆伯爵约翰·巴普蒂斯特·德鲁埃必定接到了米歇尔·奈伊明确要求他留在战场上参战的命令，那么他还有必要给德隆伯爵约翰·巴普蒂斯特·德鲁埃下达命令吗？确实，安托万·亨利·约米尼男爵说[②]，拿破仑本应命德隆伯爵约翰·巴普蒂斯特·德鲁埃前往布莱。现在我们可以确定，这是明智的。不过，由于1815年6月16日14时的命令要求米歇尔·奈伊前往布莱，当时再给德隆伯爵约翰·巴普蒂斯特·德鲁埃的这个命令似乎是没有必要的。我们记得，当时拿破仑正全力组织对利尼的决定性进攻。

---

① 查拉斯中校：《1815年战役史：滑铁卢》，莱比锡，布洛克豪斯出版社，第1卷，第170页，第171页，第183页，第184页。——原注
② 安托万·亨利·约米尼男爵：《1815年政治军事史》，巴黎，1839年，第138页。——原注

如果还需要除此之外的其他解释,那么卡尔·冯·克劳塞维茨给我们提供了一个[1]。他说,此时拿破仑亲自指挥第一军的行动可能已经太迟了。

> 拿破仑似乎已经收到第一军会在1815年6月16日17时30分左右到来的消息。直到1815年6月16日19时,他才知道来的是德隆伯爵约翰·巴普蒂斯特·德鲁埃的第一军。德隆伯爵约翰·巴普蒂斯特·德鲁埃收到命令需要一小时,按照上述命令出现在布莱附近又需要一小时。

本书推测,拿破仑很可能认为在德隆伯爵约翰·巴普蒂斯特·德鲁埃到达战场后,让他继续按照之前的命令向前推进会更好。

可以说,利尼战役是拿破仑军事生涯中最谨慎、策略性最强的战斗。该战役很好地证明了一个勇敢、富有激情但能力平平的将军和一个军事指挥大师的区别。卡尔·冯·克劳塞维茨对利尼战役的评价清晰且具有启发性。在这里,本书给出了全文[2],但里面的数据与我们之前引用的数据有些出入。

> 我们如果从总体上看一下这场战役,就会发现它与现代的所有战役无甚区别。在初次相遇时先慢慢地蚕食对手,持续几个小时的交火不会让局势出现多大的变化。最后,一方人数明显占优势的预备军,即生力军,给予早已疲惫的敌军致命一击。
>
> 拿破仑率约七万五千人[3]进攻列博莱希特·冯·布吕歇尔,而列博莱希特·冯·布吕歇尔集结的三个军共有七万八千人[4],双方人数相当。
>
> 从1815年6月16日15时到20时,拿破仑凭借约三万人的兵力持续攻打列博莱希特·冯·布吕歇尔的两个主要据点——圣阿曼达和利尼。他派约

---

① 卡尔·冯·克劳塞维茨:《1815年反法战争》,柏林,迪姆勒出版社,1862年,第34章,第84页。——原注
② 卡尔·冯·克劳塞维茨:《1815年反法战争》,柏林,迪姆勒出版社,1862年,第32章,第72页以后。——原注
③ 这包括第六军。——原注
④ 查拉斯中校说普军有八万七千人左右。——原注

六万人进攻普军的第三军，并悄悄地将三万三千人留在大后方作为预备力量。最终，他又从这些预备军中抽出六千人支援在圣阿曼达的战斗。

早在1815年6月16日18时拿破仑就决定让帝国近卫军在利尼发动决定性进攻。当时，拿破仑收到情报说，在约一小时路程以外的法军左侧出现一支人数众多的部队。拿破仑停止了行动，因为这支部队可能是从布鲁塞尔赶来的英荷联军。事实上，那是从弗拉涅赶去进攻圣阿曼达的德隆伯爵约翰·巴普蒂斯特·德鲁埃的第一军，但我们不知道第一军为什么要去圣阿曼达。拿破仑急忙派一支骑兵前去侦察，近两个小时后才传回消息说，那是法军的第一军。这导致对利尼的进攻推迟到1815年6月16日20时以后才开始。

即使在这次决定性的进攻中，拿破仑也没有动用全部预备军，而仅仅使用了一半，即帝国近卫军，第六军仍然作为预备力量留在后方。

战斗伊始，列博莱希特·冯·布吕歇尔就将第一军的两万七千人投入到利尼和圣阿曼达战场，将第二军的两万两千人投入到从松布雷夫到巴拉特一线，并且只留下第三军的两万九千人作为预备军。由于法军没有急于进攻，第三军得以集结并且可能被当作预备军。确实，列博莱希特·冯·布吕歇尔仍然寄希望于冯·比洛的到来，但冯·比洛没有赶来，所以形势一直对普军的预备部队不利。正如上文所述，第二军，即预备部队，被陆续派去支援战斗。因此，即使双方势均力敌，甚至普军形势有利，列博莱希特·冯·布吕歇尔也没有兵力来左右最终的结果了。

当天战斗结束时，普军和法军的情况大致如下。列博莱希特·冯·布吕歇尔用光了在利尼村中的三万八千名步兵，这支步兵损失惨重、丢枪弃甲，已是无用之师，没有什么战斗力可言。然而，驻扎在利尼村后方的六千步兵分散在各个军营中，并没有参战。第一军和第二军共有五万六千人，剩下的都是骑兵和炮兵，其中只有一小部分没有参战。

第三军如果已集结或者做好充足的准备，就会是一支拥有约一万八千人的预备力量。所以，我们可以说，列博莱希特·冯·布吕歇尔仍然拥有两万四千人的预备军。

尽管最初拿破仑的兵力比列博莱希特·冯·布吕歇尔少几千,但现在他拥有的预备军要比列博莱希特·冯·布吕歇尔多几千。原因在于他预留了更多的兵力,而且在战斗中用兵更节约。

这一微弱的优势①自然不会决定什么,但肯定可以被视为法军胜利的第一个原因。

第二个原因是,当时的炮攻让双方的力量失衡。

在拿破仑进攻利尼时,普军确实占据着该村的部分区域,但之后这部分区域失守了。普军确实也占据着瓦格纳丽和圣阿曼达之间的区域,但之后丢掉了这里的村庄和阵地。因此,各处的形势都对普军不利,而在这种情况下,拿破仑已经做好了发动决定性进攻的准备。

然而,第三个也是最重要的原因是,列博莱希特·冯·布吕歇尔无法支配没有参战的第三军。虽然第十二旅离他很近,但兵力太少。第九旅同样离他不远,但他没有想到让第九旅及约翰·冯·蒂勒曼的整个军参战。因此,如果法军发动决定性的进攻,第三军同样无法赶来,并且只能在撤退的时候派上用场。或许从整体上来看,约翰·冯·蒂勒曼的分散部署极有可能被看作是一种优势。第三军如果就在附近,同样会被派上战场,但这不会增加战斗的胜算。考虑到整个战役的走势,只有绝对的优势兵力才能保证胜利。事实上,只有冯·比洛军到来才能保证战斗的胜利。如果列博莱希特·冯·布吕歇尔投入第三军,那么普军在战场上的损失很可能远超一万人。

对于这一话题,本书还得看一下路易·尼古拉·达武对拿破仑在此次战役中表现的批评②。他是这样谈论这次战斗中的拿破仑的:"用通俗的话来说,莫斯科战役中的拿破仑向来大胆无畏,但恰恰是拿破仑的大胆无畏导致了这次惨败。"

---

① 除非我们把第三军也算作普军的预备军,否则法军在预备军方面拥有巨大的优势;卡尔·冯·克劳塞维茨继续说,列博莱希特·冯·布吕歇尔当时无法支配第三军。——原注
② L.J.加布里埃尔·德切尼尔:《奥尔施泰特公爵兼埃克米尔公爵路易·尼古拉·达武元帅军事政治史》,巴黎,戈斯、马沙尔和西埃出版社,1866年,第547页。——原注

在上文，本书引用的卡尔·冯·克劳塞维茨对拿破仑的战术评论提到了路易·尼古拉·达武这一说法的合理性。但很明显，路易·尼古拉·达武要说明一个事实，他希望自己每一步批评都是正确的。顺便说一下，许多评论家都有这种倾向。至于路易·尼古拉·达武提到的法军损失，要记住，要不是因为德隆伯爵约翰·巴普蒂斯特·德鲁埃军的意外出现，拿破仑会提前两小时结束战斗。法军大部分伤亡都发生在这两个小时内。基于相同的原因，这场胜利本应该更具决定性，但事实并非如此，因为在法军追击战败的普军之前，夜幕就已经降临。因此，对于拿破仑在利尼战役中所作所为的恰当评论都应基于一个假设，那就是这一不幸的意外①压根没有发生。所以，基于这一假设，1815年6月16日18时到19时之间，在利尼的普军中路会被摧毁，法军的伤亡会小得多，而且法军的胜利必然会更加完整。

在听到可能是普军的陌生军队出现的消息后，拿破仑决定暂缓进攻普军中路。他这样做所展现出来的智慧或许没有得到应有的重视。在拿破仑决定确定该部队的身份再行动时，他已经做好了给予普军致命一击的一切准备。一方面，如果这支不明身份的部队最后确认是米歇尔·奈伊的军队，那么他确信法军能歼灭大量普军。当然，这支部队所处的位置让它可以在进攻中扮演最重要的角色。另一方面，如果它是威灵顿公爵阿瑟·韦尔斯利的军队，只要拿破仑有足够的时间完成他所谋划的对列博莱希特·冯·布吕歇尔的进攻，那么比起前一种情况，拿破仑可能会获得对抗普军的更大优势。因此，在德隆伯爵约翰·巴普蒂斯特·德鲁埃军出现时，拿破仑选择推迟进攻，这是他最明智的选择。但评论家们似乎没有看到这一点。

发现必须要在利尼发动攻势时，拿破仑为什么没有立刻派第六军前往弗勒吕？他如果这样做，一旦战斗需要，就可以就近调动第六军。但他没有这样做，这令人费解。拿破仑清楚地看到，如果可能的话，给予普军致命性的打击极其重要，在1815年6月16日下午和1815年6月17日上午他给米歇尔·奈伊的命令中充分表明了这一点。本书无法理解的是为什么拿破仑没有让洛博伯爵乔治·穆顿率部

---

① 这是由负责给弗朗索瓦·约瑟夫·迪吕送信的拿破仑副官导致的。——原注

前来支援，即使到1815年6月17日11时洛博伯爵乔治·穆顿也没有接到参战的命令，他完全能够在1815年6月16日16时或16时之前到达弗勒吕。如果拿破仑派洛博伯爵乔治·穆顿前往正在圣阿曼达及其附近作战的约瑟夫·勒内·旺达姆和约翰·巴普蒂斯特·吉拉尔的后方，洛博伯爵乔治·穆顿就能率部进攻普军右翼并且在1815年6月16日17时30分左右靠近布莱的后方。而此时，拿破仑正准备发动对利尼的决定性进攻。洛博伯爵乔治·穆顿原本可以完成所有拿破仑期望米歇尔·奈伊所做的事情。安排洛博伯爵乔治·穆顿前来支援原本是万无一失的，而米歇尔·奈伊的支援必然取决于他在夸特布拉斯所面临的形势。

第 12 章

夸特布拉斯战役

在上文看到，1815年6月15日半夜与拿破仑会谈回到哥斯利之后，米歇尔·奈伊没有采取任何措施，而是让部队做好第二天战斗的准备。不管是否决定从弗拉涅前往夸特布拉斯，米歇尔·奈伊必然知道自己无论如何都要拿下夸特布拉斯①。然而，米歇尔·奈伊没有立刻派马克西米利安·塞巴斯蒂安·富瓦和杰罗姆·拿破仑的师前往弗拉涅②，也没有让第一军的师前往哥斯利以填补他们留下的位置。我们知道，第一军的弗朗索瓦·约瑟夫·迪吕师就在瑞梅和哥斯利之间露营。米歇尔·奈伊让马克西米利安·塞巴斯蒂安·富瓦和杰罗姆·拿破仑继续留在哥斯利，而且本书看到，在命德隆伯爵约翰·巴普蒂斯特·德鲁埃前往弗拉涅之后不久，也就是1815年6月16日11时之后，米歇尔·奈伊派人催促德隆伯爵约翰·巴普蒂斯特·德鲁埃加快步伐，之后部队出现了一小时四十五分的延误，这不是米歇尔·奈伊的直接责任，这是由奥诺雷·查尔斯·雷耶伯爵造成的③。在收到指挥部的行动命令后，奥诺雷·查尔斯·雷耶伯爵没有按照米歇尔·奈伊的要求立刻从哥斯利

---

① 对比安托万·亨利·约米尼男爵：《1815年政治军事史》，巴黎，1839年，第221页。——原注
② 吉尔贝·巴舍吕和皮尔已经到达弗拉涅。——原注
③ 安托万·亨利·约米尼男爵为奥诺雷·查尔斯·雷耶伯爵选择的路线辩护。我们会在本章的百家争鸣中讨论这一问题。安托万·亨利·约米尼男爵：《1815年政治军事史》，巴黎，1839年，第226页。——原注

赶往前线。直到奥诺雷·查尔斯·雷耶伯爵告诉在弗拉涅的米歇尔·奈伊自己从约翰·巴普蒂斯特·吉拉尔那里听说普军正在圣阿曼达附近集结，并因此收到了新的命令之后，奥诺雷·查尔斯·雷耶伯爵才开始行动。然而，奥诺雷·查尔斯·雷耶伯爵本人如果前往弗拉涅①，就不会出现这样的延误。

因此本书可以说，1815年6月15日晚，吉尔贝·巴舍吕和皮尔到达弗拉涅，如果1815年6月16日一大早奥诺雷·查尔斯·雷耶伯爵在哥斯利的两个师就被派往弗拉涅，米歇尔·奈伊就能率除约翰·巴普蒂斯特·吉拉尔②的师之外的整个第二军发起夸特布拉斯战役。1815年6月16日11时，约翰·巴普蒂斯特·吉拉尔师与法军主力在一起，当时米歇尔·奈伊正好收到了让·德迪乌·苏尔特发来的命令和拿破仑的信。或者如果米歇尔·奈伊认为最好等到告诉拿破仑约翰·巴普蒂斯特·吉拉尔所说的普军在圣阿曼达集结的消息后再开始进攻，那么他就能在送信官回来的时候执行拿破仑的命令。同样，米歇尔·奈伊没有理由不派德隆伯爵约翰·巴普蒂斯特·德鲁埃从哥斯利出发前往弗拉涅，与弗朗索瓦·约瑟夫·迪吕师一起支援奥诺雷·查尔斯·雷耶伯爵，并让其他师尽快跟上。本书完全可以确信，就算处在米歇尔·奈伊位置上的是一个普通军官，他也会凭常识来采取上述措施③。

然而，事实上，米歇尔·奈伊没有采取这些措施。拿破仑命他集结第一军和第二军及艾蒂安·德谢勒曼的两个骑兵师并率其麾下所有兵力攻占夸特布拉斯，而米歇尔·奈伊也没有按命令向夸特布拉斯推进。他命德隆伯爵约翰·巴普蒂斯特·德鲁埃在弗拉涅停下；命艾蒂安·德谢勒曼④在弗拉涅驻扎一个师，在

---

① 米歇尔·奈伊原本在几个小时之前就命令奥诺雷·查尔斯·雷耶伯爵前往弗拉涅。——原注
② 对比安托万·亨利·约米尼男爵所著《1815年政治军事史》（巴黎，1839年）第221页、第226页。——原注
③ 亨利·德拉图尔·奥弗涅：《滑铁卢：1815年战役研究》，巴黎，亨利·普隆出版社，1870年，第91页、第92页，第145页。C. 马夸特与查拉斯中校尽管深入讨论了米歇尔·奈伊的行为，但没有涉及这一部分。C.马夸特：《1815年澳属尼德兰战役详史》，布鲁塞尔，梅尔茨巴赫和福克出版社，1887年，第145页，第146页，第149页；查拉斯中校：《1815年战役史：滑铁卢》，莱比锡，布洛克豪斯出版社，第2卷，第236页以后。——原注
④ 查拉斯中校说，1815年6月16日10时30分艾蒂安·德谢勒曼已经过了哥斯利。因此，他的两个师早在1815年6月16日14时之前就已经在弗拉涅和利比切兹了。查拉斯中校：《1815年战役史：滑铁卢》，莱比锡，布洛克豪斯出版社，第1卷，第188页。——原注

杰罗姆·拿破仑

利比切兹驻扎另一个师;并且在1815年6月16日14时左右派吉尔贝·巴舍吕和马克西米利安·塞巴斯蒂安·富瓦的步兵师及皮尔的骑兵师攻打夸特布拉斯的普军据点。1815年6月16日15时左右①,杰罗姆·拿破仑②师才到达战线并就位。米歇尔·奈伊试图单凭第二军的兵力来完成拿破仑命他率其麾下所有部队要完成的任务。他命第一军和骑兵留守后方,以保卫法军左路的两侧和撤退路线。

---

① "1815年6月16日15时左右",这是奥诺雷·查尔斯·雷耶伯爵的说法。埃尔兴根公爵费利克斯·奈伊:《1815年战役未出版文件集》,巴黎,1840年,第59页。——原注
② 查拉斯中校更倾向于说这是阿尔芒·查尔斯·吉列米诺的师。查拉斯中校:《1815年战役史:滑铁卢》,莱比锡,布洛克豪斯出版社,第1卷,第195页,第196页。——原注

米歇尔·奈伊以这样的方式备战，只有靠绝佳的运气才能获胜。起初，运气似乎是站在米歇尔·奈伊这一边的。战斗伊始，敌军只有荷兰-比利时联军的佩尔旁切·谢德利尼茨基师驻守在夸特布拉斯，而且威灵顿公爵阿瑟·韦尔斯利与列博莱希特·冯·布吕歇尔在布莱碰面，还没有赶回来。奥兰治公爵威廉·亨德里克当时代替威灵顿公爵阿瑟·韦尔斯利指挥。奥兰治公爵威廉·亨德里克是一个勇敢的年轻军官，却没有杰出的指挥才能。米歇尔·奈伊的两个师让他在步兵上略占优势。第三个师的到达进一步增强了米歇尔·奈伊的实力，而且法军士兵的战斗力更强。米歇尔·奈伊很轻松地就夺取了阵地，似乎胜局已定。

法军与英军在夸特布拉斯交战

  1815年6月16日14时30分左右，威灵顿公爵阿瑟·韦尔斯利到达战场并承担起指挥任务。现在，他才有机会看到，"部署令"上所说的与事实差距多么大。他发现自己不得不尽最大努力来应对敌军优势兵力猛烈而有序的进攻。幸运的是，1815年6月16日15时30分左右[①]，英军托马斯·皮克顿的师到达，紧随其后到达的是布伦瑞克公爵弗雷德里克·威廉的军。米歇尔·奈伊发现，自己在人数上

---

① 弗朗西斯·卡林·卡尔戈姆：《威廉·梅纳德·戈姆信函和日记汇编》，伦敦，约翰·默里出版社，1881年，第353页；约翰·奥德菲尔德上尉：《滑铁卢战役信函集》，第23页。——原注

夸特布拉斯战场的布伦瑞克军团

略处于劣势①。然而，米歇尔·奈伊的军队兵强马壮、士气高昂。比起对手，他在骑兵和炮兵上的优势都非常大。因此，他继续进攻，期望能赢得胜利，并且希望运气能眷顾自己②。但无论如何他都无法战胜稳健、勇敢的英军步兵。几小时的战斗之后，荷兰-比利时联军撤退，布伦瑞克公爵弗雷德里克·威廉的军被击溃，他自己战死。不过，在战斗的这一阶段，尽管法军具有优势，但英军和汉诺威军仍然顽强地抵抗。

1815年6月16日约17时以后，英军第三师查尔斯·阿尔滕师的两个旅到达，使威灵顿公爵阿瑟·韦尔斯利的兵力能与米歇尔·奈伊的兵力相当，甚至稍多于

---

① 威廉·西博恩上尉：《1815年战役史：法兰西战役和比利时战役》，伦敦，T.&W.布恩出版社，1844年，第1卷，第108页。——原注
② 我们不打算描述米歇尔·奈伊在战斗中使用的战术。威廉·西博恩上尉和查拉斯中校都描述得很好，其他作家的描述也很有价值。但此处详细地描述这一点没有必要。——原注

米歇尔·奈伊的兵力。而在法军方面，不管是德隆伯爵约翰·巴普蒂斯特·德鲁埃还是艾蒂安·德谢勒曼的两个骑兵师，都没有增援米歇尔·奈伊。拿破仑已经将上述部队交给米歇尔·奈伊指挥，而且让·德迪乌·苏尔特的最后一道命令明确要求米歇尔·奈伊将它们派往夸特布拉斯。也就是说，战斗打响三个小时之后的1815年6月16日17时，米歇尔·奈伊还没有集齐所有部队。事实上，他在战场上集结的军队连总人数的一半都不到。这些军队去哪里了呢？

首先，我们看一下第一军。我们看到，第二军各师最后到达。它们在1815年6月16日15时或接近15时到达战场。夸特布拉斯距弗拉涅约二点五英里，因此，战场距弗拉涅约两英里。因为杰罗姆·拿破仑在1815年6月16日15时到达战场，所以他一定是在1815年6月16日14时之后离开了弗拉涅。指挥第一军前方师的弗朗索瓦·约瑟夫·迪吕如果能紧随杰罗姆·拿破仑之后离开哥斯利以南不到1.5英里处的瑞梅，就会在1815年6月16日15时之前到达弗拉涅。其他两个被派往弗拉涅的师也一定会在1815年6月16日16时30分到达。这样一来，到1815年6月16日16时或16时30分为止，米歇尔·奈伊派往弗拉涅的第一军三个师均已到位，听候调遣。

但事实是这样的。指挥第一军前方师的弗朗索瓦·约瑟夫·迪吕在从瑞梅前往弗拉涅①的途中收到了米歇尔·奈伊的命令。米歇尔·奈伊要求自己继续朝夸特布拉斯进发。不过，弗朗索瓦·约瑟夫·迪吕到达弗拉涅②时，收到了拿破仑的副官送来的命令。拿破仑自行③命令弗朗索瓦·约瑟夫·迪吕前往布莱。弗朗索瓦·约瑟夫·迪吕遵从了拿破仑的命令，在到达弗拉涅后调头向右前往布莱。德隆伯爵约翰·巴普蒂斯特·德鲁埃如果在的话，就可能会阻止这一未经授权的行动。但不幸的是，他当时骑马走在了队伍前面。根据德隆伯爵约翰·巴普蒂斯特·德鲁埃的说法，拿破仑的这位副官正要给米歇尔·奈伊送去一个铅笔写的

---

① 弗朗索瓦·约瑟夫·迪吕的表述。埃尔兴根公爵费利克斯·奈伊：《1815年战役未出版文件集》，巴黎，1840年，第71页。——原注
② 安托万·德鲁奥将军的表述。埃尔兴根公爵费利克斯·奈伊：《1815年战役未出版文件集》，巴黎，1840年，第95页。——原注
③ 德隆伯爵约翰·巴普蒂斯特·德鲁埃的表述。埃尔兴根公爵费利克斯·奈伊：《1815年战役未出版文件集》，巴黎，1840年，第65页。——原注

便条，途中他在弗拉涅前方遇到了德隆伯爵约翰·巴普蒂斯特·德鲁埃，并告诉德隆伯爵约翰·巴普蒂斯特·德鲁埃这件事。德隆伯爵约翰·巴普蒂斯特·德鲁埃接着就调头返回自己的行军队伍，派参谋长前往米歇尔·奈伊那里告诉他上述事件。约瑟夫·勒内·旺达姆发现了第一军。1815年6月16日17时30分到18时之间，他向拿破仑报告发现不明军队[1]时，第一军可能已经沿维莱尔到佩鲁恩一线向圣阿曼达方向行进了两英里[2]。因此，第一军一定是1815年6月16日17时稍过被发现的。这就意味着第一军一定是1815年6月16日16时30分左右在弗拉涅离开了通往沙勒罗瓦的公路。也就是说，直到第二军的后方部队离开弗拉涅两个半小时之后德隆伯爵约翰·巴普蒂斯特·德鲁埃的先头部队才到达弗拉涅。因为如上文所述，第二军最后一个师杰罗姆·拿破仑师1815年6月16日14时前就穿过了弗拉涅。

米歇尔·奈伊麾下的两个主力军之间隔着两个半小时的路程，这件事没有得到应有的重视[3]。只有将其归咎于米歇尔·奈伊和德隆伯爵约翰·巴普蒂斯特·德鲁埃的失误，才能解释这一问题。该问题的重要性不言而喻。米歇尔·奈伊和德隆伯爵约翰·巴普蒂斯特·德鲁埃都没有尽力遵从拿破仑的命令，没有强力执行拿破仑派给法军左路的任务，这再清楚不过了。同样非常清楚的是，如果弗朗索瓦·约瑟夫·迪吕紧随杰罗姆·拿破仑之后，他即使在杰罗姆·拿破仑离开哥斯利时就从瑞梅出发，并且没有在收到要求他前往夸特布拉斯的命令前向哥斯利靠拢，也不会按拿破仑参谋官的要求离开公路，因为早在1815年6月16日16时30分前，也就是该参谋官到达弗拉涅之时，弗朗索瓦·约瑟夫·迪吕可能已经在夸特布拉斯与英军交战。综上所述，本书只能认为，当天米歇尔·奈伊在战场上集结军队的做法是极其无效的。

至于德隆伯爵约翰·巴普蒂斯特·德鲁埃前往圣阿曼达，米歇尔·奈伊当然不应对此负责。当米歇尔·奈伊听说这样消息时，他命德隆伯爵约翰·巴普蒂斯特·德鲁埃立刻返回。许多评论家因此严厉批评米歇尔·奈伊，在本书看来，

---

[1] 拿破仑：《拿破仑信函集》，巴黎，帝国出版社，1869年，第31卷，第207页。——原注
[2] 从地图上似乎可以看出这一点，但距离只能靠猜测。——原注
[3] 《滑铁卢的拿破仑》，巴黎，J.杜梅因出版社，1866年，第132页之后。——原注

这是不公平的。他们认为是拿破仑让德隆伯爵约翰·巴普蒂斯特·德鲁埃离开米歇尔·奈伊的军队，但事实并非如此。拿破仑没有给德隆伯爵约翰·巴普蒂斯特·德鲁埃下达任何命令。据我们所知，1815年6月16日下午拿破仑签发的唯一一个命令是给米歇尔·奈伊的。拿破仑不可能直接给米歇尔·奈伊的下属下达命令，因为拿破仑一定认为他们受米歇尔·奈伊的直接监管。拿破仑本人一直否认自己曾给德隆伯爵约翰·巴普蒂斯特·德鲁埃下达过任何命令，甚至连查拉斯中校都相信拿破仑所言不假，之后本书会再次讨论这一问题。在这里，本书倾向于认为，给弗朗索瓦·约瑟夫·迪吕的是1815年6月16日14时的命令①，内容可能是拿破仑的想法或意图。前往圣阿曼达的弗朗索瓦·约瑟夫·迪吕的部队被发现的时间大致可以表明弗朗索瓦·约瑟夫·迪吕在弗拉涅离开公路的时间，而且之后我们会看到，这大概也是传送1815年6月16日14时命令的军官到达弗拉涅的时间。

在收到米歇尔·奈伊要求他折回的命令后，德隆伯爵约翰·巴普蒂斯特·德鲁埃折回，并将弗朗索瓦·约瑟夫·迪吕的师留在部队右侧的马尔拜附近。但德隆伯爵约翰·巴普蒂斯特·德鲁埃直到1815年6月16日21时以后才到达弗拉涅。因此，当天下午，不管是米歇尔·奈伊还是拿破仑都没有用上第一军。

接下来，本书要看一下艾蒂安·德谢勒曼的骑兵。本书看到，米歇尔·奈伊收到的最后一个命令的内容是十分清楚的②。该命令"要求米歇尔·奈伊集结奥诺雷·查尔斯·雷耶伯爵和德隆伯爵约翰·巴普蒂斯特·德鲁埃的军及瓦尔米伯爵艾蒂安·德谢勒曼的部队"，并且说，"凭借上述兵力，他应该能够打败并摧毁所遇到的任何敌军"。然而，米歇尔·奈伊命艾蒂安·德谢勒曼的一个师在弗拉涅停留，另一个师在利比切兹停留，上述两个地方分别距战场二英里和二点五英里。毫不过分地说，米歇尔·奈伊没有任何理由公然违背拿破仑的命令。至于骑兵的作用，它们一定就在现场，随时准备利用敌军战线上瞬间出现的弱点进行攻

---

① 乔治·胡珀也这样认为。乔治·胡珀：《1815年战役史：滑铁卢——拿破仑的陨落》，伦敦，老史密斯出版社，1862年，第136页、第137页。——原注
② 埃尔兴根公爵费利克斯·奈伊：《1815年战役未出版文件集》，巴黎，1840年，第Ⅸ页、第31页。——原注

击。米歇尔·奈伊比任何人都清楚这一点。米歇尔·奈伊派第一军占据弗拉涅的有利位置。基于同样的原因，他精心部署了骑兵。这很可能是因为米歇尔·奈伊认为，让左路推进至离主力部队太远的地方是不明智的，甚至是危险的。米歇尔·奈伊直到1815年6月16日18时才召唤艾蒂安·德谢勒曼。之后，他仅仅派了一个旅[①]。

现在，我们回到战役本身。查尔斯·阿尔滕师的到来自然让威灵顿公爵阿瑟·韦尔斯利的兵力占具了优势，但法军第二军的三个步兵师在人数上仍然多于托马斯·皮克顿师和查尔斯·阿尔滕师，而且荷兰-比利时联军和布伦瑞克公爵弗雷德里克·威廉的军伤亡惨重，已经无法继续战斗。皮尔的骑兵明显优于布伦瑞克公爵弗雷德里克·威廉的军和荷兰-比利时联军的骑兵，英军骑兵没有达到，而在炮兵上，法军占绝对优势。

1815年6月16日17时左右[②]，米歇尔·奈伊收到了1815年6月16日14时拿破仑下达的命令，但处在当时的位置上，米歇尔·奈伊不可能执行这一命令。1815年6月16日18时[③]，1815年6月16日15时15分下达的命令到达。那么，根据查拉斯中校[④]的说法，米歇尔·奈伊首次命艾蒂安·德谢勒曼派莱里捷师前来。莱里捷师的胸甲骑兵旅最前面的马伦戈老兵英勇冲锋，并在一开始的时候取得了胜利[⑤]。不过，最后，当法军已疲惫，冲锋势头衰竭时，英军从公路交叉口附近的农场围栏猛烈开火，法军乱了阵脚，在慌乱中撤退。之后不久，法军发动了最后一次攻击。英军近卫军的乔治·库克师从尼威尔赶来。法军被迫撤往弗拉涅，但没有出现混乱。

战斗结束时，威灵顿公爵阿瑟·韦尔斯利已经投入英军第一师、第三师和第五师，荷兰-比利时联军第二师，以及布伦瑞克公爵弗雷德里克·威廉军的分

---

① 查拉斯中校：《1815年战役史：滑铁卢》，莱比锡，布洛克豪斯出版社，第1卷，第206页。——原注
② 查拉斯中校：《1815年战役史：滑铁卢》，莱比锡，布洛克豪斯出版社，第1卷，第204页。——原注
③ 查拉斯中校：《1815年战役史：滑铁卢》，莱比锡，布洛克豪斯出版社，第1卷，第204页。——原注
④ 查拉斯中校说，艾蒂安·德谢勒曼的师留在原地。他很可能是对的。查拉斯中校：《1815年战役史：滑铁卢》，莱比锡，布洛克豪斯出版社，第1卷，第206页。——原注
⑤ 威廉·西博恩上尉猜测有两次冲锋，这是不对的。只有一个胸甲骑兵旅投入了战斗，而且是在行动接近尾声的时候加入战斗。——原注

遣队，共计三万一千多人①。拿破仑派给米歇尔·奈伊四万三千人，并命他凭借这些军队"击败并摧毁所遇到的任何敌军"，而米歇尔·奈伊在战斗中只投入了不到两万两千人。英荷联军伤亡接近四千五百人或者四千五百人整，法军伤亡人数超过四千人。

如果德隆伯爵约翰·巴普蒂斯特·德鲁埃的第一军没有从公路上折回②，法军可能会获胜，这一点没有人会怀疑。我们看到，德隆伯爵约翰·巴普蒂斯特·德鲁埃的先头部队在1815年6月16日6时30分左右到达弗拉涅，那么在1815年6月16日17时30分之前，即查尔斯·阿尔滕师到达后不久，处在最前面的师就可以投入战斗。此时，威灵顿公爵阿瑟·韦尔斯利正深陷苦战之中。他急切盼望援军的到来，并且很可能并没有想过撤退。事实上，在骑兵和炮兵上的劣势让威灵顿公爵阿瑟·韦尔斯利难以有效组织进攻。法军在第一场战斗中已经取得胜利。在法军乘胜进攻的炮火下，除了他所谓的英军的师，其他军队都不可能顽强地顶住撤退的压力。如果德隆伯爵约翰·巴普蒂斯特·德鲁埃的军直接前往夸特布拉斯，结果可能是威灵顿公爵阿瑟·韦尔斯利惨败。大多数外国分遣部队几乎都会互不信任、士气低落，仅凭英军和英王德军军团的兵力不足以证明他在滑铁卢迎战是正确的，即使他曾经没有打算这样做。综上所述，如果拿破仑的参谋官没有擅自命德隆伯爵约翰·巴普蒂斯特·德鲁埃的军离开公路，滑铁卢战役也就不会打响。本书可以更深入一些，如果列博莱希特·冯·布吕歇尔发现威灵顿公爵阿瑟·韦尔斯利1815年6月18日不可能迎战，那么在输掉利尼战役后，他不可能不按正常的路线撤退。在正常情况下，列博莱希特·冯·布吕歇尔肯定会向列日或者那慕尔撤退。上述结论肯定是符合现实的。一次行动或者未能实现的行动所带来的直接、明显的结果应该是经得起质疑的。事实上，如果

---

① 威廉·西博恩上尉和查拉斯中校这两位作家说威灵顿公爵阿瑟·韦尔斯利的兵力最多有三万七千人。威廉·西博恩上尉：《1815年战役史：法兰西战役和比利时战役》，伦敦，T.&W.布恩出版社，1844年，第1卷，第153页；查拉斯中校：《1815年战役史：滑铁卢》，莱比锡，布洛克豪斯出版社，第1卷，第210页。——原注
② 乔治·胡珀甚至承认上述部队的及时出现会将威灵顿公爵阿瑟·韦尔斯利置于非常危险的境地。对比威廉·西博恩上尉所著《1815年战役史：法兰西战役和比利时战役》（伦敦，T.&W.布恩出版社，1844年）第1卷第162页、第163页。——原注

在夸特布拉斯战役中苦战的英军

它经不起质疑,我们就不会从历史中得到前车之鉴。只有当我们思索这一行动对多年后的影响,或者跳出当时的实际情况时,我们才能合理有效地推测。再补充一句,事情的本质一定是,每个人在每一种情况下都做好本职工作。

现在我们想知道,如果米歇尔·奈伊1815年6月16日上午于弗拉涅集结军队,以便在收到命令时能够及时执行命令[1],那结果又将如何。我们倾向于认

---

[1] 在前文中本书认为米歇尔·奈伊本该这样做。——原注

为，在1815年6月16日12时到14时之间，若四万人同时前往夸特布拉斯，佩尔旁切·谢德利尼茨基师的奥兰治公爵威廉·亨德里克会立刻撤退①。他可能会撤往尼威尔，而沙斯正在尼威尔集结荷兰-比利时联军的另一个师。很难说，从布莱回来时，威灵顿公爵阿瑟·韦尔斯利是否已经让在通往布鲁塞尔的公路上的托马斯·皮克顿的部队、布伦瑞克公爵弗雷德里克·威廉的军及在通往尼威尔公路

① 威灵顿公爵阿瑟·韦尔斯利到布莱与列博莱希特·冯·布吕歇尔会面，而且直到1815年6月16日14时30分才离开，但他没有从布莱回来。——原注

上的佩尔旁切·谢德利尼茨基和查尔斯·阿尔滕的部队会合,以共同进攻法军。很明显,法军会占据有利的位置。而且实际上,法军在人数上也会有巨大优势。在这种情况下,很难理解米歇尔·奈伊为什么没有遵从1815年6月16日14时和15时15分的命令,派一万甚至两万人前往通向那慕尔的公路①。

  米歇尔·奈伊没有获得上面提到的任何一个优势。1815年6月16日早上,米歇尔·奈伊让杰罗姆·拿破仑的师和马克西米利安·塞巴斯蒂安·富瓦的师留在哥斯利,而非派他们前往弗拉涅。米歇尔·奈伊让弗朗索瓦·约瑟夫·迪吕的师留在瑞梅,并且直到第二军的最后一个团离开哥斯利很长一段时间后才让远在后方的德隆伯爵约翰·巴普蒂斯特·德鲁埃的其他三个师前进。米歇尔·奈伊本该无需战斗就可以及时攻占夸特布拉斯,而现在这样一来,一切都成了泡影。我们不知道米歇尔·奈伊该为第一军和第二军之间出现的空隙负多少责任,但本书可以肯定,米歇尔·奈伊如果足够勤勉、经验丰富,那么半个小时前就会知道第二军的最后一个师到达后多久第一军的先头部队会到达。米歇尔·奈伊当天的所有安排表明,他不相信拿破仑的判断,也不愿意执行命令中明确要求他采取的措施,并且最终违背了命令。结果自然是,他的一意孤行让他未能取得睿智的拿破仑认为他能取得的巨大胜利。米歇尔·奈伊所做的只是阻止威灵顿公爵阿瑟·韦尔斯利支援列博莱希特·冯·布吕歇尔。他当然做到了这一点,这是他的一个重要任务。在战场上,他同样展现出一贯的勇敢果断、能力卓著。其他任何人指挥他当时所指挥的军队可能也只能做到这些。但在本书看来,米歇尔·奈伊如果采取必要措施,及时集结拿破仑指派给他的强大军队,就不会错过这个取得巨大胜利的机会,而这一胜利将决定未来的战局。如果战役伊始,两大联军统帅都战败的话,拿破仑将极有可能取得最终胜利。

  至于本次战斗中威灵顿公爵阿瑟·韦尔斯利的表现,这里已经没有要补充

---

① 然而,安托万·亨利·约米尼男爵说,甚至在这种情况下,我们期待米歇尔·奈伊能够做到的只能是守住他的位置。但安托万·亨利·约米尼男爵是在给米歇尔·奈伊元帅的儿子的信中这样说的,所以我们不能太在意他的这句话。当天的战事说明,一旦法军占领了某个据点,那么只要派一个军守住据点就可以了。安托万·亨利·约米尼男爵:《1815年政治军事史》,巴黎,1839年,第227页。对比查尔斯·康沃利斯·切斯尼所著《滑铁卢讲座:1815年战役研究》,伦敦,朗文格林出版社,1874年,第137页。——原注

的了。将士们一直信赖威灵顿公爵阿瑟·韦尔斯利，当然他完全担得起这份信任。在敌军兵力占优势的情况下，他凭借卓越的战术、高昂的斗志和顽强的精神一直战斗到夜幕降临。但受参谋长的误导，他严重误判了自己各个部队所处的位置。而且事实上我们必须承认，他本人的谋略远配不上他的声誉，所以他才可能会遭遇兵力远超自己的法军。但因为谋划不足，所以他不得不迎战一半的法军。他发现自己处于一个最复杂、危险的形势中。不过，他的确表现出超高的能力和极大的勇气。然而，他把当日的胜利最终归因于"战争中的运气"。

百家争鸣

查拉斯中校提到的拿破仑给米歇尔·奈伊的命令中关于艾蒂安·德谢勒曼骑兵的内容是错误的，而且非常有误导性。很明显，这些内容意图将没有调用艾蒂安·德谢勒曼骑兵的责任归咎于拿破仑。

要记住，在给米歇尔·奈伊的信中[①]，拿破仑告诉米歇尔·奈伊，希望他在占领夸特布拉斯后如何部署军队。拿破仑命米歇尔·奈伊派一个师驻扎在夸特布拉斯前方两里格处，派六个师驻扎在夸特布拉斯周围，并派艾蒂安·德谢勒曼的骑兵驻扎在罗马公路和从沙勒罗瓦通往布鲁塞尔的公路的交叉口。这样一来，如果拿破仑需要，他可以马上调用这些军队。在信中，拿破仑还告诉米歇尔·奈伊要谨慎使用帝国近卫军的列斐伏尔·德努莱特师。

这封信一定要与信中所提到的让·德迪乌·苏尔特的正式命令放到一起

---

① 埃尔兴根公爵费利克斯·奈伊，《1815年战役未出版文件集》，巴黎，1840年，第X页、第32页。——原注

看①，正式命令要求米歇尔·奈伊派第一步兵军和第二步兵军及第三骑兵军艾蒂安·德谢勒曼的部队前往夸特布拉斯并攻占夸特布拉斯。

然而，让·德迪乌·苏尔特最新的命令②明确要求米歇尔·奈伊集结奥诺雷·查尔斯·雷耶伯爵的军和德隆伯爵约翰·巴普蒂斯特·德鲁埃的军及艾蒂安·德谢勒曼的军，并且明确说明，凭借这些兵力，米歇尔·奈伊应该能够击败并歼灭敌军。

不管是信中还是这些命令中都没有提到米歇尔·奈伊只能在必要情况下使用艾蒂安·德谢勒曼的骑兵。不过，查拉斯中校说③，让·德迪乌·苏尔特的命令中提到了这一点。他甚至说米歇尔·奈伊并不敢动用④艾蒂安·德谢勒曼骑兵军四个旅中的任何一个，这意味着米歇尔·奈伊受到了上述命令的限制。乔治·胡珀同样说⑤，"遵照拿破仑的指示"，米歇尔·奈伊保守地使用艾蒂安·德谢勒曼的骑兵。

但命令本身说明一切。拿破仑不仅允许米歇尔·奈伊使用艾蒂安·德谢勒曼的骑兵军，而且明确指示他这样做。他限制米歇尔·奈伊使用的只是帝国近卫军的骑兵，也就是列斐伏尔·德努莱特师⑥。

在拿破仑对夸特布拉斯战役的叙述中，他弄错了1815年6月16日给米歇尔·奈伊下达命令的具体时间。他说，命令是1815年6月16日晚上下达的，又让他犯了另外一个错误。他说，命令"要求米歇尔·奈伊在1815年6月16日破晓时向夸特布拉斯前方推进"。的确，拿破仑认为读者可能会纠正这些错误，因为他说，查尔斯·约瑟夫·弗拉奥将军持有这些命令，而且他在战斗中存活了下来。但就算拿破仑能找到查尔斯·约瑟夫·弗拉奥将军，这些错误也一定不会被纠

---

① 埃尔兴根公爵费利克斯·奈伊：《1815年战役未出版文件集》，巴黎，1840年，第VIII页、第37页。——原注
② 这里指的是之前内容明确的命令。埃尔兴根公爵费利克斯·奈伊：《1815年战役未出版文件集》，巴黎，1840年，第IX页、第31页。——原注
③ 查拉斯中校：《1815年战役史：滑铁卢》，莱比锡，布洛克豪斯出版社，第1卷，第205页。——原注
④ 查拉斯中校：《1815年战役史：滑铁卢》，莱比锡，布洛克豪斯出版社，第1卷，第206页。——原注
⑤ 乔治·胡珀：《1815年战役史：滑铁卢——拿破仑的陨落》，伦敦，老史密斯出版社，1862年，第127页。——原注
⑥ 让·德迪乌·苏尔特的命令清楚地表明，米歇尔·奈伊甚至可以动用这个师。埃尔兴根公爵费利克斯·奈伊：《1815年战役未出版文件集》，巴黎，1840年，第VIII页、第28页。——原注

正，因为分析家们认为拿破仑说的很多话都没有价值。拿破仑从未得知德隆伯爵约翰·巴普蒂斯特·德鲁埃军偏离正常行军路线的真相，所以拿破仑批评德隆伯爵约翰·巴普蒂斯特·德鲁埃军的这一行为也是没有道理的。但考虑到本章的主要观点，拿破仑的观点表达得很清楚。他责备米歇尔·奈伊[1]未"按照命令，率其麾下四万三千人前往夸特布拉斯"。事实上，拿破仑在命令中要求米歇尔·奈伊集结其麾下所有部队。

在拿破仑看来，米歇尔·奈伊在1815年6月16日犯下的主要错误是，他未能集结齐所有兵力，让·德迪乌·苏尔特第二天给米歇尔·奈伊的命令[2]中也清楚地表明了这一点：

> 皇帝[3]痛苦地发现，昨天你[4]并未集结全部军队。它们仍然各自为战，所以各有伤亡。
>
> 你如果已经集结德隆伯爵约翰·巴普蒂斯特·德鲁埃的军和奥诺雷·查尔斯·雷耶伯爵的军，那么一定能歼灭攻击你的所有英军。如果德隆伯爵约翰·巴普蒂斯特·德鲁埃按照皇帝的命令前往圣阿曼达，普军就会被完全击溃，而且我们本应该俘获大约三万敌军。
>
> 艾蒂安·莫里斯·热拉尔的军、约瑟夫·勒内·旺达姆的军和帝国近卫军早已集结。那些分散的军队处境危险，而它们却相对安全。
>
> 皇帝希望并期望你集结并组织好你的七个步兵师和骑兵，并且要将它们部署在一里格内。这样一来，在需要的时候你就可以随时调用它们。

几年之后，让·德迪乌·苏尔特告诉威廉·纳皮耶[5]的一定是事实："在夸特布拉斯，米歇尔·奈伊忽略了拿破仑的命令。"

---

[1] 拿破仑：《拿破仑信函集》，巴黎，帝国出版社，1869年，第31卷，第209页。——原注
[2] 埃尔兴根公爵费利克斯·奈伊：《1815年战役未出版文件集》，巴黎，1840年，第XVII页、第46页。——原注
[3] 指拿破仑。
[4] 指米歇尔·奈伊。
[5] H.O.布鲁斯：《威廉·纳皮耶传》，伦敦，约翰·默里出版社，1864年，第1卷，第505页。——原注

威廉·西博恩上尉急于表明，1815年6月16日早上，拿破仑没有命米歇尔·奈伊攻占夸特布拉斯，他的这一错误令人诧异，本书有必要予以纠正。威廉·西博恩上尉希望人们注意①，1815年6月6日14时下达给米歇尔·奈伊的命令背面落款的地点是哥斯利。威廉·西博恩上尉说："这一情况证明了拿破仑认为，当时，即1815年6月16日14时，米歇尔·奈伊还没开始进攻，仍然在哥斯利。"然而，如果说这一观点有什么价值的话，那就是表明，拿破仑认为在送信人到达时②，米歇尔·奈伊当然还有米歇尔·奈伊麾下的大部分兵力均在哥斯利，这是非常荒谬的。事实上，前一天晚上，米歇尔·奈伊的指挥部在哥斯利，那么所有下达给他的命令自然会首先送到哥斯利。

安托万·亨利·约米尼男爵暗示③，在给埃尔兴根公爵费利克斯·奈伊的一封信中，拿破仑很可能将奥诺雷·查尔斯·雷耶伯爵军和列斐伏尔·德努莱特骑兵留在了弗拉涅，以监视夸特布拉斯的敌军。而且他将德隆伯爵约翰·巴普蒂斯特·德鲁埃军和艾蒂安·德谢勒曼的骑兵置于布莱的普军后方。拿破仑说，这样一来，"法军既就可以从弗拉涅进攻也可以从夸特布拉斯进攻了"。本书并不打算探讨安托万·亨利·约米尼男爵这一观点的价值。本书当然有很多推崇这一观点的理由。但安托万·亨利·约米尼男爵在自己著作的一个附录中特别表达了观点。他说，1815年6月16日上午，直到将约翰·巴普蒂斯特·吉拉尔传来的消息告诉米歇尔·奈伊，奥诺雷·查尔斯·雷耶伯爵才率部从哥斯利赶往弗拉涅，奥诺雷·查尔斯·雷耶伯爵不该因此延误而受到一丁点儿谴责。

我们必须记住，奥诺雷·查尔斯·雷耶伯爵刚刚送出了消息④，明确表明全部普军都赶往利尼。该消息一定让他认为，法军左路会被派去进攻普军。而且既然奥诺雷·查尔斯·雷耶伯爵知道了这个消息，如果在需

---

① 威廉·西博恩上尉：《1815年战役史：法兰西战役和比利时战役》，伦敦，T.&W.布恩出版社，1844年，第1卷，第146页。——原注
② 大概是1815年6月16日15时。——原注
③ 安托万·亨利·约米尼男爵：《1815年政治军事史》，巴黎，1839年，第219页、第221页。——原注
④ 1815年6月16日9时。——原注

要他转向右侧的布莱时,他仍然选择热纳普,即夸特布拉斯方向的这条路,那将会是不幸的。这个推理再合理不过了,这是基于"宏观战略"的推断①。

在上述这段话中,安托万·亨利·约米尼男爵似乎忽略了自己之前有关弗拉涅的说法。即使法军左路会被派去进攻普军,而不是集结以进攻夸特布拉斯,法军仍然有必要派大量兵力驻守弗拉涅,从而监视在夸特布拉斯的敌军。那么不管怎样,率马克西米利安·塞巴斯蒂安·富瓦的师和杰罗姆·拿破仑的师从哥斯利②向弗拉涅推进都是奥诺雷·查尔斯·雷耶伯爵的正确选择。事实上,安托万·亨利·约米尼男爵建议奥诺雷·查尔斯·雷耶伯爵这样做,因为他认为这是正确的路线,即让第二军留在弗拉涅并将第一军派往布莱。所以,他试图以此为奥诺雷·查尔斯·雷耶伯爵没有按时前往弗拉涅辩护,但这是站不住脚的。

有关德隆伯爵约翰·巴普蒂斯特·德鲁埃军偏离原行军路线的原因,除了本书在上文采纳的分析,还存在其他分析。阿道夫·梯也尔认为拿破仑直接给德隆伯爵约翰·巴普蒂斯特·德鲁埃下达了命令。查拉斯中校在仔细核查了相关证据后,驳斥了阿道夫·梯也尔的这一观点③。本书同意查拉斯中校的看法。然而,相关的证据也存在诸多矛盾之处。博迪中校在战役中是让·德迪乌·苏尔特麾下一员。在他的《拿破仑研究》④一书中,他讲述了这件事情:

> 利尼战役最激烈的时候,拿破仑召唤我并嘱咐道:"我已经派人给德隆伯爵约翰·巴普蒂斯特·德鲁埃送去命令,要求他率第一军前往普军右翼的后方。你给米歇尔·奈伊送去这个命令的副本。他应该知道这件事。你要告诉他,不管他处于何种形势,都必须要按照这个命令部署兵

---

① 安托万·亨利·约米尼男爵:《1815年政治军事史》,巴黎,1839年。第226页。——原注
② 奥诺雷·查尔斯·雷耶伯爵就是在哥斯利收到了拿破仑的命令。——原注
③ 查拉斯中校:《1815年战役史:滑铁卢》,莱比锡,布洛克豪斯出版社,第2卷,第242页之后。——原注
④ 博迪中校:《拿破仑研究》,巴黎,1841年,第1卷,第210页以后。——原注

力。今天,他所在的左路发生什么都无关紧要。重要的在这儿,在我这一方,我要一举歼灭普军。对他来讲,如果他无法展开更好的行动,那就一定要牵制住英军。"①皇帝给我上述命令后,少将让·德迪乌·苏尔特用富有激情的方式嘱咐我,一定要说服米歇尔·奈伊,一定不能让他阻止德隆伯爵约翰·巴普蒂斯特·德鲁埃执行这一命令。

尽管这一叙述内容详尽,本书仍然不能相信拿破仑给德隆伯爵约翰·巴普蒂斯特·德鲁埃下达了直接命令。在所有与米歇尔·奈伊的通信中,拿破仑都让米歇尔·奈伊指挥德隆伯爵约翰·巴普蒂斯特·德鲁埃的第一军。1815年6月16日早上,在写给米歇尔·奈伊的信中,拿破仑说:"让·德迪乌·苏尔特已经给出最准确的指示。当你从主力部队中分出时,你可以轻松地让这两个军遵从你的命令。我在的时候会给军长们下达命令。"现在,拿破仑一定认为,德隆伯爵约翰·巴普蒂斯特·德鲁埃会在1815年6月16日17时与米歇尔·奈伊会合。

博迪中校的书于滑铁卢战役结束二十六年后出版。他一定能清楚地回忆起自己曾被派去执行这样的任务。他很可能只是大概记起拿破仑和让·德迪乌·苏尔特跟他说的话。拿破仑要求米歇尔·奈伊派第一军进攻普军右翼的命令,自然极有可能被博迪中校错记成是拿破仑给第一军军长德隆伯爵约翰·巴普蒂斯特·德鲁埃的命令。在本书看来,这件事的合理解释是,一方面,如果命令真的是下达给德隆伯爵约翰·巴普蒂斯特·德鲁埃的,不管是拿破仑还是让·德迪乌·苏尔特,都无需花费时间让博迪中校嘱咐米歇尔·奈伊不要妨碍命令的执行。另一方面,如果这是下达给米歇尔·奈伊的命令,催促他派部分兵力从后方进攻普军,那么拿破仑和让·德迪乌·苏尔特嘱咐博迪中校才是恰当的。他们这样做无疑是为了再给米歇尔·奈伊强调一下。这样一来,米歇尔·奈伊可能会更全面地了解拿破仑对形势的看法。最后,尽管在要求米歇尔·奈伊派

---

① 这就是1815年6月16日15时15分的命令要求米歇尔·奈伊做的。要注意,1815年6月6日14时的命令明确要求米歇尔·奈伊进攻英军。只有在法军左路猛攻敌军、返回并进而进攻普军后,即在驱逐英军后,1815年6月16日15时15分的命令才命他立刻包围普军右翼。这就是博迪中校所说的拿破仑和让·德迪乌·苏尔特强烈希望米歇尔·奈伊完成的任务。——原注

出军队的命令中没有特别提到给德隆伯爵约翰·巴普蒂斯特·德鲁埃的命令，拿破仑和让·德迪乌·苏尔特仍极有可能在该命令中提到了第一军，因为他们当然知道，德隆伯爵约翰·巴普蒂斯特·德鲁埃的第一军将出现在奥诺雷·查尔斯·雷耶伯爵的第二军后方，而奥诺雷·查尔斯·雷耶伯爵的第二军很可能会参战。因此，如果派遣军队的话，德隆伯爵约翰·巴普蒂斯特·德鲁埃的第一军很可能会被派出。

博迪中校将1815年6月16日15时15分命令的副本送至米歇尔·奈伊那里，对此我们并不怀疑。博迪中校所说的都表明，1815年6月16日15时15分收到命令时是战斗最激烈的时候是对的。拿破仑和让·德迪乌·苏尔特都用强烈的口吻向米歇尔·奈伊说明按命令行事的重要性。该口吻的强烈程度与命令没什么区别。博迪中校告诉我们，快到夸特布拉斯时，他差点儿被艾蒂安·德谢勒曼的胸甲骑兵撞倒。在上文，我们看到①，艾蒂安·德谢勒曼的胸甲骑兵在1815年6月16日18时到19时之间②被击溃。查拉斯中校说，1815年6月16日15时15分的命令③是1815年6月16日18时④送达的。这一命令的副本标注的时间是1815年6月16日15时30分⑤。在上文，我们看到，传送给米歇尔·奈伊的口头消息使送出副本的时间推迟。这个副本很可能在1815年6月16日18时30分以后才送达。博迪中校发现，米歇尔·奈伊对拿破仑的行为十分恼火，因为他被告知，拿破仑在没有告诉他计划改变的情况下命第一军前往圣阿曼达。博迪中校在路上并没有看到第一

---

① 查拉斯中校：《1815年战役史：滑铁卢》，莱比锡，布洛克豪斯出版社，第1卷，第204页到208页。——原注
② 米歇尔·奈伊的副官海梅斯上校说，艾蒂安·德谢勒曼的胸甲骑兵被击溃后，劳伦上校到达并告诉米歇尔·奈伊他已命德隆伯爵约翰·巴普蒂斯特·德鲁埃率部从前往圣阿曼达的公路上下来。博迪中校晚些到达，显然是因为他在战场一段距离意外的地方遇到了胸甲骑兵。但由于博迪中校没有看到第一军的部队，本书认为海梅斯上校有关劳伦刚刚从纵队的前方转到右侧的说法是他自己弄错了。如果事实果真如海梅斯上校所述，博迪中校在路上一定会路过第一军至少一半的部队。埃尔兴根公爵费利克斯·奈伊：《1815年战役未出版文件集》，巴黎，1840年，第9页、第10页。——原注
③ 根据古尔戈男爵加斯帕尔的说法，福尔班·詹森上校负责传送这个命令。古尔戈男爵加斯帕尔：《百日战役：法兰西战役与比利时战役的关系》，巴黎，1818年，第57页。——原注
④ 查拉斯中校：《1815年战役史：滑铁卢》，莱比锡，布洛克豪斯出版社，第1卷，第206页。——原注
⑤ 埃尔兴根公爵费利克斯·奈伊：《1815年战役未出版文件集》，巴黎，1840年，第42页。——原注

军,这证实了本书的猜测,即1815年6月16日14时命令的送信人让第一军改变了行军方向。

总之,有关这一问题的相关证据并不完全令人满意。德隆伯爵约翰·巴普蒂斯特·德鲁埃说,他见到的命令是下达给米歇尔·奈伊的。奥诺雷·查尔斯·雷耶伯爵也这样说。德隆伯爵约翰·巴普蒂斯特·德鲁埃说命令是由拉贝杜瓦耶将军带来的,海梅斯上校说命令是由劳伦上校带来的。海梅斯上校说,在让第一军从公路上下来后,劳伦上校告诉了米歇尔·奈伊上述行为[1]。博迪中校说,米歇尔·奈伊告诉他[2]从未收到任何此类消息。米歇尔·奈伊只知道,在他派人去弗拉涅寻找第一军时,第一军已经离开,而且在弗拉涅没有任何军队。试图解决这些微小的冲突是毫无意义的,它们并不重要。

---

[1] 埃尔兴根公爵费利克斯·奈伊:《1815年战役未出版文件集》,巴黎,1840年,第9页、第10页。——原注
[2] 博迪中校:《拿破仑研究》,巴黎,1841年,第1卷,第212页。——原注

第13章

1815年6月17日：拿破仑

到目前为止我们看到，拿破仑总体上已完成了自己的计划。反法联军的一切行动都如他所期望的那样进行。他发现列博莱希特·冯·布吕歇尔决定迎战，发现威灵顿公爵阿瑟·韦尔斯利完全没有做好支援其友军的准备。因此，他遇到了孤立无援的普军并击败了他们。如上文中所述，拿破仑总体上做到了他期望自己做到的。现在，他只需要继续完成前一天早上给米歇尔·奈伊和第二任格鲁希侯爵埃曼努尔·德格鲁希的信中所提到的最初的计划，并且让第二任格鲁希侯爵埃曼努尔·德格鲁希率第三军和第四军及足够的骑兵确定普军的撤退方向。他自己将率第六军和帝国近卫军与米歇尔·奈伊会合，迅速进攻英军。

世界上任何延误都是没有理由的。如上所述，拿破仑并不是非得动用全部兵力才能取得利尼战役的胜利。他打算亲自率领的部队都是生力军，或者说大部分是生力军。第六军没有参加过任何战斗；帝国近卫军大概损失了一千人，虽然没有参加过激烈的战斗，但取得了显著的成功。同样，骑兵虽有损失，但无足轻重。米歇尔·奈伊同样拥有大量的生力军。德隆伯爵约翰·巴普蒂斯特·德鲁埃的第一军没有参战，列斐伏尔·德努莱特的轻骑兵师也没有参战，只有艾蒂安·德谢勒曼重骑兵四个旅中的一个旅参加了夸特布拉斯战役。因此，这支强大的法军几乎都是由生力军组成的，拿破仑可以立刻派他们进攻威灵顿公爵阿瑟·韦尔斯利的杂牌部队。1815年6月17日上午，天气晴朗。不管普军撤向了何处，至少目前不在此处。我们再说一遍，法军没有理由不及时利用利尼战役带来的短暂优势。现在，英荷联军与友军分离。进攻这样的军队，法军还有什么好犹豫的呢。

但本书可以更深入地探讨一下这个问题。尽管利尼战役结束后的早上法军在形势上占优，但本书有足够的理由认为，这一优势不会持续太长时间。首先，拿破仑的确战胜了列博莱希特·冯·布吕歇尔，但德隆伯爵约翰·巴普蒂斯特·德鲁埃军的延误和米歇尔·奈伊违背命令让拿破仑无法获得他所期待的法军左路的援助。其次，本书看到拿破仑没有调整行动方案以适应这一形势的变化。当普军在利尼高地上部署时，拿破仑没有进攻普军，因为当时整个法军左路还无法掩护主力部队的推进。在法军集结时，拿破仑无法给予普军毁灭性的打击。而如果米歇尔·奈伊聪明且勇敢地遵从拿破仑的命令，并且能够①派大量兵力取道通往那慕尔的公路从后方进攻普军，那么一定会完胜普军。最后，没有米歇尔·奈伊的支援，拿破仑没有获得原本可以获得的胜利。由于第一军出乎意料的出现，拿破仑直到很晚才发起最后的进攻。这时，他已无法利用形势上的优势。

拿破仑非常清楚，利尼一战，他没有击垮普军。他也完全明白，自己实际上获得的胜利与米歇尔·奈伊派德隆伯爵约翰·巴普蒂斯特·德鲁埃军支援，甚至派一万人来支援的情况下取得的胜利不可同日而语。因此，值得注意的是，拿破仑竟然没有最大化利用这一不完整的优势。不过，这也需要他付出最多的体力、耗费最多的精力。

不知拿破仑发现与否，1815年6月17日上午，他同样面临一个巨大的机遇。由于普军军官的疏忽，威灵顿公爵阿瑟·韦尔斯利没有及时收到利尼战役的结果，仍然待在距布莱仅六英里的夸特布拉斯，而此时他的前方和侧方都会受到攻击。同时，威灵顿公爵阿瑟·韦尔斯利仍然未能集结全部军队。在这种情况下，法军完全可以在普军重新组织残部、支援威灵顿公爵阿瑟·韦尔斯利之前

---

① 米歇尔·奈伊原本能够率部前来支援。——原注

进攻威灵顿公爵阿瑟·韦尔斯利。在上文，我们看到，拿破仑有很多高效的方法来发动这样的进攻。米歇尔·奈伊部完全可以与拿破仑的部队协同行动。米歇尔·奈伊可以从前方进攻英军，而拿破仑率第六军和帝国近卫军沿那慕尔到夸特布拉斯的公路直接攻击英军侧方。天蒙蒙亮时，即1815年6月17日4时，部队可以从布莱出发。1815年6月17日7时前，它们能够到达夸特布拉斯。那么，拿破仑如果全力按自己的计划行事，就极有可能全歼威灵顿公爵阿瑟·韦尔斯利的这部分部队。此时，威灵顿公爵阿瑟·韦尔斯利远离友军，并且身处平地，极易受到攻击[1]。此外，拿破仑不需要犹豫要不要进攻，并且立刻进攻英军压根没有什么风险。而且事实上拿破仑有机会给英军致命的一击。

但拿破仑让这个机会溜走了。迄今为止我们看到的拿破仑依然积极、睿智、充满活力，但1815年6月17日上午，他的表现似乎不尽如人意。他很可能太过疲惫，这一点我们无需吃惊。1815年6月12日3时30分，拿破仑离开巴黎；1815年6月16日23时赢得利尼战役后，他在弗勒吕休整。其间，他都承受着巨大的压力。不管是威灵顿公爵阿瑟·韦尔斯利还是列博莱希特·冯·布吕歇尔，都没有拿破仑这样的压力。拿破仑夜以继日地行军、工作。当时，他要做最重要的决定，承担最大的责任，这自然会影响到他的身体。拿破仑深感疲惫，不得不推迟执行下一步的计划。此外，他未能确认当时的形势。所以，当他发现自己当时所拥有的巨大优势时，已经为时过晚。安托万·亨利·约米尼男爵体谅地说："拿破仑确实竭力不让自己如此倦怠，但我们没有找到这方面的资料。"[2]

拿破仑浪费了1815年6月17日上午的大部分时间。拿破仑说，他希望从米歇尔·奈伊那里听到法军左路行动的结果，但米歇尔·奈伊认为拿破仑在没有通知他的情况下擅自把第一军从自己的军队中调走[3]，所以拒绝向拿破仑报告。拿破仑的副官查尔斯·约瑟夫·弗拉奥将军1815年6月16日早上给米歇尔·奈伊

---

[1] 威廉·西博恩上尉：《1815年战役史：法兰西战役和比利时战役》，伦敦，T.&W.布恩出版社，1844年，第1卷，第255页。——原注
[2] 安托万·亨利·约米尼男爵：《1815年政治军事史》，巴黎，1839年，第148页。——原注
[3] 见米歇尔·奈伊给奥特朗托公爵的信。乔治·琼斯：《滑铁卢战役》，伦敦，莱纳斯·布思出版社，1852年，第386页。——原注

送信并且当天都待在米歇尔·奈伊那里。1815年6月17日8时左右，查尔斯·约瑟夫·弗拉奥将军返回拿破仑那里并带给他夸特布拉斯战役的第一个消息。查尔斯·约瑟夫·弗拉奥将军同时说，米歇尔·奈伊并不知道利尼战役的结果①。于是，让·德迪乌·苏尔特写了急报②给米歇尔·奈伊，告诉他普军已经被击溃，而且皮埃尔·克洛德·帕若尔正在通往那慕尔和列日的公路上追击普军。接着，让·德迪乌·苏尔特告诉米歇尔·奈伊，拿破仑将前往布莱。英军似乎不可能对米歇尔·奈伊有所不利，但如果英军真的有所行动，拿破仑会直接进攻英军。之后，拿破仑对1815年6月16日米歇尔·奈伊未能率全部兵力行动做出了评价。最后，让·德迪乌·苏尔特命米歇尔·奈伊攻占了夸特布拉斯，但米歇尔·奈伊如果无法完成这一任务，就要立刻说明原委，拿破仑会亲自进攻夸特布拉斯，而米歇尔·奈伊应从前方进攻敌军。相反，如果夸特布拉斯只有敌军的后卫部队，米歇尔·奈伊必须要进攻夸特布拉斯并占据那里的有利位置。让·德迪乌·苏尔特同时要求米歇尔·奈伊告诉拿破仑他的各个师的确切位置，以及在米歇尔·奈伊前方发生的一切。

从下面这段话我们看到，法军指挥部当时没有策划什么重要的行动。

> 今天我们要暂停战斗，以补充弹药、等待落伍的士兵及召回分派出去的队伍。就按以上内容下达命令；看一下是否所有伤员都得到了良好的照顾并被送回后方；我们听到抱怨说，野战医院没有尽到应尽的职责。

让·德迪乌·苏尔特给米歇尔·奈伊的这封急报写于1815年6月17日8时左右③。从中可以清楚地看到，拿破仑理所当然地认为威灵顿公爵阿瑟·韦尔斯利早已听说列博莱希特·冯·布吕歇尔战败的消息，并撤向了布鲁塞尔，只留下一

---

① 对此查拉斯中校的评论十分贴切。查拉斯中校：《1815年战役史：滑铁卢》，莱比锡，布洛克豪斯出版社，第1卷，第234页。——原注
② 埃尔兴根公爵费利克斯·奈伊：《1815年战役未出版文件集》，巴黎，1840年，第XVII页，第45页到47页。——原注
③ 查拉斯中校：《1815年战役史：滑铁卢》，莱比锡，布洛克豪斯出版社，第1卷，第235页。——原注

支后卫部队坚守夸特布拉斯。拿破仑如果知道真相①，一定会立刻进攻威灵顿公爵阿瑟·韦尔斯利。确实，拿破仑这样推测威灵顿公爵阿瑟·韦尔斯利的行动并无不妥。他完全可以期待从法军左路指挥官米歇尔·奈伊那里得到有关夸特布拉斯准确全面的信息。上文中已经说过，米歇尔·奈伊本应该准备一份关于1815年6月16日晚上夸特布拉斯战斗的报告，并立刻将其送到法军指挥部。此外，米歇尔·奈伊本应该告诉拿破仑，1815年6月17日上午，夸特布拉斯仍然有大量英军。拿破仑的倦怠让人无法原谅，米歇尔·奈伊没有及时报告夸特布拉斯的形势也不能成为拿破仑没有及时进攻英军的理由。是否该进攻英军并不取决于米歇尔·奈伊关于形势的报告。不管米歇尔·奈伊报告什么，当务之急是尽快让预备军与左路会合，并立刻进攻威灵顿公爵阿瑟·韦尔斯利的英军。

1815年6月17日上午，让·德迪乌·苏尔特似乎没有给予拿破仑什么帮助。让·德迪乌·苏尔特如果是一个能力出众、行动高效的参谋长，那么一定会在当天早上拿破仑露面时准备好他需要的所有信息。而事实上，1815年6月17日大约20时，拿破仑仍对夸特布拉斯的战事一无所知。他一直等待米歇尔·奈伊在适当的时间将1815年6月17日8时命令中所要求的信息反馈给他；他认为威灵顿公爵阿瑟·韦尔斯利已经听说列博莱希特·冯·布吕歇尔战败的消息并因此撤退；他悠闲地视察着战场，与将军们大谈政治②。拿破仑丝毫没有激励下属的激情和斗志。在经历超强度的工作后，他实际上很容易感到疲惫。对普军一战并不完美，这更要求拿破仑要争分夺秒，不能错过每一个机会。但尽管如此，拿破仑仍然有意地推迟了下一步的作战计划。

然而，1815年6月16日10时，原本要与米歇尔·奈伊会合的洛博伯爵乔治·穆顿③的军被派往通向那慕尔公路上的马尔拜，帝国近卫军和约翰·巴普蒂斯特·米约的胸甲骑兵1815年6月16日11时被派往马尔拜。1815年6月16日中午，有

---

① 我们很快会看到，威灵顿公爵阿瑟·韦尔斯利在1815年6月17日10时之前实际上按兵不动。——原注
② 亨利·德拉图尔·奥弗涅：《滑铁卢：1815年战役研究》，巴黎，亨利·普隆出版社，1870年，第208页，第214页，第233页。——原注
③ 第六军的弗朗索瓦·安托万·泰斯特师被派给了第二任格鲁希侯爵埃曼努尔·德格鲁希。——原注

那慕尔

报告称英军仍在夸特布拉斯。之后，拿破仑给米歇尔·奈伊下达了另一个命令①，要求他进攻夸特布拉斯的英军，并且告诉他自己现在正率军前往马尔拜以支援他的行动。因此，拿破仑最终实施了给米歇尔·奈伊和第二任格鲁希侯爵埃曼努尔·德格鲁希的信中所提到的战斗计划。拿破仑指挥的一个预备军前去与米歇尔·奈伊指挥的左路会合，第二任格鲁希侯爵埃曼努尔·德格鲁希指挥的右路被派去追击战败的普军。第二军约翰·巴普蒂斯特·吉拉尔师在战斗中伤亡惨重，约翰·巴普蒂斯特·吉拉尔本人也受重伤。于是，这个师就地留下，照顾伤员。

拿破仑一定认为，普军如果战败，就会撤向那慕尔和列日方向的大本营，利尼战役的情形更加深化了他的这一想法。拿破仑注意到，列博莱希特·冯·布吕歇尔留下了大量兵力来保护与那慕尔及通往让布卢公路的联络通道，而列博莱希特·冯·布吕歇尔也期待普军第四军能从让布卢公路上赶来。拿破仑推测，列

---

① 埃尔兴根公爵费利克斯·奈伊：《1815年战役未出版文件集》，巴黎，1840年，第XVI页，第44页。——原注

博莱希特·冯·布吕歇尔如果在瓦夫尔或者鲁汶建立新的大本营或者第二个大本营,或者列博莱希特·冯·布吕歇尔想放弃守卫自己与大本营的联络通道以便在接下来的战斗中与英军合作,他一定会将军队左翼部署在与现在完全不同的位置上,一个在战斗中他能用到普军左翼的位置上①。拿破仑的这一推测是非常合理的。约翰·冯·蒂勒曼军所处的位置让他无法支援齐藤和路德维希·冯·皮尔希的军。这似乎意味着,如果有需要,普军的这两个军会依赖英军的支援,而这也证实了拿破仑的假设,即列博莱希特·冯·布吕歇尔和奥古斯特·威廉·安东·奈特哈特·冯·格奈泽瑙愿意冒部分普军可能战败的风险,在只有友军才能支援的地方迎战,而且他们无意放弃在那慕尔和列日的大本营。除上述考虑之外,列博莱希特·冯·布吕歇尔和奥古斯特·威廉·安东·奈特哈特·冯·格奈泽瑙也一定认为,更换大本营一定既危险又麻烦②。

我们也要记住,在1815年6月16日午夜之前,普军一直占据布莱村和松布雷夫村。所以,战后普军两个战败的军如果沿夸特布拉斯到那慕尔的公路撤向那慕尔,就不会遇到任何阻挡。分析家们可能会质疑,战败的普军是否有必要穿过该公路;或者如果列博莱希特·冯·布吕歇尔命全军撤往那慕尔③,那它们是否还会穿过该公路。

因此,法军指挥部的人普遍认为普军已经撤往那慕尔方向④。1815年6月16日早上,让·德迪乌·苏尔特派皮埃尔·克洛德·帕若尔率骑兵军的一个师前往通向那慕尔的公路,并在约瑟夫·伊西多尔·埃克塞尔曼斯军的一个旅的帮助下确认了普军已经撤向那慕尔这一事实。1815年6月16日8时前,皮埃尔·克

---

① J.F.莫里斯上校:《滑铁卢文集》,第350页;《陆海军联合杂志》,1890年7月。引自卡尔·冯·克劳塞维茨:《1815年法兰西战役》(柏林,迪姆勒出版社,1862年)第33章第76页;冯·汉斯·德尔布鲁克:《陆军元帅奥古斯特·威廉·安东·奈特哈特·冯·格奈泽瑙传》,柏林,1880年,第4卷,第386页。——原注
② J.F.莫里斯上校:《滑铁卢文集》,第350页,第354页;《陆海军联合杂志》,1890年7月。——原注
③ 但J.F.莫里斯上校不这样认为。他认为普军战败的两个军起初一定往北撤退,即越过那慕尔公路前往瓦夫尔方向。J.F.莫里斯上校:《滑铁卢文集》,第350页,第351页;《陆海军联合杂志》,1890年7月。——原注
④ 正如冯·奥勒赤指出的,如果战斗在夜幕降临前就结束也就不会出现这个错误。冯·奥勒赤:《1815年战役史》,柏林,1876年,第172页。——原注

皮埃尔·克洛德·帕若尔

洛德·帕若尔报告说在那慕尔公路上的勒马泽①缴获了普军一个炮台并俘虏了一些士兵。根据这一消息,让·德迪乌·苏尔特告诉米歇尔·奈伊,皮埃尔·克洛德·帕若尔正在通往那慕尔的公路上追击普军。

然而,奇怪的是,法军竟然没有派人侦察蒂利和瓦夫尔方向②。其中一部分原因是隶属于第三军和第四军的骑兵师本应执行这一任务,但前一天的任务已让他们筋疲力尽,而最靠近布莱的第六军没有骑兵师,其他骑兵部队都在布莱的右侧。从某种程度上讲,以上事实似乎可以解释这一让人无法原谅的疏忽。

---

① 在撤往那慕尔的时候,这些军队事实上并不是作为一个纵队撤退,但法军不可能立刻知道这一点。威廉·西博恩上尉:《1815年战役史:法兰西战役和比利时战役》,伦敦,T.&W.布恩出版社,1844年,第1卷,第286页,第287页;卡尔·冯·克劳塞维茨:《1815年反法战争》,柏林,迪姆勒出版社,1862年,第37章,第92页。——原注

② 安托万·亨利·约米尼男爵说,蒙瑟恩将军按照1815年6月17日上午拿破仑给他的命令侦察了蒂利和蒙圣吉贝尔方向。威廉·西博恩上尉说,第三军约翰·西梅翁·多蒙的骑兵师暂时归属主力部队。这个骑兵师侦察了通往布鲁塞尔的公路和迪莱河之间的乡村区域。然而,这一定是在1815年6月17日下午进行的。安托万·亨利·约米尼男爵:《1815年政治军事史》,巴黎,1839年,第150页;威廉·西博恩上尉:《1815年战役史:法兰西战役和比利时战役》,伦敦,T.&W.布恩出版社,1844年,第1卷,第317页。——原注

法军有大量骑兵，本可以派约瑟夫·伊西多尔·埃克塞尔曼斯前往瓦夫尔，这就像派皮埃尔·克洛德·帕若尔前往那慕尔一样简单。普军即可能经过通往瓦夫尔的道路，也可能经过通往蒂利的道路。当然，尽管战败，列博莱希特·冯·布吕歇尔也一定有可能努力保住与威灵顿公爵阿瑟·韦尔斯利的联络通道，尤其是考虑到普军第三军和第四军毫发未伤，这占普军总兵力的一半，拿破仑也很清楚这一点。因此，法军未能侦察通往那慕尔的公路以北的乡村是不可原谅的。这一疏忽首先要归咎于拿破仑本人，因为他本应该在1815年6月17日早上命让·德迪乌·苏尔特处理这一问题，但他并没有这样做。让·德迪乌·苏尔特虽然应该自行派人侦察，但忽略了这一点，这说明他不是一个称职的参谋长。但拿破仑似乎对让·德迪乌·苏尔特的行为并无不满，因此法军未能确认普军两个战败的军是否已向瓦夫尔方向撤退要最终归咎于拿破仑。拿破仑的疲惫同样不能成为他在这一问题上犯错的借口或理由。拿破仑可以不费吹灰之力地命令一个骑兵军官在特定方向上侦察，他之所以没有下达该命令是因为他坚信这种侦察是徒劳的，因为他实际上确信普军已向东撤向了他们的作战基地。上文中已指出，本书确实有足够的理由相信这是事实。但这可能不是事实。如果最终证明这不是事实，拿破仑的作战计划就应该进行实质性调整，因为普军两个战败的军如果往瓦夫尔方向撤退，他们就可以轻易地与另外两个未参战的军会合。除了与英军会合，他们不会有别的目标，而英军一定会从夸特布拉斯撤向布鲁塞尔。

离开战场前往马尔拜之前，也就是1815年6月17日大约12时，拿破仑将第二任格鲁希侯爵埃曼努尔·德格鲁希召来，并下达了口头指令。从皮埃尔·克洛德·帕若尔报告在那慕尔公路上缴获普军火炮、俘虏普军士兵到现在进一步的消息并没有传来。起初，拿破仑仅仅命第二任格鲁希侯爵埃曼努尔·德格鲁希率第三军和第四军及皮埃尔·克洛德·帕若尔和约瑟夫·伊西多尔·埃克塞尔曼斯的骑兵追击普军。本书现在给出的是第二任格鲁希侯爵埃曼努尔·德格鲁希的叙述，他说："我回答皇帝道[①]，1815年6月16日22时，普军已经开始撤退。当时我

---

① 第二任格鲁希侯爵埃曼努尔·德格鲁希：《1815年各战役关系观察报告》，费城，1818年，第12页以后。——原注

军分散在平地上，擦拭火炮，准备伙食。将士们当天不希望被派去行军。我军可以动身时，已经耽误很久了。普军早在我军动身前十七个小时甚至十八个小时就已开始撤退。尽管骑兵的报告没有明确指出普军大部队的撤退方向，但很明显他们正往那慕尔撤退。所以在追击普军的过程中，我竟然发现自己远离了皇帝，我已经脱离了皇帝的行动范围。"第二任格鲁希侯爵埃曼努尔·德格鲁希接着说："上述发现没有及时报告皇帝。皇帝再次发来命令，让我进一步弄清列博莱希特·冯·布吕歇尔的撤退路线。他说，'如果英军在苏瓦涅森林①的南侧'，他本人将进攻英军。追上普军后，我要一举歼灭普军，而且我必须通过普军已被肃清的道路②，即那慕尔到夸特布拉斯的公路与皇帝联系。"

苏瓦涅森林

---

① 《给梅里先生和巴泰勒米先生的信》，巴黎，菲尔曼·狄多·菲尔出版社，1829年11月20日，第4页，第5页；第二任格鲁希侯爵埃曼努尔·德格鲁希：《第二任格鲁希侯爵埃曼努尔·德格鲁希回忆录》，巴黎，E.顿图出版社，1874年，第4卷，第44页。——原注

② 第二任格鲁希侯爵埃曼努尔·德格鲁希：《1815年各战役关系观察报告》，费城，1818年，第13页。——原注

很明显，上面第二任格鲁希侯爵埃曼努尔·德格鲁希提出的异议没有得到重视。1815年6月16日，第二任格鲁希侯爵埃曼努尔·德格鲁希的两个军承担了大部分战斗任务。在战后的那个上午，它们必然需要好好休息。军中的生力军被要求参加马上要开始的对英作战。因此，第二任格鲁希侯爵埃曼努尔·德格鲁希抱怨的在开始追击普军时出现的延误是不可避免的，除非整个战斗计划得到修改。如果没有出现延误，法军确实很有可能及时、迅猛地追上战败的普军。但在这种情况下这是不可能的，除非如上所述，拿破仑改变战斗计划，率几乎由生力军组成的大部队进攻列博莱希特·冯·布吕歇尔，并让第二任格鲁希侯爵埃曼努尔·德格鲁希率约瑟夫·勒内·旺达姆的军和艾蒂安·莫里斯·热拉尔的军留下监视英军，但拿破仑没有打算这样做。此外，如拿破仑和第二任格鲁希侯爵埃曼努尔·德格鲁希此时所想，如果普军真的撤向其大本营，那么没有及时追击普军就不是一个严重的问题[①]。

因此，第二任格鲁希侯爵埃曼努尔·德格鲁希如果沿那慕尔方向追击普军，就会"发现自己远离皇帝，并且超出了皇帝规定的行动范围"。从某种程度上讲，第二任格鲁希侯爵埃曼努尔·德格鲁希不可避免地会有这种异议，而他提出这种异议表明，他是多么不适合独立指挥军队。他只要稍作思考就会确认，指派给他的这个任务无法指派给其他任何人，而这一任务又必须有人完成。因此，他应该精神抖擞地完成这明显属于他的任务而非公开摆出一副吹毛求疵的样子。

以上就是第二任格鲁希侯爵埃曼努尔·德格鲁希承认的自己在1815年6月17日收到的命令。在第二任格鲁希侯爵埃曼努尔·德格鲁希所写的战争手册中，他一次次表明，第二天前[②]他未收到拿破仑或让·德迪乌·苏尔特的任何书面命令。因为第二任格鲁希侯爵埃曼努尔·德格鲁希正式、明确地做出否认，并得到了广泛认同，所以拿破仑在圣赫勒拿岛给出的表述[③]受到了广泛质疑。在滑铁卢战役结束后的近三十年时间里，分析家们普遍误解了拿破仑指派给第二任格鲁希侯

---

① 冯·奥勒赤：《1815年战役史》，柏林，1876年，第171页。对比卡尔·冯·克劳塞维茨所著《1815年反法战争》（柏林，迪姆勒出版社，1862年）第51章。——原注
② 本书附录B中会涉及这个话题。——原注
③ 尽管不太准确，但基本属实。——原注

爵埃曼努尔·德格鲁希的任务。威廉·西博恩上尉的书写于1844年，万·洛本·泽尔斯的书写于1849年，他们都不知道这个书面命令的存在。现在，本书马上会展示这个书面命令。第二任格鲁希侯爵埃曼努尔·德格鲁希故意隐瞒了这个书面命令。毫不夸张地说，这让分析家们对战争中拿破仑的行为普遍持否定的看法。

拿破仑给予第二任格鲁希侯爵埃曼努尔·德格鲁希的口头命令明显是基于他对列博莱希特·冯·布吕歇尔已撤向那慕尔的推测。在下达给第二任格鲁希侯爵埃曼努尔·德格鲁希这些口头命令后不久，拿破仑收到了[1]约翰·巴普蒂斯特·伯顿的报告[2]，其大意是根据当地居民的指引，他继续向让布卢推进。1815年6月16日9时，他发现了一支约两万人[3]的普军。看起来普军没有向那慕尔撤退。因此，目前的首要任务是确认普军要撤向何处及普军的意图。现在看来，肯定要从让布卢派人追踪普军并获知普军的动向和意图。因此，在让·德迪乌·苏尔特暂时离营的情况下，拿破仑向伯特兰口授了给第二任格鲁希侯爵埃曼努尔·德格鲁希的命令[4]，内容如下：

> 你要率皮埃尔·克洛德·帕若尔的骑兵军、第四军的轻骑兵、约瑟夫·伊西多尔·埃克塞尔曼斯的骑兵军、弗朗索瓦·安托万·泰斯特的师及第三步兵军和第四步兵军向让布卢推进。弗朗索瓦·安托万·泰斯特的师是从他所隶属的军中分出的[5]，你尤其要注意。
>
> 你必须在那慕尔和马斯特里赫特方向[6]侦察并追击普军。要侦察普军的行军情况，并告诉我他们的动向。这样一来，我可以揣测他们的意图。

---

[1] 查拉斯中校：《1815年战役史：滑铁卢》，莱比锡，布洛克豪斯出版社，第1卷，第240页。——原注
[2] 约翰·巴普蒂斯特·伯顿指挥的旅被派去支援皮埃尔·克洛德·帕若尔。——原注
[3] 约翰·巴普蒂斯特·伯顿：《军事批评简史：弗勒日战役和滑铁卢战役》，巴黎，德劳内出版社，1818年第47页，第48页。约翰·巴普蒂斯特·伯顿认为这是冯·比洛的军，但实际上这是约翰·冯·蒂勒曼的军。冯·奥勒赤：《1815年战役史》，柏林，1876年，第157页。——原注
[4] M.E.帕斯卡列：《元帅埃曼努尔·德格鲁希侯爵传》，巴黎，拉孔布夫人出版社，1842年，第79页；查拉斯中校：《1815年战役史：滑铁卢》，莱比锡，布洛克豪斯出版社，第1卷，第241页。——原注
[5] 弗朗索瓦·安托万·泰斯特师隶属第六军。
[6] 那慕尔在松布雷夫的偏东南方向，马斯特里赫特在松布雷夫偏东北方向。——原注

我会将指挥部移至夸特布拉斯。今天上午，英军仍在夸特布拉斯。那慕尔公路上的普军已经被肃清，我们将通过该公路直接联系。如果普军已经撤离那慕尔，你要写信给在查尔蒙特的第二师指挥官，让他在查尔蒙特集结帝国近卫军的几个营及火炮连占领那慕尔。他会让一个陆军准将指挥这些部队。

你要刺探普军的意图，这是非常重要的；确定普军打算与英军分离，还是仍然想与英军会合，试图发动另一场战斗来保卫布鲁塞尔和列日。不管是哪种情况，你的两个步兵军必须一直集中在一里格的范围内，并且每晚都要占据一个好的军事位置。这些位置要拥有好几条撤退路线。立刻派出骑兵与指挥部联系。

少将让·德迪乌·苏尔特不在，皇帝口授

大元帅伯特兰①执笔

1815年6月17日于利尼

这封信不但在口吻上与之前的口头命令大不相同，里面派给第二任格鲁希侯爵埃曼努尔·德格鲁希的任务也与之前的命令完全不同。

之前的口头命令清楚说明了事情发生的地点，而这封信却没有如此确定。显然，在让布卢发现普军一个军的消息让拿破仑极其震惊，因为这很可能意味着列博莱希特·冯·布吕歇尔并没有撤向那慕尔。信中两次提到，拿破仑怀疑普军的意图，而且现在第二任格鲁希侯爵埃曼努尔·德格鲁希的主要任务是②确认普军的意图。信中明确说明了拿破仑预想到的危险，明确警告第二任格鲁希侯爵埃曼努尔·德格鲁希普军的意图可能是与英军会合，试图发动另一场战斗来保卫布鲁塞尔。普军的确打算这样做，而且做到了。第二任格鲁希侯爵埃曼努尔·德格鲁希需要探明的主要是，普军是否试图与英军会合。由于之前拿破仑告

---

① 还有与上述不同的解读，但那些解读都无足轻重。——原注
② 在上述情况下，拿破仑将这么多兵力派给第二任格鲁希侯爵埃曼努尔·德格鲁希是否明智，这个问题将在十五章的百家争鸣中讨论。——原注

诉第二任格鲁希侯爵埃曼努尔·德格鲁希,"如果英军在苏瓦涅森林的南侧",他将进攻英军①。所以在此战中,对拿破仑而言,普军是否与英军会合非常重要。第二任格鲁希侯爵埃曼努尔·德格鲁希如果发现普军向北撤退就是为了与英军会合,就只能自己决定下一步该怎么做了。他可能会进攻普军,从而有效地阻止普军实现这一目标;也可能尽快返回主力部队;或者采取措施,与主力部队协同行动。拿破仑不可能提前知道事情的结果究竟是什么。因此,第二任格鲁希侯爵埃曼努尔·德格鲁希完全需要自己判断什么才是最好的选择。

第二任格鲁希侯爵埃曼努尔·德格鲁希元帅收到这封信时,正安排部队出发。第二任格鲁希侯爵埃曼努尔·德格鲁希耽搁了很长一段时间后才动身前往让布卢。约瑟夫·勒内·旺达姆直到1815年6月17日14时才出发。一小时后,艾蒂安·莫里斯·热拉尔离开利尼。1815年6月17日14时左右,雨势渐急,路况很快变得糟糕。当天晚上,第二任格鲁希侯爵埃曼努尔·德格鲁希与麾下的两个步兵军到达让布卢后未能再前进,这里距圣阿曼达②不到八英里。然而,约瑟夫·伊西多尔·埃克塞尔曼斯的骑兵被部署在索沃涅尔以收集情报。第二任格鲁希侯爵埃曼努尔·德格鲁希所率的部队有三万三千三百一十九人,武器配备齐全,其中四千四百四十六人是隶属于皮埃尔·克洛德·帕若尔和约瑟夫·伊西多尔·埃克塞尔曼斯军③的骑兵。拿破仑亲自率领第三军约翰·西梅翁·多蒙的轻骑兵师,但第二任格鲁希侯爵埃曼努尔·德格鲁希保留了第四军莫里的轻骑兵师,大约一千五百人。也就是说,第二任格鲁希侯爵埃曼努尔·德格鲁希共有六千名骑兵。

1815年6月17日22时,第二任格鲁希侯爵埃曼努尔·德格鲁希于让布卢给拿破仑写了一封信④,信中似乎表明他至少部分明白了自己任务的实质。第二任格

---

① 这当然表明,拿破仑认为自己很有可能在第二天与英军一战。——原注
② 查拉斯中校:《1815年战役史:滑铁卢》,莱比锡,布洛克豪斯出版社,第1卷,第242页。——原注
③ 查拉斯中校:《1815年战役史:滑铁卢》,莱比锡,布洛克豪斯出版社,第1卷,第238页。——原注
④ 艾蒂安·莫里斯·热拉尔:《滑铁卢战役中德尼尔勒针对法军右路的观察报告》,巴黎,德南出版社,1830年第15页;查拉斯中校:《1815年战役史:滑铁卢》,莱比锡,布洛克豪斯出版社,第1卷,第244页;威廉·西博恩上尉:《1815年战役史:法兰西战役和比利时战役》,伦敦,T.&W.布恩出版社,1844年,第1卷,第297页。文中所删减的部分影响到这封信的意义,其中就有第二任格鲁希侯爵埃曼努尔·德格鲁希回忆录中的删减。我们会在附录B中注意这一点。——原注

鲁希侯爵埃曼努尔·德格鲁希说，在他看来，普军已经穿过索沃涅尔，而他的骑兵，即第二任格鲁希侯爵埃曼努尔·德格鲁希的骑兵现在才到达索沃涅尔。在索沃涅尔，普军分成了两路，一路在萨尔瓦隆尼亚踏上了前往瓦夫尔的道路，另一路去了通向马斯特里赫特的公路上的佩尔韦。第二任格鲁希侯爵埃曼努尔·德格鲁希接着说："人们可能猜测，一路普军将与英军会合，中路的列博莱希特·冯·布吕歇尔将撤往列日，拥有炮兵的另一路已经撤往那慕尔。当天晚上，约瑟夫·伊西多尔·埃克塞尔曼斯奉命向萨尔瓦隆尼亚派出六个分遣队，并且向佩尔韦派出三个分遣队。根据这些分遣队的报告，如果普军大部队正撤往瓦夫尔，我会在该方向上追击普军，以阻止其占领布鲁塞尔，并将其与威灵顿公爵阿瑟·韦尔斯利隔离。相反，如果他们报告说，普军主力已经前往佩尔韦，我会亲自前往佩尔韦追击普军。"

从这封信可以看出，第二任格鲁希侯爵埃曼努尔·德格鲁希已经理解自己要完成的任务的实质。然而，第二任格鲁希侯爵埃曼努尔·德格鲁希说他在瓦夫尔方向追击普军大部队的目的是阻止普军占领布鲁塞尔时，这表明他明显没有理解问题的实质。从让布卢到瓦夫尔，或者在瓦夫尔方向的任何行动，都不可能阻止在瓦夫尔的普军前往布鲁塞尔。第二任格鲁希侯爵埃曼努尔·德格鲁希称他前往瓦夫尔的目的是将普军与威灵顿公爵阿瑟·韦尔斯利的军队隔离，我们必然会将其理解成，他的意思是瓦夫尔和佩尔韦的方向不同。换句话说就是，如果普军向北撤退而非向东撤退，他会向北追击而非向东追击。第二任格鲁希侯爵埃曼努尔·德格鲁希拥有大量骑兵，他既然说有自己的目标，那么肯定没有理由怀疑一部分普军已经撤向瓦夫尔，并意图与威灵顿公爵阿瑟·韦尔斯利的军队会合。那他为什么没有在第二天上午侦察自己的左侧并确认这些事实呢？

暂且不谈在让布卢的第二任格鲁希侯爵埃曼努尔·德格鲁希和法军右路，现在我们再回到拿破仑身上。之前谈到拿破仑时，他正要率由第六军、帝国近卫军及一些骑兵组成的预备军前往夸特布拉斯。我们看到，拿破仑一次次给米歇尔·奈伊下达命令，催促他进攻夸特布拉斯，但米歇尔·奈伊按兵不动[①]。查拉斯

---

① 查拉斯中校：《1815年战役史：滑铁卢》，莱比锡，布洛克豪斯出版社，第1卷，第249页。——原注

中校认为^①，按照1815年6月17日8时的命令，米歇尔·奈伊一定已经告诉拿破仑他的前方仍有大量英军，但查拉斯中校的这一说法没有任何证据。批评拿破仑未能在当天早上及时行动后，查拉斯中校并不认为，米歇尔·奈伊没有回复1815年6月17日8时的急报，从而导致拿破仑在1815年6月17日中午给米歇尔·奈伊再次发出更具强制性的命令。他认为，拿破仑派出的侦察骑兵回来报告说英军在夸特布拉斯，于是拿破仑再次下达命令。如果需要进一步证明米歇尔·奈伊没有回复1815年6月17日8时的命令，那么在1815年17日中午下达的命令中没有提到米歇尔·奈伊的回复就可以证明这一点。事实上，米歇尔·奈伊直到看到拿破仑亲率的军队在那慕尔公路上前进时才派出骑兵，而且是拿破仑自己的副官^②命德隆伯爵约翰·巴普蒂斯特·德鲁埃的第一军向前追击英军。事发时间是1815年6月16日13时左右。

威灵顿公爵阿瑟·韦尔斯利已经在夸特布拉斯集结了约四万五千人。其他军队在尼威尔和布赖纳-勒孔代。1815年6月17日10时以后，威灵顿公爵阿瑟·韦尔斯利一直悄悄地撤军，而米歇尔·奈伊并未阻拦^③。米歇尔·奈伊很可能并不知道威灵顿公爵阿瑟·韦尔斯利在做什么。但米歇尔·奈伊麾下大约有四万人，其中两万五千人未参加过任何战斗。如果米歇尔·奈伊猛攻英军，很难说英军将遭遇何种损失。与前一天的表现相比，米歇尔·奈伊在1815年6月17日的表现更应该受到谴责。他不但没有睿智地配合拿破仑的行动^④，而且公然违背了拿破仑的命令。

在夸特布拉斯，刚刚骑马从利尼赶来的拿破仑再次跨上马背^⑤，亲自率军追赶英军。现在，拿破仑看到，而且是非常愤怒地看到，自己错过了一个多好的战机。他迁怒于米歇尔·奈伊，因为米歇尔·奈伊没有遵从命令^⑥，没有确认威灵顿

---

① 查拉斯中校：《1815年战役史：滑铁卢》，莱比锡，布洛克豪斯出版社，第1卷，第236页，第237页。——原注
② 查拉斯中校：《1815年战役史：滑铁卢》，莱比锡，布洛克豪斯出版社，第1卷，第250页。——原注
③ 对比《滑铁卢的拿破仑》，巴黎，J.杜梅因出版社，1866年，第181页。——原注
④ 如前文所述，拿破仑一直希望下属们能够配合。——原注
⑤ 查拉斯中校：《1815年战役史：滑铁卢》，莱比锡，布洛克豪斯出版社，第1卷，第250页。——原注
⑥ 古尔戈男爵加斯帕尔：《百日战役：法兰西战役与比利时战役的关系》，巴黎，1818年，第77页，第78页；拿破仑：《拿破仑信函集》，巴黎，帝国出版社，1869年，第31卷，第214页。——原注

公爵阿瑟·韦尔斯利撤军这一事实,没有立刻通知自己并急速追赶英军。拿破仑的疲惫似乎顿时消失。1815年6月17日下午,拿破仑的表现就像在1815年6月15日那天一样,他凭自己的体力和斗志,极大地鼓舞了自己的将士们。有关拿破仑1815年6月17日下午的情况,本书有两个目击者。德隆伯爵约翰·巴普蒂斯特·德鲁埃在其自传[1]中这样说道:"皇帝发现我在夸特布拉斯的前方,并用极其懊恼的语气对我说了下面的这些话,这一直让我难以忘却。'法兰西被毁掉了!来吧,我亲爱的将军,指挥这支骑兵,狠狠地打击英军的后卫部队。'皇帝一直统率着先头部队。从热纳普出来时,他甚至参加了一次骑兵冲锋。"

《滑铁卢的拿破仑》一书的作者是帝国近卫军的一个炮兵军官。在战斗中,他一直都在拿破仑身边。他是这样说的[2]:"1815年6月17日,人们一定需要一个见证人来见证法军的行军速度多么快,从而了解拿破仑在亲自指挥军队时,是如何让军队充满斗志的。法军的急行军更像一场越野比赛,而不是追击撤退的敌军。法军第一排是帝国近卫的六门骑兵火炮,由指挥部的骑兵中队运载。它们向密集的敌军骑兵发射了第四发炮弹。敌军偶尔能借助地势,努力停住,占据有利位置并阻止我军的追击。皇帝骑着一匹阿拉伯马走在军队的前面[3]。这匹马个头不大但体力充沛。皇帝不断靠近火炮,用自己的言行鼓舞炮手,而且不止一次与我们一起冒着敌人的枪林弹雨向前。"

在热纳普发生了小规模的激烈冲突。英军第七轻骑兵团奉命对抗法军的枪骑兵,这不是明智之举。英军战败回撤。接着,追击英军的法军在登热纳普后方的山时被英军近卫军第一骑兵团击退。

---

[1] 德隆伯爵约翰·巴普蒂斯特·德鲁埃:《德隆伯爵约翰·巴普蒂斯特·德鲁埃传》,巴黎,古斯塔夫巴尔巴出版社,1844年,第96页。——原注
[2] 《滑铁卢的拿破仑》,巴黎,J.杜梅因出版社,1866年,第185页,第186页。——原注
[3] 对比古尔戈男爵加斯帕尔:《百日战役:法兰西战役与比利时战役的关系》,巴黎,1818年,第78页,第79页。对比卡瓦利·默瑟所著《滑铁卢战役日记》(爱丁堡&伦敦,威廉·布莱克伍德出版社,1870年)第1卷第269页。——原注

百家争鸣

1815年6月17日整个下午，大雨倾盆，电闪雷鸣。糟糕的天气很可能帮了撤退的英军。英军继续向蒙圣让以南撤退。第二天，这里发生了战斗。

对于拿破仑击败普军的方式，本书有必要区分一下及时迅猛地追击普军与立刻采取措施确定普军撤退路线的区别。前者在当时的情况下[①]是不可行的，而后者不但可行，而且势在必行。

然而，查拉斯中校苛刻地抱怨拿破仑没有追击普军[②]："没有拿起武器，追击普军，而是给普军集结、重整、增强兵力的时间，对于习惯拿破仑式战术的军队来讲，这是非常奇怪的。"

但卡尔·冯·克劳塞维茨的判断更准确[③]。他说："如果我们觉得此时法军的战略似乎与其早期的战略不同，我们就需要了解情况的变化。拿破仑在之前战役中所取得的辉煌战绩，均得益于他对敌军的迅猛追击，在敌军完全溃败后，只派优势兵力追击敌军。但现在，拿破仑不得不率主力折回，并且首先率他最没有战斗经验的部队追击新的敌军，而他却必须要战胜敌军。拿破仑不得不派第三军和第四军追击普军。这两个军参加了一直持续到1815年6月16日22时的那场激战，现在必然需要时间休整、恢复战斗力并补充弹药。"

因此，我们尽管可以责备拿破仑没能尽快确定普军的撤退方向、没能及时率主力部队进攻英军，但不该责备他1815年6月17日中午之前让第二任格鲁希侯爵埃曼努尔·德格鲁希的部队一直留在原战场上休整。

拿破仑如果知道普军第一军和第二军撤向瓦夫尔，就不会命第二任格鲁希

---

① 在计划没有完全改变的情况下。——原注
② 查拉斯中校：《1815年战役史：滑铁卢》，莱比锡，布洛克豪斯出版社，第1卷，第233页。——原注
③ 卡尔·冯·克劳塞维茨：《1815年反法战争》，柏林，迪姆勒出版社，1862年，第37章，第95页。——原注

侯爵埃曼努尔·德格鲁希前往让布卢，这一点几乎无需说明。我们也不需猜测拿破仑会采取什么具体行动，但他很可能会集结全部军队或者让它们在自己触手可及的范围内。这样一来，第二天早上他就可以集中绝对的优势兵力，进攻威灵顿公爵阿瑟·韦尔斯利。

为了证明第二任格鲁希侯爵埃曼努尔·德格鲁希隐藏伯特兰带来的命令对一个学识渊博的评论家的影响，本书节选了卡尔·冯·克劳塞维茨的下面这段话①。在该命令面世之前，卡尔·冯·克劳塞维茨这样写道：

> 据称，拿破仑命第二任格鲁希侯爵埃曼努尔·德格鲁希驻守在列博莱希特·冯·布吕歇尔和那慕尔到布鲁塞尔的公路之间②，因为第二场战役会在这条公路上打响，只有这样，第二任格鲁希侯爵埃曼努尔·德格鲁希才有可能率部支援。但拿破仑的叙述及基于拿破仑叙述的那些表述都是不可信的③。除此之外，我们没有找到任何有关该命令的材料。第二任格鲁希侯爵埃曼努尔·德格鲁希所说的他在1815年6月17日的行动仅仅是简单的事实④，没有可信性。根据他的说法，拿破仑只是笼统地要求他追击列博莱希特·冯·布吕歇尔，而且措辞含糊不清。
>
> 当我们读到第二任格鲁希侯爵埃曼努尔·德格鲁希所说的拿破仑1815年6月17日上午的表现⑤时，我们看到1815年6月17日，除了一个要求他追击普军的笼统指令，第二任格鲁希侯爵埃曼努尔·德格鲁希可能确实没有收到其他行动指令。拿破仑并不知道普军撤向了迪莱，而且拿破仑

---

① 卡尔·冯·克劳塞维茨：《1815年反法战争》，柏林，迪姆勒出版社，1862年，第37章，第93页。——原注
② 或沙勒罗瓦。——原注
③ 《拿破仑回忆录》中有关战役该部分的内容令人十分不满。拿破仑显然没有准确记起他口授给伯特兰的命令。拿破仑只是确定他告诉第二任格鲁希侯爵埃曼努尔·德格鲁希自己可能需要他。——原注
④ 在第二任格鲁希侯爵埃曼努尔·德格鲁希描述的他与拿破仑的对话中，他说的很可能是简单的事实。第二任格鲁希侯爵埃曼努尔·德格鲁希的问题是他没有完全说实话。他否认收到过书面命令。——原注
⑤ 卡尔·冯·克劳塞维茨：《1815年反法战争》，柏林，迪姆勒出版社，1862年，第48章，第130页。——原注

觉得，认为普军撤向那慕尔的观点并不是没有道理的。因此，拿破仑没有命第二任格鲁希侯爵埃曼努尔·德格鲁希前往瓦夫尔方向。

卡尔·冯·克劳塞维茨总结道，拿破仑受"嗜睡症和粗心大意的影响"。第二任格鲁希侯爵埃曼努尔·德格鲁希奉命出发时带有一封信，信中明确告诉他普军可能试图与英军会合，从而开战来保卫那慕尔到布鲁塞尔的公路上的布鲁塞尔。而拿破仑率军正沿该公路前行，以期与英军相遇。如果卡尔·冯·克劳塞维茨知道这一真相，本书对这件事的评论肯定会不同。

但奇怪的是，由于第二任格鲁希侯爵埃曼努尔·德格鲁希歪曲了事实，在这封信面世之后著书的历史学家们竟然没有重视这封信，而且默许了在这封信面世之前分析家们对拿破仑行为的错误判断。在这封信面世之前分析家们还不知道这封信的存在，并且相信第二任格鲁希侯爵埃曼努尔·德格鲁希所说的话，即拿破仑只是给他下达了口头指令。因此，在给出上述文件的大意后，查尔斯·康沃利斯·切斯尼①说："以上就是这封重要信件的大体意思。它只表明了两件事：一是拿破仑不确定列博莱希特·冯·布吕歇尔的撤退路线；二是拿破仑判断，不管是哪种情况，第二任格鲁希侯爵埃曼努尔·德格鲁希都该前往让布卢。"

尽管查尔斯·康沃利斯·切斯尼给第二任格鲁希侯爵埃曼努尔·德格鲁希的命令几乎都是书面命令，而且他要求第二任格鲁希侯爵埃曼努尔·德格鲁希确认普军是否打算与英军会合并发动战争以保卫布鲁塞尔，但这明显没有引起第二任格鲁希侯爵埃曼努尔·德格鲁希的重视。历史学家们一致决定②否认这个事实，否认伯特兰命令表明拿破仑确实已经意识到普军可能按之前的计划行动，而且意识到这将是非常危险的。也就是说，否认伯特兰命令表明拿破仑确实已经意识普军可能与英军会合，并在布鲁塞尔公路上发动另一场战斗。最近，英国评论家J.F.莫里斯上校同样表明了这一点。他说："拿破仑命第二任格鲁希侯爵

---

① 查尔斯·康沃利斯·切斯尼：《滑铁卢讲座：1815年战役研究》，伦敦，朗文格林出版社，1874年，第152页。——原注
② 因为我们知道，没有其他词汇能更准确地描述对伯特兰命令视而不见的这些历史学们的心态，所以本书决定用"一致决定"这个表述。——原注

埃曼努尔·德格鲁希率一支拥有三万三千人、九十六门火炮的部队追击并全歼普军,并通过通向那慕尔的公路①与他联系。之后拿破仑又给第二任格鲁希侯爵埃曼努尔·德格鲁希下达了书面命令,要求他前往让布卢。"②

书面命令中有警告的意味,要求第二任格鲁希侯爵埃曼努尔·德格鲁希确定普军是否打算与英军会合,但这一点被第二任格鲁希侯爵埃曼努尔·德格鲁希完全忽视了。人们会认为伯特兰信的全部内容就是命第二任格鲁希侯爵埃曼努尔·德格鲁希前往让布卢。J.F.莫里斯上校继续说:"第二任格鲁希侯爵埃曼努尔·德格鲁希承诺,从收到的报告来看,普军很可能向瓦夫尔撤退,他会追击普军,阻止普军占领布鲁塞尔并将普军与英军隔离。这是我们基于现实证据的第一个推论,即法军这边都认为将普军与威灵顿公爵阿瑟·韦尔斯利的军队隔离是第二任格鲁希侯爵埃曼努尔·德格鲁希的职责。直到这时法军仍然认为列博莱希特·冯·布吕歇尔无法与威灵顿公爵阿瑟·韦尔斯利会合。"

不过,J.F.莫里斯上校引用了伯特兰命令中正文的第一句话,内容如下:

> 刺探普军意图非常重要。普军是打算与英军分离,还是仍然打算与英军会合,以发动另一场战斗来保卫布鲁塞尔或利尼呢?

本书承认无法解释这种批评的本质,除非我们假设,对既有观点已经根深蒂固的人来讲,即使是再明显不过的证据,他们也常常选择视而不见。J.F.莫里斯上校引用的第二任格鲁希侯爵埃曼努尔·德格鲁希的信是对上文中本书给出的伯特兰命令中该部分的回复,但J.F.莫里斯上校的脑海中只有口头命令,完全忽视了第二任格鲁希侯爵埃曼努尔·德格鲁希的信。

不过,持上述观点的不止J.F.莫里斯上校和查尔斯·康沃利斯·切斯尼上校。在对该战役的描述③中,爱德华·布鲁斯·哈姆利上校是这样评论第二任格

---

① 这些就是口头命令。——原注
② J.F.莫里斯上校:《滑铁卢文集》,第73页,第74页;《陆海军联合杂志》,1890年4月。——原注
③ 爱德华·布鲁斯·哈姆利上校:《作战行动》,爱丁堡&伦敦,威廉·布莱克伍德出版公司,1869年,第190页。爱德华·布鲁斯·哈姆利上校同样引述了这些口头命令。——原注

鲁希侯爵埃曼努尔·德格鲁希的:"他收到的命令是追击普军,击垮普军并一直监视普军。"因为爱德华·布鲁斯·哈姆利上校似乎根本没有听说过伯特兰的命令,所以对第二任格鲁希侯爵埃曼努尔·德格鲁希的行为做了详尽的评述①,但事实上漏掉了两个非常重要的信息,即拿破仑明确警告第二任格鲁希侯爵埃曼努尔·德格鲁希普军可能与英军会合,以发动战争保卫布鲁塞尔;而且拿破仑同样对第二任格鲁希侯爵埃曼努尔·德格鲁希明确地说②,"如果英军在苏瓦涅森林的南侧",他就将进攻英军。因此,爱德华·布鲁斯·哈姆利上校的批评完全站不住脚,没有任何实际价值。他所阐述的事情实际上从未存在过。③

同样,乔治·胡珀完全没有提到拿破仑所说的战斗意图及拿破仑对英军可能"在苏瓦涅森林南侧"开战的推测,而事实上确实在苏瓦涅森林南侧开战了。而且乔治·胡珀也没有理会拿破仑给第二任格鲁希侯爵埃曼努尔·德格鲁希下达的要求他确认事实的明确命令。乔治·胡珀是这样说的④:"然而,在离开利尼之前,皇帝对自己的观点有所怀疑,而且他告诉⑤第二任格鲁希侯爵埃曼努尔·德格鲁希,了解普军是否与英军分离等情报非常重要。"

上述例子足以表明,第二任格鲁希侯爵埃曼努尔·德格鲁希隐瞒伯特兰的命令,对研究该战役的历史学家们影响有多大。很多叙述都突出了给第二任格鲁希侯爵埃曼努尔·德格鲁希下达的口头命令,这不仅无用,而且极具误导性。

但伯特兰命令的内容就足够明确吗?

---

① 爱德华·布鲁斯·哈姆利上校:《作战行动》,爱丁堡&伦敦,威廉·布莱克伍德出版公司,1869年,第196页到第198页。——原注
② 如第二任格鲁希侯爵埃曼努尔·德格鲁希所述。——原注
③ 爱德华·布鲁斯·哈姆利上校认为,要求第二任格鲁希侯爵埃曼努尔·德格鲁希经那慕尔到夸特布拉斯的公路与拿破仑联系的内容与前往瓦夫尔的行动不符。顺便说一句,书面命令和口头命令中都有这一内容。但出于安全考虑,这个命令为什么不强制一些呢?如果普军前往瓦夫尔和迪莱河方向,普军骑兵可能会在整个乡村区域联系,这对情报员和参谋来讲是非常危险的。而且拿破仑在战争当天发给第二任格鲁希侯爵埃曼努尔·德格鲁希的两个命令事实上是经通往布鲁塞尔的公路前往夸特布拉斯,之后经通往那慕尔的公路前往松布雷夫,并且经让布卢前往瓦夫尔前方第二任格鲁希侯爵埃曼努尔·德格鲁希的位置。《滑铁卢的拿破仑》,巴黎,J.杜梅因出版社,1866年,第277页,第278页。——原注
④ 乔治·胡珀:《1815年战役史:滑铁卢——拿破仑的陨落》,伦敦,老史密斯出版社,1862年,第153页。——原注
⑤ 原文如此。——原注

与上述英国历史学家们不同,查拉斯中校①完全承认这封信表明拿破仑看到了"反法联军会合,以保卫布鲁塞尔的可能性",而且拿破仑发现有必要侦察蒙圣吉贝尔和瓦夫尔方向。查拉斯中校继续说:"然而,拿破仑并没有向第二任格鲁希侯爵埃曼努尔·德格鲁希特别提及这一点;而且第二任格鲁希侯爵埃曼努尔·德格鲁希太沉浸于自己的想法,没有注意拿破仑的这一疏忽。第二任格鲁希侯爵埃曼努尔·德格鲁希命军队向让布卢推进,没有做其他考虑。"

如果拿破仑像查拉斯中校那样认为第二任格鲁希侯爵埃曼努尔·德格鲁希能力不济的话,那么没有让第二任格鲁希侯爵埃曼努尔·德格鲁希侦察让布卢和瓦夫尔之间的区域肯定是一个严重的错误。但分析家们几乎没有讨论过这个问题。对于这个问题,每个人都会基于自己对他人能力的评估、个人经验、对适合与否的理解形成自己的看法。如果通往布鲁塞尔的公路上的普军及英军与法军主力对抗,那么在很多将军看来这已经足够危险了。然而,我们很快会看到,第二任格鲁希侯爵埃曼努尔·德格鲁希元帅不觉得这很危险。

一些人认为,起初将第二任格鲁希侯爵埃曼努尔·德格鲁希派往让布卢是错误的,对此本书并不认同②。在口授命令给伯特兰之前,拿破仑没有发现其他大规模的敌军。在让布卢,约翰·巴普蒂斯特·伯顿发现了普军的一个军。法军不禁会认为普军撤向了这个方向,而且因为早上没有在各个方向侦察,所以在1815年6月17日中午时,这明显是法军最有可能追击到普军的方向。

得益于J.F.莫里斯上校的一些有价值的建议,本书可以解释拿破仑为什么没有采取恰当措施来确认普军的撤退方向。首先,J.F.莫里斯上校指出了③诸如埃德加·基内等分析家的荒谬之处。埃德加·基内认为,拿破仑与帝国近卫军睡在一起。他认为,军队的统帅在外围的哨岗上充当了哨兵的角色。顺便说一句,在这一点上我们可以说,1815年6月16日晚,由于法军未能推进至那慕尔公路,法

---

① 查拉斯中校:《1815年战役史:滑铁卢》,莱比锡,布洛克豪斯出版社,第1卷,第241页,第242页。——原注
② 假设在有理由担心普军可能打算与英军会合后,拿破仑从法军主力中派出两个军给米歇尔·奈伊是明智的。见本书第十五章百家争鸣。——原注
③ J.F.莫里斯上校:《滑铁卢文集》,第348页;《陆海军联合杂志》,1890年7月。——原注

军的前哨可能只听说了普军撤向那慕尔公路的消息,普军沿这条公路就可以畅通无阻地到达那慕尔。其次,J.F.莫里斯上校引用一位军官颇有见地的评论[①],但没有提到这位军官的名字。该评论的大致意思是,拿破仑经验丰富,所以在他后期的战役中,他无需像在早期的战役中那般亲自关注战场上的消息。

J.F.莫里斯上校还呼吁人们关注本书以上详细列出的情况,这些情况自然会让拿破仑接受普军已撤向莱茵河方向的观点[②]。

总之,得益于J.F.莫里斯上校的研究,本书才能从现实的角度看待这件事情发生的可能性。本书完全承认拿破仑对这一可能性的估计是正确的。无论在何种情况下,拿破仑都相信普军撤向了大本营。然而,拿破仑的这一想法并不能成为他未能及时侦察普军撤退所要穿过的整个区域及未能确认事实的理由。

这一疏忽带来的教训是显而易见的。这个教训就是,只要事情有发生的可能性,而且事情发生会带来致命的结果,那就不能幻想它不会发生。要采取一切预防措施,任何可能导致灾难性后果发生的因素都不能被忽视,哪怕它发生的可能性微乎其微。本书发现,利尼战役爆发后第二天,即1815年6月17日13时,拿破仑对普军的去向和意图一无所知,而且为了防止普军与英军会合,拿破仑事实上打算在1815年6月17日与英军开战,所以不得不亲自前去与法军左路会合,将阻止对手会合这一重任交给了一个新任的元帅第二任格鲁希侯爵埃曼努尔·德格鲁希。同时,他又不能完全信任这位元帅的能力。所有这一切都是因为拿破仑并不知晓普军撤退的真实情况,而当天天亮时普军撤退的真实方向已经确认。

---

① J.F.莫里斯上校:《滑铁卢文集》,第353页;《陆海军联合杂志》,1890年7月。——原注
② J.F.莫里斯上校:《滑铁卢文集》,第350页到第355页;《陆海军联合杂志》,1890年7月。——原注

第 14 章

1815 年 6 月 17 日：列博莱希特·冯·布吕歇尔和威灵顿公爵阿瑟·韦尔斯利

如前文所述，利尼战役后，齐藤和路德维希·冯·皮尔希的军撤往瓦夫尔方向。当天结束时，列博莱希特·冯·布吕歇尔在一次骑兵战斗中从马上摔下来并受重伤，人们以为他已经被俘①。列博莱希特·冯·布吕歇尔不在期间，普军参谋长奥古斯特·威廉·安东·奈特哈特·冯·格奈泽瑙代为指挥普军。起初，奥古斯特·威廉·安东·奈特哈特·冯·格奈泽瑙命战败的两个军②撤向蒂利。之后，他的一个参谋提醒他并不是所有地图都标注了蒂利，所以他将目的地由蒂利改为瓦夫尔③。

命战败的两个军撤向瓦夫尔明显就是要普军放弃那慕尔一线，同时这意味着约翰·冯·蒂勒曼和冯·比洛的第三军和第四军会收到撤向瓦夫尔的命令。这样一来，整个普军就可能在北方某地会合，但这并不意味着普军会在瓦夫尔会合，或者就算在瓦夫尔会合，它们也会打算继续与英荷联军会合。在瓦夫尔重整之后，普军这两个战败的军很可能奉命前往马斯特里赫特方向，第三军和第四军可能会奉命撤往马斯特里赫特。事实上，这是约翰·冯·蒂勒曼在第一次了解

---

① 冯·奥勒赤：《1815 年战役史》，柏林，1876 年，第 157 页。——原注
② 此时，列博莱希特·冯·布吕歇尔无法与约翰·冯·蒂勒曼和冯·比洛联系。——原注
③ 冯·汉斯·德尔布鲁克：《陆军元帅奥古斯特·威廉·安东·奈特哈特·冯·格奈泽瑙传》，柏林，1880 年，第 4 卷，第 385 页；冯·奥勒赤：《1815 年战役史》，柏林，1876 年，第 156 页。——原注

到上述事实后所做的解读。他给冯·比洛写信说①，虽然从第二任格鲁希侯爵埃曼努尔·德格鲁希那里没有得到任何消息，但他猜测普军第一军和第二军可能打算从瓦夫尔撤向圣特伦德。圣特伦德是马斯特里赫特方向上的一个镇，距瓦夫尔约三十五英里。

同时，奥古斯特·威廉·安东·奈特哈特·冯·格奈泽瑙派齐藤和路德维希·冯·皮尔希率部前往瓦夫尔，这说明他已经采取必要措施，从而让普军全部在瓦夫尔集结。如果威灵顿公爵阿瑟·韦尔斯利愿意在滑铁卢迎战法军，普军就可以从瓦夫尔进行支援②。因此，普军将士们自然会把与英荷联军会合看作普军撤向瓦夫尔的真实目的。奥古斯特·威廉·安东·奈特哈特·冯·格奈泽瑙本人下达命令的唯一目的可能也是让两支友军会合③，但这令人怀疑。事实更可能是，奥古斯特·威廉·安东·奈特哈特·冯·格奈泽瑙下令向瓦夫尔撤退的原因只是他认为这样可能会让联军会合。这样做的可行性和恰当性有待后面确定。

要记住，奥古斯特·威廉·安东·奈特哈特·冯·格奈泽瑙采取的措施暂时改变了大本营，从而导致了诸多不便和风险。他必须要放弃与那慕尔的联络通道。决定在利尼迎战时，列博莱希特·冯·布吕歇尔并没有想到这条路线。他如果想到的话，对军队的部署就会与我们之前看到的完全不同④。尽管奥古斯特·威廉·安东·奈特哈特·冯·格奈泽瑙对在战斗中没有得到英军的援助而感到失望，但威灵顿公爵阿瑟·韦尔斯利在法军左路⑤的攻击下成功地守住了阵

---

① 冯·奥勒赤：《1815年战役史》，柏林，1876年，第157页。J.F.莫里斯上校指出，这本身表明拿破仑可能在已经知道格拉夫·冯·齐滕和路德维希·冯·皮尔希撤向瓦夫尔的情况下依然没有改变普军可能打算向东撤退的想法。J.F.莫里斯上校：《滑铁卢文集》，第354页，第355页；《陆海军联合杂志》，1890年7月。——原注
② 达米兹：《1815年战役史》，巴黎，科雷亚尔出版社，1840年，第143页。——原注
③ 这是冯·奥勒赤的观点。因此，"奥古斯特·威廉·安东·奈特哈特·冯·格奈泽瑙毁掉后面所有的桥并放弃了与莱茵河方向的所有联系，他可能会再次支援英军，共同击败法军"。但这确实不太合理。经由马斯特里赫特和列日都可以与莱茵河方向联系。冯·奥勒赤：《1815年战役史》，柏林，1876年，第156页。——原注
④ 对比冯·汉斯·德尔布鲁克：《陆军元帅奥古斯特·威廉·安东·奈特哈特·冯·格奈泽瑙传》，柏林，1880年，第4卷，第384页。——原注
⑤ 冯·汉斯·德尔布鲁克：《陆军元帅奥古斯特·威廉·安东·奈特哈特·冯·格奈泽瑙传》，柏林，1880年，第4卷，第386页。——原注

地，这很可能触动了奥古斯特·威廉·安东·奈特哈特·冯·格奈泽瑙。他不想撤向那慕尔，不想放弃可能会在英军配合下发动另一场战斗的所有希望。因此，他决定至少应先让这样的战斗成为可能。在统帅不在的情况下，在法军帝国近卫军的冲锋让部队陷入混乱的情况下，奥古斯特·威廉·安东·奈特哈特·冯·格奈泽瑙毫不犹豫地担起了责任，命战败的普军撤往瓦夫尔[①]。

然而，让全部普军在瓦夫尔集结是否明智？这一问题不是短时间能回答的，确实取决于诸多因素。最严重的问题是弹药的供给，但其他一些因素也或多或少地增加了在瓦夫尔集结的难度。除此之外，还有对威灵顿公爵阿瑟·韦尔斯利的信任问题。他们现在谋划该行动唯一的目的和理由就是要与英军配合，发动另一场战斗。当然前提必须是威灵顿公爵阿瑟·韦尔斯利愿意发动这样的战斗。但他们是否可以依赖威灵顿公爵阿瑟·韦尔斯利来发动这样的战斗呢？威灵顿公爵阿瑟·韦尔斯利是否拥有这样的意愿并具备这样的能力呢？在利尼战役期间，奥古斯特·威廉·安东·奈特哈特·冯·格奈泽瑙对英军未能赶来支援感到十分失望。从冯·穆费林那里我们得知[②]，奥古斯特·威廉·安东·奈特哈特·冯·格奈泽瑙从未完全信任过威灵顿公爵阿瑟·韦尔斯利。利尼战役当天下午早些时候，威灵顿公爵阿瑟·韦尔斯利在布莱非常确定地表示会予以支援。因此，普军对他的支援充满期待。战役当天上午普军收到的威灵顿公爵阿瑟·韦尔斯利的信，态度模糊不清，这一定严重损害了奥古斯特·威廉·安东·奈特哈特·冯·格奈泽瑙对威灵顿公爵阿瑟·韦尔斯利的信任。他担心，一旦普军在瓦夫尔集结的过程中遇到危险，英荷联军可能只会转向安特卫普或奥斯坦德。

1815年6月16日夜里，列博莱希特·冯·布吕歇尔被转移到梅莱瑞[③]，老地图上显示，梅莱瑞在蒂利[④]以北不到两英里。列博莱希特·冯·布吕歇尔受了重

---

① 冯·奥勒赤：《1815年战役史》，柏林，1876年，第156页；冯·汉斯·德尔布鲁克：《陆军元帅奥古斯特·威廉·安东·奈特哈特·冯·格奈泽瑙传》，柏林，1880年，第4卷，第385页。——原注
② 冯·穆费林：《人生往事：1813年和1814年战役回忆》，伦敦，理查德·宾利出版社，1853年，第212页。——原注
③ 或梅利奥瑞斯（Melioreux）。——原注
④ 冯·奥勒赤：《1815年战役史》，柏林，1876年，第157页。——原注

亨利·哈丁

伤，痛苦不堪。要知道，他已经七十二岁了①。在一个充斥着伤员的小屋子里，他过了一夜。他的参谋长奥古斯特·威廉·安东·奈特哈特·冯·格奈泽瑙和军需长卡尔·冯·格罗尔曼赶来见他。列博莱希特·冯·布吕歇尔指挥部的英军军事专员亨利·哈丁中校也被转移到了这里，他在战斗中失去了左手②。二十二年后，亨利·哈丁中校向威灵顿公爵阿瑟·韦尔斯利描述了当晚的经历，但他错误地把地点记成了瓦夫尔而非梅莱瑞，在当时的情况下，这再自然不过了，毕竟事情已经过去那么久。第五任斯坦诺普伯爵菲利普·亨利是这样描述这件事

---

① 准确地说，在利尼战役那一天，列博莱希特·冯·布吕歇尔已经七十二岁零六个月了。——原注
② 威廉·西博恩上尉：《1815年战役史：法兰西战役和比利时战役》，伦敦，T.&W.布恩出版社，1844年，第1卷，第241页。——原注

的①，亨利·哈丁中校说："是的，列博莱希特·冯·布吕歇尔本人已经撤至瓦夫尔。我胳膊断了，当天晚上就躺在他接待室的一些稻草上。奥古斯特·威廉·安东·奈特哈特·冯·格奈泽瑙和其他将军不停地来来去去。第二天早上，列博莱希特·冯·布吕歇尔召唤我。他对我说，如果在威灵顿公爵阿瑟·韦尔斯利的配合下，他现在能打败老对手，他会感到非常满意。我得知，当天晚上，在列博莱希特·冯·布吕歇尔的房间里发生了激烈的争论。列博莱希特·冯·布吕歇尔和卡尔·冯·格罗尔曼是因与英军保持联系才获得了当天的胜利，而奥古斯特·威廉·安东·奈特哈特·冯·格奈泽瑙则严重怀疑普军是否不该撤向列日并保持与卢森堡的联系。不过，他们认为，如果英军战败，普军就会被完全摧毁。"

为了证实这一说法，J.F.莫里斯上校告诉我们，亨利·哈丁中校写道："事实上，1815年6月17日，我正躺在床上，列博莱希特·冯·布吕歇尔冲了进来，得意洋洋地宣布'格奈泽瑙让步了。我将与威灵顿公爵阿瑟·韦尔斯利会合。'"②

我们大概没有足够的理由怀疑上述说法的正确性。如果上述说法是正确的，那么本书相信这完全是列博莱希特·冯·布吕歇尔的决定。但最初只有奥古斯特·威廉·安东·奈特哈特·冯·格奈泽瑙认为，普军一旦需要撤退，就应撤往那慕尔。现在普军的撤退已经偏离了这一路线。从道德层面上讲，奥古斯特·威廉·安东·奈特哈特·冯·格奈泽瑙可能会给冲动而考虑不周的统帅提供一条更谨慎、保守的路线。事实上，奥古斯特·威廉·安东·奈特哈特·冯·格奈泽瑙乐意看到自己在列博莱希特·冯·布吕歇尔不在的这段时间所下达的命令得到统帅和同僚的由衷支持，从而贯彻执行这些命令。

当普军第一军和第二军前往蒂利和蒙圣吉贝尔时，约翰·冯·蒂勒曼并不

---

① 第五任斯坦诺普伯爵菲利普·亨利：《威灵顿公爵阿瑟·韦尔斯利谈话录》，纽约，朗文格林出版社，1886年，第110页。——原注
② J.F.莫里斯上校：《滑铁卢文集》，第355页；《陆海军联合杂志》，1890年7月。J.F.莫里斯上校倾向于认为，上述事件"一定发生在瓦夫尔，发生在列博莱希特·冯·布吕歇尔许诺给予一个军或两个军的支援，威灵顿公爵阿瑟·韦尔斯利继而决定在滑铁卢迎战之后"。这当然很有可能。然而，第五任斯坦诺普伯爵菲利普·亨利在其书中说，这一事件是在战后那天晚上发生的。我们从普鲁士历史学家们的口中得知，那天晚上列博莱希特·冯·布吕歇尔在梅莱瑞。1815年6月17日，他们很可能在瓦夫尔进行了第二次讨论。——原注

知道主帅的位置。他率部从通格瑞奈尔和巴拉特撤向松布雷夫，之后继续前往让布卢以靠近第四军。1815年6月16日深夜，第四军已经到达鲍德赛特和索沃涅尔。1815年6月17日6时，约翰·冯·蒂勒曼率部到达让布卢。在让布卢，他给冯·比洛写了一封信，上文已经提到了这封信。冯·比洛回信要求约翰·冯·蒂勒曼向让布卢和瓦夫尔之间中心位置的科贝克斯附近撤退，并且告诉约翰·冯·蒂勒曼他本人将率部前往瓦夫尔。上述行动几乎是平行的，冯·比洛的军一直在约翰·冯·蒂勒曼的东部行军。

因此，普军四个军的暂时分离对它们来讲并无害处。在无法得到统帅命令的情况下，军长们精诚合作。在输掉利尼战役后，普军的士气反倒大涨。无论是它们甘于冒险并愿意为确保反法联军联合行动成功而牺牲的精神，还是主要军官之间的配合，都展现了普军高昂的士气。战斗失利及冯·比洛的军未能赶来丝毫没有破坏这种士气。现在，全部普军被要求向瓦夫尔撤退，普军的具体行动如下[①]：

> 1815年6月17日早上，第一军从蒂利和梅莱瑞之间的驻地出发，经由让蒂尼和蒙圣吉贝尔前往瓦夫尔。在瓦夫尔，第一军会越过迪莱河并占据比耶日的有利位置。
>
> 第二军稍后沿相同的路线出发，并在艾瑟蒙停下。艾瑟蒙在迪莱河南岸，与瓦夫尔相对。
>
> 1815年6月17日13时或14时之前，第三军一直在让布卢休整。之后，第三军经科贝克斯前往瓦夫尔。其先头部队当天晚上穿过了瓦夫尔，但后卫部队直到1815年6月18日上午才到达瓦夫尔。
>
> 第四军分成两队前行，分别经瓦隆尼亚和图林斯前往瓦夫尔以东约两英里的迪翁蒙特，并在1815年6月17日22时左右到达。

[①] 冯·奥勒赤：《1815年战役史》，柏林，1876年，第166页以后。——原注

第二军的一个步兵旅和一些骑兵暂时驻扎在蒙圣吉贝尔以监视法军[1]。列博莱希特·冯·布吕歇尔麾下的冯·德格勒本将军当时与这些骑兵在一起。在蒂利[2]附近的一个高山上,他亲眼看到拿破仑正率部前往夸特布拉斯,而另一支人数较少的部队正前往让布卢。据他估计,该部队约有一万两千人或一万五千人。于是,他自然会猜测这是被派去追击普军的所有法军[3]。因为地势高低不平,所以第二任格鲁希侯爵埃曼努尔·德格鲁希的部队躲过了他的侦察。

炮兵辎重里有下一场战斗所需的军火,奥古斯特·威廉·安东·奈特哈特·冯·格奈泽瑙非常担心军火不能及时到达。不过,1815年6月17日17时左右,这些军火被安全送到了瓦夫尔。

这样一来,普军迅速、成功地撤到了瓦夫尔,而且躲过了法军的侦察。列博莱希特·冯·布吕歇尔已经在瓦夫尔集结了约九万人的部队。下到士兵,上到军官,斗志高昂,迫不及待地想要与法军再战,并坚信自己能够取胜。

夸特布拉斯战役结束后,威灵顿公爵阿瑟·韦尔斯利在热纳普过夜,但在"天亮时或天亮后不久"[4]返回了前线。之后,他迅速派骑兵侦察,骑兵确认普军已经在前一天战败,现在正向瓦夫尔撤退。1815年6月17日7时30分左右,威灵顿公爵阿瑟·韦尔斯利收到了上述消息[5]。

前一天晚上,列博莱希特·冯·布吕歇尔已从战场上派出一名军官,即温特费尔特少校,通知冯·穆费林他规划的撤退路线,但温特费尔特少校途中受伤[6],所以威灵顿公爵阿瑟·韦尔斯利也就没有收到这个消息。

---

[1] 冯·奥勒赤:《1815年战役史》,柏林,1876年,第111页。之后,列杰布尔中校指挥的两个步兵营、一个骑兵团和两个炮兵连接替了这些部队。冯·奥勒赤:《1815年战役史》,柏林,1876年,第168页;威廉·西博恩上尉:《1815年战役史:法兰西战役和比利时战役》,伦敦,T.&W.布恩出版社,1844年,第1卷,第285页。——原注
[2] 冯·奥勒赤:《1815年战役史》,柏林,1876年,第168页。——原注
[3] 冯·奥勒赤:《1815年战役史》,柏林,1876年,第169页。——原注
[4] 理查德·赫西·维维安.约翰·奥德菲尔德上尉:《滑铁卢战役信函集》,第153页。——原注
[5] 冯·奥勒赤:《1815年战役史》,柏林,1876年,第179页。——原注
[6] 冯·穆费林:《人生往事:1813年和1814年战役回忆》,伦敦,理查德·宾利出版社,1853年,第238页,第239页。——原注

1815年6月17日9时，列博莱希特·冯·布吕歇尔派出的另一名军官马索[①]中尉到达。威灵顿公爵阿瑟·韦尔斯利告诉马索中尉，如果普军的一个军能够支援，他将撤退至蒙圣让并在那里发动进攻。1815年6月17日中午，马索中尉回到瓦夫尔，并将威灵顿公爵阿瑟·韦尔斯利的这一回复转达给了列博莱希特·冯·布吕歇尔。最近，普鲁士历史学家们宣称[②]，此时普军指挥部并不知道第三军和第四军身在何处，而且预留的炮火[③]也没有到达。因此，在这一天，没有人能确定下一步该做什么。最后，1815年6月17日11时30分左右，冯·比洛传来消息说其部已经到达迪翁蒙特。大约同一时间，冯·穆费林的急报到达，上面说英荷联军已经占据蒙圣让的有利位置并准备战斗。接着，卡尔·冯·格罗尔曼给冯·穆费林写信，告诉他列博莱希特·冯·布吕歇尔的回复。信大约是在1815年6月17日半夜发出的。

冯·穆费林发来的急报上说，冯·比洛会在1815年6月18日破晓时出发，经圣兰伯特进攻法军右路。在这次行动中，第二军会支援第四军。第一军和第三军随时做好参战准备。

这一急报直到滑铁卢战役的当天上午才送达威灵顿公爵阿瑟·韦尔斯利那里，在急报中，列博莱希特·冯·布吕歇尔似乎是第一次许诺会予以支援[④]。在急报到达前，威灵顿公爵阿瑟·韦尔斯利早就占据了滑铁卢的有利位置。他希望[⑤]收到列博莱希特·冯·布吕歇尔予以支援的承诺。据本书所知[⑥]，1815年6月17日一整天，英军和普军的指挥部确实互相交换了信息，但直到1815年6月18日早上威灵顿公爵阿瑟·韦尔斯利才得到普军会予以支援的确切保证。威灵顿公爵阿瑟·韦尔斯利确实知道普军在瓦夫尔集结，而且他知道普军这样做的目的无非

---

① 冯·穆费林：《人生往事：1813年和1814年战役回忆》，伦敦，理查德·宾利出版社，1853年，第241页。——原注
② 冯·奥勒赤：《1815年战役史》，柏林，1876年，第187页。——原注
③ 军火辎重于1815年6月17日17时左右到达。——原注
④ 对比威廉·西博恩上尉所著《1815年战役史：法兰西战役和比利时战役》（伦敦，T.&W.布恩出版社，1844年）第1卷第279页。本章百家争鸣中将讨论这一问题。——原注
⑤ 事实上是期待。——原注
⑥ 冯·汉斯·德尔布鲁克：《陆军元帅奥古斯特·威廉·安东·奈特哈特·冯·格奈泽瑙传》，柏林，1880年，第4卷，第393页。——原注

是打算在第二天爆发的战斗中给予自己支援。但在还不知道对方是否会在必要情况下施以援手的情况下，威灵顿公爵阿瑟·韦尔斯利打算先占据有利位置准备战斗，这需要极大的决心和勇气。

因为在第二天上午，威灵顿公爵阿瑟·韦尔斯利很有可能要面对十多万法军的攻击。列博莱希特·冯·布吕歇尔确实已经把冯·德格勒本将军获取的情报传给了威灵顿公爵阿瑟·韦尔斯利，该情报称，拿破仑只派出一万两千人或一万五千人追击普军①，其余兵力全部用于进攻英荷联军。现在我们看到，这会是拿破仑最好的选择。拿破仑如果采取了适当措施来确认普军的撤退路线，此时就会知道真相，而他原本可以知道真相。拿破仑如果知道了上述真相，也可能会做出这样的选择。不管怎样，威灵顿公爵阿瑟·韦尔斯利没有从任何一方确认拿破仑不会这样做。如果拿破仑真的将其他兵力全部用于进攻英荷联军，而且天气良好、路面没有泥泞，威灵顿公爵阿瑟·韦尔斯利哪里还有什么胜利的机会呢？我们问这个问题仅仅是为了明确1815年6月17日晚上到18日早上威灵顿公爵阿瑟·韦尔斯利将自己置于何种形势下。也就是说，本书期望阐明一个事实，即威灵顿公爵阿瑟·韦尔斯利占据了滑铁卢的有利位置，而不是继续向布鲁塞尔撤退，并让列博莱希特·冯·布吕歇尔从瓦夫尔退向布鲁塞尔，因为这样做会让他在普军能够给予支援前面临巨大的风险。不过，如果威灵顿公爵阿瑟·韦尔斯利与列博莱希特·冯·布吕歇尔都率军向通向滑铁卢的公路和通向瓦夫尔的公路的交会处的布鲁塞尔推进，那么他们的人数将远超法军。拿破仑坚持认为向布鲁塞尔推进是反法联军更安全、更明智的选择。

然而，威灵顿公爵阿瑟·韦尔斯利和列博莱希特·冯·布吕歇尔毕竟都急切地盼望通过一场大战来结束战争。如果威灵顿公爵阿瑟·韦尔斯利坚守滑铁卢，那么大战肯定会爆发。拿破仑肯定不会穿过苏瓦涅森林，因为那样只能碰到已经会合的反法联军，而威灵顿公爵阿瑟·韦尔斯利和列博莱希特·冯·布吕歇尔认为他们可以在滑铁卢成功地集结军队。

---

① 事实上，威灵顿公爵·阿瑟·韦尔斯利认为只有法军第三军被派去追击普军。见《威灵顿公爵阿瑟·韦尔斯利的官方报告》。乔治·琼斯：《滑铁卢战役》，伦敦，莱纳斯·布思出版社，1852年，第307页。——原注

百家争鸣

针对普军支援英军①这一问题，J.F.莫里斯上校近来研究了威灵顿公爵阿瑟·韦尔斯利与列博莱希特·冯·布吕歇尔之间的一些信。本书看到，J.F.莫里斯上校认为威廉·西博恩上尉的书中所给的解释并不完全正确。J.F.莫里斯上校更倾向于冯·穆费林和冯·奥勒赤的说法。对此，本书表示赞同。

威廉·西博恩上尉说②，1815年6月17日上午，威灵顿公爵阿瑟·韦尔斯利命最早告诉他列博莱希特·冯·布吕歇尔战败消息的普军军官③回去，并带回自己写给列博莱希特·冯·布吕歇尔的信。信的大意是，只要列博莱希特·冯·布吕歇尔派两个军支援他，威灵顿公爵阿瑟·韦尔斯利就打算第二天在滑铁卢迎战。当天晚上④，威灵顿公爵阿瑟·韦尔斯利收到了列博莱希特·冯·布吕歇尔的回信，内容如下：

> 我不是带两个军，而是带全部兵力。不过，我的意思是，如果法军1815年6月18日不发动进攻，那么我们就在1815年6月19日进攻法军。

J.F.莫里斯上校倾向于认为，威廉·西博恩上尉引用的信确实是1815年6月17日9时以后列博莱希特·冯·布吕歇尔口授他人写给冯·穆费林的。在信中，他期

---

① J.F.莫里斯上校：《滑铁卢文集》，第534页以后；《陆海军联合杂志》，1890年9月。——原注
② 威廉·西博恩上尉：《1815年战役史：法兰西战役和比利时战役》，第1卷，第251页。伦敦，T.&W.布恩出版社，1844年；依据达米兹的说法。达米兹：《1815年战役史》，第212页。巴黎，科雷亚尔出版社，1840年。——原注
③ 马索中尉。——原注
④ 威廉·西博恩上尉：《1815年战役史：法兰西战役和比利时战役》，第1卷，伦敦，T.&W.布恩出版社，1844年，第278页，第279页，依据达米兹的说法；达米兹：《1815年战役史》，巴黎，科雷亚尔出版社，1840年，第213页。——原注

望冯·穆费林告诉威灵顿公爵阿瑟·韦尔斯利自己的打算,而且信里有本书在上文引用的一些话。如果事实如此,那么威灵顿公爵阿瑟·韦尔斯利似乎很可能在收到列博莱希特·冯·布吕歇尔予以支援的许诺前就占据了滑铁卢的有利位置,并准备战斗。但1815年6月17日23时到24时之间[①],在从瓦夫尔发出的信到达威灵顿公爵阿瑟·韦尔斯利在滑铁卢的指挥部之前,威灵顿公爵阿瑟·韦尔斯利没有收到任何这方面的许诺。1815年6月18日2时之前,他也几乎不会收到这样的许诺。当然,没有人知道为了等待普军支援的许诺,威灵顿公爵阿瑟·韦尔斯利在原地等了多久。他让马索中尉给列博莱希特·冯·布吕歇尔捎话说,如果普军不给予支援,他将不得不率军撤往布鲁塞尔[②]。然而,据威廉·西博恩上尉称,在收到普军予以支援的许诺之前,威灵顿公爵阿瑟·韦尔斯利一直等到了1815年6月17日晚上[③]。而冯·奥勒赤称威灵顿公爵阿瑟·韦尔斯利一定等到了1815年6月18日2时。

然而,本书不能忽视一个实证性的说法,其大意是,命部队在战场上就位后,1815年6月17日晚上威灵顿公爵阿瑟·韦尔斯利骑马前往瓦夫尔,想要亲自确认在接下来一天的战斗中列博莱希特·冯·布吕歇尔是否给予支援。J.F.莫里斯上校仔细研究了这个说法[④],本书会尽量简单地描述他所收集到的证据。

首先,本书发现这一信息记载于约翰·吉普森·洛克哈特所著、1835年出版的《拿破仑·波拿巴传》[⑤]一书中。书中写道:

1815年6月17日傍晚,在安排好一切之后,威灵顿公爵阿瑟·韦尔斯

---

① 冯·奥勒赤:《1815年战役史》,柏林,1876年,第187页;冯·汉斯·德尔布鲁克:《陆军元帅奥古斯特·威廉·安东·奈特哈特·冯·格奈泽瑙传》,柏林,1880年,第4卷,第393页,第394页。——原注
② 冯·奥勒赤:《1815年战役史》,柏林,1876年,第180页。——原注
③ 威廉·西博恩上尉:《1815年战役史:法兰西战役和比利时战役》,伦敦,T.&W.布恩出版社,1844年,第1卷,第278页。——原注
④ J.F.莫里斯上校:《滑铁卢文集》,《陆海军联合杂志》,1890年9月,第533页到538页;J.F.莫里斯上校:《滑铁卢文集》,第330页以后;《陆海军联合杂志》,1891年1月。——原注
⑤ 约翰·吉普森·洛克哈特:《拿破仑·波拿巴传》(第三版),伦敦,约翰·默里出版社,1835年第2卷,第312页;约翰·吉普森·洛克哈特:《拿破仑·波拿巴传》(新版),伦敦,威廉·泰格出版社,1867年,第594页。——原注

利骑马穿过乡村,来到列博莱希特·冯·布吕歇尔那里。他亲自告诉列博莱希特·冯·布吕歇尔自己早已经执行了他们在布莱达成的方案,并且说自己希望在次日得到普军两个师的支援。列博莱希特·冯·布吕歇尔回答道,他会留一个军尽量拖住陷入困境的第二任格鲁希侯爵埃曼努尔·德格鲁希,他自己会率其余部队前往滑铁卢。威灵顿公爵阿瑟·韦尔斯利立刻回到驻地。

这段话还有以下注释:

许多奥属尼德兰的高级军官们都知道,在利尼战役与滑铁卢战役之间,威灵顿公爵阿瑟·韦尔斯利和列博莱希特·冯·布吕歇尔曾碰面,但本书作者从未在其他书中看到这一点。在这次夜间长途疾行中,威灵顿公爵阿瑟·韦尔斯利骑的马对1815年6月18日的决定性战役来讲至关重要,据了

威灵顿公爵阿瑟·韦尔斯利骑的战马哥本哈根

雷夫·朱利安·查尔斯·扬

解,这匹马一直在斯卓菲萨耶最好的牧场上吃草,就算它不是一直待在那里,也是在很晚才离开。

然而,上文指出,基于威灵顿公爵阿瑟·韦尔斯利的说法,第一任埃尔斯米尔伯爵弗朗西斯·埃杰顿在查阅了列博莱希特·冯·布吕歇尔的个人档案后说,约翰·吉普森·洛克哈特被误解了[1]。但令人好奇的是,对威灵顿公爵阿瑟·韦尔斯利是如何度过1815年6月17日晚上的,他没有给出只言片语。他只解释了天黑之前威灵顿公爵阿瑟·韦尔斯利的行动。

雷夫·朱利安·查尔斯·扬的日记中详细记录了这件事情[2]:

---

[1] 第一任埃尔斯米尔伯爵弗朗西斯·埃杰顿:《历史、档案和地理等文集》,伦敦,约翰·默里出版社,1858年,第157页。——原注
[2] 雷夫·朱利安·查尔斯·扬:《查尔斯·梅恩·扬回忆录》,伦敦&纽约,麦克米伦出版社,1871年,第158页以后。——原注

博福特公爵亨利·查尔斯·萨默塞特

1833年，我住在汉普郡。其间，也就是现在的查尔斯·韦尔斯利夫人的父亲、尊敬的亨利·皮尔庞特待我和妻子非常热情。我们曾多次愉快地拜访康瓦特村，其中一次我们到达时，亨利·皮尔庞特先生刚从斯卓菲萨耶回来。他到那里是去见法官，在每年的立法会议开始之前，威灵顿公爵阿瑟·韦尔斯利都会接见这些法官。博福特公爵亨利·查尔斯·萨默塞特和公爵夫人当时在那个房间里。晚饭后，威灵顿公爵阿瑟·韦尔斯利问亨利·皮尔庞特先生此行是否愉快。亨利·皮尔庞特的回答是"非常愉快"。威灵顿公爵阿瑟·韦尔斯利体力充沛，而且非常健谈。其他客人住的地方离斯卓菲萨耶更近，但我和两个法官在他们之前就到达。威灵顿公爵阿瑟·韦尔斯利问我们是否想走走，参观一下牧场，然后好好地享用晚餐。我们三个非常高兴地接受了这一提议。我们慢慢地踱着步子向前走，谈论着阿瑟顿·史密斯的种马和猎犬。其中一个法官问威灵顿公爵阿瑟·韦尔斯利我们能否一睹他那著名的战马哥本哈根的风采。

"上帝保佑，"威灵顿公爵阿瑟·韦尔斯利回答道，"它早就死了。在我所认识的这些漂亮女士中，一半人的手镯和吊坠是用它的鬃毛和尾巴做成的。"

"上帝保佑，公爵阁下，在滑铁卢大捷中，它一直伴您左右，它有什么过人之处吗？我是说，它是一匹特别机灵的马吗？"

威灵顿公爵阿瑟·韦尔斯利说："它不是最快的，也不是最英俊的，但在身体极限与耐力方面，它从未遇到过对手。给你举个例子。1815年6月17日早上，我骑马飞驰。没有人知道这件事，但这是事实。1815年6月17日22时之前我跨上了哥本哈根的马背。我们要做的太多，要注意的也太多，它和我几乎没有停歇过。我从没有强迫它，1815年6月17日20时之前它滴食未进。这时，菲茨罗伊·萨默塞特过来告诉我，在附近的小村庄滑铁卢，晚饭

菲茨罗伊·萨默塞特

已经准备好了。我看到我那可怜的马被牵到马厩喂食。我告诉马夫不要喂它干草。在马喝了几次冷水之后，就算他想喂它玉米和豆子，也得先把它们撒在马槽里了。我和菲茨罗伊·萨默塞特匆匆地吃了饭。刚吃完饭，我就给了菲茨罗伊·萨默塞特差事将他打发出去了。我承认我是故意这样做的，因为我知道，如果让他知道我要做什么，他就会竭力劝阻我，而且还想跟着我。事实上，我想见到列博莱希特·冯·布吕歇尔，我想听他亲口告诉我第二天他会在什么时间与我会合。因此，在菲茨罗伊·萨默塞特转身的那一刻，我命人给哥本哈根再次装上马鞍，并命我的手下骑上马随我去瓦夫尔，我完全有理由相信那位老'前进将军'就驻扎在瓦夫尔。瓦夫尔距滑铁卢大约有十二英里。到瓦夫尔之后我才发现，老伙计的军营离这里还有两英里，但我一点儿都不感到厌烦。不过，我见到了他，得到了我想要的信息，之后便快马加鞭往回赶。然而，天啊，乐极生悲，由于天太黑，我掉进了路边一个很深的沟渠里。要不是勤务兵帮忙，我怀疑自己能否爬出来。感谢上帝，人和马都没有受伤！回到指挥部后，想到老马多么英勇地驮着我度过了这一天，我不禁走过去，抚摸着它，并告诉它自己有多勇敢。然而，等一下，当我赞许地拍了一下它的后半身时，它的后腿并没有有力地踢出。但先生们，请别忘了，我骑着它走了十个多小时，而且它又驮着我走了二十八英里。这就是我说的极限，你们觉得呢？"

本书还有另外一份证据。J.F.莫里斯上校说[①]："科尔特曼先生是著名律师，仍然在世的。他清楚地记得父亲、彼时民事诉讼法院的法官老科尔特曼先生说过这件事。1838年，老科尔特曼先生特意拜访了在斯卓菲萨耶的威灵顿公爵阿瑟·韦尔斯利，并听他亲口说了这件事情。科尔特曼先生写信给我，大体上说明了事情的原委。尽管没有多少细节，但科尔特曼先生说，威灵顿公爵安抚马那件事发生在1815年6月18日，而不是雷夫·朱利安·查尔斯·扬日记中的1815年6月17日。当时，科尔特曼先生并没有看过雷夫·朱利安·查尔斯·扬的日记。因为都

---

① J.F.莫里斯上校：《滑铁卢文集》，第337页；《陆海军联合杂志》，1891年1月。——原注

不是当时的记录,所以没有出现日期不符这种错误再自然不过了。哪一种说法都有可能是正确的。"

然而,上述描述中存在一些不可能发生的事情,而且数量还不少。乍一看,本书很难解释为何会存在这些史料,除非本书假设上述事情是真的。但认真审读了所谓的雷夫·朱利安·查尔斯·扬日记后,本书发现,严格来讲,它并不是日记,因为与普通的日记不同,里面描述的事件和评论都不是在当时写下的。日记中说上述事件发生在1833年,但里面标注的时间是1812年10月7日①。再举一个例子,作者提到了约翰·威尔逊·克罗克先生,而且在1832年3月那篇日

约翰·威尔逊·克罗克

---

① 雷夫·朱利安·查尔斯·扬:《查尔斯·梅恩·扬回忆录》,伦敦&纽约,麦克米伦出版社,1871年,第153页。——原注

记中①，他说："四十多年来，约翰·威尔逊·克罗克在文坛上一直有着显赫的地位。"从1832年往前推四十年，约翰·威尔逊·克罗克只有十二岁。此外，日记中说威灵顿公爵阿瑟·韦尔斯利1833年讲述了自己骑马前往瓦夫尔那件事，并且说威灵顿公爵阿瑟·韦尔斯利探讨自己的马哥本哈根时，说它"早就死了"。但事实上，哥本哈根直到1836年才死去，它的遗体葬在斯卓菲萨耶，竖立的墓碑上有它的死亡日期。

至于科尔特曼先生写给J.F.莫里斯上校的信，这是根据科尔特曼先生回忆父亲告诉他的这件事于最近写成的，而这件事又是威灵顿公爵阿瑟·韦尔斯利于1838年告诉他父亲的，所以明显没有没有什么分量，除非它被证实是真的。

此外，本书还有一些最新发现的证据，包括已故格尼男爵的笔记及威灵顿公爵阿瑟·韦尔斯利的谈话。在其中一份材料中，威灵顿公爵阿瑟·韦尔斯利被问到"他在滑铁卢战役前一晚骑马去列博莱希特·冯·布吕歇尔那里并骑同一匹马返回，这是否属实"。他说："不，事情不是这样的。滑铁卢战役前一天，我并没有见到列博莱希特·冯·布吕歇尔。"这似乎解决了这个问题。

本书已经简单讨论了拿破仑的看法。拿破仑认为威灵顿公爵阿瑟·韦尔斯利和列博莱希特·冯·布吕歇尔应该会撤向布鲁塞尔。

本书所参考的材料内容如下②：

> 人们可能会问，在利尼战役和夸特布拉斯战役之后，英军统帅威灵顿公爵阿瑟·韦尔斯利会怎么做？在这一问题上不存在分歧。1815年6月17日晚上到18日早上，威灵顿公爵阿瑟·韦尔斯利应该会率部经通往沙勒罗瓦的公路穿过苏瓦涅森林，而普军会经通往瓦夫尔的公路穿过苏瓦涅森林。这样一来，天亮时两军就可以在到达布鲁塞尔之前会合，并让后卫部队守卫苏瓦涅森林。而在利尼战役中被冲散的普军就拥有几天的时间可以与主力会合，让从美国回来、刚刚在奥斯坦德登陆，并担任保卫比利时

---

① 雷夫·朱利安·查尔斯·扬：《查尔斯·梅恩·扬回忆录》，伦敦&纽约，麦克米伦出版社，1871年，第144页，第145页。——原注
② 拿破仑：《拿破仑信函集》，巴黎，帝国出版社，1869年，第31卷，第258页。——原注

任务的英军第十四团予以支援。让法兰西帝国皇帝拿破仑自己选择该怎么做吧。拿破仑有十万人。他会率部穿行至苏瓦涅森林的另一侧,对已经会合的、拥有二十万兵力且以逸待劳的反法联军发动进攻吗?对反法联军来讲,这当然是最有利的。但拿破仑会满足于占领滑铁卢吗?他当然不能守在这里太久,因为三十万俄军、奥地利军及巴伐利亚军已经到达莱茵河,并将在几周内到达马恩省。这样一来,他将不得不飞奔回去保卫巴黎。这样一来,英普联军就会西进并与友军在巴黎城下会合。

显然,在所需的援军1815年6月17日下午仍未到达的情况下,拿破仑指出的路线可以规避威灵顿公爵阿瑟·韦尔斯利在滑铁卢发动进攻的风险。但卡尔·冯·克劳塞维茨不认为威灵顿公爵阿瑟·韦尔斯利会有危险[1]:

> 瓦夫尔距威灵顿公爵阿瑟·韦尔斯利的战场大约两德里[2]。从威灵顿公爵阿瑟·韦尔斯利看到法军在前方出现到列博莱希特·冯·布吕歇尔率部到达用时六小时甚至八小时,除非列博莱希特·冯·布吕歇尔再早一些出发。但当时法军不可能对拥有七万人的反法联军发动进攻并取得决定性胜利。因此没有必要担心威灵顿公爵阿瑟·韦尔斯利会在列博莱希特·冯·布吕歇尔率部到达之前被法军击败。

这或许足以回应以下事实,即利尼战役在1815年6月16日14时30分打响,并于1815年6月16日21时30分结束。这七个小时还包括了德隆伯爵约翰·巴普蒂斯特·德鲁埃军意外出现所耽误的近两个小时。在本书看来,认为在普军到达之前威灵顿公爵阿瑟·韦尔斯利没有战败风险的说法似乎是愚蠢的。如果战斗提前五小时或六个小时打响,拿破仑就能派所有兵力进攻英荷联军,而战斗也会在拿破仑原计划的时间内打响。再强调一遍,威灵顿公爵阿瑟·韦尔斯利面临极大

---

[1] 卡尔·冯·克劳塞维茨:《1815年反法战争》,柏林,迪姆勒出版社,1862年,第39章,第99页,第100页。——原注
[2] 德意志距离单位,英国单位大约是十英里。——原注

的战败风险，而且本书相信，威灵顿公爵阿瑟·韦尔斯利也认为这非常危险。回顾上文，拿破仑曾批评列博莱希特·冯·布吕歇尔和威灵顿公爵阿瑟·韦尔斯利没有继续撤往毗邻布鲁塞尔的区域，从而避开这一危险。那么问题是，战斗伊始，反法联军在滑铁卢会合让战胜拿破仑成为可能，那么这一可能是否让反法联军统帅们在两军会合之前放心地将英荷联军置于战败的风险中呢？本书只是提出这个问题，因为这个问题明显需要深入探讨。

第 15 章

1815年6月18日：第二任格鲁希侯爵埃曼努尔·德格鲁希和列博莱希特·冯·布吕歇尔

1815年6月17日晚，拿破仑在通往布鲁塞尔的公路上的卡尤农庄过夜。1815年6月18日2时左右，拿破仑于卡尤农庄收到了第二任格鲁希侯爵埃曼努尔·德格鲁希元帅的信，信上的抬头是"1815年6月17日22时于让布卢。如果拿破仑在信中说的可能发生的紧急情况真的发生了，那么仔细审读这封信，拿破仑就会怀疑第二任格鲁希侯爵埃曼努尔·德格鲁希可能没有完全明白自己的任务并且很可能选择了错误的路线。拿破仑曾经说过，第二任格鲁希侯爵埃曼努尔·德格鲁希如果发现普军向瓦夫尔撤退，就应该"沿该方向追击普军，以防普军占领布鲁塞尔，并将普军与威灵顿公爵阿瑟·韦尔斯利的军队隔离"。但如果普军撤往佩尔韦，他就要直接前往佩尔韦。上文已经指出，第二任格鲁希侯爵埃曼努尔·德格鲁希显然无法阻止普军前往布鲁塞尔，因为他距布鲁塞尔三十英里，普军距布鲁塞尔不到二十英里，而且普军就在第二任格鲁希侯爵埃曼努尔·德格鲁希的部队与布鲁塞尔之间。至于将瓦夫尔的普军与威灵顿公爵阿瑟·韦尔斯利的军队隔离，因为第二任格鲁希侯爵埃曼努尔·德格鲁希必然要追击撤向瓦夫尔而非佩尔韦的普军，所以他只能立刻命部队经穆斯蒂耶和奥丁尼的桥越过迪莱河，之后与法军主力紧密配合，即坚守在法军主力与普军之间，尽最大可能为主力部队阻挡危险。这是第二任格鲁希侯爵埃曼努尔·德格鲁希可以做到的，但这也是他唯一可做的。他并不期望进攻瓦夫尔的普军后卫部队①，因为不管多么猛烈地进攻普军，结果也只是耽误主力部队的时间。但在第二任格鲁希侯爵埃曼努尔·德格鲁希的信中，他甚至没有提到，发现普军在瓦夫尔集结的情况下，他将越过迪莱河与法军主力会合或向法军主力靠拢。

因此，分析家们猜测，从第二任格鲁希侯爵埃曼努尔·德格鲁希在急报中标出该计划这一举动上，拿破仑和让·德迪乌·苏尔特可能已经看到第二任格鲁希侯爵埃曼努尔·德格鲁希很可能没有清楚地理解当时的形势。于是，第二天，第二任格鲁希侯爵埃曼努尔·德格鲁希很可能犯严重的甚至是非常严重的错误。所以，拿破仑和让·德迪乌·苏尔特如果认为事实如此，就应该立刻回复第二任格鲁希侯爵埃曼努尔·德格鲁希并明确告诉他，如果普军向瓦夫尔撤退他该怎么做。他们本应该告诉第二任格鲁希侯爵埃曼努尔·德格鲁希，他如果发现普军确实撤往瓦夫尔，必须在穆斯蒂耶和奥丁尼渡过瓦夫尔以南的迪莱河，向法军主力靠拢并与主力会合。然而，尽管第二任格鲁希侯爵埃曼努尔·德格鲁希告诉送1815年6月17日22时急报的军官要等到拿破仑答复后再回来，但拿破仑没有给出回复。第二任格鲁希侯爵埃曼努尔·德格鲁希甚至不知道法军主力在何处，也不知道法军主力要面对已经在战场上部署完毕的英军。他当然也不知道，约翰·西梅翁·多蒙的侦察已经确认，一支由战败的格拉夫·冯·齐滕的军和路德维希·冯·皮尔希的军组成的强大普军已经取道盖瑞和让蒂尼②撤往瓦夫尔。本书无法解释法军的这些疏忽③。

对拿破仑和让·德迪乌·苏尔特来讲，本书最后提到的这件事，即大量普军已经穿过盖瑞和让蒂尼前往瓦夫尔是可以确认的最重要的事实。实际上，1815年6月18日2时，当第二任格鲁希侯爵埃曼努尔·德格鲁希的信送达时，拿破仑有足够的理由担心，第二任格鲁希侯爵埃曼努尔·德格鲁希可能已经于1815年6月

---

① 这也是第二任格鲁希侯爵埃曼努尔·德格鲁希唯一能做的一件事。——原注
② 《让·德迪乌·苏尔特给第二任格鲁希侯爵埃曼努尔·德格鲁希的急报：1815年6月18日10时》。——原注
③ 第二任格鲁希侯爵埃曼努尔·德格鲁希的副官到达时，无论拿破仑在睡觉，还是在前线检查英军是否仍然在原位置上，一个有能力的统帅应该立刻派人将法军指挥部掌握的信息送到第二任格鲁希侯爵埃曼努尔·德格鲁希那里。——原注

安托万·玛博特

17日晚确认列博莱希特·冯·布吕歇尔已经命普军全部撤向瓦夫尔。在这种情况下，拿破仑应该万无一失地帮助下属做出正确的决定①。

然而，拿破仑似乎并不认为有必要给第二任格鲁希侯爵埃曼努尔·德格鲁希明确的指令。本书知道，拿破仑希望第二任格鲁希侯爵埃曼努尔·德格鲁希取道穆斯蒂耶桥于第二天下午到达。安托万·玛博特上校在其刚出版的回忆录中说②，战斗当天近11时，他奉命率轻骑兵团和一个步兵营前往部队最右侧及其

---

① 尤其下属是第二任格鲁希侯爵埃曼努尔·德格鲁希这样的人时。《滑铁卢的拿破仑》，巴黎，J.杜梅因出版社，1866年，第226页。——原注
② 安托万·玛博特上校：《安托万·玛博特上校回忆录》，第3卷，第404页以后；艾蒂安·莫里斯·热拉尔：《滑铁卢战役中德尼尔勒针对法军右路的观察报告》，巴黎，德南出版社，1830年，第14页。——原注

更远的地方。按照拿破仑的一个副官给他带来的命令，他要继续向前监视在穆斯蒂耶和奥丁尼的桥。他说，这些分遣队都是通过骑兵的岗哨联系，"这样他们就可以快速地告诉他，他们是否与将要到达迪莱河的第二任格鲁希侯爵埃曼努尔·德格鲁希元帅的先头部队会合"。

第二任格鲁希侯爵埃曼努尔·德格鲁希表示，他将尽力阻止列博莱希特·冯·布吕歇尔的军队与威灵顿公爵阿瑟·韦尔斯利的军队会合。但或许拿破仑和他的参谋长都将此理解成，第二任格鲁希侯爵埃曼努尔·德格鲁希确定，如果发现普军撤往瓦夫尔，他会立刻前往穆斯蒂耶和利马尔，在上述地方渡过迪莱河并在迪莱河左岸及法军主力右侧发动进攻①。本书刚刚提到，要想阻止普军在瓦夫尔与英军会合，第二任格鲁希侯爵埃曼努尔·德格鲁希几乎必须要选择这一路线。因此，拿破仑可能认为，没有必要再给第二任格鲁希侯爵埃曼努尔·德格鲁希下达命令。但不管原因是什么，1815年6月18日10时之前，第二任格鲁希侯爵埃曼努尔·德格鲁希没有收到任何命令。直到1815年6月18日16时②之后，第二任格鲁希侯爵埃曼努尔·德格鲁希才收到这样的命令，当时他正在瓦夫尔前方作战。

拿破仑1815年6月17日口授给伯特兰的信，直到1815年6月18日16时才送达。在这之前，第二任格鲁希侯爵埃曼努尔·德格鲁希的行动就像没头的苍蝇。本书希望揭露这一事实。这样一来，我们就不会继续误解这件事情。从最早的记述到最近的著作，历史学家和批评家们对1815年6月18日这天第二任格鲁希侯爵埃曼努尔·德格鲁希所依据命令的论证都是错误的。在近三十年的时间里，第二任格鲁希侯爵埃曼努尔·德格鲁希本人故意否认自己在1815年6月17日收到过书面命令，因此误导了那些学识渊博的评论家们。于是，他们对战役中该部分的评论毫无价值。不仅如此，甚至在人们普遍承认第二任格鲁希侯爵埃曼努尔·德格鲁希确实收到了伯特兰信中的书面命令之后的很长一段时间里，

---

① 亨利·德拉图尔·奥弗涅：《滑铁卢：1815年战役研究》，巴黎，亨利·普隆出版社，1870年，第232页，第233页，第245页。——原注
② 埃曼努尔·德格鲁希：《第二任格鲁希侯爵埃曼努尔·德格鲁希回忆录》，第4卷，巴黎，E.顿图出版社，1874年，第70页，第87页，第131页。——原注

分析家们仍然不愿意或不能接受这个书面命令中的内容,不愿意承认这个书面命令赋予第二任格鲁希侯爵埃曼努尔·德格鲁希的任务与之前的口头命令不同。在第十三章的百家争鸣中,本书已经指出了这一点,但在这里本书要补充若干例子。

本书看到,伯特兰带来的命令要求第二任格鲁希侯爵埃曼努尔·德格鲁希探明普军意图:"普军是打算与英军分离,还是与英军会合,从而发动另一场战斗,保卫布鲁塞尔或列日。"对于在上述紧急情况下第二任格鲁希侯爵埃曼努尔·德格鲁希该怎么做,命令中没有给出任何指示。因此,第二任格鲁希侯爵埃曼努尔·德格鲁希要做的是确定普军是否打算与英军会合。之后,他要凭自己的最佳判断行事。我们再说一遍,拿破仑没有给第二任格鲁希侯爵埃曼努尔·德格鲁希任何指示,没有告诉他在普军打算与英军会合的情况下该怎么做。本书刚刚注意到了拿破仑的疏忽。在这种紧急情况下,拿破仑竟然没有给第二任格鲁希侯爵埃曼努尔·德格鲁希明确的指示。第二任格鲁希侯爵埃曼努尔·德格鲁希要完全凭自己的判断行事。他如果发现普军打算与英军会合,从而发动另一场战斗保卫布鲁塞尔,就完全可以选择自己认为最好的路线。

然而,本书发现,最近谈到第二任格鲁希侯爵埃曼努尔·德格鲁希听到滑铁卢的炮声并拒绝艾蒂安·莫里斯·热拉尔的建议时,研究滑铁卢战役的美国历史学家们说:"是应该让队伍转向左侧前往科贝克斯,并经穆斯蒂耶和奥丁尼的桥越过迪莱河了,以便前往马朗萨特镇和普朗谢诺伊特镇,或者继续坚持按拿破仑的命令追击在瓦夫尔的普军,因为现在法军知道,普军在瓦夫尔。"①他们又说,第二任格鲁希侯爵埃曼努尔·德格鲁希"坚持遵从皇帝之前给他的命令"②。

本书还发现,英国评论家最近评论该战役时说,"既然拿破仑指示第二任格鲁希侯爵埃曼努尔·德格鲁希前往瓦夫尔",那么第二任格鲁希侯爵埃曼努

---

① 多尔西·加德纳:《夸特布拉斯、利尼和滑铁卢》,伦敦,基根·保罗·特伦奇出版社,1882年,第160页,第161页。——原注
② 多尔西·加德纳:《夸特布拉斯、利尼和滑铁卢》,伦敦,基根·保罗·特伦奇出版社,1882年,第161页,162页。——原注

尔·德鲁希是否该为"未能前往炮声响起的地方负责,这会带来无尽的争论,而且我认为,这种争论没有多大意义"①。

是时候结束这些误解了。再说一次,第二任格鲁希侯爵埃曼努尔·德格鲁希直到1815年6月18日16时之后才按照伯特兰带来的命令行事。

现在,我们回到之前的叙述中。

本书看到,1815年6月17日22时,第二任格鲁希侯爵埃曼努尔·德格鲁希给拿破仑写信,告诉他"普军到达索沃涅尔后分成两路,一路穿过萨尔瓦隆尼亚前往瓦夫尔,另一路似乎是前往佩尔韦"。之后,第二任格鲁希侯爵埃曼努尔·德格鲁希接着说,如果发现普军大部队的撤退方向,他将在该方向上追击普军。

因此,由于不确定普军的撤退方向,第二任格鲁希侯爵埃曼努尔·德格鲁希决定先前往萨尔瓦隆尼亚,从这里他可以根据收到的信息决定前往瓦夫尔还是佩尔韦。此时,第二任格鲁希侯爵埃曼努尔·德格鲁希很可能倾向于认为普军已向佩尔韦撤退,如果事实如此,他就没有必要通过急行军来追赶。第二任格鲁希侯爵埃曼努尔·德格鲁希决定让将士们好好休息一晚上。他如发现普军已撤往瓦夫尔并意图与威灵顿公爵阿瑟·韦尔斯利的军队会合,就绝对有必要争分夺秒,但他似乎并没有注意这一点。

因此,1815年6月17日22时或22时稍过,第二任格鲁希侯爵埃曼努尔·德格鲁希给军长们下达命令,要求他们在第二天上午率部前往萨尔瓦隆尼亚。约瑟夫·勒内·旺达姆②的第三军驻扎在让布卢前方,将于1815年6月18日6时出发。

---

① J.F.莫里斯上校:《滑铁卢文集》,第550页;《陆海军联合杂志》,1890年9月。J.F.莫里斯上校可能记得1815年6月18日10时的命令中所使用的措辞。该命令赞同第二任格鲁希侯爵埃曼努尔·德格鲁希前往瓦夫尔。但如上所述,该命令直到1815年6月18日16时才到达第二任格鲁希侯爵埃曼努尔·德格鲁希那里。詹姆斯·肖·肯尼迪也持相同观点。詹姆斯·肖·肯尼迪:《滑铁卢战役注解》,伦敦,约翰·默里出版社,1865年,第159页。——原注

② 亨利·德拉图尔·奥弗涅:《滑铁卢:1815年战役研究》,巴黎,亨利·普隆出版社,1870年,第315页。《第二任格鲁希侯爵埃曼努尔·德格鲁希回忆录》所给出的出发时间是"1815年6月18日4时之前",但这显然是错误的。查拉斯中校给出的时间是1815年6月18日6时。查拉斯中校:《1815年战役史:滑铁卢》,莱比锡,布洛克豪斯出版社,第2卷,第33页。埃曼努尔·德格鲁希:《第二任格鲁希侯爵埃曼努尔·德格鲁希回忆录》,巴黎,E.顿图出版社,1874年,第4卷,第56页。——原注

第三军前面是约瑟夫·伊西多尔·埃克塞尔曼斯的骑兵，驻扎在索沃涅尔。艾蒂安·莫里斯·热拉尔①的第四军驻扎在让布卢及其周边，将于1815年6月18日8时在第三军之后出发。皮埃尔·克洛德·帕若尔②奉命率弗朗索瓦·安托万·泰斯特的师从通往那慕尔的公路上的勒马泽出发，前往格朗利兹。在格朗利兹他将收到下一步的命令。1815年6月18日2时，第二任格鲁希侯爵埃曼努尔·德格鲁希给拿破仑写信，告诉他自己打算前往萨尔瓦隆尼亚③，但没告诉拿破仑自己下一步的行动。

然而，第二任格鲁希侯爵埃曼努尔·德格鲁希在凌晨收到消息④，排除了他对普军撤退方向的疑虑。因为本书发现，天亮时他在给皮埃尔·克洛德·帕若尔写的信⑤中说："现在我很清楚，普军已撤向布鲁塞尔。"⑥

因此，天亮时⑦，第二任格鲁希侯爵埃曼努尔·德格鲁希确认列博莱希特·冯·布吕歇尔正经瓦夫尔撤向布鲁塞尔，但他仍然坚持前往萨尔瓦隆尼亚。

---

① 亨利·德拉图尔·奥弗涅：《滑铁卢：1815年战役研究》，巴黎，亨利·普隆出版社，1870年，第1页，第316页；埃曼努尔·德格鲁希：《第二任格鲁希侯爵埃曼努尔·德格鲁希回忆录》，巴黎，E.顿图出版社，1874年，第4卷，第55页。——原注
② 亨利·德拉图尔·奥弗涅：《滑铁卢：1815年战役研究》，巴黎，亨利·普隆出版社，1870年，第2页，第316页；埃曼努尔·德格鲁希：《第二任格鲁希侯爵埃曼努尔·德格鲁希回忆录》，巴黎，E.顿图出版社，1874年，第4卷，第57页。——原注
③ 这个急报并不存在，但在1815年6月18日1时让·德迪乌·苏尔特给第二任格鲁希侯爵埃曼努尔·德格鲁希的急报中，让·德迪乌·苏尔特承认收到了这个急报并提到了上述言论。第二任格鲁希侯爵埃曼努尔·德格鲁希说自己要前往萨尔瓦隆尼亚。让·德迪乌·苏尔特据此推断，第二任格鲁希侯爵埃曼努尔·德格鲁希将要前往科贝克斯或瓦夫尔。——原注
④ 艾蒂安·莫里斯·热拉：《滑铁卢战役中德尼尔勒针对法军右路的观察报告》中《约瑟夫·伊西多尔·埃克塞尔曼斯将军的信》，巴黎，德南出版社，1830年，第13页，第14页。——原注
⑤ 埃曼努尔·德格鲁希：《第二任格鲁希侯爵埃曼努尔·德格鲁希回忆录》，巴黎，E.顿图出版社，1874年，第4卷，第62页，第63页。——原注
⑥ 在《第二任格鲁希侯爵埃曼努尔·德格鲁希回忆录》中，有一个被认为是1815年6月18日3时第二任格鲁希侯爵埃曼努尔·德格鲁希于让布卢发给拿破仑的急报的副本。但它的真实性令人怀疑。对比亨利·德拉图尔·奥弗涅所著《滑铁卢：1815年战役研究》（巴黎，亨利·普隆出版社，1870年）318页。这个急报上说，第二任格鲁希侯爵埃曼努尔·德格鲁希所有的报告和信息都让人确信普军正撤向布鲁塞尔，并将在该地集结，或者与英军会合后发动另一场战斗。埃曼努尔·德格鲁希：《第二任格鲁希侯爵埃曼努尔·德格鲁希回忆录》，巴黎，E.顿图出版社，1874年，第4卷，第65页，第66页。——原注
⑦ 在比利时，每年这个季节3时30分天就会亮，而太阳3时48分升起。——原注

而在前一天晚上他不确定是该前往瓦夫尔还是佩尔韦时①，萨尔瓦隆尼亚就被定为第二天行军的第一站。此外，第二任格鲁希侯爵埃曼努尔·德格鲁希认为普军撤向了瓦夫尔，即撤向了英军方向，所以对他来讲最重要的是迅速行动。尽管如此，第二任格鲁希侯爵埃曼努尔·德格鲁希仍然没有改变在第二天早上晚些时候出发的计划。事实上，他甚至没有按原计划出发。法军左路最前方的约瑟夫·伊西多尔·埃克塞尔曼斯的部队②直到1815年6月18日7时30分才出发，其后的约瑟夫·勒内·旺达姆的部队③1815年6月18日8时以后才出发，艾蒂安·莫里斯·热拉尔④的军1815年6月18日9时以后才穿过让布卢，并全速赶往萨尔瓦隆尼亚。然而，没有人比第二任格鲁希侯爵埃曼努尔·德格鲁希更清楚，普军已经早他好几个小时出发。如果他想在当天阻止普军与威灵顿公爵阿瑟·韦尔斯利的军队会合，就必须争分夺秒。

对于第二任格鲁希侯爵埃曼努尔·德格鲁希在当天早上真正采取的路线，来自陆地国家⑤的权威观点之间并无分歧。本书看到，第二任格鲁希侯爵埃曼努尔·德格鲁希一确认普军1815年6月18日3时到4时之间撤向瓦夫尔，就应马上改变前一天晚上下达的命令。他应该立刻出发前往穆斯蒂耶桥。

安托万·亨利·约米尼男爵说："所以，第二任格鲁希侯爵埃曼努尔·德格鲁希不应该犹豫。1815年6月18日破晓时，他应该率约瑟夫·伊西多尔·埃克塞尔曼斯、约瑟夫·勒内·旺达姆和艾蒂安·莫里斯·热拉尔的部队全速赶往穆斯蒂耶，命皮埃尔·克洛德·帕若尔的骑兵和弗朗索瓦·安托万·泰斯特前往瓦夫尔

---

① 查拉斯中校认为1815年6月18日上午第二任格鲁希侯爵埃曼努尔·德格鲁希仍然犹豫不决。在我们看来，这是不对的。他可能忽视了文中所引用的天亮时第二任格鲁希侯爵埃曼努尔·德格鲁希在给皮埃尔·克洛德·帕若尔的命令中的表述。查拉斯中校：《1815年战役史：滑铁卢》，莱比锡，布洛克豪斯出版社，第2卷，第33页、第35页。——原注
② 艾蒂安·莫里斯·热拉尔：《滑铁卢战役中德尼尔勒针对法军右路的观察报告》中《约瑟夫·伊西多尔·埃克塞尔曼斯将军的信》，巴黎，德南出版社，1830年，第24页。——原注
③ 艾蒂安·莫里斯·热拉尔：《滑铁卢战役中德尼尔勒针对法军右路的观察报告》中《皮埃尔·贝尔特泽纳将军的信》，巴黎，德南出版社，1830年，第25页。——原注
④ 艾蒂安·莫里斯·热拉尔：《滑铁卢战役文件集》，巴黎，德南出版社，1829年11月，第12页。——原注
⑤ 在本章百家争鸣中我们会研究来自英国的一些权威观点。——原注

卡尔·冯·克劳塞维茨

追击普军的后卫部队。如果1815年6月18日10时前①能到达穆斯蒂耶，第二任格鲁希侯爵埃曼努尔·德格鲁希就可以派步兵经利马尔前往瓦夫尔，命约瑟夫·伊西多尔·埃克塞尔曼斯的龙骑兵向圣兰伯特推进，或者亲自率部前往拉恩。"②

卡尔·冯·克劳塞维茨说："1815年6月17日至18日晚，列博莱希特·冯·布吕歇尔一定已经转向了迪莱河。不过，听到这一消息时，第二任格鲁希侯爵埃曼努尔·德格鲁希一定马上想到列博莱希特·冯·布吕歇尔的唯一目的就是与威灵顿公爵阿瑟·韦尔斯利会合，因为一个人不可能毫无理由地放弃正常的撤退路线。

---

① 1815年6月18日10时30分。查拉斯中校：《1815年战役史：滑铁卢》，莱比锡，布洛克豪斯出版社，第2卷，第62页。——原注
② 安托万·亨利·约米尼男爵：《1815年政治军事史》，巴黎，1839年，第175页以后。——原注

从那一刻起,他必须要承担起责任,不要再对列博莱希特·冯·布吕歇尔的后卫部队紧追不舍,而是插入列博莱希特·冯·布吕歇尔与拿破仑的军队之间。这样一来,他如果想要转到左侧,就能出现在列博莱希特·冯·布吕歇尔的前方。据此,他将沿最短的路线或类似的路线从让布卢转向迪莱河。"①

查拉斯中校说:"一切都表明,对列博莱希特·冯·布吕歇尔而言,最危险的一招最能让他接近威灵顿公爵阿瑟·韦尔斯利的军队,并让普军与英荷联军会合。自从战斗打响以来,列博莱希特·冯·布吕歇尔与威灵顿公爵阿瑟·韦尔斯利的所有行动都是为了促成这次会合,而且在其中一方战败后,他们也没有放弃这一想法。众所周知,列博莱希特·冯·布吕歇尔积极果敢、体力充沛、富有魄力,威灵顿公爵阿瑟·韦尔斯利顽强坚韧,这足以确保他们不会轻易放弃这一计划。如果他们成功会合,拿破仑会发现,自己面临被反法联军两支部队击败的风险。第二任格鲁希侯爵埃曼努尔·德格鲁希首先要做的是,尽其所能,避免这一灾难——最大的灾难。因此,在拿破仑的行动范围内,他必须尽量加快行军速度,而且他必须前往穆斯蒂耶。事实上,穆斯蒂耶是最佳选择。如果普军与英军已经会合,第二任格鲁希侯爵埃曼努尔·德格鲁希可以从这里降低两军会合带来的不利影响。如果普军与英军两军还未会合,他可以从这里阻止它们会合。"②

本书完全赞同上述权威观点。在确定列博莱希特·冯·布吕歇尔经瓦夫尔撤向布鲁塞尔时,第二任格鲁希侯爵埃曼努尔·德格鲁希应立刻前往穆斯蒂耶桥并且在天亮时③就动身。相反,他坚持前往萨尔瓦隆尼亚,尽管他打算一直追击普军至瓦夫尔,但萨尔瓦隆尼亚并不在前往瓦夫尔的直线上。事实上,选择萨尔瓦隆尼亚的原因是他在通往瓦夫尔的公路的东侧。如果天亮时出发,第二任格鲁希侯爵埃曼努尔·德格鲁希可以节省二小时到四个小时。但他对此并不

---

① 卡尔·冯·克劳塞维茨:《1815年反法战争》,柏林,迪姆勒出版社,1862年,第50章,第146页。——原注
② 查拉斯中校:《1815年战役史:滑铁卢》,莱比锡,布洛克豪斯出版社,第2卷,第57页,第58页。——原注
③ 如果对这一行动的结果存在不同的看法,我们会留到本章的百家争鸣中探讨。——原注

在意。他并没有派骑兵全面侦察前往迪莱河的路线，看一下普军是否向英军方向会合，尽管这明显是他该做的事情①。在这个方向上，他所做的只是在天亮时或天亮后不久，派一个参谋率一个小护卫队前往穆斯蒂耶桥，显然是想看一下普军是否已经通过那里②。但在第二任格鲁希侯爵埃曼努尔·德格鲁希到达萨尔瓦隆尼亚之前，也就是1815年6月18日11时之前，这个小分队就回到第二任格鲁希侯爵埃曼努尔·德格鲁希的部队中。除此之外，在第二任格鲁希侯爵埃曼努尔·德格鲁希到达瓦夫尔前方之前，他根本没有侦察自己部队的左侧。

1815年6月18日约10时到11时之间，第二任格鲁希侯爵埃曼努尔·德格鲁希到达萨尔瓦隆尼亚。从那里，他继续前往瓦隆尼亚，这里有时被称为"瓦隆尼亚圣保罗"③。他在约瑟夫·郝兰特的房前下马。约瑟夫·郝兰特是尼圣文森特村的公证人，住在瓦隆尼亚一个叫"马雷特城堡"的大房子里。第二任格鲁希侯爵埃曼努尔·德格鲁希在这里停下，给拿破仑写了急报并且吃了午餐。约瑟夫·伊西多尔·埃克塞尔曼斯的骑兵和约瑟夫·勒内·旺达姆的第三军在前往瓦夫尔的途中经过这里，到达或者路过了尼圣文森特村。

急报的抬头是"1815年6月18日11时于萨尔瓦隆尼亚"④。急报的开头说，列博莱希特·冯·布吕歇尔的第一军、第二军和第三军正前往布鲁塞尔。第二任格鲁希侯爵埃曼努尔·德格鲁希在急报中接着说："今天晚上，我希望在瓦夫尔集结军队，这样我军就可以切入威灵顿公爵阿瑟·韦尔斯利和普军之间。我认为威灵顿公爵阿瑟·韦尔斯利会在陛下您的前方撤退。"⑤

---

① 威廉·西博恩上尉深入探讨了这一主题。威廉·西博恩上尉：《1815年战役史：法兰西战役和比利时战役》，伦敦，T.&W.布恩出版社，1844年，第1卷，第381页之后。——原注
② 莱古斯特在《第二任格鲁希侯爵埃曼努尔·德格鲁希回忆录中》的说法。埃曼努尔·德格鲁希：《第二任格鲁希侯爵埃曼努尔·德格鲁希回忆录》，巴黎，E.顿图出版社，1874年，第4卷，第141页，第142页。在安托万·玛博特上校的军官埃洛伊上尉到达该处几个小时之前，一个叫蓬贝朗热的参谋一定已经离开穆斯蒂耶了。安托万·玛博特上校：《安托万·玛博特上校回忆录》，第3卷，第407页。——原注
③ 见本章百家争鸣。——原注
④ 实际上是瓦隆尼亚。——原注
⑤ 埃曼努尔·德格鲁希：《第二任格鲁希侯爵埃曼努尔·德格鲁希回忆录》，巴黎，E.顿图出版社，1874年，第4卷，第71页，第72页。——原注

第二任格鲁希侯爵埃曼努尔·德格鲁希同时说，部分普军正前往鲁汶公路附近的克莱斯勒平原，并企图在这里集结，或者迎战追击到这里的法军，或者与威灵顿公爵阿瑟·韦尔斯利的军队会合。从急报的这一部分看，第二任格鲁希侯爵埃曼努尔·德格鲁希似乎认为这部分普军打算在自己的右侧集结。第二任格鲁希侯爵埃曼努尔·德格鲁希明确表明，普军第一军、第二军和第三军正前往布鲁塞尔方向。本书必然认为，他所说的前往克莱斯勒平原的普军并不是这三个军。所以，当第二任格鲁希侯爵埃曼努尔·德格鲁希说在瓦夫尔，希望自己已切入威灵顿公爵阿瑟·韦尔斯利①和列博莱希特·冯·布吕歇尔②的军队之间时，就算不是不可能，本书也很难理解他的意思，他似乎完全不知所措。

当听到滑铁卢的炮声时，第二任格鲁希侯爵埃曼努尔·德格鲁希还没来得及把这封信交到给拿破仑送信的参谋③手上。他至少知道，英军没有在拿破仑前方撤退，而是如拿破仑在前一天下午猜测的那样，英军在苏瓦涅森林的南侧坚守。正如第二任格鲁希侯爵埃曼努尔·德格鲁希刚刚给拿破仑写的信中说的，普军的三个军已经撤往布鲁塞尔，当时它们很可能正穿越乡村地区以与英荷联军会合，或许没有什么能阻止它们这样做。但显然第二任格鲁希侯爵埃曼努尔·德格鲁希的职责应该是尽快赶往拿破仑那里。他如果不能阻止普军与英军会合，那么至少应该可以阻止普军进攻法军。他如果在穆斯蒂耶和奥丁尼渡过迪莱河直接前往敌军可能进攻法军的地方，并且及时赶到，就肯定可以阻止敌军前进。不管怎样，这都是他尽力要做的。恐怕拿破仑和他的将士要面临一场大灾难，但他们有机会避开这场灾难。法军只有一个选择，那就是及时果断地避开它。

艾蒂安·莫里斯·热拉尔已经率部到达瓦隆尼亚，极力催促第二任格鲁希侯爵埃曼努尔·德格鲁希前往炮声响起的地方。他或许不该那么急切地催促第

---

① 第二任格鲁希侯爵埃曼努尔·德格鲁希猜测，威灵顿公爵阿瑟·韦尔斯利已率部沿沙勒罗瓦公路撤往布鲁塞尔。——原注
② 第二任格鲁希侯爵埃曼努尔·德格鲁希说，列博莱希特·冯·布吕歇尔的三个军也撤向了布鲁塞尔。——原注
③ 埃曼努尔·德格鲁希：《第二任格鲁希侯爵埃曼努尔·德格鲁希回忆录》，巴黎，E.顿图出版社，1874年，第4卷，第75页。——原注

二任格鲁希侯爵埃曼努尔·德格鲁希,但时机不容耽搁。第二任格鲁希侯爵埃曼努尔·德格鲁希的儿子可能听父亲说起这次会面,他说:"第四军军长艾蒂安·莫里斯·热拉尔言辞过于傲慢,而且一点没有表现出对长官及军事纪律的尊重。他建议法军右路前往炮声响起的地方,从而与皇帝会合。第二任格鲁希侯爵埃曼努尔·德格鲁希并没有觉得该建议有何不妥,但对艾蒂安·莫里斯·热拉尔的表达方式不满,同时同意与艾蒂安·莫里斯·热拉尔讨论一下这个建议。"①

从以上叙述中可以看出,第二任格鲁希侯爵埃曼努尔·德格鲁希的决定很可能受到了个人感觉的影响②。

在这里,本书就不再重现第二任格鲁希侯爵埃曼努尔·德格鲁希的论点了,因为这都基于他个人的表述,而本书发现他的表述中有不少错误。他说,他接到的指令是自己不能违反命令,如果追上普军,就不能跟丢。

上文讨论过,第二任格鲁希侯爵埃曼努尔·德格鲁希隐瞒了书面命令的存在,而书面命令中也没有上述指令,所以这对我们没有多少启发。

经蒙圣吉贝尔穿过乡村到达迪莱河的困难也经过了仔细考虑,第四军的炮兵指挥官巴尔蒂非常质疑这样行军的可能性,而工兵指挥官沃勒兹提议清除路上的障碍。

最后,第二任格鲁希侯爵埃曼努尔·德格鲁希仍然决定前往瓦夫尔。他的军队排成一个纵队,沿科贝克斯以北贯穿尼圣文森特村并延伸至勒巴洛克的公路前行,之后排成一列——几乎是笔直的一列纵队——前往瓦夫尔。在勒巴洛克前方不到半英里的地方有一条通往穆斯蒂耶桥的公路。再往前四分之三英里的地方是另一条公路,经其支路可以到达利马莱特桥和利马尔桥。达利马莱特桥和利马尔桥离这条支路只有两英里。穆斯蒂耶桥以北半英里的地方是另一座桥奥丁尼桥。

---

① 埃曼努尔·德格鲁希:《第二任格鲁希侯爵埃曼努尔·德格鲁希回忆录》,巴黎,E.顿图出版社,1874年,第4卷,第75页。——原注
② 亨利·德拉图尔·奥弗涅:《滑铁卢:1815年战役研究》,巴黎,亨利·普隆出版社,1870年,第328页。对比埃曼努尔·德格鲁希所著《第二任格鲁希侯爵埃曼努尔·德格鲁希回忆录》(巴黎,E.顿图出版社,1874年)第4卷第295页。——原注

这些桥都没有遭到破坏，而且没有敌军守卫①。同时这里的树林可以很好地掩护前往迪莱河的军队。

勒巴洛克前方不远的树林中发生了一个小意外，列杰布尔②的骑兵在两个步兵营的支援下进行了一小时左右的战斗。在战斗过程中，正穿过瓦夫尔的第二军的两个师被召回，要求它们向南挺进、占据瓦夫尔以南约一英里的有利位置。但命令中并没有提到要进行抵抗。在法军前进过程中，普军撤向了瓦夫尔。

前往滑铁卢炮声响起③地方的过程中，第二任格鲁希侯爵埃曼努尔·德格鲁希的部队有大量机会从穆斯蒂耶桥和奥丁尼桥、利马莱特桥和利马尔桥走过迪莱河④。勒巴洛克在通往瓦夫尔的公路上，通往这些桥的公路在勒巴洛克附近分开。1815年6月18日14时左右⑤，第二任格鲁希侯爵埃曼努尔·德格鲁希率部到达勒巴洛克。从勒巴洛克到瓦夫尔可以清楚地看到普军正前往滑铁卢战场⑥。如果第二任格鲁希侯爵埃曼努尔·德格鲁希及时召回自己左翼最右端的皮埃尔·克洛德·帕若尔的师和弗朗索瓦·安托万·泰斯特的师，通过威胁瓦夫尔来掩护它们的行动，那么约瑟夫·勒内·旺达姆的军就一定能在利马莱特桥和利马尔桥越过迪莱河，艾蒂安·莫里斯·热拉尔军也一定能在穆斯蒂耶桥和奥丁尼桥越过迪莱河。而且1815年6月18日16时之前，法军右路就已经在前往圣兰伯特的路上了⑦。

---

① 这些桥中离瓦夫尔最近的一座在利马尔。1815年6月18日18时，在没有遭到大规模抵抗的情况下，列杰布尔的骑兵通过了利马尔的桥。威廉·西博恩上尉：《1815年战役史：法兰西战役和比利时战役》，伦敦，T.&W.布恩出版社，1844年，第2卷，第286页；约翰·巴普蒂斯特·伯顿：《军事批评简史：弗勒吕战役和滑铁卢战役》，巴黎，德劳内出版社，1818年，第66页，第67页。安托万·玛博特上校的骑兵侦察队在整个下午都占据着穆斯蒂耶桥。安托万·玛博特上校：《安托万·玛博特上校回忆录》，第3卷，第407页。对比查拉斯中校所著《1815年战役史：滑铁卢》（莱比锡，布洛克豪斯出版社）第2卷第69页。——原注
② 冯·奥勒赤：《1815年战役史》，柏林，1876年，第208页，第209页。——原注
③ 皮埃尔·贝尔特泽纳，艾蒂安·莫里斯·热拉尔：《滑铁卢战役中德尼尔勒针对法军右路的观察报告》，巴黎，德南出版社，1830年，第25页。——原注
④ 约翰·巴普蒂斯特·伯顿：《军事批评简史：弗勒吕战役和滑铁卢战役》，第66页。巴黎，德劳内出版社，1818年。——原注
⑤ 查拉斯中校：《1815年战役史：滑铁卢》，第2卷，第44页。莱比锡：布洛克豪斯出版社。——原注
⑥ 艾蒂安·莫里斯·热拉尔：《滑铁卢战役中德尼尔勒针对法军右路的观察报告》，巴黎，德南出版社，1830年，第25页。——原注
⑦ 本章的百家争鸣中将会讨论查拉斯中校对这一行动的研究。——原注

普军骑兵

事实是，有三个错误观点让人们难以理解第二任格鲁希侯爵埃曼努尔·德格鲁希的部队在1815年6月18日中午的行军方式。这三个观点是：

一、普军听到炮声的地方是萨尔瓦隆尼亚，而瓦隆尼亚离这些桥更近。

二、为了到达这些桥，第二任格鲁希侯爵埃曼努尔·德格鲁希有必要经蒙圣吉贝尔径直穿过瓦隆尼亚和穆斯蒂耶[①]之间泥泞难走的乡村道路。与之相反，在到达勒巴洛克前，他的部队一直沿公路前进。或者第四军可能沿着努萨特到穆斯蒂耶的一条略长的横路前进。努萨特是公路上的一个村庄，在勒巴洛克东南约一英里的地方。而第三军可能沿勒巴洛克前方分出的通向这些桥的道路前进。

的确，第二任格鲁希侯爵埃曼努尔·德格鲁希如果天亮时就从让布卢出发，就会沿泥泞湿滑的道路穿过蒙圣吉贝尔。不过，为了经瓦隆尼亚夺取穆斯蒂耶

---

① 查拉斯中校：《1815年战役史：滑铁卢》，莱比锡，布洛克豪斯出版社，第2卷，第69页。——原注

桥,他实际上选择经勒巴洛克前进。这条路线几乎与另一条路线一样短,而且据我们所知,当时的路况还是可以接受的[1],至少没有像在从利尼到让布卢的公路上那样士兵们抱怨不停。

在勒巴洛克分出了第一条公路。从勒巴洛克前方到穆斯蒂耶比到瓦夫尔更近。从通往利马尔和利马莱特的另一个岔路口到穆斯蒂耶与到瓦夫尔的距离几乎一样。考虑到沿河道路糟糕的路况,而且让部队沿多条道路前进比沿一条道路前进更节约时间,再加上如果没有战斗发生,整个军队会在1815年6月18日16时之前成功过河,而第二任格鲁希侯爵埃曼努尔·德格鲁希也会率部于1815年6月18日16时到达瓦夫尔前方。

三、在这些桥上会遭遇激烈的抵抗。

上文中已经指出,普军没有派大量兵力占领上述任何一座桥。只有在利马尔的桥被普军占领,但这只是一个小分队。法军也派了一些骑兵和步兵在蒙圣吉贝尔观察敌情,但他们退到勒巴洛克后发现,约瑟夫·伊西多尔·埃克塞尔曼斯的骑兵已经取道科贝克斯到达了他们后方。第二任格鲁希侯爵埃曼努尔·德格鲁希元帅的先头部队已经于1815年6月18日14时左右到达勒巴洛克。

因此,如果第二任格鲁希侯爵埃曼努尔·德格鲁希继续前行至勒巴洛克附近,如果他率部沿通往这些桥的道路前进,命能力卓著、经验丰富的皮埃尔·克洛德·帕若尔率他的骑兵和弗朗索瓦·安托万·泰斯特的师掩护大部队行动,那么在本书看来,他似乎很可能在1815年6月18日16时越过迪莱河并做好前往拉恩和圣兰伯特的准备。

而1815年6月18日16时,只有普军第四军冯·比洛的两个旅[2]穿过了拉恩。在长途跋涉[3]后,这两个旅和随军的炮兵、步兵一起在拉恩西部的一个小树林——巴黎树林[4]——休整。另外两个旅在圣兰伯特和拉恩之间。第二军沿瓦

---

[1] 当时被法军肃清的公路如今从让布卢直接延伸到瓦夫尔。这条公路并不是1815年建成的,也不是从松布雷夫到让布卢。——原注
[2] 当时普军的旅相当于法军或英军的师。——原注
[3] 威廉·西博恩上尉:《1815年战役史:法兰西战役和比利时战役》,伦敦,T.&W.布恩出版社,1844年,第2卷,第127页,第128页。——原注
[4] 有时称"福瑞斯彻蒙特树林"。——原注

夫尔和圣兰伯特之间的道路全速前进,但他们还没有到达圣兰伯特①。第一军在北面的公路上,距奥安一点五英里。第三军在瓦夫尔及其周围。

因此,如果在皮埃尔·克洛德·帕若尔和弗朗索瓦·安托万·泰斯特于瓦夫尔拖住约翰·冯·蒂勒曼军时,第二任格鲁希侯爵埃曼努尔·德格鲁希能率部成功沿上述四座桥,或者任何一座桥越过迪莱河,如果他勇敢地前往拉恩和圣兰伯特,就一定能阻止冯·比洛和路德维希·冯·皮尔希前进。尽管普军人数占优势,但在看到第二任格鲁希侯爵埃曼努尔·德格鲁希部队的三万人时,他们也会被迫停下,建立阵地进行抵抗。结果可能是第二任格鲁希侯爵埃曼努尔·德格鲁希最后被迫后撤,因为他的部队几乎不是五万普军的对手。约翰·冯·蒂勒曼如果可以自行决定离开瓦夫尔,就可以随时进攻后撤的第二任格鲁希侯爵埃曼努尔·德格鲁希的右路。然而,上述行动确实要占用下午剩余的时间。几乎可以肯定的是,冯·比洛的军和路德维希·冯·皮尔希的军当天不可能在普朗谢诺伊特进攻法军。格拉夫·冯·齐滕如果明智的话,就肯定会选择在没有干扰的情况下继续前进。至于上述行动是如何影响滑铁卢战役的结果的,本书会在论述滑铁卢战役的部分讨论。在本书的这一部分我们唯一想说明的是,如果艾蒂安·莫里斯·热拉尔的建议被采纳,第二任格鲁希侯爵埃曼努尔·德格鲁希的军队在1815年6月18日16时之前可能已经经穆斯蒂耶桥或其他地方的桥越过迪莱河,而1815年6月18日16时,法军第四军的先头部队才刚刚经过拉恩。

现在,我们再回过头看一下普军的情况。

冯·比洛的第四军没有参加利尼战役。当天该军在迪翁蒙特过夜,并奉命在天亮时从迪翁蒙特出发前往圣兰伯特,以进攻法军右路②。这段路程很长,而且在瓦夫尔的街道上发生交火,该军的行程因此被耽搁。大部直到1815年6月18日中午才到达圣兰伯特③,在此逗留了很长时间④。

---

① 威廉·西博恩上尉给出了1815年6月18日16时瓦夫尔战场地图。——原注
② 冯·奥勒赤:《1815年战役史》,柏林,1876年,第187页。——原注
③ 卡尔·冯·克劳塞维茨:《1815年反法战争》,柏林,迪姆勒出版社,1862年,第42章,第107页。——原注
④ J.F.莫里斯上校:《滑铁卢文集》,第549页;《陆海军联合杂志》,1890年9月。——原注

第二军将跟在第四军后面出发，但由于各种原因，第二军1815年6月18日近中午①时才离开瓦夫尔，直到1815年6月18日16时以后，整个军才穿过瓦夫尔并踏上前往圣兰伯特的公路②。

　　格拉夫·冯·齐滕的第一军要沿北面的公路，经奥安与威灵顿公爵阿瑟·韦尔斯利的军队会合。而第一军同样在1815年6月18日接近中午时才动身③。第三军将最后离开瓦夫尔，经库蒂尔前往普朗谢诺伊特以支援第四军和第二军。但如果大量法军在瓦夫尔出现，那么第三军要留在瓦夫尔。

　　我们必须承认，上述安排并没有表明列博莱希特·冯·布吕歇尔决定全力驰援友军，以防友军在他所承诺的援兵赶来之前就被打败。而人们通常认为列博莱希特·冯·布吕歇尔的想法就是如此。普军的行动如此谨慎、迟缓，所以本书必须要寻求一个解释。虽然冯·比洛第四军的行动足够及时，但在当时的情况下，考虑到第二军军长奥诺雷·查尔斯·雷耶伯爵在1815年6月17日半夜就被告知第四军将于天亮开拔，而且他需要立刻与第四军会合并沿第四军的路线前行，而第二军却迟迟没有离开瓦夫尔，这一耽搁是最严重的④。

　　从冯·奥勒赤最近的表述可以看到，1815年6月18日9时30分左右，列博莱希特·冯·布吕歇尔口授给冯·穆费林一个便笺，上面说尽管自己身体不适，但仍将统率冯·穆费林的部队，立刻进攻拿破仑军队的右翼。而奥古斯特·威廉·安东·奈特哈特·冯·格奈泽瑙仍然对威灵顿公爵阿瑟·韦尔斯利会在滑铁卢迎战的许诺持谨慎的态度，所以在便笺中又添加了附言⑤，上面说："我已经知晓这封信便笺的内容，但要求阁下⑥确认威灵顿公爵阿瑟·韦尔斯利是真的决定在当前的位置上迎战，还是只是向法军示威。如果只是向法军示威，这只

---

① 查拉斯中校：《1815年战役史：滑铁卢》，莱比锡，布洛克豪斯出版社，第2卷，第43页。——原注
② 查拉斯中校：《1815年战役史：滑铁卢》，莱比锡，布洛克豪斯出版社，第2卷，第45页。对比威廉·西博恩上尉给出的1815年6月18日16时瓦夫尔战场地图。——原注
③ 查拉斯中校：《1815年战役史：滑铁卢》，莱比锡，布洛克豪斯出版社，第1卷，第43页。——原注
④ 冯·奥勒赤：《1815年战役史》，柏林，1876年，第188页。——原注
⑤ 冯·奥勒赤：《1815年战役史》，柏林，1876年，第189页；J.F.莫里斯上校：《滑铁卢文集》，《陆海军联合杂志》，1890年9月，第537页。——原注
⑥ 指列博莱希特·冯·布吕歇尔。

能给我军带来灾难。希望阁下为我获取这方面的所有信息，因为完全确定威灵顿公爵阿瑟·韦尔斯利的意图是最重要的。这样一来，我们才能确定我军的行动路线。"

冯·奥勒赤①继续说，尽管已经到了这个时候，但奥古斯特·威廉·安东·奈特哈特·冯·格奈泽瑙仍然很担忧。冯·奥勒赤说，奥古斯特·威廉·安东·奈特哈特·冯·格奈泽瑙相信，在利尼，威灵顿公爵阿瑟·韦尔斯利离开他时非常为难。冯·奥勒赤又说，如果英荷联军撤向布鲁塞尔，那么普军很可能只能经鲁汶撤退。在收到回信之前，奥古斯特·威廉·安东·奈特哈特·冯·格奈泽瑙已经决定继续前进并执行该计划。而且1815年6月18日11时到12时之间，格拉夫·冯·齐滕已经被派往奥安。奥古斯特·威廉·安东·奈特哈特·冯·格奈泽瑙怀疑威灵顿公爵阿瑟·韦尔斯利是否真的打算作战，毕竟直到1815年6月18日11时30分炮声响起时他才打消疑虑。难道我们不能说就是奥古斯特·威廉·安东·奈特哈特·冯·格奈泽瑙的上述疑虑让他命令冯·比洛在前进的路上一定要小心，从而耽误了路德维希·冯·皮尔希的军和格拉夫·冯·齐滕的军的出发吗？事情似乎确实是这样的。

然而，1815年6月18日临近中午时，期待中的炮声在滑铁卢响起，这打消了奥古斯特·威廉·安东·奈特哈特·冯·格奈泽瑙所有的疑虑和犹豫。普军全体官兵，上到老陆军元帅列博莱希特·冯·布吕歇尔下到普通士兵，确实都竭力想要赢得这一天的胜利。路况十分糟糕，炮兵和辎重车几乎无法过来，但他们尽了最大的努力。第二任格鲁希侯爵埃曼努尔·德格鲁希固执地决定从迪莱河右岸行动，所以他来到瓦夫尔镇前方。他部署的部队比普军将军们想到的更多。但普军并没有改变计划，只留下了约翰·冯·蒂勒曼的军保卫瓦夫尔。

本书没有必要详述这一行动，第二任格鲁希侯爵埃曼努尔·德格鲁希作战毫无战术可言。约瑟夫·勒内·旺达姆的第三军想占领瓦夫尔以北的桥，但徒劳无获。法军第四军一直攻打并想占领瓦夫尔以南的比耶日磨坊，也没有什么效果。在这里，第四军军长艾蒂安·莫里斯·热拉尔受伤。1815年6月18日18时到19

---

① 冯·奥勒赤：《1815年战役史》，柏林，1876年，第190页。——原注

时之间，皮埃尔·克洛德·帕若尔占领了利马尔桥。尽管普军企图重新夺回利马尔桥，但法军还是守住了。法军猛攻瓦夫尔，但组织无序。此时，对法军来讲，最简单的就是从利马尔桥过河，从而改变整个作战位置，而它们只是徒劳地攻击躲在墙后和房屋中的普军。普军的抵抗值得赞赏。

行动中，第二任格鲁希侯爵埃曼努尔·德格鲁希收到了让·德迪乌·苏尔特的两封急报。本书需要仔细考虑这些急报，不仅因为它们可以解释第二任格鲁希侯爵埃曼努尔·德格鲁希率部前往瓦夫尔而非拉恩和圣兰伯特的动机[1]，而且因为急报中说明了拿破仑对第二任格鲁希侯爵埃曼努尔·德格鲁希行动的期待，特别是对第二任格鲁希侯爵埃曼努尔·德格鲁希配合法军主力行动的期待。

上述命令都是由让·德迪乌·苏尔特签发，当然也是由他起草的。

第一封急报的时间是1815年6月18日10时，内容如下[2]：

于卡尤农场前
1815年6月18日10时

元帅：

  皇帝已经收到您从让布卢发出的最后一份急报。

  您跟陛下说，在索沃涅尔和萨尔瓦隆尼亚只有两支普军经过。然而，有报告说，第三支普军已经过了盖瑞和让蒂尼，并前往瓦夫尔[3]，它们的兵力很强。

  皇帝让我告诉您，此刻他打算在苏瓦涅森林附近进攻已经占据滑铁卢的英军。因此，他希望您率部前往瓦夫尔，以靠近我军并进入我军的作战范围，与我们保持联系。部分普军可能已经前往瓦夫尔并在那里休整[4]。您要尽快赶到瓦夫尔，进攻这部分普军。

---

[1] 这些急报来得太晚了，已无法左右第二任格鲁希侯爵埃曼努尔·德格鲁希的行动。——原注
[2] 埃曼努尔·德格鲁希：《第二任格鲁希侯爵埃曼努尔·德格鲁希回忆录》，巴黎，E.顿图出版社，1874年第4卷，第79页；查拉斯中校：《1815年战役史：滑铁卢》，莱比锡，布洛克豪斯出版社，第1卷，第283页，第284页。——原注
[3] 这一定是普军第一军和第二军。——原注
[4] 原文说的是"军"，但这里不是指军队中的军。这个词同样出现在下文中。——原注

您要派轻骑兵追击你部右侧的敌军,以监视它们的行动并俘虏落伍的士兵。要立刻向我报告你部的部署和行军情况。不要忘记与我们保持联系。皇帝希望经常听到你的消息。

达尔马提亚公爵让·德迪乌·苏尔特

要理解这封急报,本书必须把里面的内容看作是一种回答,即对1815年6月17日22时第二任格鲁希侯爵埃曼努尔·德格鲁希于让布卢所发出的急报的回答。上文提到,第二任格鲁希侯爵埃曼努尔·德格鲁希在急报中说,在索沃涅尔,普军明显分成了两支,一支前往瓦夫尔,另一支前往佩尔韦。正如第二任格鲁希侯爵埃曼努尔·德格鲁希在急报中所暗示的,他本人可能率部从上述任何一个方向追击普军主力。在让·德迪乌·苏尔特起草这封1815年6月18日10时的急报时眼前就放着第二任格鲁希侯爵埃曼努尔·德格鲁希的这封急报。让·德迪乌·苏尔特仅仅说:"不要前往佩尔韦方向,要前往瓦夫尔方向,因为只有这样,你才能靠近我部。我们也听说一支人数众多的普军已经撤向瓦夫尔,这也是你要选择该方向的另一个原因。我们希望你能向我部靠拢,进入我部的作战范围并与我部保持联系。因此,你应尽快前往瓦夫尔。"所以,让·德迪乌·苏尔特让第二任格鲁希侯爵埃曼努尔·德格鲁希前往瓦夫尔的目的是让他靠近主力部队[①],并与主力部队保持绝对联系。让·德迪乌·苏尔特命第二任格鲁希侯爵埃曼努尔·德格鲁希前往瓦夫尔可能没有任何战略或其他目的,只是为了让他靠近主力部队,所以理解写信人的意图也不会有任何困难。

很显然,拿破仑和让·德迪乌·苏尔特并不担心第二任格鲁希侯爵埃曼努尔·德格鲁希占领瓦夫尔时会遇到抵抗。因此本书可以推断,写急报的人的意

---

① 艾蒂安·莫里斯·热拉尔评论说,如果分开分析这两个命令,人们会发现,"拿破仑谈到瓦夫尔方向只是因为他发现第二任格鲁希侯爵埃曼努尔·德格鲁希的报告中提到这一点。两个命令的主要目的都是要求第二任格鲁希侯爵埃曼努尔·德格鲁希的部队靠近法军主力"。在这里,艾蒂安·莫里斯·热拉尔是指1815年6月18日13时送至第二任格鲁希侯爵埃曼努尔·德格鲁希及1815年6月18日10时签发的命令。艾蒂安·莫里斯·热拉尔:《滑铁卢战役中德尼尔勒针对法军右路的观察报告》,巴黎,德南出版社,1830年,第19页。——原注

思是，如果占领瓦夫尔或者试图占领瓦夫尔，无助于第二任格鲁希侯爵埃曼努尔·德格鲁希靠近主力部队，那么第二任格鲁希侯爵埃曼努尔·德格鲁希应通过其他方式实现向法军主力靠拢的目的。假设第二任格鲁希侯爵埃曼努尔·德格鲁希及时收到了这封急报并按上面的指示行动，那么本书认为，如果有人认为这封急报可以证明第二任格鲁希侯爵埃曼努尔·德格鲁希这样做的合理性，那么这是愚蠢的。这就好比一位绅士在旅行过程中让仆人将行李带到某个城镇，以便在第二天他到达该城镇时可以轻松地拿到行李。如果仆人发现，由于铁路桥被毁等意外事故，这个城镇与主人要去的地方之间的所有联系断了，而他仍然要将主人的行李送到那个城镇而不是送到主人可以拿到行李的另一个地方，而且用一封信来为自己辩解，那么多数人都会认为这个仆人的行为很愚蠢。然而，假设第二任格鲁希侯爵埃曼努尔·德格鲁希及时收到了急报并照此行事，并如他实际上所做的那样执行上面的命令，那么对他来说几乎是同样的道理。这两件事极其相似的一点是，上述例子中的仆人应该掌握主人不知道的信息，将尽早把行李交给主人作为重中之重。所以，在这一点上，这两种情况是完全一致的。

不过，或许本书早该说明，这封急报不能为第二任格鲁希侯爵埃曼努尔·德格鲁希的行动辩护，已经有不少权威著作[①]表达了这个观点。这封急报也并不能说明拿破仑会犯第二任格鲁希侯爵埃曼努尔·德格鲁希这样的错误，说拿破仑也会犯这样的错误是草率的。如上文所述，在急报送出时，拿破仑对第二任格鲁希侯爵埃曼努尔·德格鲁希所观察到的情况一无所知。

当然，这并不是说拿破仑不该对1815年6月18日10时的命令负责。一个统帅必须要知道以自己的名义发出了什么样的命令。然而，拿破仑给安托万·玛博特上校的命令确实与给第二任格鲁希侯爵埃曼努尔·德格鲁希的命令不符。在给第二任格鲁希侯爵埃曼努尔·德格鲁希的命令中，拿破仑希望第二任格鲁希侯

[①] 查尔斯·康沃利斯·切斯尼：《滑铁卢讲座：1815年战役研究》，伦敦，朗文格林出版社，1874年，第206页；詹姆斯·肖·肯尼迪：《滑铁卢战役注解》，伦敦，约翰·默里出版社，1865年第162页；多尔西·加德纳：《夸特布拉斯、利尼和滑铁卢》，伦敦，基根·保罗·特伦奇出版社，1882年，第161页；埃曼努尔·德格鲁希：《第二任格鲁希侯爵埃曼努尔·德格鲁希回忆录》，巴黎，E.顿图出版社，1874年，第4卷，第78页，第80页，第87页。——原注

爵埃曼努尔·德格鲁希前往瓦夫尔方向,即前往拉恩和圣兰伯特方向。但从给安托万·玛博特上校的命令来看,拿破仑希望第二任格鲁希侯爵埃曼努尔·德格鲁希从穆斯蒂耶桥和奥丁尼桥越过迪莱河。1830年,安托万·玛博特上校给第二任格鲁希侯爵埃曼努尔·德格鲁希写了一封信,上面提到①:

> 1815年6月18日近11时,行动开始了。我率我的团和指派给我的一个步兵营出发了。上述部队最终部署在我军最右侧、福瑞斯彻蒙特后方,面向迪莱河。

福瑞斯彻蒙特

---

① 安托万·玛博特上校:《安托万·玛博特上校回忆录》,第3卷,第404页以后。这封信的正文就是第二任格鲁希侯爵埃曼努尔·德格鲁希的报告,载于《滑铁卢的拿破仑》344页以后。《安托万·玛博特上校回忆录》的编辑们说,他们没有在战争指挥部找到这个报告。安托万·玛博特上校:《安托万·玛博特上校回忆录》,第3卷,第408页;查拉斯中校:《1815年战役史:滑铁卢》,莱比锡,布洛克豪斯出版社,第2卷,第44页。——原注

皇帝派他的副官拉贝杜瓦耶和一个我记不清名字的参谋给我送来了特别命令，要求我派大量兵力时刻监视战场，并在福瑞斯彻蒙特树林[①]部署二百骑兵，在拉恩部署一个骑兵中队，并在圣兰伯特设置前哨；将另外一个骑兵中队一半的兵力部署在库蒂尔，另一半部署在博蒙，并派人侦察迪莱河上的穆斯蒂耶桥和奥丁尼桥。

接着，安托万·玛博特上校描述了快速传送情报的部署，并且继续说道："中间的岗哨及时将埃洛伊[②]上尉的信转交给我。埃洛伊上尉在信中说，他在穆斯蒂耶和奥丁尼没有发现敌军。而且当地居民确认，迪莱河右岸的法军可以从利马尔、利马莱特和瓦夫尔过河。"

安托万·玛博特上校将这个消息告诉了拿破仑，拿破仑命他在这些方向上继续向前侦察。接着，在圣兰伯特前方半英里的地方安托万·玛博特上校的部队俘虏了一些普军士兵，从这些士兵口中得知，他们身后有大量普军。他接着说："我继续率一个骑兵中队前往圣兰伯特，以增援那里的部队。我看到，远处一支大部队正赶往圣兰伯特。我立刻派一个军官快马加鞭前去提醒皇帝，皇帝回复说让我大胆前进，这支部队一定是从利马尔赶来的第二任格鲁希侯爵埃曼努尔·德格鲁希的军，并让我在这支队伍到来之前追击掉队的普军士兵。我刚刚俘虏的敌兵就是掉队的普军士兵。"

之后，不久证实，那支前来的部队是普军。拿破仑现在才确认，第二任格鲁希侯爵埃曼努尔·德格鲁希选择从瓦夫尔更靠南的桥赶来。安托万·玛博特上校说："我已命我的副官前去告诉皇帝，普军确实已经到达圣兰伯特。副官回来后告诉我，皇帝命我通知第二任格鲁希侯爵埃曼努尔·德格鲁希的先头部队，普军将经圣兰伯特前进。因为第二任格鲁希侯爵埃曼努尔·德格鲁希没有率部从利马尔和利马莱特赶来，所以此时他们应该正从穆斯蒂耶和奥丁尼赶来。"

从以上叙述可以明显看出，1815年6月18日近11时，拿破仑派出安托万·玛

[①] 有时称"巴黎树林"。——原注
[②] 埃洛伊上尉在穆斯蒂耶指挥侦察兵。——原注

博特上校时，他希望第二任格鲁希侯爵埃曼努尔·德格鲁希1815年6月18日下午能够到达①，而且拿破仑最初的想法是第二任格鲁希侯爵埃曼努尔·德格鲁希会经穆斯蒂耶桥和奥丁尼桥赶来。这似乎表明，拿破仑没有修改让·德迪乌·苏尔特1815年6月18日10时送出的急报，这意味着他希望第二任格鲁希侯爵埃曼努尔·德格鲁希从瓦夫尔赶过来。此刻，即1815年6月18日10时到11时，拿破仑一定在为战斗做最后的准备。

接着，第二任格鲁希侯爵埃曼努尔·德格鲁希收到了第二封急报，这里本书同样给出了急报的全文②：

于滑铁卢战场

1815年6月18日13时

元帅：

今天③2时④你给皇帝写信说，你将前往萨尔瓦隆尼亚。你当时的计划是继续前往科贝克斯或⑤瓦夫尔，这一行动与之前告知皇帝的计划吻合。然而，皇帝命我告诉你，你部应该始终在主力所在方向上行动⑥。所以

---

① 安托万·玛博特自己确信如此。安托万·玛博特上校：《安托万·玛博特上校回忆录》，第3卷，第408页。——原注
② 亨利·德拉图尔·奥弗涅：《滑铁卢：1815年战役研究》，巴黎，亨利·普隆出版社，1870年，第270页，第271页；威廉·西博恩上尉：《1815年战役史：法兰西战役和比利时战役》，伦敦，T.&W.布恩出版社，1844年，第1卷，第400页，第401页；《滑铁卢的拿破仑》，巴黎，J.杜梅因出版社，1866年，第279页，第280页。——原注
③ 1815年6月18日。
④ 《第二任格鲁希侯爵埃曼努尔·德格鲁希回忆录》说是1815年6月18日3时。埃曼努尔·德格鲁希：《第二任格鲁希侯爵埃曼努尔·德格鲁希回忆录》，巴黎，E.顿图出版社，1874年，第4卷，第82页。——原注
⑤ 这句话出现在《第二任格鲁希侯爵埃曼努尔·德格鲁希回忆录》中，这里的"或"换成了"和"。我们没有在其他著作中发现这一点。埃曼努尔·德格鲁希：《第二任格鲁希侯爵埃曼努尔·德格鲁希回忆录》，巴黎，E.顿图出版社，1874年，第4卷，第82页。——原注
⑥ 此处插入的这段话引自《第二任格鲁希侯爵埃曼努尔·德格鲁希回忆录》，内容是："你要向主力部队相机靠拢，以在敌军插入我们中间之前与我们会合。我没法告诉你该往哪个方向走。"——原注

你应关注我们的位置,然后指挥你的部队并与我们保持联系。这样一来,我们就可以随时做好准备,打击试图骚扰我部右翼的敌军并将其歼灭。

此刻,滑铁卢一线的战斗正在进行①。敌军的中路在蒙圣让,因此你部要行动起来,与主力的右翼会合。

达尔马提亚公爵让·德迪乌·苏尔特

附言②

此外,我们刚刚截获了一封信,上面说冯·比洛将进攻我军右路。我们相信我们在圣兰伯特高地上看到了这支部队。因此,你要赶快过来与我们会合,以摧毁冯·比洛的军并俘虏冯·比洛。

让·德迪乌·苏尔特在急报中反复表明,希望第二任格鲁希侯爵埃曼努尔·德格鲁希在法军主力的方向上行动。甚至在急报的正文,本书也清楚地看到法军指挥部对普军可能进攻法军右路的担忧。当然,急报中的拿破仑附言也说明了这一点。

直到1815年6月18日18时到19时之间③,第二任格鲁希侯爵埃曼努尔·德格鲁希才收到这封急报。此时,他想要完成上述任务已经晚了。不过,他占领了利马尔桥,并在当夜占领了迪莱河左岸。

将两封急报放到一起看④,本书看到,拿破仑一直期望第二任格鲁希侯爵

---

① 原文是"engagee"。第二任格鲁希侯爵埃曼努尔·德格鲁希说:"这封信上的字迹很难看清,我的参谋长、我的高级副官和我都以为它是gagnee。"摘自"给梅里先生和巴泰勒米的信"第14页,巴黎,菲尔曼·狄多·菲出版社,1829年11月20日。指挥官勒塞内卡尔(LeSenecal)将军说,第二任格鲁希侯爵埃曼努尔·德格鲁希元帅质问了送信的军官,但那个军官太紧张了,没有说出什么来。埃曼努尔·德格鲁希:《第二任格鲁希侯爵埃曼努尔·德格鲁希回忆录》,巴黎,E.顿图出版社,1874年第4卷,第132页、第133页。对比艾蒂安·莫里斯·热拉尔所著《滑铁卢战役中德尼尔勒针对法军右路的观察报告》(巴黎,德南出版社,1830年)第20页。——原注
② 拿破仑口授。
③ 德格鲁希:《第二任格鲁希侯爵埃曼努尔·德格鲁希回忆录》,巴黎,E.顿图出版社,1874年,第4卷,第87页。——原注
④ 此处暂时忽略第二封信的附言。——原注

埃曼努尔·德格鲁希能向自己这边靠拢。拿破仑已经知道那支穿过盖瑞和让蒂尼的大部队是前往瓦夫尔的。他一定猜测第二任格鲁希侯爵埃曼努尔·德格鲁希也知道了这一点，而且从第二任格鲁希侯爵埃曼努尔·德格鲁希1815年6月17日22时和1815年6月18日14时的急报上得知，如果普军大部队真的选择了这条路线，第二任格鲁希侯爵埃曼努尔·德格鲁希会意识到前往瓦夫尔的必要性。因此，拿破仑希望见到第二任格鲁希侯爵埃曼努尔·德格鲁希。他认为，第二任格鲁希侯爵埃曼努尔·德格鲁希会从穆斯蒂耶桥和奥丁尼桥赶来，并在法军主力的右侧插入，从而阻挡任何试图干扰他的敌军。

直到我们看到第二封急报的附言，我们才发现拿破仑对自己可能被大量普军进攻的担忧。在口授给让·德迪乌·苏尔特上述附言之后，拿破仑尽管有些担忧，但还是非常确定第二任格鲁希侯爵埃曼努尔·德格鲁希要么会阻止普军进攻法军主力，要么会与主力会合或联系。但普军在圣兰伯特出现，第二任格鲁希侯爵埃曼努尔·德格鲁希没有给他送来消息，这明显让拿破仑警觉。

百家争鸣

一、在本章所叙述的话题中第一个需要讨论的问题是：

拿破仑从主力部队中分出这么多兵力给第二任格鲁希侯爵埃曼努尔·德格鲁希是否明智？本书可以表述得更严谨一些，1815年6月17日13时，拿破仑虽然不知道普军撤向了何方，但知道普军可能打算与英军会合，并发动另一场战斗，来保卫布鲁塞尔[①]，那么他从主力部队中分出三万三千人来侦察并对付普军是否明智呢？

---

① 伯特兰命令。——原注

大家一定看到了，这一问题与1815年6月17日中午之前拿破仑面临的问题完全不同。那时，拿破仑、第二任格鲁希侯爵埃曼努尔·德格鲁希及法军指挥部的其他人都相信普军已经撤向那慕尔。普军如果已经撤向那慕尔，就必然要放弃与英军的进一步会合，至少目前是这样。指派给第二任格鲁希侯爵埃曼努尔·德格鲁希的两个军可能会让普军加速撤退，并阻止普军返回攻击法军的联络通道。如果是出于这个目的，法军指挥官们完全可以被原谅，因为拿破仑亲自带去滑铁卢的兵力能够打败威灵顿公爵阿瑟·韦尔斯利的部队。拿破仑的法军兵力更强①，他们完全由精锐部队组成，而且将士们众志成城。法军的统帅是那个时代最伟大的将军。如果第二任格鲁希侯爵埃曼努尔·德格鲁希不能在1815年6月18日12时之前出发，这也不是大问题，因为法军右路在前一天的战斗中几乎承担了所有的任务，所以有必要给他们时间恢复战斗力，况且如果普军撤往那慕尔和列日，就无需担心法军会遭遇紧急情况②。在上述情况下，拿破仑给了第二任格鲁希侯爵埃曼努尔·德格鲁希三万三千人。但本书现在考虑的问题是，在拿破仑发现自己完全有理由担心普军可能与英军会合，以发起战斗保卫布鲁塞尔后，他仍然坚持派给第二任格鲁希侯爵埃曼努尔·德格鲁希两个军，这是否合适？

如伯特兰命令中所说，拿破仑在口授给伯特兰命令时，他明显把反法联军两支大军会合带来的危险看作是潜在的危险。拿破仑当时确实不认为反法联军两支大军能够会合，但他十分清楚，一旦反法联军两支大军真的会合，法军将陷入极大的危险之中。因此，拿破仑直接警告第二任格鲁希侯爵埃曼努尔·德格鲁希，普军可能打算与英军会合以发起另一场战斗保卫布鲁塞尔。而且本书看到，如果第二任格鲁希侯爵埃曼努尔·德格鲁希确认普军打算与英军会合，拿破仑希望他越过迪莱河并与法军主力协同作战。在列博莱希

---

① 这一表述只适用于威灵顿公爵阿瑟·韦尔斯利投入滑铁卢战线的军队。他在哈尔和蒂比兹还部署了一万八千人，但他没有用上这些兵力。——原注
② 如果列博莱希特·冯·布吕歇尔在拿破仑离开利尼后就迅速占领利尼，拿破仑也不会丢掉与法兰西本土的通信线，因为如果拿破仑向威灵顿公爵阿瑟·韦尔斯利方向推进，他就可以经蒙斯和里尔两条公路与法兰西本土联系。詹姆斯·肖·肯尼迪：《滑铁卢战役注解》，伦敦，约翰·默里出版社，1865年，第154页，155页。——原注

特·冯·布吕歇尔撤向瓦夫尔①的情况下，拿破仑如果希望第二任格鲁希侯爵埃曼努尔·德格鲁希采取上述措施，那么为什么还要将第二任格鲁希侯爵埃曼努尔·德格鲁希派出呢？将第二任格鲁希侯爵埃曼努尔·德格鲁希派出会得到什么呢？拿破仑隐隐觉得普军与英军会合会带来极大危险，但为什么还要冒险从主力部队中分出那么多兵力呢？由于第二任格鲁希侯爵埃曼努尔·德格鲁希有可能无法及时返回来阻止这一灾难，拿破仑所冒的是无法收到反法联军动向准确信息的风险，是他无法获取准确信息并据此行动的风险，是桥梁毁坏及反法联军进攻使法军行动延误的风险。

但问题远非如此。正如拿破仑在给伯特兰的命令中警告第二任格鲁希侯爵埃曼努尔·德格鲁希的那样，如果普军已撤往瓦夫尔并意图与英军会合以发动另一场战斗保卫布鲁塞尔，那么很大程度上讲，普军一定是在拿破仑口授给伯特兰命令时执行了这一计划。基于这一猜测，普军一定已获得了相对于追击他们或者打乱他们行动的敌军的巨大的优势。所以，保持军队的完整，让军队随时可以被调用并且让拿破仑直接指挥，这难道不是更明智些吗？

在拿破仑派出三万三千人给第二任格鲁希侯爵埃曼努尔·德格鲁希时，他要面临以上种种风险，那他为什么还要这样做呢？

事实可能是，起初所有人都认为普军会向莱茵河方向撤退，因此拿破仑派第二任格鲁希侯爵埃曼努尔·德格鲁希追击并监视普军，尤其要监视并阻止普军返回攻击法军的联络通道。而且在1815年6月17日12时到13时之间，拿破仑所收到的信息让他对之前的猜测产生疑虑，他甚至担心列博莱希特·冯·布吕歇尔可能打算与威灵顿公爵阿瑟·韦尔斯利会合并发动另一场战斗来保卫布鲁塞尔。不过，他仍然坚持对第二任格鲁希侯爵埃曼努尔·德格鲁希部原来的部署，只是明确警告第二任格鲁希侯爵埃曼努尔·德格鲁希要警惕危险。

那么，问题归根结底就是，一方面，如果普军打算与英军分离，那么从法军主力中分出那么多兵力不会有太多风险，而且拥有三万三千人的部队比规模较小的部队更可能立战功。然而，人们很可能质疑，是否只派出一半的兵力就可以

---

① 这并不是不可能的。——原注

应付上述情况呢？这样一来，拿破仑在与威灵顿公爵阿瑟·韦尔斯利的战斗中就可以使用节约下来的一万五千人，而拿破仑一定会派他们对抗战场上比自己多一万八千人的敌军。另一方面，拿破仑至少有理由相信，如果普军打算与英军会合，而且如果第二任格鲁希侯爵埃曼努尔·德格鲁希未能与法军主力再次会合，或者至少不能与法军主力协同行动，或者不能在前往战场的过程中击败普军，法军就会完全溃败。那么，不管是普军在法军动身追击之前几个小时就出发，还是拿破仑没有意识到路况糟糕、桥梁被毁和判断失误等事实，拿破仑在以上任何一件事情上的不作为都会带来上述风险。本书似乎看到，在派出第二任格鲁希侯爵埃曼努尔·德格鲁希时拿破仑想到了这些风险，但没有采取任何措施来规避风险。

总而言之，拿破仑如果完全相信普军已撤向那慕尔，从而派出三万三千人给第二任格鲁希侯爵埃曼努尔·德格鲁希，就只能因未确定敌军的动向而受到谴责。不过，拿破仑既然有充分的理由担心普军意图与英军会合，并且直接警告第二任格鲁希侯爵埃曼努尔·德格鲁希普军的这一意图，但仍然派出这么多兵力，那么这完全没有必要而且非常危险。新的消息表明，原来的方案已经不适用于现在的形势，但拿破仑依然固守原来的方案。

既然拿破仑开始担心普军可能打算与英军会合，如果拿破仑在1815年6月17日执行1815年6月15日制定的方案，让皮埃尔·克洛德·帕若尔的师及弗朗索瓦·安托万·泰斯特的师侦察普军撤退方向及意图；如果他能够亲自统率剩余部队，在1815年6月18日天亮时让第二任格鲁希侯爵埃曼努尔·德格鲁希率一个军或者两个军前往圣兰伯特，并指示第二任格鲁希侯爵埃曼努尔·德格鲁希，如果普军从瓦夫尔赶来进攻法军主力或增援威灵顿公爵阿瑟·韦尔斯利，就要不惜一切代价阻止普军，那么他就不会有什么风险。而且在滑铁卢战役这天，拿破仑麾下所有部队都会在他眼皮底下并由他直接调遣。在这种情况下，第二任格鲁希侯爵埃曼努尔·德格鲁希在圣兰伯特的任务就像米歇尔·奈伊在夸特布拉斯的任务一样，即在进行战斗时，阻止反法联军另一方参战。我们没有任何理由认为上述做法会影响威灵顿公爵阿瑟·韦尔斯利迎战的决定或者列博莱希特·冯·布吕歇尔对威灵顿公爵阿瑟·韦尔斯利的支援。但拿破仑如果这样做，那么在战斗中取胜的几率就会大得多。

即使拿破仑认为普军要与英军分离，那么只给第二任格鲁希侯爵埃曼努尔·德格鲁希一个军的兵力不是更明智吗？上文已经表达了上述疑虑。但鉴于拿破仑这样做也可能不明智，所以本书无法赞同詹姆斯·肖·肯尼迪批评拿破仑将第二任格鲁希侯爵埃曼努尔·德格鲁希的部队从法军主力中派出时所给出的理由。詹姆斯·肖·肯尼迪说[1]："从拿破仑的军队在西班牙惨败来看，拿破仑很可能知道自己最大的困难就是击败英军。因此，在迎战英军时，即使冒最大的风险，他也应该投入所有兵力。不过，从前文看到，拿破仑显然没有这样做。拿破仑如果全力进攻英军并击败他们，那么接下来一定能够击败与威灵顿公爵阿瑟·韦尔斯利隔离的普军。"

詹姆斯·肖·肯尼迪接着说[2]："如果第二任格鲁希侯爵埃曼努尔·德格鲁希需要出现在滑铁卢战场上，那么当拿破仑发现英军已经在战场就位并决定进攻英军时，就应该于1815年6月18日破晓时将第二任格鲁希侯爵埃曼努尔·德格鲁希召回。"

在我们看来，理解这一推论的难点似乎是，拿破仑需要在滑铁卢战场上集结所有的兵力，不是因为他要拥有击败威灵顿公爵阿瑟·韦尔斯利的足够兵力，而是因为要防止列博莱希特·冯·布吕歇尔和威灵顿公爵阿瑟·韦尔斯利的军队会合后击败自己。拿破仑在滑铁卢的兵力足以应对威灵顿公爵阿瑟·韦尔斯利的兵力，但如果对付威灵顿公爵阿瑟·韦尔斯利和列博莱希特·冯·布吕歇尔的联军，他就注定会失败。所以，1815年6月17日13时，拿破仑改变了对普军撤退方向的看法，他开始认为自己之前的看法有问题，而1815年6月17日12时之前，他一直秉持这种看法，即普军肯定要与英军分离。拿破仑意识到普军可能会与英军会合，以发动另一场战斗来保卫布鲁塞尔。正因为如此，他应该根据这一情况改变军队

---

[1] 詹姆斯·肖·肯尼迪：《滑铁卢战役注解》，伦敦，约翰·默里出版社，1865年，第157页。——原注
[2] 詹姆斯·肖·肯尼迪：《滑铁卢战役注解》，伦敦，约翰·默里出版社，1865年，第160页；查尔斯·康沃利斯·切斯尼：《滑铁卢讲座：1815年战役研究》，伦敦，朗文格林出版社，1874年，第206页，第207页。——原注

的部署。他应该派较少的兵力,或许只是骑兵来追击普军并侦察普军动向,并亲自率领全部军队。因为如果普军试图参战,拿破仑就需要所有能调用的部队[1]。

很多学者认为不能单方面看待第二任格鲁希侯爵埃曼努尔·德格鲁希的行为,这可能需要好好思考一下,而这样的思考肯定是值得的[2]。首先,如果本书认为拿破仑派出三万三千人是一个错误,那么更加让人不可原谅的是,1815年6月17日到1815年6月18日的夜里,拿破仑未能告诉第二任格鲁希侯爵埃曼努尔·德格鲁希英军和法军在蒙圣让对峙这一重要消息。拿破仑没有将约翰·西梅翁·多蒙获取的有关部分普军撤往瓦夫尔的消息告诉第二任格鲁希侯爵埃曼努尔·德格鲁希,而且最后没有明确告诉第二任格鲁希侯爵埃曼努尔·德格鲁希如果发现普军撤往瓦夫尔,就应该从穆斯蒂耶和奥丁尼越过迪莱河并与主力部队联合行动。本书的意思是,就算上述情况属实,本书仍然要批评一下第二任格鲁希侯爵埃曼努尔·德格鲁希的行为。拿破仑犯错不能成为第二任格鲁希侯爵埃曼努尔·德格鲁希犯错的借口,第二任格鲁希侯爵埃曼努尔·德格鲁希的错误也不能为拿破仑犯错辩解[3]。军事批评的目的并不是看哪个军官犯了最严重的错误。

至于第二任格鲁希侯爵埃曼努尔·德格鲁希1815年6月18日拂晓时确认普军撤往瓦夫尔后,他该选择哪条路线,本书看到,来自陆地国家的主要评论家安托万·亨利·约米尼男爵、卡尔·冯·克劳塞维茨和查拉斯中校都认为第二任格鲁希

---

[1] 根据博迪中校的说法,让·德迪乌·苏尔特反对拿破仑派出大量兵力给第二任格鲁希侯爵埃曼努尔·德格鲁希。他对自己的一个副官说,从前去进攻英国-比利时联军的军队中派出这么多兵力是错误的;前一天晚上,普军战败、极其虚弱。在这种情况下派约瑟夫·伊西多尔·埃克塞尔曼斯的骑兵足以追击普军并侦察普军的撤退方向。我们同意让·德迪乌·苏尔特的结论,但不赞同他的理由。拿破仑需要集中全部军队不是因为普军虚弱,而是因为普军仍然强大。博迪中校:《拿破仑研究》,巴黎,1841年,第1卷,第222页,第223页。——原注

[2] 见威廉·西博恩上尉及万·洛本·泽尔斯鞭辟入里的分析。很多作家责备拿破仑来为第二任格鲁希侯爵埃曼努尔·德格鲁希辩护;还有一些人责备第二任格鲁希侯爵埃曼努尔·德格鲁希来为拿破仑辩护。威廉·西博恩上尉:《1815年战役史:法兰西战役和比利时战役》,伦敦,T.&W. 布恩出版社,1844年,第1卷,第318页以后;万·洛本·泽尔斯:《1815年澳属尼德兰战役详史》,海牙,埃里捷·多尔曼出版社,1849年,第319页以后。——原注

[3] 詹姆斯·肖·肯尼迪:《滑铁卢战役注解》,伦敦,约翰·默里出版社,1865年,第160页,第161页;查尔斯·康沃利斯·切斯尼:《滑铁卢讲座:1815年战役研究》,伦敦,朗文格林出版社,1874年,第206页,第207页;万·洛本·泽尔斯所著《1815年奥属尼德兰战役详史》,海牙,埃里捷·多尔曼出版社,1849年,第323页,第324页。——原注

侯爵埃曼努尔·德格鲁希应该立刻转向左侧，跨过迪莱河，以便与拿破仑率领的法军主力联系。

但爱德华·布鲁斯·哈姆利上校持不同意见[1]。他支持第二任格鲁希侯爵埃曼努尔·德格鲁希直接前往瓦夫尔的做法。爱德华·布鲁斯·哈姆利上校说，第二任格鲁希侯爵埃曼努尔·德格鲁希不知道威灵顿公爵阿瑟·韦尔斯利会在滑铁卢停下迎战。接下来，他说："第二任格鲁希侯爵埃曼努尔·德格鲁希认为，如果普军确实打算前往瓦夫尔，意图与威灵顿公爵阿瑟·韦尔斯利在布鲁塞尔会合，如果他们真的这样做，那么他前往瓦夫尔绝对会威胁到普军经鲁汶与大本营的联系。这样一来，第二任格鲁希侯爵埃曼努尔·德格鲁希要么能阻止普军执行计划，要么让普军的计划变成普军自己的灾难。"

针对上述观点本书只有一个看法，那就是，如果第二任格鲁希侯爵埃曼努尔·德格鲁希的想法正如爱德华·布鲁斯·哈姆利上校所述，那么爱德华·布鲁斯·哈姆利上校就完全误解了列博莱希特·冯·布吕歇尔的意图。如果普军打算前往布鲁塞尔，第二任格鲁希侯爵埃曼努尔·德格鲁希很可能会重创普军。但与之相反，普军打算与威灵顿公爵阿瑟·韦尔斯利的军队会合，威灵顿公爵阿瑟·韦尔斯利已经占据苏瓦涅森林南部的有利位置，准备迎战。爱德华·布鲁斯·哈姆利上校提到的第二任格鲁希侯爵埃曼努尔·德格鲁希的设想完全没有意义，第二任格鲁希侯爵埃曼努尔·德格鲁希的行动也完全是徒劳的。

如爱德华·布鲁斯·哈姆利上校所说[2]，第二任格鲁希侯爵埃曼努尔·德格鲁希虽然不知道"威灵顿公爵阿瑟·韦尔斯利会在滑铁卢停下迎战"，但明确表明拿破仑告诉他[3]"如果英军在苏瓦涅森林的南侧"，即滑铁卢，"他将进攻英军"。这表明，拿破仑认为英军很可能在滑铁卢停下迎战。伯特兰的命令上警告

---

[1] 爱德华·布鲁斯·哈姆利上校：《作战行动》，爱丁堡&伦敦，威廉·布莱克伍德出版公司，1869年，第196页以后。——原注

[2] 爱德华·布鲁斯·哈姆利上校：《作战行动》，爱丁堡&伦敦，威廉·布莱克伍德出版公司，1869年，第196页。——原注

[3] 《给梅里先生和巴泰勒米的信》，巴黎，菲尔曼·狄多·菲尔出版社，1829年11月20日，第14页；埃曼努尔·德格鲁希：《第二任格鲁希侯爵埃曼努尔·德格鲁希回忆录》，巴黎，E.顿图出版社，1874年，第4卷，第44页。——原注

第二任格鲁希侯爵埃曼努尔·德格鲁希,普军可能企图与英军会合,以发起战斗来保卫布鲁塞尔。但在上文我们看到,爱德华·布鲁斯·哈姆利上校完全忽视了这个命令。

在上文,本书指出,来自陆地国的三个主要批评家安托万·亨利·约米尼男爵、卡尔·冯·克劳塞维茨和查拉斯中校一致认为第二任格鲁希侯爵埃曼努尔·德格鲁希应该在1815年6月18日破晓时前往穆斯蒂耶桥,并用骑兵掩护大部队的行动。那么,这一行动又会带来怎样的结果呢?

列杰布尔的普军分遣队曾驻扎在蒙圣吉贝尔,以监视第二任格鲁希侯爵埃曼努尔·德格鲁希军队的动向。假设1815年6月18日6时之前它们已被法军骑兵逐出蒙圣吉贝尔或被逐至蒙圣吉贝尔两侧[1],并被迫撤往瓦夫尔附近,那么第二任格鲁希侯爵埃曼努尔·德格鲁希大部队的行动会轻松地躲过普军的侦察,至少安托万·亨利·约米尼男爵是这样认为的[2]。安托万·亨利·约米尼男爵说,1815年6月18日10时,第二任格鲁希侯爵埃曼努尔·德格鲁希会到达穆斯蒂耶桥,之后会经"利马尔前往瓦夫尔,并派约瑟夫·伊西多尔·埃克塞尔曼斯的龙骑兵前往圣兰伯特。他可能亲自率部前往拉恩"。

但查拉斯中校认为[3],法军如果向穆斯蒂耶推进,就会立刻被列杰布尔的骑兵发现。而且在到达穆斯蒂耶和奥丁尼时,第二任格鲁希侯爵埃曼努尔·德格鲁希很可能会发现自己面对的是部署在迪莱河对岸的四万人和一百五十门火炮。第二任格鲁希侯爵埃曼努尔·德格鲁希可能会在普军集结足够兵力进攻自己之前占领的这些桥,但机会微乎其微。

---

[1] 普军分遣队最终被驱逐至蒙圣吉贝尔两侧。——原注
[2] 安托万·亨利·约米尼男爵:《1815年政治军事史》,巴黎,1839年,第176页。——原注
[3] 查拉斯中校:《1815年战役史:滑铁卢》,莱比锡,布洛克豪斯出版社,第2卷,第62页,第63页。乔治·胡珀实际上同意查拉斯中校的看法。乔治·胡珀似乎同样认为,一方面,除非第二任格鲁希侯爵埃曼努尔·德格鲁希能够打败与他对抗的普军,否则他的介入是无用的;另一方面,我们似乎看到第二任格鲁希侯爵埃曼努尔·德格鲁希需要拖住普军冯·比洛的军和路德维希·冯·皮尔希的军。在我们看来,第二任格鲁希侯爵埃曼努尔·德格鲁希如果从迪莱河方向赶到普军从瓦夫尔前往圣兰伯特的道路上,就肯定能做到这一点。埃德加·基内很好地诠释了上述看法。埃德加·基内:《1815年战役》,巴黎,米歇尔·列维·弗里尔出版社,1862年,第301页到第304页。——原注

本书认为，上述结论似乎有些牵强附会。第二任格鲁希侯爵埃曼努尔·德格鲁希拥有六千人的精锐骑兵。列杰布尔的分遣队拥有两个步兵营，四个骑兵中队和两门火炮，共约一千五百人①。如上文所述，第二任格鲁希侯爵埃曼努尔·德格鲁希前往科贝克斯，会迫使列杰布尔退往勒巴洛克，1815年6月18日5时和13时，这种情况有可能发生。当然，列杰布尔可能被迫离开，并仅能报告说法军很活跃，法军显然要经科贝克斯和勒巴洛克前往瓦夫尔。安托万·亨利·约米尼男爵认为，1815年6月18日10时之前或者10时稍过，除了皮埃尔·克洛德·帕若尔的骑兵师，第二任格鲁希侯爵埃曼努尔·德格鲁希的部队或许会在弗朗索瓦·安托万·泰斯特步兵师的支援下，在没有任何干扰的情况下越过穆斯蒂耶桥和奥丁尼桥，而且在普军意识到它们的意图之前，它们很可能已经在前往拉恩和圣兰伯特的路上了。安托万·亨利·约米尼男爵的这一观点非常正确，对此本书没有理由质疑。

当然，这样的推测有时会漏掉一些相关的数据。1815年6月18日早上，普军要考虑的主要问题不是拿破仑派出的意在袭击它们的一万两千或一万五千人的动向——普军这样猜测，而是全部普军或者四分之三普军能否穿过乡村，攻击拿破仑并支援威灵顿公爵阿瑟·韦尔斯利这一严肃的问题。考虑到这一点，本书相信列杰布尔的报告不会使普军这四万人的部队在1815年6月18日10时或10时30分之前赶往穆斯蒂耶和奥丁尼。

因此，本书认为，第二任格鲁希侯爵埃曼努尔·德格鲁希似乎很可能已经在1815年6月18日11时②之前就率大部分兵力从穆斯蒂耶和奥丁尼越过了迪莱河。

此时，普军只有冯·比洛第四军的先头部队到达了圣兰伯特。第十六旅及之后的第十三旅更晚些时候到达。作为后卫部队的第十四旅还落后很长一段距离③。

---

① 查拉斯中校：《1815年战役史：滑铁卢》，莱比锡，布洛克豪斯出版社，第2卷，第42页。——原注
② 威廉·西博恩上尉认为，第二任格鲁希侯爵埃曼努尔·德格鲁希就算没有早些从让布卢出发，也能够成功越过迪莱河。威廉·西博恩上尉：《1815年战役史：法兰西战役和比利时战役》，伦敦，T.&W.布恩出版社，1844年，第1卷，第320页。——原注
③ 威廉·西博恩上尉：《1815年战役史：法兰西战役和比利时战役》，伦敦，T.&W.布恩出版社，1844年第1卷，第311页；查拉斯中校：《1815年战役史：滑铁卢》，莱比锡，布洛克豪斯出版社，第2卷，第72页，第73页。——原注

此时，普军第一军、第二军和第三军仍然在瓦夫尔及其周边。当第四军拉成一列，在泥泞的道路上艰难跋涉时，第二任格鲁希侯爵埃曼努尔·德格鲁希将出现并从穆斯蒂耶和奥丁尼前往拉恩和圣兰伯特。本书能相信第二任格鲁希侯爵埃曼努尔·德格鲁希不会阻止冯·比洛吗？除了停下来、集结部队并且等待来自瓦夫尔的援兵，冯·比洛还能做什么呢？但这可能会让冯·比洛陷入与第二任格鲁希侯爵埃曼努尔·德格鲁希部的缠斗，只有援兵才能使他解脱出来。援兵会什么时候到来呢？

如果普军发现第二任格鲁希侯爵埃曼努尔·德格鲁希前往穆斯蒂耶并及时报告给列博莱希特·冯·布吕歇尔①，本书没有理由认为普军第一军和第二军会在第二任格鲁希侯爵埃曼努尔·德格鲁希离开瓦夫尔之前于1815年6月18日中午左右②离开瓦夫尔，跟在第四军后面的第二军肯定会遭遇第二任格鲁希侯爵埃曼努尔·德格鲁希。第三军很可能会及时跟在第二军之后，但可能更晚些时候才会离开瓦夫尔。上述三个军将会与第二任格鲁希侯爵埃曼努尔·德格鲁希交战，它们的总人数远超第二任格鲁希侯爵埃曼努尔·德格鲁希，而且最终必然会击溃第二任格鲁希侯爵埃曼努尔·德格鲁希。但这样一来，第二任格鲁希侯爵埃曼努尔·德格鲁希就可能阻止普军进攻拿破仑的法军主力。

至于第一军，如果格拉夫·冯·齐滕认为英荷联军可以坚持到他到来，那么没有什么可以阻止第一军经奥安沿北面的道路与威灵顿公爵阿瑟·韦尔斯利会合。

本书之后会考虑上述行动将怎样影响滑铁卢战役。

上文提到，一旦到达勒巴洛克，第二任格鲁希侯爵埃曼努尔·德格鲁希就可能在没有大规模普军抵抗③的情况下经在穆斯蒂耶、奥丁尼及利马尔和利马莱

---

① 我们依据这一假设继续讨论，因为总体而言这最有可能发生。——原注
② 查拉斯中校：《1815年战役史：滑铁卢》，莱比锡，布洛克豪斯出版社第2卷，第43页；威廉·西博恩上尉：《1815年战役史：法兰西战役和比利时战役》，伦敦，T.&W.布恩出版社，1844年，第1卷，第311页，第312页。詹姆斯·肖·肯尼迪似乎认为，路德维希·冯·皮尔希和格拉夫·冯·齐滕跟在冯·比洛之后，没有受到任何干扰。詹姆斯·肖·肯尼迪：《滑铁卢战役注解》，伦敦，约翰·默里出版社，1865年，第163页。——原注
③ 万·洛本·泽尔斯非常肯定这一点。万·洛本·泽尔斯：《1815年澳属尼德兰战役详史》，海牙，埃里捷·多尔曼出版社，1849年。第322页，第323页，第340页。——原注

特的四座桥越过迪莱河。本书认为这极有可能，阿道夫·梯也尔也极力赞同这一观点，而查拉斯中校强烈质疑。查拉斯中校质疑它的合理性的主要原因是，萨拉斯树林和瓦卢姆布洛特树林分别分布在从勒巴洛克到瓦夫尔的道路的东西两侧，瓦卢姆布洛特树林位于通往穆斯蒂耶的道路和通往利马莱特的道路之间，第二军雷科的师和冯·布劳斯的师共约一万一千人或一万两千人①，两个师怎么会刚刚穿过勒巴洛克就出现在这两个树林中呢？

本书认为查拉斯中校弄错了这两个旅②前进的位置。

威廉·西博恩上尉压根没有提到占领瓦卢姆布洛特树林一事，而且他说雷科的第八旅的一些营占领了萨拉斯树林③，该旅的其他兵力在萨拉斯树林后方。威廉·西博恩上尉说冯·布劳斯的第七旅为预备军。冯·奥勒赤说④，雷科第八旅的两个营进入了萨拉斯树林⑤，占领了在萨拉斯树林后方约一英里的马尼尔和圣安妮之间的有利位置，冯·布劳斯的第七旅在其后方。冯·奥勒赤没有提到占领瓦卢姆布洛特树林一事。

本书不知道查拉斯中校从何处得来这一信息，但第二任格鲁希侯爵埃曼努尔·德格鲁希率部前往这些桥不会遇到他所说的大量普军抵抗，这一点似乎非常清楚。雷科的第八旅和冯·布劳斯的第七旅隶属于普军第二军。他们想在瓦夫尔越过迪莱河并去支援冯·比洛的第四军。当然，如果第二任格鲁希侯爵埃曼努尔·德格鲁希试图从这些桥或它们中的任何一座越过迪莱河，没有人知道普军的这些部队会如何反应，但可以肯定的是，上述部队不希望第二任格鲁希侯爵埃曼努尔·德格鲁希的部队越过迪莱河，而它们从目前驻扎的位置也无法迅速干预第二任格鲁希侯爵埃曼努尔·德格鲁希的行动。

---

① 查拉斯中校：《1815年战役史：滑铁卢》，莱比锡，布洛克豪斯出版社，第2卷，第44页，第376页。——原注
② 更恰当地说应该叫"师"。——原注
③ 威廉·西博恩上尉严格遵从达米兹的说法。威廉·西博恩上尉：《1815年战役史：法兰西战役和比利时战役》，伦敦，T.&W.布恩出版社，1844年，第1卷，第313页。——原注
④ 冯·奥勒赤：《1815年战役史》，柏林，1876年，第208页，第209页。——原注
⑤ 冯·奥勒赤将此称为"罗泰尔（Lautelle）"，有时又称为"罗载（Lauzel）"，因为它靠近一个叫"罗载"的农场。——原注

那么，在听到滑铁卢的炮声并拒绝了艾蒂安·莫里斯·热拉尔前去支援的提议时，第二任格鲁希侯爵埃曼努尔·德格鲁希又在哪里呢？第二任格鲁希侯爵埃曼努尔·德格鲁希听到滑铁卢炮声的地方是萨尔瓦隆尼亚，这是大家普遍接受的观点，但这是错误的。我们来看一下这一说法是怎么来的，这可能会很有意思。

约翰·巴普蒂斯特·伯顿在其1818年出版的书中写道①，"第一次听到蒙圣让响起炮声时，第二任格鲁希侯爵埃曼努尔·德格鲁希的部队仍然在瓦隆尼亚村"，而且艾蒂安·莫里斯·热拉尔就在瓦隆尼亚提出了前往滑铁卢的建议②。

1818年，第二任格鲁希侯爵埃曼努尔·德格鲁希在费城写下了《1815年各战役关系观察报告》一书，1819年于巴黎再版。书中说③，听到炮声响起的时候，第二任格鲁希侯爵埃曼努尔·德格鲁希正在利马莱特树林中指挥小规模的战斗，时间是1815年6月18日13时到14时之间。

艾蒂安·莫里斯·热拉尔在写于1819年的一封信中说④，他当时在"沃林或者萨尔沃林"。艾蒂安·莫里斯·热拉尔说自己看到第二任格鲁希侯爵埃曼努尔·德格鲁希在吃草莓，时间大约是1815年6月18日11时。他描述了当时会面的情形并且接着说："我们离开了沃林。"

艾蒂安·莫里斯·热拉尔的代理参谋长西蒙·洛里耶上校在报告中说⑤："1815年6月18日11时，第三军在沃林集结完毕⑥。艾蒂安·莫里斯·热拉尔走在部队的前方。得知第二任格鲁希侯爵埃曼努尔·德格鲁希在村子里约瑟夫·郝兰特的房子那里停下后，蒂安·莫里斯·热拉尔就带着参谋们过去了。他让我跟上来。我们发现元帅正在吃早餐。"

---

① 约翰·巴普蒂斯特·伯顿：《军事批评简史：弗勒吕战役和滑铁卢战役》，巴黎，德劳内出版社，1818年，第55页。——原注
② 约翰·巴普蒂斯特·伯顿：《军事批评简史：弗勒吕战役和滑铁卢战役》，巴黎，德劳内出版社，1818年，第55页，第59页。——原注
③ 第二任格鲁希侯爵埃曼努尔·德格鲁希：《1815年各战役关系观察报告》，费城，1818年，第16页。——原注
④ 艾蒂安·莫里斯·热拉尔：《滑铁卢战役文件集》，巴黎，德南出版社，1829年11月，第7页。他说的是瓦隆尼亚和萨尔瓦隆尼亚。——原注
⑤ 艾蒂安·莫里斯·热拉尔：《滑铁卢战役文件集》，巴黎，德南出版社，1829年11月，第12页。此处的Walin是指"Walhain（瓦隆尼亚）"。——原注
⑥ 应该是第四军。——原注

艾蒂安·莫里斯·热拉尔第四军的丹尼耶上校说，当时的地点是萨拉沃林，而且他说，艾蒂安·莫里斯·热拉尔发现第二任格鲁希侯爵埃曼努尔·德格鲁希在吃早餐①。

艾蒂安·莫里斯·热拉尔给一个在布鲁塞尔的朋友写信②，让他查一下约瑟夫·郝兰特。这位朋友按艾蒂安·莫里斯·热拉尔的要求做了，并回信说，他曾在萨拉沃林见过约瑟夫·郝兰特。

由此，艾蒂安·莫里斯·热拉尔似乎确认了当时的地点是萨尔瓦隆尼亚，因为1820年他给第二任格鲁希侯爵埃曼努尔·德格鲁希的儿子第二任格鲁希侯爵埃曼努尔·德格鲁希上校写了一封信，内容如下③："我再次与右路统帅会面的时间不是1815年6月18日15时，而是11时左右。当时，他在公证人约瑟夫·郝兰特位于萨拉沃林的房子里，并在那里吃早餐。"

第二任格鲁希侯爵埃曼努尔·德格鲁希最后向艾蒂安·莫里斯·热拉尔承认，早在利马莱特树林中的战斗发生之前他就听到了滑铁卢的炮声。在1829年公布的一封信④中，第二任格鲁希侯爵埃曼努尔·德格鲁希承认当时自己在萨尔瓦隆尼亚，时间是1815年6月18日11时30分。第二任格鲁希侯爵埃曼努尔·德格鲁希在自己的回忆录中也这样说⑤。

但第二任格鲁希侯爵埃曼努尔·德格鲁希听到滑铁卢的炮声时就在瓦隆尼亚而非萨尔瓦隆尼亚。艾蒂安·莫里斯·热拉尔也是在瓦隆尼亚提议前往滑铁卢战场。他们当时肯定是在一个公证人约瑟夫·郝兰特的房子里，因为很多军官

---

① 艾蒂安·莫里斯·热拉尔：《滑铁卢战役文件集》，巴黎，德南出版社，1829年11月，第17页，第18页。这里的Sarra-Walin是指Sart-a-Walhain（萨尔瓦隆尼亚）。——原注
② 艾蒂安·莫里斯·热拉尔：《滑铁卢战役文件集》，巴黎，德南出版社，1829年11月，第19页。他的信中标的时间是1819年9月30日。——原注
③ 艾蒂安·莫里斯·热拉尔：《滑铁卢战役文件集》，巴黎，德南出版社，1829年11月，第24页。同见给热尔曼·塞鲁特先生和比尔·圣埃德姆的信。艾蒂安·莫里斯·热拉尔：《滑铁卢战役文件集》，巴黎，德南出版社，1829年11月，第10页，第11页；艾蒂安·莫里斯·热拉尔：《滑铁卢战役中德尼尔勒针对法军右路的观察报告》，巴黎，德南出版社，1830年，第8页，第29页。——原注
④ 《给梅里先生和巴泰勒米的信》，巴黎，菲尔曼·狄多·菲尔出版社，1829年11月20日，第9页。——原注
⑤ 德格鲁希：《第二任格鲁希侯爵埃曼努尔·德格鲁希回忆录》，巴黎，E.顿图出版社，1874年，第4卷，第71页，第75页。——原注

在回忆的时候都提到了这个名字,但都记不清房子所在村庄的名字了。不过,这不重要。萨尔瓦隆尼亚是一个很小的村庄,当时没有见证人,现在也没有。事实上,1815年瓦隆尼亚并没有公证人的办公室,在1818年之前都没有。但在1815年,约瑟夫·郝兰特是附近尼圣文森特村的公证人,住在瓦隆尼亚一个叫马雷特城堡的大房子里。1815年6月18日下午,他就是在这里接待了第二任格鲁希侯爵埃曼努尔·德格鲁希。当时,军官们从房子里出来,并走进了他的花园来确认炮声响起的方向[①]。

这件事并不是非常重要。但不管第二任格鲁希侯爵埃曼努尔·德格鲁希经蒙圣吉贝尔还是勒巴洛克前行,与萨尔瓦隆尼亚相比,瓦隆尼亚肯定距迪莱河上的那些桥更近。

---

① 本书作者有充分的证据证明上述说法。他同样拜访了那座房子。序言中所提到的M.尤金·温瑟勒在1888年和1889年为作者获取了这一信息。——原注

第16章

滑铁卢战役

上文提到，1815年6月17日晚上，拿破仑将指挥部设在了通往布鲁塞尔的公路上的卡尤农庄，这里位于当时的一个小酒馆——现在的拉贝尔客栈以南约一点五英里的地方。1815年6月17日整个下午和晚上，大雨倾盆。本书猜测，1815年6月17日晚上，拿破仑像往常一样在睡觉。1815年6月18日1时，拿破仑骑上马，带着伯特兰来到前线[①]。他沿着警戒哨前进，时而步行，时而骑马，直到他如愿看到威灵顿公爵阿瑟·韦尔斯利的军队已经在战场就位，等待交战。英荷联军的士兵们正在用火烘干衣物并取暖，这让拿破仑确认了自己的看法。当时，他一定沿这条路走了两个多小时，因为在1815年6月18日2时30分，他到达了霍蒙树林。

拿破仑回去后，各种报告纷至沓来。1815年6月18日7时到8时之间，拿破仑收到了被派往前哨的一个军官发来的消息，说英军正在撤退。他立刻将该消息转达给德隆伯爵约翰·巴普蒂斯特·德鲁埃[②]。德隆伯爵约翰·巴普蒂斯特·德鲁埃的第一军正在法军战线的第一排，而奥诺雷·查尔斯·雷耶伯爵的第二军还没有完全集结。拿破仑命德隆伯爵约翰·巴普蒂斯特·德鲁埃率部即刻动身，全力

---

① 拿破仑：《拿破仑信函集》，巴黎，帝国出版社，1869年，第31卷，第219页；查拉斯中校：《1815年战役史：滑铁卢》，第1卷，263页。——原注

② 德隆伯爵约翰·巴普蒂斯特·德鲁埃：《德隆伯爵约翰·巴普蒂斯特·德鲁埃自传》，巴黎，占斯塔夫巴尔巴出版社，1844年第96页，第97页；纪尧姆·德沃德阔特：《1814年和1815年法兰西战役史》，巴黎，1826年，第4卷，第24页。——原注

追击英军。但德隆伯爵约翰·巴普蒂斯特·德鲁埃对英军动向的判断完全不同。他派参谋长告诉拿破仑，他认为英军正部署兵力准备战斗。德隆伯爵约翰·巴普蒂斯特·德鲁埃继续说："皇帝立刻赶往前哨。我与他在一起。我们依次下马，试图靠近英军的骑兵哨所，以便更近地观察英军的动向。他发现我是正确的，并且确信英军在抢占有利位置。他对我说，'命人准备好羹汤，让士兵们有序地取餐，我要确定中午之前该做什么。'"

事实上，拿破仑并没有太过焦虑，而且整个下午他都在马背上指挥军队前进。1815年6月17日午夜和1815年6月18日凌晨，他先后两次冒雨在泥泞的路上跋涉，察看战线外围的警戒哨所，这里距他在卡尤农庄的指挥部近两英里。之后，他并没有表现出明显的疲惫。

拿破仑显然很焦虑，但又没有必要。原因倒不难理解，只要威灵顿公爵阿瑟·韦尔斯利迎战，拿破仑就有信心在1815年6月18日击败威灵顿公爵阿瑟·韦尔斯利，就像1815年6月16日他有信心打败列博莱希特·冯·布吕歇尔一样。拿破仑相信并且有理由相信，法军在战斗能力甚至人数方面都优于英军。他相信第二任格鲁希侯爵埃曼努尔·德格鲁希会阻挡普军，就像在利尼战役中他相信米歇尔·奈伊会保护他免受英军攻击一样。而且拿破仑也可能认为第二任格鲁希侯爵埃曼努尔·德格鲁希会及时到达战场，给予英军毁灭性的打击。这样一来，第二任格鲁希侯爵埃曼努尔·德格鲁希在这次战斗中的角色，就像在利尼战役中拿破仑赋予米歇尔·奈伊的角色一样。因此，拿破仑甚至都不担心英军的撤退。

拿破仑从安托万·玛博特上校的报告和信中推断，第二任格鲁希侯爵埃曼努尔·德格鲁希会在穆斯蒂耶越过迪莱河，这一推断当然是合理的。然而，拿破仑竟然对此如此确定，这一点值得注意，因为自拿破仑让伯特兰带给第二任格鲁希侯爵埃曼努尔·德格鲁希命令，并赋予第二任格鲁希侯爵埃曼努尔·德格鲁希独立决定权之后，他再也没有给第二任格鲁希侯爵埃曼努尔·德格鲁希此类的指示[①]。

---

① 本书附录A中会探讨所谓的在当天晚上给第二任格鲁希侯爵埃曼努尔·德格鲁希送达命令这一问题。——原注

另一件值得注意的事情是，威灵顿公爵阿瑟·韦尔斯利等待迎战这件事竟然丝毫没有让拿破仑觉他在等待支援，而且是列博莱希特·冯·布吕歇尔主力部队的支援①。本书至少可以确定拿破仑没有推断出这一点，因为他如果得出这样的结论，就会按常识采取以下措施，即尽快进攻威灵顿公爵阿瑟·韦尔斯利的军队，或在1815年6月18日10时下达给第二任格鲁希侯爵埃曼努尔·德格鲁希命令前确认其能否参战，但他没有做到上述任何一点。1815年6月18日3时30分左右拿破仑回到卡尤农庄，他如果这时能派人命第二任格鲁希侯爵埃曼努尔·德格鲁希经穆斯蒂耶桥和奥丁尼桥向法军主力靠拢，那么就只要对付眼前的威灵顿公爵阿瑟·韦尔斯利的军队了。拿破仑刚刚亲眼确认，威灵顿公爵阿瑟·韦尔斯利的军队就在对面。

查拉斯中校称②，1815年6月18日6时，雨停了。而早些时候纪尧姆·德沃德阔特说③，雨是1815年6月18日8时停的。万·洛本·泽尔斯说④，天亮时，雨势减弱，直到1815年6月18日10时天才放晴。在滑铁卢战役中，博迪中校⑤是让·德迪乌·苏尔特的部下。他说，1815年6月18日接近9时，雨停了。本书认为，雨极有可能在1815年6月18日8时之前就停了。拿破仑如果选择上述做法，就可能在1815年6月18日9时就发起攻势。

事实上，拿破仑原本打算这样做。他给各军长及时下达了命令，要求他们督促士兵们擦亮枪支、吃好早饭。这样一来，1815年6月18日9时整，法军就可以做好开战的准备。安托万·德鲁奥将军当时是一位德高望重的炮兵军官及帝国近卫军的副指挥官。他告诉我们，拿破仑打算在1815年6月18日8时最晚9时发起攻势⑥。但之前下了一下午和一晚上的大雨，道路泥泞，炮兵难以快速有效地行

---

① 万·洛本·泽尔斯：《1815年澳属尼德兰战役详史》，海牙，埃里捷·多尔曼出版社，1849年，第319页。——原注
② 查拉斯中校：《1815年战役史：滑铁卢》，莱比锡，布洛克豪斯出版社，第1卷，第265页。——原注
③ 纪尧姆·德沃德阔特：《1814年和1815年法兰西战役史》，巴黎，1826年，第4卷，第24页。——原注
④ 万·洛本·泽尔斯：《1815年澳属尼德兰战役详史》，海牙，埃里捷·多尔曼出版社，1849年，第270页。——原注
⑤ 博迪中校：《拿破仑研究》，巴黎，1841年，第1卷，第225页。——原注
⑥ 埃尔兴根公爵费利克斯·奈伊：《1815年战役未出版文件集》，巴黎，1840年，第XVIII页，第52页。——原注

安托万·德鲁奥

动。考虑到这一情况,安托万·德鲁奥将军[1]建议推迟两小时到三小时再进攻。拿破仑本人就曾是炮兵军官,而且总是最大化地利用大炮这一武器,他听从了这一建议,并决定将总攻时间推迟到1815年6月18日近13时。

1815年6月18日8时左右,拿破仑沿前线骑马前行[2]以侦察英军的部署。上文提到,他半夜已经两次侦察英军的部署。接着,拿破仑口授了作战命令或者说是

---

[1] 阿道夫·梯也尔:《拿破仑统治下的执政府和法兰西帝国史》,伦敦,威利斯和莎乐伦出版社,1861年,第20卷,第157页。——原注
[2] 查拉斯中校:《1815年战役史:滑铁卢》,莱比锡,布洛克豪斯出版社,第1卷,第270页。——原注

行动命令。他要求部队排成三行，准备战斗。所有人都说集结待发的军队场面极其壮观。军乐响起，将士们喊着"皇帝万岁"。拿破仑精心策划了这一场面，将士们斗志高昂。但这又有些占用时间，这一点拿破仑可能没有想到。这个场面于1815年6月18日近9时开始，10时30分之前[①]结束。这至少表明，拿破仑认为战役有必要在1815年6月18日9时打响。

这一盛况过后，"拿破仑从军阵前方走过，迎接他的是热情的欢呼"[②]。接着，1815年6月18日近11时，拿破仑口授了进攻计划。这一点本书之后再讨论。

读者们会突然感到，之前本书提醒大家的错误再次出现了。也就是说，在已经确认形势可能改变的情况下，拿破仑还是按照普军不可能前来支援而组织进攻。而且如果普军真的前来支援，拿破仑就应该采取与之前完全不同的措施，否则他将无法避免惨败。拿破仑很可能坚定地认为，普军在利尼遭遇惨败、士气低落，而第二任格鲁希侯爵埃曼努尔·德格鲁希也会率三万三千人阻止普军的行动，所以自己可能不会受到普军的干扰。但拿破仑并不知道而且也不会知道普军身在何处。事实上，他完全相信一部分普军已经赶往瓦夫尔。而且就在那时，拿破仑认为，普军前往瓦夫尔反而可以引导第二任格鲁希侯爵埃曼努尔·德格鲁希经穆斯蒂耶向自己靠拢。如果拿破仑认为，在这种紧急情况下第二任格鲁希侯爵埃曼努尔·德格鲁希会经穆斯蒂耶向自己靠拢，那么他为什么没有立刻进攻威灵顿公爵阿瑟·韦尔斯利的英荷联军，并全力保证第二任格鲁希侯爵埃曼努尔·德格鲁希参战呢？事实上，这一批评只是延续了之前对拿破仑派给第二任格鲁希侯爵埃曼努尔·德格鲁希大量兵力的批评。当时，拿破仑认为有必要直接警告第二任格鲁希侯爵埃曼努尔·德格鲁希普军可能与英军会合。

不过，本书可以解释这里明显的矛盾，这些矛盾肯定即存在于拿破仑的想法中，也体现在他的行动中。拿破仑非常确定自己只需与英荷联军作战，所以他有意将进攻时间拖延至对自己最有利的时刻。他相信，如果普军已经前往瓦夫尔方向，打算与英军会合或者攻击法军，第二任格鲁希侯爵埃曼努尔·德格鲁希

---

① 查拉斯中校：《1815年战役史：滑铁卢》，莱比锡，布洛克豪斯出版社，第1卷，第274页。——原注
② 查拉斯中校：《1815年战役史：滑铁卢》，莱比锡，布洛克豪斯出版社，第1卷，第275页。——原注

会经穆斯蒂耶赶来。然而，从1815年6月17日13时到1815年6月18日10时，拿破仑没有给第二任格鲁希侯爵埃曼努尔·德格鲁希任何命令，也没有给他任何信息。主帅应该为这不该出现的疏忽负次要责任，下属也应该因缺乏这样做的精力和能力而承担主要责任。

以上是法军总指挥部的大致情况。而威灵顿公爵阿瑟·韦尔斯利却秉持一贯的谨慎。他摆好战斗阵列，在法军找到合适的时机进攻之前，只是静静地等待。每一小时的拖延对威灵顿公爵阿瑟·韦尔斯利来讲都是有利的。他知道，拿破仑一定不知道普军正赶来与英军会合，并进攻法军。

此时，我们绝不能认为威灵顿公爵阿瑟·韦尔斯利可以高枕无忧。他清楚地知道自己军队的缺陷。他比谁都清楚，自己的军队由杂牌部队构成，并且多数都是未经战事的新兵。拿破仑的法军装备齐全、战斗经验丰富，他很可能无法抵抗这支法军的进攻，而他却马上就要遭到这样的进攻。因此，他唯一能依靠的就是列博莱希特·冯·布吕歇尔所承诺的支援。正如詹姆斯·肖·肯尼迪所说[①]："要想理解威灵顿公爵阿瑟·韦尔斯利选择在滑铁卢迎战这一举动，就要从总体上看待他的这次行军安排，否则威灵顿公爵阿瑟·韦尔斯利决定在滑铁卢迎战就会被人们指责为鲁莽、愚蠢，因为他的军队大部分是由纯后备军和荷兰-比利时联军组成。从政治及其他原因来讲，荷兰-比利时联军是不可靠的，而事实上1815年6月16日的战斗已经证明了这一点。认为荷兰-比利时联军不可靠并不是因为它们缺乏勇气，我们有足够的证据表明来自这些国家的人在参加他们支持的战争时是最勇猛、坚韧的。但在目前这种情况下，他们不愿意与法军激战。"

不过，威灵顿公爵阿瑟·韦尔斯利觉得自己可以依靠列博莱希特·冯·布吕歇尔所承诺的援助而且想碰一下运气。他认为，列博莱希特·冯·布吕歇尔会信守诺言。在列博莱希特·冯·布吕歇尔赶来支援之前，他的军队还能坚持。然而，这样做的风险实在不小。

首先，威灵顿公爵阿瑟·韦尔斯利非但不知道拿破仑派给了第二任格鲁希

---

① 詹姆斯·肖·肯尼迪：《滑铁卢战役注解》，伦敦，约翰·默里出版社，1865年，第131页。——原注

侯爵埃曼努尔·德格鲁希两个完整的军，反倒认为拿破仑只给了第二任格鲁希侯爵埃曼努尔·德格鲁希一个军。他也不知道，在滑铁卢战役当天早上，拿破仑会集结了"除派去监视列博莱希特·冯·布吕歇尔的第三军之外"①的所有部队与他对阵。幸运的是，威灵顿公爵阿瑟·韦尔斯利所面临的这一危险并没有出现，但他至少清醒地看到了这一点，这值得肯定。

其次，第二任格鲁希侯爵埃曼努尔·德格鲁希可能会参战，并阻止普军前来支援。上文已经提到，第二任格鲁希侯爵埃曼努尔·德格鲁希如果根据形势自行决定在1815年6月18日拂晓前赶往穆斯蒂耶桥，或者在1815年6月18日中午听从艾蒂安·莫里斯·热拉尔的建议，就可以参战。

事实上，如果拿破仑和第二任格鲁希侯爵埃曼努尔·德格鲁希都换一种指挥方式，那么滑铁卢的战事可能会完全改变，这一点引起了分析家们对该战役的特别关注。

蒙圣让村和滑铁卢村以南就是滑铁卢战场，在战斗开始前的一段时间里，由英军工兵监视。"军官们的战场简图被集中到一起，比较精确的一份是给奥兰治公爵威廉·亨德里克的，另一份是给威灵顿公爵阿瑟·韦尔斯利的，当时正在绘制中。"②工兵总指挥詹姆斯·史密斯中校参加了夸特布拉斯战役。1815年6月16日下午，大概受威灵顿公爵阿瑟·韦尔斯利的指示，詹姆斯·史密斯中校奉命到布鲁塞尔取回在滑铁卢战场的作战计划图。这个作战计划图就是最初的战场简图集，由工兵旅副旅长③约翰·奥德菲尔德上尉将其交给了詹姆斯·史密斯中校。1815年6月17日上午，"收到列博莱希特·冯·布吕歇尔的信时"④，威灵顿公爵阿瑟·韦尔斯利拿到了詹姆斯·史密斯中校送来的这些战场简图集，并将其交给了副军需长或参谋长威廉·德兰西上校，命令他 "照此部署我们第二天

---

① 约翰·戈武德：《威灵顿公爵阿瑟·韦尔斯利的急报集》中的《威灵顿公爵阿瑟·韦尔斯利的官方报告》，伦敦，约翰·默里出版社，1838年，第12卷，第484页。——原注
② 约翰·奥德菲尔德上尉：《滑铁卢战役信函集》。C.D.扬所著《威灵顿公爵阿瑟·韦尔斯利传》第565页背面插入了这个图的副本。C.D.扬：《威灵顿公爵阿瑟·韦尔斯利传》，伦敦，查普曼出版社，1860年，第565页，第616页。——原注
③ 奇怪的是，在战斗中，这些材料近乎遗失了。持有这些材料的军官在混战中从马上摔下。——原注
④ 这一信息很可能是由马索中尉带来的。——原注

的战场。同时，威灵顿公爵阿瑟·韦尔斯利希望詹姆斯·史密斯中校采取必要措施，在布赖讷勒路德村挖掘战壕"①。

詹姆斯·史密斯中校很好地领会并在地图上标出了布赖讷勒路德村。1815年6月17日下午，威灵顿公爵阿瑟·韦尔斯利率麾下的部分士兵从夸特布拉斯撤退至布赖讷勒路德，同时命在尼威尔和其他地方更大规模的军部赶来。

布赖讷勒路德村的位置易守难攻。英军主战线与沙勒罗瓦到布鲁塞尔的公路垂直交叉，从奥安和瓦夫尔延伸过来的公路从该交叉点切入。在蒙圣让村以南近四分之三英里的地方，通往尼威尔的道路从沙勒罗瓦到布鲁塞尔的公路上分出。在沙勒罗瓦到布鲁塞尔公路的东面，英军左翼的战线长达一英里左右。其中，在一个缓坡上的英军战线就超过了半英里。不过，前方四分之一英里到二分之一英里的斯莫汉村、帕佩洛特村和拉艾村均已被法军占领。在沙勒罗瓦到布鲁塞尔的公路西面，英军战线沿上述同一山脊延绵了近三分之一英里，之后稍稍折向西南方，但仍然沿该山脊的顶部延伸，并又向前延伸了近半英里。在这里，英军的战线被一个花园和大量的树木掩盖了，内中有一个坚固的老建筑——霍蒙城堡。霍蒙城堡及其周边的建筑在主战线前方三百五十码的地方，位于主战线最右侧，英军派大量兵力守在这里。这个山脊非常适合防御。背面的山脊可以很好地掩护躲在其后面的步兵，而且前方没有树林或其他遮掩物，法军的任何行动都尽收眼底，且容易炮轰法军。此外，法军进攻时要经过的路泥泞湿滑，任何步兵快速突击或者骑兵快速突击都是不可能的。

在滑铁卢战场上，威灵顿公爵阿瑟·韦尔斯利拥有英军的第一师、第二师、第三师、第五师和第六师的全部兵力，第四师的一个旅休·亨利·米切尔旅、荷兰-比利时联军的第二师和第三师及布伦瑞克军和拿索分遣军，共计步兵四万九千六百零八人、骑兵一万两千四百零八人、炮兵六百四十五人、火炮一百五十六门，总人数是六万七千六百六十一人②。

---

① 约翰·奥德菲尔德原话。约翰·奥德菲尔德上尉：《滑铁卢战役信函集》。——原注
② 威廉·西博恩上尉：《1815年战役史：法兰西战役和比利时战役》，伦敦，T.&W.布恩出版社，1844年，第1卷，第460页，第461页，附录XXX；而查拉斯中校说总共有七万零一百八十七人，其中，骑兵一万三千四百三十二人，火炮一百五十九门。——原注

上文提到，上述部队驻扎在滑铁卢战场上，脱离了他们原来所属的军。这可能是因为威灵顿公爵阿瑟·韦尔斯利希望将外国的部队分出。他无论如何都无法完全信赖某些外国部队，主要依赖的是英军和英王直辖德意志军团。由于这些部队以前在战场上从未在军的编制下行动，所以不用担心这种安排会让它们不适。

威灵顿公爵阿瑟·韦尔斯利兵力构成如下[①]：

一、英军

步兵一万五千一百八十一人

骑兵五千八百四十三人

炮兵两千九百六十七人

共计两万三千九百九十一人

二、英王直辖德意志军团

步兵三千三百零一人

骑兵一千九百九十七人

炮兵五百二十六人

共计五千八百二十四人

英军和英王直辖德意志军团共计两万九千八百一十五人

三、汉诺威军

步兵一万零二百五十八人

骑兵四百九十七人

炮兵四百六十五人

共计一万一千二百二十人

[①] 威廉·西博恩上尉：《1815年战役史：法兰西战役和比利时战役》，伦敦，T.&W.布恩出版社，1844年，第1卷，第460页，第461页，附录XXX。——原注

四、布伦瑞克军

步兵四千五百八十六人

骑兵八百六十六人

炮兵五百一十人

共计五千九百六十二人

五、拿骚分遣军

步兵两千八百八十人

六、荷兰-比利时联军

步兵一万三千四百零二人

骑兵三千二百零五人

炮兵一千一百七十七人

共计一万七千七百八十四人

以上总计六万七千六百六十一人

  在沙勒罗瓦到布鲁塞尔的公路东面或者说英军左侧战线上部署的是英军第五师、第六师，荷兰-比利时联军第二师及英军理查德·赫西·维维安的骑兵旅和约翰·奥姆斯比·范德勒的骑兵旅。左侧战线好像由托马斯·托马斯·皮克顿[①]指挥，尽管本书并不清楚除了他自己的第五师，他是否有权指挥其他部队。在上述部队中，骑兵驻扎在最左侧。荷兰-比利时联军萨克森魏玛公爵卡尔·伯纳德旅占据了斯莫汉村、帕佩洛特村和拉艾村。英军步兵部署在山脊斜坡的背面，以躲避法军的炮火。但正如詹姆斯·肖·肯尼迪所说[②]，荷兰-比利时联军的——另一个旅弗雷德里克·范比兰特的旅——"被部署于瓦夫尔公路前方的

[①] 劳里·科尔指挥英军第六师，而第六师没有参战。——原注
[②] 詹姆斯·肖·肯尼迪：《滑铁卢战役注解》，伦敦，约翰·默里出版社，1865年，第61页。——原注

理查德·赫西·维维安

斜坡上,这是最令人不解的地方。这个位置从主战线①前方骤然凸出。在战场上,它会直接暴露在法军最猛烈的炮火之下,并要单独承受法军的第一轮进攻"。本书不知道谁该为这一危险、欠考虑的部署负责。威灵顿公爵阿瑟·韦尔斯利左翼的后方远离法军的炮轰,部署在这里的是少校威廉·庞森比指挥的所谓的联合旅,这个旅由皇家龙骑兵团、苏格兰龙骑兵团和恩尼斯基罗龙骑兵团组成。

左翼右侧在通往沙勒罗瓦的公路上。英军第三师查尔斯·阿尔滕师部署在通往沙勒罗瓦的公路以西的战线上。在通往沙勒罗瓦的公路的西侧与通往瓦夫

---

① 主要是通往瓦夫尔的公路。——原注

尔的公路交会处以南约三百码的地方是圣拉艾村的农舍①，由英王直辖德意志军团巴林少校指挥的一个营固守。在该农舍围墙的最南端，英军拉起了横穿公路的铁丝网，但在战斗中被毁坏了。

在第三师的前方、友军的右侧驻扎着第一师乔治·库克师的两个旅。约翰·宾的第二旅部分兵力、部分拿骚分遣军与其他外国部队占据着霍蒙城堡及周边建筑。

约翰·宾

---

① 约翰·奥德菲尔德上尉：《滑铁卢战役信函集》，第403页，第404页。——原注

爱德华·萨默塞特

H.R.克林顿的第二师是预备部队，在梅尔布赖讷附近。布伦瑞克军也是预备军。荷兰-比利时联军沙斯的第三师在最右侧，其部分兵力驻扎在布赖讷勒路德。爱德华·萨默塞特的重骑兵旅驻扎在后方，靠近通往沙勒罗瓦的公路。荷兰-比利时联军的骑兵在右侧前方。

从上文，我们明显看到，除了倒霉的弗雷德里克·范比兰特旅，其他部队均部署得当，从而远离法军的炮火。众所周知，法军的炮火威力极大。固守霍蒙城堡是反法联军最重要的任务。霍蒙城堡的墙上及花园的墙上均弹孔累累，而且最靠近法军的一侧掩藏在密密的树林中，这真是一个防守的好地方。只要守住这里，那么威灵顿公爵阿瑟·韦尔斯利战线的右侧就不会受到实质性的攻击[①]。通往布鲁塞尔公路上的圣拉艾村的农舍也十分坚固。尽管由于疏忽，威灵顿公

---

① 詹姆斯·肖·肯尼迪：《滑铁卢战役注解》，伦敦，约翰·默里出版社，1865年，第65页。——原注

爵阿瑟·韦尔斯利未能适当地增援这里的守军，也未能给他们提供足够的弹药。这里的守军没有挖掘土方工事①。如上文所述，他们在沙勒罗瓦公路上拉起铁丝网，并在霍蒙城堡后方通往尼威尔公路上拉起铁丝网。

拿破仑带往滑铁卢战场的有第一军、第二军和除弗朗索瓦·安托万·泰斯特师之外的第六军、帝国近卫军、艾蒂安·德谢勒曼的重骑兵和约翰·巴普蒂斯特·米约的重骑兵及从第三军分出的约翰·西梅翁·多蒙的轻骑兵和从皮埃尔·克洛德·帕若尔的骑兵军分出的舒贝维轻骑兵，共计七万一千九百四十七人。其中步兵四万八千九百五十人，骑兵一万五千七百六十五人，炮兵七千二百三十二人，火炮二百四十六门②。

第一军在法军战线第一排的右侧。战线前沿的左端在通往沙勒罗瓦的公路上，靠近拉贝尔客栈。第一军轻骑兵监视最右侧的拉艾村和帕佩洛特村。第二军在法军战线第一排的西侧。皮尔的骑兵部署在通往尼威尔的公路东西两侧。第六军、帝国近卫军及艾蒂安·德谢勒曼是重骑兵和约翰·巴普蒂斯特·米约的重骑兵为预备军。

第二军约翰·巴普蒂斯特·吉拉尔师留在了利尼。在第二军参加滑铁卢战役的三个师中，杰罗姆·拿破仑的师在战线第二排左端，马克西米利安·塞巴斯蒂安·富瓦的师在中间，吉尔贝·巴舍吕的师在右侧。吉尔贝·巴舍吕师右翼部署在通往沙勒罗瓦的公路上。

在第一军的四个师中，弗朗索瓦·格扎维埃·东泽洛的师在左侧。弗朗索瓦·格扎维埃·东泽洛师的左侧部署通往沙勒罗瓦的公路上。弗朗索瓦·格扎维埃·东泽洛师往右是埃德加·基内指挥的阿利克斯的师，再往右是皮埃尔·马尔科涅的师，接着是弗朗索瓦·约瑟夫·迪吕的师。最右侧的弗朗索瓦·约瑟夫·迪吕的师正对着帕佩洛特村和拉艾村。

两军人数几乎相当。如果威灵顿公爵阿瑟·韦尔斯利拥有的军需物资与拿

---

① 约翰·奥德菲尔德上尉：《滑铁卢战役信函集》。——原注
② 威廉·西博恩上尉：《1815年战役史：法兰西战役和比利时战役》，伦敦，T.&W.布恩出版社，1844年，第1卷，第460页；查拉斯中校给出的总人数是七万两千四百七十七人，火炮二百四十门。查拉斯中校：《1815年战役史：滑铁卢》，莱比锡，布洛克豪斯出版社，第1卷，第238页。——原注

破仑持平，那么他在位置上的优势就可以略微弥补法军人数上略微占优给他带来的劣势。然而，事实上，法军的优势不止体现在骑兵和炮兵方面。虽然英荷联军大部分部队的士气是没有问题的，但正如上文中詹姆斯·肖·肯尼迪所说，威灵顿公爵阿瑟·韦尔斯利迎战的唯一合理理由是列博莱希特·冯·布吕歇尔可能会予以支援。

本书看到，1815年6月18日11时之前拿破仑口授了战斗计划。他说[1]，1815年6月18日13时左右，一旦所有部队按战斗序列摆好，而且他给米歇尔·奈伊下达了命令，进攻就要开始，目标是占领蒙圣让村。通往尼威尔的道路在蒙圣让村接入了沙勒罗瓦公路。此次，法军第一军担任进攻任务，第二军从左侧掩护。法军将用七十八门火炮的强大火力支援这次进攻，其中许多火炮都重达十二磅。这些火炮要从道路的东侧被移至法军前线前方与之平行的一个山脊上，这个山脊距英军仅有六百码。

1815年6月18日11时之前，拿破仑决定将主攻的时间推迟到1815年6月18日13时左右。他之所以这样决定，主要是因为他看到法军要经过的道路太泥泞了。

拿破仑决定主攻蒙圣让村，以占领敌军可能用来撤退的主要通道，也就是通往布鲁塞尔的公路，这一点常常赢得军事人员的赞许。拿破仑一定是打算让第六军向前推进，以支援第一军的进攻。不过，要注意，面对普军的介入，拿破仑放弃了这个打算。如果法军进攻顺利并成功占领通往布鲁塞尔的公路，那么结果是威灵顿公爵阿瑟·韦尔斯利率部在苏瓦涅森林的掩护下撤退[2]，还是如拿破仑所想，英军穿过苏瓦涅森林需要放弃大部分的炮兵？在这里，本书不打算讨论这个问题。

当天主攻开始之前，也就是1815年6月18日11时30分，拿破仑命奥诺雷·查尔斯·雷耶伯爵率左侧杰罗姆·拿破仑[3]师攻打霍蒙城堡。拿破仑原打算用这次

---

[1] 埃尔兴根公爵费利克斯·奈伊：《1815年战役未出版文件集》，巴黎，1840年，第XIX页，第53页，第54页。——原注
[2] 英国分析家们常常这样认为。——原注
[3] 我们不会完整地描述滑铁卢战役的战术。威廉·西博恩上尉、查拉斯中校、乔治·胡珀、亨利·德拉图尔·奥弗涅等人的描述已经十分详尽。除了两三处不同外，他们的叙述无甚差别。——原注

法军进攻霍蒙城堡

进攻转移敌军的注意力,所以没有充分侦察敌军的位置,进攻也最草率[1]。查拉斯中校坚持认为,不管是该师师长杰罗姆·拿破仑,还是实际指挥这次进攻的阿尔芒·查尔斯·吉列米诺,都没有竭力用好士兵们高昂的斗志和充沛的体能。他们如果能用好,就至少能取得部分胜利。譬如,霍蒙城堡的西侧入口非常适于炮攻。如果法军在此部署几门重型火炮,西侧的几个门和附近的墙会被轰开,霍蒙城堡也可能被攻克[2],尽管有人怀疑法军占领这里后能否守得住。大量火药可以炸开花园的围墙,但没有人想到要给士兵们提供火药[3]。由于以上疏忽,杰罗姆·拿破仑师在占领树林和果园后,那些躲在花园围墙后面、带有累累弹孔的

---

[1] 以下从1815年6月24日冯·穆费林写的一封信中截取的这段话用在此处非常恰当,"在我们到达这里之前,我对威灵顿公爵阿瑟·韦尔斯利说,'如果你部右侧出现明显的薄弱点,拿破仑就会立刻猛攻你部右侧,并同时忽略他自己的右翼。这样一来,他就不会发现普军的行军方向!''看到了吗? 当我们到达这里的时候,这里还有霍蒙的前哨,拿破仑的确想攻占这个前哨'"。《米利塔尔周报》,1891年11月14日。——原注

[2] 亨利·德拉图尔·奥弗涅:《滑铁卢:1815年战役研究》,巴黎,亨利·普隆出版社,1870年,第266页;查拉斯中校:《1815年战役史:滑铁卢》,莱比锡,布洛克豪斯出版社,第1卷,281页。

[3] 查拉斯中校:《1815年战役史:滑铁卢》,莱比锡,布洛克豪斯出版社,第2卷,第18页。——原注

墙后面及周边建筑后面的敌军就将法军士兵射倒在地，导致他们无法前进。或许这原本并不是什么严重的问题，但奥诺雷·查尔斯·雷耶伯爵对行动受挫极不耐烦，而且仍然没有确认进攻失败的准确原因。他派马克西米利安·塞巴斯蒂安·富瓦的师前去支援杰罗姆·拿破仑。当天晚些时候，吉尔贝·巴舍吕师实际上已经奉命参加夺取霍蒙城堡的行动，这不但徒劳，而且代价惨重。1815年6月18日早上，法军第二军只有不到一万两千名步兵，而且他们几乎没有参加主攻英军的行动。看到这一点人们才发现，当天对法军第二军的部署是错误的，而且这一错误不可原谅。奉命保卫阵地的法军最多有六千人。

在上文，我们提到，当天法军的主要行动是，德隆伯爵约翰·巴普蒂斯特·德鲁埃指挥第一军向前推进，摧毁在瓦夫尔公路与沙勒罗瓦公路交叉口及其附近的英军战线的中段。法军的七十八门火炮在距山脊顶部不到三分之一英里的地方继续炮轰了一个半小时。该山脊顶部的前方是弗雷德里克·范比兰特

法军与英军在霍蒙城堡混战

詹姆斯·普特

的旅，后方是托马斯·皮克顿师的詹姆斯·普特的旅、丹尼斯·帕克的旅和查尔斯·贝斯特的旅。1815年6月18日13时30分，拿破仑命德隆伯爵约翰·巴普蒂斯特·德鲁埃前进。

德隆伯爵约翰·巴普蒂斯特·德鲁埃的第一军将分成四个纵队，呈楔形阵列前进，左侧在前。第一军的队形极易引人注意，这并不适用于接下来的行动。因此，这常常招致军事人员的批评。查拉斯中校给我们清楚地解释了这个队形[1]。第一纵队，或者说是左侧纵队，是阿利克斯师的弗朗索瓦·布儒瓦的旅，该师的另外一个旅——埃德加·基内旅——奉命执行占领圣拉艾村的特殊任务。弗朗索瓦·布儒瓦的旅包括四个营，这四个营依次前进。每个营排成三排，也是依次前进。每个营之间间隔五步。所以第一纵队第一排的人数就是最前面那个营总人数的三分之一。每个旅有四个营，那么第一纵队就有十二排。其他纵队也是如此，只是略有变动。弗朗索瓦·格扎维埃·东泽洛师的拥有九个营，因此这个师的纵队就有二十七排。皮埃尔·马尔科涅的师和弗朗索瓦·约瑟夫·迪吕的师分别有八个营，他们各自的纵队就都是二十四排。不过，德隆伯爵约翰·巴普蒂斯特·德鲁埃第一军这些师的队形不甚灵活，缺乏机动性。在这种情况下，米歇尔·奈伊和德隆伯爵约翰·巴普蒂斯特·德鲁埃为什么要放弃他们惯常的做法呢？这一点没有人知道[2]。

　　分析家们常常提起德隆伯爵约翰·巴普蒂斯特·德鲁埃第一军的冲锋。他们说，弗雷德里克·范比兰特的旅那些可怜的将士们被炮轰了一个半小时之后，完全无法单独抵抗这支强大的法军。弗雷德里克·范比兰特的旅分崩离析，并撤向后方，咒骂着可恶的友军[3]。法军在多数人无法机动的情况下，艰难前往山脊的顶部，却遭到了不远处的丹尼斯·帕克的旅和詹姆斯·普特的旅的阻击。就因为这种错误的队形，法军只有处于进攻最前方的营能够返回。而且当这个营冒着枪林弹雨艰难前行，想竭力摆脱紧跟在后面的队伍时，威廉·庞森比的重骑兵旅朝他们猛冲过来，接着冲入法军纵队中间，冲散了队形，杀死了暴露在外的步兵，俘虏了众多法军士兵，摧毁了十五门火炮，并迫使左侧的三个纵队四散而

---

[1] 查拉斯中校：《1815年战役史：滑铁卢》，莱比锡，布洛克豪斯出版社，第1卷，第288页，注释2。——原注

[2] 查拉斯中校：《1815年战役史：滑铁卢》，莱比锡，布洛克豪斯出版社，第1卷，第288页；亨利·德拉图尔·奥弗涅：《滑铁卢：1815年战役研究》，巴黎，亨利·普隆出版社，1870年，第274页；德隆伯爵约翰·巴普蒂斯特·德鲁埃在自己的自传中没有说明这个问题。德隆伯爵约翰·巴普蒂斯特·德鲁埃：《德隆伯爵约翰·巴普蒂斯特·德鲁埃自传》，巴黎，古斯塔夫巴尔巴出版社，1844年，第97页。——原注

[3] 威廉·西博恩上尉：《1815年战役史：法兰西战役和比利时战役》，伦敦，T.&W.布恩出版社，1844年，第2卷，第5页，第6页，附录XXXI。——原注

法军与英军在滑铁卢展开激烈较量

逃。上述所有场景对于了解滑铁卢战役的人来讲都不陌生。德隆伯爵约翰·巴普蒂斯特·德鲁埃此次进攻糟糕至极。同时，尽管法军队形有缺陷，但法军还是登上了英军据守的山脊顶部。如果英军露出哪怕一丝胆小、犹豫，那么法军就能冲破英军的战线。但法军没有足够的时间。托马斯·皮克顿觉察到了危险，他及时抓住机会，命部队在附近猛烈炮火的掩护下，冲散了法军纵队的前排士兵，并举着刺刀向法军冲去。指挥骑兵的阿克斯布里奇伯爵亨利·佩吉特从自己的位置骑

马行至通往沙勒罗瓦的公路的西侧,并命令威廉·庞森比向前冲锋。之后,他折回原处,率爱德华·萨默塞特的骑兵旅成功冲向通往沙勒罗瓦的公路的西侧。整个过程中,英军的表现都是了不起的,担得起这样的胜利。然而,在返回原地的途中,英军骑兵遭到了猛烈的攻击。

就在德隆伯爵约翰·巴普蒂斯特·德鲁埃快要出发时,拿破仑在其指挥部右侧远处的高地上发现了一支军队。拿破仑很快确认那是普军。接着,拿破仑命人将1815年6月18日13时的命令送至第二任格鲁希侯爵埃曼努尔·德格鲁希那里。

法军向圣拉艾村发起冲锋

上文提到，法军第一军糟糕的冲锋导致溃败。在此之前，即1815年6月18日15时之前，拿破仑已经决定派第六军阻击普军，而不是像之前的计划那样让第六军支援第一军，从而进一步打击英军。但不管下一步采取什么措施，法军的首要任务显然是占领圣拉艾村的农庄，而他们刚刚在这一行动中失败了。

与进攻霍蒙城堡时一样，法军对圣拉艾村农庄的进攻也是鲁莽大意、考虑不周。法军尽管拥有大量重型火炮，但没有一门火炮被用来轰开这些农庄的门和墙。勇敢冲锋到圣拉艾村农庄的门和墙前面的将士们原本可以冲进去，但他们失败了，最后白白牺牲[①]。在1815年6月18日16时之前，圣拉艾村农庄最终被法

---

① 米歇尔·奈伊的下属海梅斯上校说，超过两千人在占领圣拉艾村的行动中牺牲。查拉斯中校：《1815年战役史：滑铁卢》，莱比锡，布洛克豪斯出版社，第2卷，第18页。然而，这个数字估计得一定有些高。埃尔兴根公爵费利克斯·奈伊：《1815年战役未出版文件集》，巴黎，1840年，第17页。——原注

军拿下①。但攻下圣拉艾村只是猛攻敌军主线的必要前提。拿破仑②似乎已经想到，德隆伯爵约翰·巴普蒂斯特·德鲁埃的第一军遭受重创，已经无法确保立刻赶来支援，大概需要一小时甚至两小时来恢复战斗力。尽管如此，拿破仑仍然决定进攻通往沙勒罗瓦的公路西侧的英军战线的中段。因为法军第一军的步兵暂时无法赶来，而第二军的步兵或至少大部分步兵已用于进攻霍蒙城堡，所以拿破仑决定这次只派骑兵进攻。

在通往沙勒罗瓦的公路和霍蒙城堡之间的战线上，威灵顿公爵阿瑟·韦尔斯利的部队只是遭受了炮轰，其损失远不如公路对面暴露在法军强大炮火下的

法军逼近圣拉艾村

---

① 查拉斯中校：《1815年战役史：滑铁卢》，莱比锡，布洛克豪斯出版社，第1卷，第302页，第303页及第2卷，第18页；乔治·胡珀：《1815年战役史：滑铁卢——拿破仑的陨落》，伦敦，老史密斯出版社，1862年，第213页。其他权威观点认为，攻占圣拉艾村比上述时间晚两个小时。米歇尔·奈伊的下属海梅斯上校说是在1815年6月18日18时和19时之间。埃尔兴根公爵费利克斯·奈伊：《1815年战役未出版文件集》，巴黎，1840年，第18页，第19页。——原注
② 或许是米歇尔·奈伊。——原注

部队严重,所以可以状态良好地对抗法军骑兵[①]。况且糟糕的路况肯定会削弱法军骑兵的攻击力量。詹姆斯·肖·肯尼迪当时就在英军战线的这一部分。他告诉我们,英军军官们当时认为法军的这次进攻是不成熟的。

　　拿破仑也这样认为。不过,他似乎听从了米歇尔·奈伊的建议而放弃了自己的判断。而1815年6月18日16时刚过,冯·比洛军的前进一直吸引着拿破仑的注意。拿破仑被迫命米歇尔·奈伊进攻威灵顿公爵阿瑟·韦尔斯利的军队。他完全相信米歇尔·奈伊的战略和组织能力。而他本人主要负责指挥第六军和帝国近卫军的行动。他不得不一次次派上述部队前去支援,以阻止普军占领普朗谢诺伊特,从而避免普军威胁法军的联络通道。拿破仑忽视了对英军的进攻。他常常因此遭受严厉的批评。不过,本书认为拿破仑更加迫切地想阻止普军。从获胜的角度看,阻止普军比击败英军更关键,阻止普军绝对很有必要。当然,拿破仑也希望将英军逐出战场。不过,拿破仑并不担心英军会进攻。如果英军进攻,他的军队或至少大部分军队能够应付英军,所以英军不会带来大的风险。然而,普军正攻打法军侧方与后方,意图占领通往沙勒罗瓦的公路,并由此控制法军的联络通道和撤退路线。因此,阻止普军的进攻非常重要。拿破仑决定亲自对付普军,并将进攻威灵顿公爵阿瑟·韦尔斯利的任务交给米歇尔·奈伊。

　　接着,米歇尔·奈伊决定让骑兵冲锋,以占领反法联军战线的中心。米歇尔·奈伊尽管至少可以从霍蒙树林中撤回吉尔贝·巴舍吕的师,并将这个师派上用场,但似乎并没有打算支援第二军步兵的进攻。不过,米歇尔·奈伊曾经当过骑兵军官,眼前的情况可能让他觉得只派骑兵可以取得更好的效果。不管怎样,从1815年6月18日16时到18时,约翰·巴普蒂斯特·米约师、列斐伏尔·德努莱特的师、艾蒂安·德谢勒曼的师及居约伯爵的师陆续进攻英军的防线。众所周知,这些精锐部队骁勇善战,坚韧而稳健地发动着一次次进攻。进攻结束时,法军骑兵虽然已经筋疲力尽,但没有突破英军的防线。不过,威灵顿公爵阿瑟·韦尔

[①] 詹姆斯·肖·肯尼迪:《滑铁卢战役注解》,伦敦,约翰·默里出版社,1865年,第114页到第116页。詹姆斯·肖·肯尼迪对战斗这一部分的描述是最有价值的。事实上,他对战斗整个过程的描述也是最有价值的。但他认为,在法军骑兵进攻之前,圣拉艾村没有陷落。本书认为,他的这一观点是不正确的。——原注

斯利的汉诺威军、拿骚分遣军和布伦瑞克军也伤亡惨重,不得不留在战线上以防法军骑兵再次冲锋。这让法军弗朗索瓦·格扎维埃·东泽洛师的不在进攻队列之内的散兵们觉得,弗朗索瓦·格扎维埃·东泽洛师这部分战线易于突破。弗朗索瓦·格扎维埃·东泽洛的师连同埃德加·基内师的部分兵力最终奉命经沙勒罗瓦东侧来到这里,法军主阵地上的炮兵也发现这里是英军的薄弱点。在骑兵登上高地时,炮兵没有必要发炮,而骑兵一冲下山坡,炮兵就不停地开火。在这两个小时的时间里,这样的情况重复了多次。我们很快会看到,反法联军战线的这一部分最终遭受了重创,几近失守。通往布鲁塞尔的公路以西近半英里内的部队一度因疲惫而慌乱地撤退。威灵顿公爵阿瑟·韦尔斯利不得不亲率生力军接替他们的位置[1]。

然而,法军原本可以取得更大的胜利。譬如,当天快结束时,法军火炮的纵向炮击摧毁了卡瓦利·默瑟的火炮[2],并且实质上摧毁了英军的几个步兵方阵。法军原本可以在两个小时之前动用这些火炮,甚至可能动用更多的火炮[3]。但除以上所述之外,法军没有利用占领圣拉艾村所带来的巨大优势来部署炮位,以摧毁反法联军的整个战线,摧毁反法联军的火炮,打乱反法联军的方阵,使反法联军的步兵无法抵抗法军骑兵的冲击。法军第一军的步兵也没有及时出现。至于第二军的步兵,米歇尔·奈伊几乎没法使用。他让这些步兵留在了霍蒙城堡周围的树林和附属建筑中,现在自食其果。拿破仑说,帝国近卫军的重骑兵师——居约伯爵的师——在没有接到命令的情况下就进攻了。不过,米歇尔·奈伊是否下达了这一命令仍存在疑问。米歇尔·奈伊的参谋长海梅斯上校否认米歇尔·奈

---

[1] 詹姆斯·肖·肯尼迪:《滑铁卢战役注解》,伦敦,约翰·默里出版社,1865年,第127页以后;威廉·西博恩上尉:《1815年战役史:法兰西战役和比利时战役》,伦敦,T.&W.布恩出版社,1844年,第2卷,第152页之后。——原注

[2] 卡瓦利·默瑟:《滑铁卢战役日记》,爱丁堡&伦敦,威廉·布莱克伍德出版社,1870年,第1卷,第325页;《滑铁卢的拿破仑》,巴黎,J.杜梅因出版社,1866年,第315页;威廉·西博恩上尉:《1815年战役史:法兰西战役和比利时战役》,伦敦,T.&W.布恩出版社,1844年,第2卷,第154页,第155页。卡瓦利·默瑟在《滑铁卢战役日记》中似乎认为,这些纵向射击的炮兵是普军。卡瓦利·默瑟:《滑铁卢战役日记》,爱丁堡&伦敦,威廉·布莱克伍德出版社,1870年,第1卷,第214页以后。对比约翰·奥德菲尔德上尉所著《滑铁卢战役信函集》第330页。——原注

[3] 万·洛本·泽尔斯:《1815年澳属尼德兰战役详史》,海牙,埃里捷·多尔曼出版社,1849年,第333页。——原注

伊曾下过这一命令。海梅斯上校说,帝国近卫军骑兵自行决定进攻①。所有的权威观点都认为,不管是谁下的命令,这都是一个巨大的错误。它毁掉了法军骑兵最后的预备军。

在前线的上述战斗进行时,拿破仑本人亲自指挥洛博伯爵乔治·穆顿第六军的两个师勇敢决绝地阻挡着冯·比洛第四军。1815年6月18日16时30分左右,普军第四军最前方的两个师出发了。起初,法军轻松地阻击了这两个师,但之后他们重新集结并得到了第四军其他部队的支援。1815年6月18日17时到18时之间,洛博伯爵乔治·穆顿被迫后撤,普朗谢诺伊特受到了普军的威胁。拿破仑不得不投入青年近卫军。在三个炮位的掩护下,青年近卫军占领了普朗谢诺伊特。同时第六军向左侧延伸,与第一军的右翼会合。但普军将青年近卫军逐出了普朗谢诺伊特。之后,拿破仑被迫派出老近卫军和中年近卫军的三个营与两个炮兵连。在青年近卫军的支援下,上述部队重新夺回了普朗谢诺伊特。普军后撤了一段距离。此时已近1815年6月18日19时②,拿破仑似乎认为普军的进攻已经枯竭。在这次战斗中,法军与普军都表现得很顽强。与普军冯·比洛军相比,法军在经验上占优势。法军第六军的指挥官洛博伯爵乔治·穆顿能力极强,而帝国近卫军的这些团都是法军精锐。因此,尽管在人数上处于劣势,但法军仍然取得了胜利。如果换一种情况,这种胜利会是决定性的。不过,在这种情况下,普军可以立刻获得支援。路德维希·冯·皮尔希的普军第二军就在后方两英里的地方。

不过,拿破仑对此肯定一无所知。于是,他认为来自普军的危险消除了,所以快速赶往滑铁卢前线。而在法军骑兵结束进攻的最后时刻,前线的战事已近尾声。在这段时间里,沿通往布鲁塞尔的公路以西的英军中心战线事实上只发生了小规模的战斗,但明显削弱了反法联军的战斗力和士气。在战斗的这一阶段③,英

---

① 埃尔兴根公爵费利克斯·奈伊:《1815年战役未出版文件集》,巴黎,1840年,第16页,第17页。——原注
② 查拉斯中校:《1815年战役史:滑铁卢》,莱比锡,布洛克豪斯出版社,第1卷,第318页。——原注
③ 威廉·西博恩上尉:《1815年战役史:法兰西战役和比利时战役》,伦敦,T.&W.布恩出版社,1844年,第2卷,第152页以后;万·洛本·泽尔斯:《1815年澳属尼德兰战役详史》,海牙,埃里捷·多尔曼出版社,1849年,第295页。对比约翰·奥德菲尔德上尉所著《滑铁卢战役信函集》第339页。其中,道森·凯利中校所说的时间是"1815年6月18日18时30分左右"。——原注

科林·哈尔克特

军战线这一部分的战况不佳。詹姆斯·肖·肯尼迪当时是该战线上英军第三师的一员：他说①："圣拉艾村已经被法军占领，公路对面的小山也被敌军拿下，英荷联军这一侧的花园和阵地也被法军占领。冯·奥姆普泰达的旅几乎被全歼，格拉夫·冯·凯尔曼塞格的旅损失惨重。这两个旅无力守住它们的阵地。因此，科林·哈尔克特的旅②的左侧和詹姆斯·普特的旅③的右侧的战场无人守卫，而这里作为威灵顿公爵阿瑟·韦尔斯利战线的中心，自然是法军要夺取的头号目标。

---

① 詹姆斯·肖·肯尼迪：《滑铁卢战役注解》，第127页。伦敦：约翰·默里出版社，1865年。——原注
② 科林·哈尔克特的旅在主战线上，在沙勒罗瓦到布鲁塞尔的公路以西近半英里的地方。——原注
③ 詹姆斯·普特旅在通往布鲁塞尔的公路东侧。该旅的右翼就在公路上。——原注

英荷联军面临着巨大的危险。在战斗中,这个阶段的结果最扑朔迷离。幸运的是,拿破仑没有让法军的预备军加入,从而巩固法军在这个阶段所取得的优势。这说明拿破仑本人没有尽力,而且无暇侦察并确认战斗的进展。而他原本应该这样做。"

　　本书不同意最后这一观点。上文中刚刚提到,在战斗的关键时刻,拿破仑异常繁忙。事实上,拿破仑当时正在距英军战线①一点五英里的地方,凭劣势兵力与普军作战。因此,对拿破仑的批评是不合理的。这仅仅是因为詹姆斯·肖·肯尼迪忽略了拿破仑在这一阶段的繁忙。但事实就是事实,詹姆斯·肖·肯尼迪对战斗的解释仍然是我们看到的最好的解释之一。詹姆斯·肖·肯尼迪认为,如果拿破仑不需要打另一场仗②,如果拿破仑亲自指挥进攻反法联军的战线,那么威灵顿公爵阿瑟·韦尔斯利的处境将极其危险。此外,如果不需要打另一场仗,拿破仑就可以率一万六千人的生力军进攻疲惫的威灵顿公爵阿瑟·韦尔斯利的军队。因此,本书还要补充一点,英军爱德华·萨默塞特的重骑兵和威廉·庞森比的重骑兵在行动伊始的冲锋中已经筋疲力尽,1815年6月18日下午,上述部队或多或少有所伤亡,所以当天结束时它们已经不能有效地战斗了。

　　本书看到,正如拿破仑所想,他一旦完全驱逐普朗谢诺伊特附近的普军,就要立刻赶往前线,并一定会在1815年6月18日19时左右到达前线。因为这段时间拿破仑不在滑铁卢战场,所以不能把上述问题归咎于他的失误或疏忽。但不管怎样,拿破仑的缺席严重降低了法军获胜的可能性③。拿破仑认为④米歇尔·奈伊已经用尽了可支配的所有兵力。米歇尔·奈伊无权指挥帝国近卫军,而法军中唯一没有投入战斗的步兵隶属于帝国近卫军。同时,威灵顿公爵阿瑟·韦尔斯利

---

① 从通往布鲁塞尔的公路与通往瓦夫尔的公路的交叉点到普朗谢诺伊特的教堂大约有一点五英里。——原注
② 在普朗谢诺伊特,法军与普军殊死搏斗,拿破仑不得不亲自参与。——原注
③ 《滑铁卢的拿破仑》,巴黎,J.杜梅因出版社,1866年,第313页,第318页。——原注
④ 这里的主要问题是奥诺雷·查尔斯·雷耶伯爵的第二军。奥诺雷·查尔斯·雷耶伯爵的第二军本应该更多地参加支援骑兵的进攻,而不是在霍蒙树林中或者在霍蒙西侧的尼威尔公路上战斗。埃尔兴根公爵费利克斯·奈伊:《1815年战役未出版文件集》,巴黎,1840年,第17页,第18页。——原注

已经尽最大能力让通往沙勒罗瓦的公路西侧的英军战线至少在表面上恢复战斗力,他重新集结起查尔斯·阿尔滕师的士兵。之前,查尔斯·阿尔滕从马上摔下来并且受伤严重,这让威灵顿公爵阿瑟·韦尔斯利很吃惊。他命荷兰-比利时联军的第三师沙斯师从梅尔布赖讷驻地赶往英军近卫军后方,将理查德·赫西·维维安和约翰·奥姆斯比·范德勒的轻骑兵旅从战线最左侧调至中央。事实上,威灵顿公爵阿瑟·韦尔斯利做了自己所能做的一切。而现在,他只是冷静、小心而警惕地等待法军下一步的行动,战斗中的不利没有影响到他的上述品质,但他的处境确实非常危险。威灵顿公爵阿瑟·韦尔斯利的部队损失惨重,英军已经

约翰·奥姆斯比·范德勒

弗雷德里克·亚当

筋疲力尽,而大多数外国友军的耐心和信心近乎耗尽。在通往沙勒罗瓦的公路西侧的英军战线上,外国友军的火炮几乎被完全摧毁。不过,威灵顿公爵阿瑟·韦尔斯利仍然保留了自己最精锐的部队,以及一个或两个炮兵连。英军近卫军佩里格林·梅特兰旅和H.R.克林顿师的弗雷德里克·亚当旅虽有损失但并无大碍,它们的状况最好。米歇尔·奈伊已经告诉拿破仑前线的情况。拿破仑回复米歇尔·奈伊,自己会尽快派一部分帝国近卫军前来增援,米歇尔·奈伊也要尽最大可能集结骑兵和奥诺雷·查尔斯·雷耶伯爵的步兵来支援帝国近卫军在第一军步兵的支援下即将发起的进攻。在利尼,拿破仑指挥帝国近卫军对敌军进行了毁灭性打击。

读者显然会看到，在战斗的这一阶段，拿破仑不可能用在利尼那样的方法进攻英军战线。首先，在之前的几个小时中，帝国近卫军一直试图占领英军坚守的高地，这不但徒劳无功而且代价惨重。实际上，帝国近卫军的骑兵，包括轻骑兵和重骑兵，已经被击垮。不过，帝国近卫军的部分步兵和炮兵还可以派上用场。青年近卫军包括八个营，编成了四个团，配有二十四门火炮。它们驻守在普朗谢诺伊特[①]。同样在普朗谢诺伊特的还有老近卫军(掷弹兵的八个营)和中年近卫军(猎骑兵的两个营及两个炮兵连)[②]。老近卫军的另外两个营[③]和一个炮兵连正从普朗谢诺伊特赶往通向沙勒罗瓦的公路，当时出现在比利时皇宫附近。中年近卫军的一个营在卡尤农庄附近的尚蒂勒农场，这里有法军指挥部的辎重。帝国近卫军的每个师由八个营组成，所以只有十个营可以用于进攻英军[④]。不过，除查拉斯中校介绍了上述派出的部队之外，达米兹[⑤]也详尽地描述了帝国近卫军的部署情况。他说，掷弹兵的一个营和猎骑兵的一个营奉命从罗索姆出发，并在拉贝尔客栈附近驻扎。这样一来，帝国近卫军只有八个营可以投入战斗。

　　这八个营编成了四个团[⑥]。其中，老近卫军下辖各营整编成掷弹兵第三团和掷弹兵第四团，中年近卫军下辖各营整编成猎骑兵第三团和猎骑兵第四团。掷弹兵第三团和掷弹兵第四团组成弗朗索瓦·罗格将军的旅。掷弹兵第三团由波雷·德莫尔万将军指挥，掷弹兵第四团由路易·哈雷特将军指挥。猎骑兵第

---

① 查拉斯中校：《1815年战役史：滑铁卢》，莱比锡，布洛克豪斯出版社，第1卷，第316页。——原注
② 查拉斯中校：《1815年战役史：滑铁卢》，莱比锡，布洛克豪斯出版社，第1卷，第317页。——原注
③ 第321页纠正了第318页的叙述，第318页上只是说掷弹兵的一个营正在前往比利时皇宫的路上。查拉斯中校：《1815年战役史：滑铁卢》，莱比锡，布洛克豪斯出版社，第1卷，第321页。——原注
④ 查拉斯中校：《1815年战役史：滑铁卢》，莱比锡，布洛克豪斯出版社，第1卷，第321页。——原注
⑤ 达米兹：《1815年战役史》，巴黎，科雷亚尔出版社，1840年，第285页。达米兹列出了帝国近卫军的完整名单，并且事实上他在该书的结尾列出了全部法军的名单，同时列出了派到普朗谢诺伊特及其附近的团和营的人数。——原注
⑥ 达米兹：《1815年战役史》，巴黎，科雷亚尔出版社，1840年，第1卷，第285页。达米兹说由于在利尼有所伤亡，帝国近卫军的八个营已经缩编成六个。罗伯特·巴蒂上尉也说，掷弹兵的第四团只有一个营，猎骑兵的第四团也只有一个营。罗伯特·巴蒂上尉：《1815年战役简史》，伦敦，1820年，第106页，第107页。——原注

三团和猎骑兵第四团组成德·圣米歇尔将军的旅。猎骑兵第三团由马莱上校指挥，猎骑兵第四团由昂里翁[①]将军指挥。上述总兵力不超过三千人，由路易·弗里恩特将军统一指挥。路易·弗里恩特将军是一位杰出的军官，是帝国近卫军掷弹兵第一团的名誉上校。

  帝国近卫军共包括二十四个营，整编为十二个团。其中，四个团为老近卫军，四个团为中年近卫军，四个团为青年近卫军。1815年6月18日凌晨，帝国近卫军就部署在通往沙勒罗瓦的公路一侧的罗索姆农场前方。本书看到，拿破仑将帝国近卫军的十六个营从这里派往各地，拿破仑亲率剩下的八个营[②]从这里赶往前线，并在圣拉艾村以南将它们交给了米歇尔·奈伊。此时是1815年6月18日19时。拿破仑在圣拉艾村以南发表演说，激励帝国近卫军的将士们，并强烈要求他们尽全力战斗。这八个营[③]组成了多个纵队，每个纵队前方有两个连队。它们排成楔形[④]队形前进，右边的营在前[⑤]。右边的这个营是掷弹兵第三团第一营，由波雷·德莫尔万将军指挥。骑炮兵两个连位于左翼以保护步兵。尽管在主攻快开始前，法军一队胸甲骑兵进攻了威廉·纳皮耶的炮兵连，但这队骑兵的行动似乎没有得到适当的支援，它们很快就被驱逐了。事实上，法军骑兵已经筋疲力尽，但帝国近卫军的左翼在前进中必须要得到保护，因为在逼近敌军的过程中，帝国近卫军纵队的左翼会不可避免地暴露在驻守霍蒙城堡北端与英军主战线之间的敌军眼皮底下。纵队的右侧得到了保护，从而避免了其右侧受到敌军第一军的进攻。

  综合上述情况可以看出，一方面，拿破仑打算让奥诺雷·查尔斯·雷耶伯爵

[①] 至少在利尼战役之前的1815年6月16日这是事实。达米兹的书第一卷末尾的名单上有相关记载。查拉斯中校说，除了昂里翁，所有军官都参加了这次冲锋。查拉斯中校：《1815年战役史：滑铁卢》，莱比锡，布洛克豪斯出版社，第1卷，第322页。——原注

[②] 米歇尔·奈伊给奥特朗特公爵约瑟夫·富歇的信。乔治·琼斯：《滑铁卢战役》，伦敦，莱纳斯·布思出版社，1852年，第227页，第387页。但安托万·德鲁奥将军和拿破仑说只有四个营，而且拿破仑说还有"中年近卫军"。其他营可能之前就被派往圣拉艾村附近。拿破仑：《拿破仑信函集》，巴黎，帝国出版社，1869年，第31卷，第238页。——原注

[③] 或许只是六个营。——原注

[④] 查拉斯中校：《1815年战役史：滑铁卢》，莱比锡，布洛克豪斯出版社，第1卷，第321页。——原注

[⑤] 这是从达米兹的叙述及查拉斯中校的叙述中推出的。他们说骑炮兵在纵队的左侧。万·洛本·泽尔斯也明确地表达了这样的观点。万·洛本·泽尔斯：《1815年澳属尼德兰战役详史》，海牙，埃里捷·多尔曼出版社，1849年，第295页。——原注

帝国近卫军发起冲锋

从霍蒙城堡周边的建筑中至少分出一个师，从左侧支援帝国近卫军的这次进攻。但奥诺雷·查尔斯·雷耶伯爵并没有这样做。另一方面，德隆伯爵约翰·巴普蒂斯特·德鲁埃已经尽最大努力从右侧支援帝国近卫军的进攻。因为法军弗朗索瓦·格扎维埃·东泽洛的师和埃德加·基内的师在通往沙勒罗瓦公路的西侧约三分之一英里的范围内，勇敢、猛烈地攻击反法联军的战线，战胜并击退了布伦瑞克军、拿骚分遣军、汉诺威军和英军。这样一来，威灵顿公爵阿瑟·韦尔斯利就需要亲自参战以重建战线。在法军上述两个师的进攻开始时，帝国近卫军开始前进并重创了前方这一区域的反法联军。如果帝国近卫军再发起一次猛烈、持久的进攻，这部分反法联军就无法抵抗了。

但帝国近卫军①并未沿这一方向继续前进，而是沿对角线穿过战场，前往右侧的敌军中心。这里驻守着威灵顿公爵阿瑟·韦尔斯利的预备军及至少一个炮兵连②。当时，这些军队由威廉·纳皮耶指挥，状态很好。

英军一看到帝国近卫军士兵那著名的熊皮帽子，就立刻将所有可用的火炮对准了他们。但不知是因为烟雾弥漫，还是因为地面崎岖，直到帝国近卫军靠近英军近卫军第一旅——佩里格林·梅特兰旅——的位置，英军才开炮③。

在上文本书看到，在由帝国近卫军最前方的营所组成的纵队的前方是两个连队，共排成三排。每个营有四个连队④，共约五百人⑤。所以，最前方的营第一排约有七十五人。这样一来，队形会更紧凑些。纵队左侧和后方是担任进攻任务的另一个营，配有骑炮兵两个连，每个连拥有六门火炮。在步兵前进时，这些炮兵可以持续、猛烈地开火。此处，本书引用了英军近卫军一个军官⑥的日记，内容如下：

> 炮火突然停了。由于雾已散去，展现在我们眼前的是最壮观的场景。中年近卫军的一个掷弹兵纵队⑦前排约有七十人，整个纵队共约六千人，他们密密麻麻地登上高地。我们听说他们由米歇尔·奈伊指挥。他们发起冲锋，口中喊着"皇帝万岁！"这个纵队继续前进，到达我军前方五十步

---

① 我们将所有的军队，包括营组成的纵队、前方的师或两个连队及楔形纵队统称为"一个纵队"，是为了方便起见。人们可能注意到，法军步兵排成了三排。——原注
② 博尔顿的炮兵连。——原注
③ 约翰·奥德菲尔德上尉：《滑铁卢战役信函集》，第254页，第257页；威廉·西博恩上尉：《1815年战役史：法兰西战役和比利时战役》，伦敦，T.&W.布恩出版社，1844年，第2卷，第166页。——原注
④ 《前帝国近卫军史：诞生与瓦解》，巴黎，德劳内出版社，1821年，第634页。——原注
⑤ 查拉斯中校：《1815年战役史：滑铁卢》，莱比锡，布洛克豪斯出版社，第1卷，第67页。——原注
⑥ 约翰·奥德菲尔德上尉：《滑铁卢战役信函集》，第254页，第255页。——原注
⑦ 这是个错误。"中年近卫军"只包括帝国近卫军的猎骑兵。掷弹兵组成老近卫军，严格意义上该这样称呼。我们发现人们常常会把猎骑兵和掷弹兵均归为老近卫军，查拉斯中校就这样做。但说掷弹兵是中年近卫军是错误的，这个军官看到的掷弹兵是第三团第一营。《滑铁卢的拿破仑》，巴黎，J.杜梅因出版社，1866年，第1页，第315页，第321页，第325页，第327页。阿瑟·戈尔上尉持不同意见。阿瑟·戈尔上尉：《滑铁卢战役史话》，伦敦，塞缪尔·利出版社，1817年，第75页。——原注

或六十步的范围内。这时,英军近卫军第一旅①奉命停下。不知是因为突然看到一支军队出乎意料地出现在离它们如此近的地方,还是因它我们的炮火太猛,"常胜军"帝国近卫军各部突然停下了。一些士兵可以从侧前方看到这一场景。他们告诉我们,我军的炮火似乎迫使帝国近卫军纵队前方整体后移。

不到一分钟,帝国近卫军就有三百多人倒下了。现在,帝国近卫军的这个纵队动摇了。后方的几个师开始拉长,好像在部署什么。同时,后方的一些士兵开始越过前方士兵的头射击,他们显然已经乱了阵脚。萨尔托恩勋爵亚历山大·弗雷泽②大喊道:"就是现在,将士们!"第一旅立刻冲

亚历山大·弗雷泽

① 英军近卫军第一旅拥有一千八百人左右,他们排成四排。威廉·西博恩上尉:《1815年战役史:法兰西战役和比利时战役》,伦敦,T.&W.布恩出版社,1844年。第1卷,第460页,附录XXX。——原注
② 英军近卫军第一旅旅长。

向前。我军还没来得及开火，帝国近卫军纵队就调转回头。所以我们冲下山，在穿过霍蒙城堡果园的尽头时停了下来。这时，我军右翼开始暴露在法军另一个重骑兵队伍的眼皮下。之后，我们得知，那是前来支援之前那个纵队的帝国近卫军猎骑兵。我军孤立无援，第一旅不得不退回它们原来的位置。

从这一点我们清楚地看到，帝国近卫军纵队的前排大约有七十人或七十五人。正如上文中所提到的，如果帝国近卫军纵队最前面的营前方有两个连队，那么纵队第一排就有七十人或七十五人。佩里格林·梅特兰旅的前端一定有四百五十人左右，他们与沙斯及时带来的科林·哈尔克特旅部分兵力、威廉·纳皮耶的炮兵连、荷兰-比利时联军的范·德史密森[①]炮兵连，一起击溃了帝国近卫军最前面的营及在楔形纵队左侧和后方的一个营或多个营。当然我们也清楚地看到，英军追来的部队很快发现自己的右侧为帝国近卫军的其他营。他们以为这是一个独立的帝国近卫军纵队，所以不得不撤退。顺便说一句，英军不可能退至霍蒙城堡的果园，因为那里距英军当时的位置有四分之一英里。

事实可能是，由于意外或疏忽，帝国近卫军后方的营在前进过程中比要求的更靠左一些，因此看上去像是一支独立的纵队。佩里格林·梅特兰说[②]："帝国近卫军纵队在前进过程中分开了。猎骑兵偏向了左侧。掷弹兵沿更短的路线登上了高坡，来到圣拉艾村左侧，并继续前往英军近卫军第一旅所占领的高地。"

佩里格林·梅特兰同样谈及了掩护帝国近卫军前进的炮火，"数不清的大炮从帝国近卫军纵队两翼散开。英军近卫军第一旅遭到了法军炮火的猛轰，但为了靠近帝国近卫军纵队，第一旅顶住了法军的炮火。帝国近卫军纵队稳稳地爬上斜坡，在距第一旅前排约二十步的地方停了下来。帝国近卫军炮轰的范围缩小，现在我军损失惨重。我军还没来得及开火，大批士兵就倒下了"。

佩里格林·梅特兰继续描述了帝国近卫军的进攻是如何被击退的，"幸运

[①] 古尔戈男爵加斯帕尔：《百日战役：法兰西战役与比利时战役的关系》，巴黎，1818年，第74页以后。——原注

[②] 约翰·奥德菲尔德上尉：《滑铁卢战役信函集》，第244页，第245页。——原注

的是，法军炮火放出的浓烟没有掩盖帝国近卫军纵队，从而躲过我军的射击。帝国近卫军纵队所在位置十分危险。相比而言，他们孤立无援，已经没有时间再组织反击。此时，英军近卫军第一旅猛烈开火，帝国近卫军纵队溃败，迅速后撤。他们刚刚占据的这个地方只留下满地的尸体和奄奄一息的伤兵"。

鲍威尔上尉注意到，帝国近卫军纵队后方的营试图展开。查拉斯中校也提到了这一点[1]，"不幸的是，不管是由于命令还是出于士兵的本能，帝国近卫军纵队后方展开以应对英军密集的射击，但这样就挡住了纵队后方的两个炮兵连。到目前为止，这两个炮兵连已经占据高地顶部，并一直开炮掩护帝国近卫军纵队的两翼"。

但当时英军近卫军第一旅猛烈开火，帝国近卫军最前面的那个营损失惨重。在骑兵快速推进时，他们最需要的不是炮兵对英军近卫军第一旅持续开炮，因为这会迫使佩里格林·梅特兰旅加入战斗。

此次进攻失败后，对帝国近卫军最有利的是法军第一军从侧方进攻佩里格林·梅特兰旅。但科林·哈尔克特和威廉·埃尔芬斯通上校勇敢而巧妙地将之前遭受重创的科林·哈尔克特旅的剩余兵力带到了英军近卫军左侧，从而使其避开了帝国近卫军的攻击[2]。事实上，此时法军弗朗索瓦·格扎维埃·东泽洛师对科林·哈尔克特旅的进攻十分猛烈，一度让它们阵脚大乱。这一时刻非常关键，因为如果科林·哈尔克特战败，弗朗索瓦·格扎维埃·东泽洛师就会包抄到佩里格林·梅特兰旅的两侧，并可能攻打其前方和侧方，那么佩里格林·梅特兰旅只能被迫后撤甚至溃败。一方面，弗朗索瓦·格扎维埃·东泽洛师尽最大努力夺取高地上的一个据点，并且确实取得了暂时的胜利。这个师知道自己肩负重任，所以勇敢地支援帝国近卫军的进攻。另一方面，科林·哈尔克特和将士们敏锐地看到了情况的危急，顽强勇敢地坚守暴露的据点，这一点值得高度赞扬。

---

[1] 查拉斯中校：《1815年战役史：滑铁卢》，莱比锡，布洛克豪斯出版社，第1卷，第325页，第326页。——原注
[2] 约翰·奥德菲尔德上尉：《滑铁卢战役信函集》，第320页、第321页；威廉·西博恩上尉：《1815年战役史：法兰西战役和比利时战役》，伦敦，T.&W.布恩出版社，1844年，第2卷，第170页，第171页；约翰·奥德菲尔德上尉：《滑铁卢战役信函集》，第330页，第331页，第339页，第340页。——原注

在帝国近卫军的这次进攻中，如果骑兵能从右侧予以支援，帝国近卫军纵队就不会遇到科林·哈尔克特旅和佩里格林·梅特兰旅的抵抗。

帝国近卫军进攻佩里格林·梅特兰旅失败，这似乎让老近卫军，即掷弹兵第三团和掷弹兵第四团陷入混乱。掷弹兵第三团和掷弹兵第四团位于纵队的最前方。不过，本书对此并不确定。我们知道的是，在没有被佩里格林·梅特兰旅的冲锋驱逐出战场的部队中，一定有中年近卫军，即猎骑兵第三团和猎骑兵第四团。中年近卫军士兵可能还不知道自己战友的命运，所以坚定地开往右侧英军战线的中心。由于最初纵队的八个营①呈楔形前进，右侧在前，所以后方四个营②显然会前进至佩里格林·梅特兰旅右侧的英军战线上，即"前进至英军近卫军第二旅赶去霍蒙城堡时所空出的英军据点"③。所以帝国近卫军剩余的营继续沿这个方向前进，现在这些营实际上组成了另一个纵队。在佩里格林·梅特兰旅追赶最前面那个战败的营时，这个纵队与最初那个楔形纵队的左侧在一条线上，佩里格林·梅特兰一定是把它误认成一个新的纵队。弗雷德里克·亚当的旅在山脊的后面、霍蒙城堡略微偏北处，现在正在前进，并且发现帝国近卫军全速登上了山坡的顶部，弗雷德里克·亚当的旅一定把它误认成帝国近卫军一个新的纵队。

英军第五十二团中校约翰·科尔伯恩似乎立刻猜到了法军的意图。他命部队与帝国近卫军的侧方平行并立刻开火。弗雷德里克·亚当立刻支援了英军第五十二团的行动。帝国近卫军纵队不得不停下来，并向左拉开以便回击。短时间内双方的交火十分激烈④。但此时英军另一个团出现，法军明显处于劣势，并被迫在半山坡停下。在应对前方敌军的炮火之时，帝国近卫军还要顾及敌军对其侧方出其不意又果断的进攻，这着实不易。约翰·科尔伯恩命士兵冲锋，帝国近卫军纵队被完全击溃。约翰·科尔伯恩毫不犹豫地越过通往沙勒罗瓦的公路，追击帝国近卫军已经失败、毫无士气的残兵。

---

① 或更可能是六个营。——原注
② 更可能是三个营。——原注
③ 佩里格林·梅特兰的叙述。约翰·奥德菲尔德上尉：《滑铁卢战役信函集》，第245页。——原注
④ 约翰·科尔伯恩的叙述，约翰·奥德菲尔德上尉：《滑铁卢战役信函集》，第284页，第285页；高勒的叙述出现在约翰·奥德菲尔德上尉所著《滑铁卢战役信函集》第293页。——原注

约翰·科尔伯恩

在这次进攻中,帝国近卫军的左侧既没有骑兵支援,也没有奥诺雷·查尔斯·雷耶伯爵军的步兵支援。如果上述任何一方能予以支援,灾难就不会发生。骑兵的冲锋会迫使英军第五十二团形成方队,吉尔贝·巴舍吕师或者该师部分兵力的推进可以吸引弗雷德里克·亚当旅的全部注意力,并让帝国近卫军在没有干扰的情况下登上山顶。

如果普军没有参战,帝国近卫军被驱逐及战败之后会发生什么?这一点当然没有人知道。但在上述战斗进行时,也就是1815年6月18日19时30分左右,格拉夫·冯·齐滕军的先头部队到达帕佩洛特村①,冯·斯坦梅茨师在骑兵和炮兵

---

① 查拉斯中校:《1815年战役史:滑铁卢》,莱比锡,布洛克豪斯出版社,第1卷,第327页。——原注

英军骑兵发起进攻

的支援下立刻转向法军第一军右侧和第六军左侧,并开往滑铁卢战场,这使恐惧和慌乱在法军右路蔓延。弗朗索瓦·约瑟夫·迪吕师和皮埃尔·马尔科涅师放弃了各自的据点,洛博伯爵乔治·穆顿撤往普朗谢诺伊特。在击溃帝国近卫军之后,英军重挫了法军左路。威灵顿公爵阿瑟·韦尔斯利立刻命两个尚未参战的骑兵旅——理查德·赫西·维维安旅和约翰·奥姆斯比·范德勒旅——继续冲锋,并扩大了战果。1815年6月18日下午晚些时候,骑炮兵从英军战线左侧来到中心

位置的后方,用于炮轰弗朗索瓦·格扎维埃·东泽洛师和埃德加·基内师及法军残存的骑兵。之后,威灵顿公爵阿瑟·韦尔斯利看到胜局已定,便命整个战线向前推进。

接着,帝国近卫军被击散的队伍进行了抵抗。驻守普朗谢诺伊特的洛博伯爵乔治·穆顿第六军也在抵抗冯·比洛军重新组织的进攻。现在路德维希·冯·皮尔希军的两个师赶来支援冯·比洛军的进攻,直到它们确定法军撤出了普朗谢诺伊特。除以上战斗之外，反法联军没有遇到法军的任何抵抗。拿破仑已经做了力所能及的一切①，他在每件事上都全力以赴。他命总指挥部的骑兵进攻英军骑兵，但因为法军骑兵太疲惫，所以进攻没有取得显著的成效。法军在前方和侧面受敌，只有超常发挥才能阻止已经获胜且人数和位置都占优的敌军。尽管如此，第六军却是例外。法军第六军任务明确，每个士兵都知道自己的职责所在，并且法军中最勇敢、最高效的军官都在这个军中。因此，除了第六军的抵抗，法军没有组织其他大规模的抵抗。令人失望的是，第一军瓦解了，不过这是必然的。第二军已经有序地撤向尼威尔②，但奥诺雷·查尔斯·雷耶伯爵认为没有必要这样做，或者他不希望这样做。帝国近卫军大部分营都没有溃逃，并勇敢地战斗到最后。最后，拿破仑被迫躲在帝国近卫军的一个方阵中，并安全地离开了他最后的战场③。

　　法军战败了。但因为法军只有一条撤退路线，而且他们必经的迪莱河上只有一座桥④，所以他们的处境极其糟糕。事实上，法军被挡在了热纳普。如果他们能够分散到广阔的乡村中，这次失败也不会如此彻底。而且可以确定的是，法军也不会有如此多的炮兵被俘。但不管是普军步兵还是英军步兵，他们都没有足够的体力发起普军骑兵那样的追击。而且在战败时，多数法军将士的体力已经接近极限，精神也极度迷茫，要彻底击溃他们易如反掌。

　　在热纳普，法军放弃了上百门大炮。从那一刻起，法军甚至无暇维持哪怕是表面上的秩序。

　　这就是著名的滑铁卢战役。它已经成为失望和无法挽回的灾难的代名词。不过，本书无需再回顾导致这场灾难的原因。在这里，我们本应该插入本章的百家争鸣，但有一个话题非常适合在这里讨论。

---

① 查拉斯中校：《1815年战役史：滑铁卢》，莱比锡，布洛克豪斯出版社，第1卷，第331页。——原注
② 奥诺雷·查尔斯·雷耶伯爵的叙述。埃尔兴根公爵费利克斯·奈伊：《1815年战役未出版文件集》，巴黎，1840年，第62页。——原注
③ 《前帝国近卫军史：诞生与瓦解》，巴黎，德劳内出版社，1821年，第538页，第539页。——原注
④ 查拉斯中校：《1815年战役史：滑铁卢》，莱比锡，布洛克豪斯出版社，第1卷，第334页。——原注

如果第二任格鲁希侯爵埃曼努尔·德格鲁希拖住了冯·比洛的军和路德维希·冯·皮尔希的军，使他们无法参与战斗，那结果又会如何呢？

要讨论这个问题，本书就要假设之前所得出的结论是正确的，即如果第二任格鲁希侯爵埃曼努尔·德格鲁希在破晓时动身前往穆斯蒂耶桥，或者如果他听从了艾蒂安·莫里斯·热拉尔的建议，几乎可以肯定的是，他可以阻止冯·比洛的军、路德维希·冯·皮尔希的军和约翰·冯·蒂勒曼的军参战。在这里，本书不再谈论这一点，因为之前本书已充分探讨过了。

那么让我们设想一下，1815年6月18日整个下午，拿破仑原本能够派全部兵力进攻威灵顿公爵阿瑟·韦尔斯利，而且他原本能亲自指挥进攻。在第一军被击败后，拿破仑原本可以让洛博伯爵乔治·穆顿支援德隆伯爵约翰·巴普蒂斯特·德鲁埃，并适当投入骑兵以发动新的进攻。在法军攻下圣拉艾村时，拿破仑原本可以留在现场并扩大战果。他完全知道应该怎么做。拿破仑原本可以指挥帝国近卫军的步兵、骑兵和炮兵攻占威灵顿公爵阿瑟·韦尔斯利的据点。在我们看来，法军战败似乎是不合理的。威灵顿公爵阿瑟·韦尔斯利原本可以被打败，而且战斗原本可以在1815年6月18日18时之前结束。给出以上问题不是为了满足我们的想象或者为了猜测，而仅仅是因为我们可以由此判断拿破仑自始至终所秉持的策略是否得当。因为如果一段军事史不能帮我们对某些策略的适当性形成正确的看法，并从中有所借鉴，那研究它将毫无用处。本书认为，列博莱希特·冯·布吕歇尔的支援是威灵顿公爵阿瑟·韦尔斯利取胜的必要条件，这与之前詹姆斯·肖·肯尼迪提出的看法相同。詹姆斯·肖·肯尼迪认为威灵顿公爵阿瑟·韦尔斯利选择在滑铁卢迎战是合理的[1]。

1815年6月18日晚19时30分以后格拉夫·冯·齐滕的军才出现。因为来得太晚，所以他的军对英军来讲毫无用处。另一个军正与第二任格鲁希侯爵埃曼努尔·德格鲁希交战，格拉夫·冯·齐滕的军很可能会加入到他们的战斗中。

---

[1] 对比《威灵顿公爵阿瑟·韦尔斯利的官方报告》。威灵顿公爵阿瑟·韦尔斯利在报告中说，当天的战斗之所以获胜，是因为他得到了普军的支援。约翰·戈武德：《威灵顿公爵阿瑟·韦尔斯利的急报集》，伦敦，约翰·默里出版社，1838年，第12卷，第484页，序言C，附录XII。——原注

在听说其他三个军不太可能参加拿破仑和威灵顿公爵阿瑟·韦尔斯利的战斗后，格拉夫·冯·齐滕几乎不可能再与威灵顿公爵阿瑟·韦尔斯利会合。格拉夫·冯·齐滕这样做冒了很大的风险，任何谨慎的军官都不会冒这样的风险。现在，我们假设一下。如果格拉夫·冯·齐滕在奥安听说其他军在圣兰伯特或库蒂尔与第二任格鲁希侯爵埃曼努尔·德格鲁希交战，那么他必须承认，如果由于第二任格鲁希侯爵埃曼努尔·德格鲁希能够坚韧或熟练地指挥战斗，由于天色已晚或者运气，第二任格鲁希侯爵埃曼努尔·德格鲁希能够在当天下午阻止冯·比洛的军、路德维希·冯·皮尔希的军和约翰·冯·蒂勒曼的军进攻拿破仑，拿破仑就可能在格拉夫·冯·齐滕率部到达之前击败威灵顿公爵阿瑟·韦尔斯利。而且格拉夫·冯·齐滕的军如果从奥安继续向前推进，就只能被卷入英荷联军的败局中。

但本书必须说明，我们坚信，第二任格鲁希侯爵埃曼努尔·德格鲁希如果越过迪莱河，就能够阻止拿破仑战败。当然，本书并没有把第二任格鲁希侯爵埃曼努尔·德格鲁希的行为当作法军战败的唯一原因。

百家争鸣

在滑铁卢战役中，法军进攻威灵顿公爵阿瑟·韦尔斯利所使用的战术配不上法军指挥官们的经验和声望，这几乎是公认的事实。经过考虑，本书在这里使用了"指挥官们"一词，因为即使在拿破仑亲自督战时及拿破仑去指挥普朗谢诺伊特保卫战时，米歇尔·奈伊都直接指挥第一军和第二军。米歇尔·奈伊确实在独立指挥部队，但这不能免除拿破仑错误部署军队的责任。

在进攻英军左翼时，德隆伯爵约翰·巴普蒂斯特·德鲁埃军使用了错误的队形，这是第一个错误。动用奥诺雷·查尔斯·雷耶伯爵军的全部兵力进攻霍蒙城堡，这是第二个错误。接着，在进攻霍蒙城堡和圣拉艾村时疏忽大意、滥用兵力，这招致外界的严厉批评。动用全部骑兵预备力量是闻所未闻、最不恰当的一步。骑兵被全部投入战斗，直到筋疲力尽。人们当然会认为，指挥这次行动的米歇尔·奈伊早在1815年6月18日天黑之前就发现法军骑兵已经完全溃败，而敌军没有明显的伤亡。

本书只能认为，如果在这期间拿破仑亲自指挥战斗，法军就不会如此徒劳和挥霍地使用骑兵。拿破仑可能会命骑兵进攻，并命弗朗索瓦·格扎维埃·东泽洛师和埃德加·基内师或帝国近卫军①协同进攻。本书同样认为，拿破仑会命霍蒙城堡附近建筑中奥诺雷·查尔斯·雷耶伯爵的哪怕部分兵力支援骑兵的进攻。我们要记住，1815年6月18日下午大部分时间同时是战斗最关键的时间。其间，拿破仑都在普朗谢诺伊特附近与普军作战。因此，拿破仑不应该为对英军作战中法军所使用的策略而受到谴责。那些批评他的英国分析家忘记了这一点。

遭受重创之后，第一军恢复良好，表现勇猛。埃德加·基内师和弗朗索瓦·格扎维埃·东泽洛师持续不断地发动进攻。它们勇猛果敢，并一直战斗到最后。这些部队担得起所有的赞美。当然，尽管第二军对霍蒙城堡的进攻没有取得什么效果，但士兵们的英勇同样值得肯定。霍蒙城堡的确需要占领，但只需用适当的兵力即可。如果策略得当，霍蒙城堡很可能已经被法军拿下了。但比起将生力军不断投入到进攻城堡和花园的砖墙中，派第二军的步兵攻破霍蒙城堡东侧的英军战线更加重要。实际上，如果最后一次冲锋成功，霍蒙城堡的形势很可能会扭转。值得注意的是，洛博伯爵乔治·穆顿指挥的第六军在青年近卫军、掷弹兵团和猎骑兵团的支援下，勇敢、巧妙、顽强地抵抗普军，保卫普朗谢诺伊特。在这一点上，没有历史学家批评法军的战术。

对于上述部队来讲，多高的赞扬都不过分。

---

① 要不是因为进攻普军，拿破仑会在1815年6月18日16时和17时之间投入帝国近卫军。——原注

英军的战术值得并且一定会受到历史学家们的赞扬。威灵顿公爵阿瑟·韦尔斯利本人谨慎警觉,他的计划也得到了军官们的支持,这一点令人羡慕。即使这令人疲惫的一天接近尾声时,威灵顿公爵阿瑟·韦尔斯利和他的将士们依然展现出充沛的体力和高昂的斗志,这至少与他们在阻击法军进攻时所表现出的顽强和勇敢一样令人瞩目。在最后也是最紧急的时刻,佩里格林·梅特兰、科林·哈尔克特和约翰·科尔伯恩顽强、勇敢、冷静,而且他们善于抓住机会。这些都是军人的伟大品质。在这场血腥、充满不确定因素的战斗结束时,他们仍然能展现出上述品质。

上文描述的帝国近卫军的冲锋,与其他此类描述并不完全一样。但再三思考后会发现,这段描述可以解释相关证据的冲突之处。这是一个很大的话题,而且相关证据也令人困惑。本书虽然无法协调所有的矛盾之处,但相信帝国近卫军是呈一个而非两个队列或纵队前进。这个纵队①最多包括八个营,也许只有六个营。所有营都编入一个大的师级纵队,队列紧凑。也就是说,按当时的惯例,纵队前方有两个连队,第一排约有七十五人。这些营呈楔形队列前进,右侧在前。上文针对这一部分所表达的观点解释了大多数的矛盾之处,也解释了不同著作中持有的全部或近乎全部重要的观点。与英军近卫军佩里格林·梅特兰旅相遇并被打败的是这个纵队前方的营,第五十二团和弗雷德里克·亚当轻骑兵旅的其他团从侧方进攻并击溃的是纵队后方的营。

有人认为,威廉·西博恩上尉关于帝国近卫军有两个进攻纵队的说法得到了查尔斯·康沃利斯·切斯尼、詹姆斯·肖·肯尼迪和乔治·胡珀的认同,本书认为这是没有依据的。这与两个国家当时的权威观点均不相同。拿破仑的战争报告②、米歇尔·奈伊给奥特朗特公爵约瑟夫·富歇③写的信及安托万·德鲁奥将军在皮尔斯会议中心的演讲④都说只有一个纵队、一次进攻和一次反击。迪格

---

① 本书之所以这样称呼,是因为找不到更好的词来表达。——原注
② 拿破仑:《拿破仑信函集》,巴黎,帝国出版社,1869年,第28卷,第343页;乔治·琼斯:《滑铁卢战役》,伦敦,莱纳斯·布思出版社,1852年,第384页。——原注
③ 乔治·琼斯:《滑铁卢战役》,伦敦,莱纳斯·布思出版社,1852年,第387页。——原注
④ 乔治·琼斯:《滑铁卢战役》,伦敦,莱纳斯·布思出版社,1852年,第227页。——原注

比·麦克沃斯当时是理查德·希尔军中的一员。在战斗中所处的位置使他可以观察到一切。战斗结束后的1815年6月18日23时，他在日记①中写道："黑压压的帝国近卫军掷弹兵，伴着军乐，在伟大的拿破仑的率领下从拉贝尔客栈附近的农庄浩浩荡荡地来。现在，法军的攻击目标已经非常明显，那就是英军近卫军佩里格林·梅特兰旅与理查德·希尔军的轻骑兵旅、弗雷德里克·亚当旅的交会处。"

迪格比·麦克沃斯继续描述了这场战斗与法军的溃败，但没有提到两个纵队、两次进攻。本书相信，英军军官早期的描述都是如此。

从迪格比·麦克沃斯的日记②，本书可以推断出，英军近卫军击溃了帝国近卫军纵队右侧和前方的营。几乎与此同时，弗雷德里克·亚当轻骑兵旅击溃了帝国近卫军纵队左侧和后方的营。后者的进攻可能比前者晚几分钟。

这是站在弗雷德里克·亚当轻骑兵旅，尤其是第五十二团的角度，得出的结论。下面，本书需要考虑一下这个问题。

第五十二团一个卓越的军官高勒在他《滑铁卢战斗的危机与终结》③一书中承认，"帝国近卫军最前方的连队占领了据点的最高处"。他说："之后，英军近卫军第一旅向帝国近卫军纵队开火，但帝国近卫军仍坚持进攻。"④而且他说，帝国近卫军的进攻"不是被英军近卫军佩里格林·梅特兰旅的冲锋击退的，而是

---

① 雷夫·爱德温·西德尼：《大十字勋章骑士理查德·希尔传》，伦敦，约翰·默里出版社，1845年，第309页。——原注
② 乔治·琼斯：《滑铁卢战役》，伦敦，莱纳斯·布思出版社，1852年，第177页。同见罗伯特·巴蒂上尉在《1815年战役简史》中的描述。罗伯特·巴蒂上尉：《1815年战役简史》，伦敦，1820年，第106页以后。罗伯特·巴蒂上尉当时是英军近卫军佩里格林·梅特兰旅第一步兵团的少尉。他说，帝国近卫军的猎骑兵确实发动了"第二次进攻"，但他同时说，在佩里格林·梅特兰旅向前推进的时候，他看到法军猎骑兵"前进至可以威胁佩里格林·梅特兰旅右侧的地方"，本书也这样认为。对比威廉·西博恩上尉所著《1815年战役史：法兰西战役和比利时战役》（伦敦，T.&W.布恩出版社，1844年）第2卷第170页、第174页。威廉·西博恩上尉在书中也表达了相同的说法，但他说："在行进过程中，两个进攻部队的先头部队之间有十分钟到十二分钟的行程。"帝国近卫军与佩里格林·梅特兰旅之间的交战持续了很短的时间，那么他们之间怎么会有这样的间隔，这一点不是很清楚。参阅佩里格林·梅特兰的说法。约翰·奥德菲尔德上尉：《滑铁卢战役信函集》，第244页，245页。同时参阅鲍威尔上尉的说法。约翰·奥德菲尔德上尉：《滑铁卢战役信函集》，第255页，第257页，第258页。——原注
③ 高勒：《滑铁卢危机与终结》，都柏林，理查德米利肯出版公司，1833年，第15页。——原注
④ 高勒：《滑铁卢危机与终结》，都柏林，理查德米利肯出版公司，1833年，第31页，第32页。——原注

被第五十二团在第七十一团的掩护下击退的,其间没有其他盟军的直接配合"。

然而,抱歉的是,我们从第五十二团另一个军官威廉·里克那里得知,高勒当时在五十二团的最右侧①。威廉·里克说,在这个位置上,高勒无法看到帝国近卫军纵队②前方发生的事情。因此,当高勒说第五十二团从侧方的进攻击败了帝国近卫军时,他其实并不知道帝国近卫军纵队前方发生了什么。所以,我们不得不再回头看一下佩里格林·梅特兰旅的军官们的描述。

威廉·里克对这一部分的描述令人诧异。他说,帝国近卫军继续前进,周围大量散兵为其掩护,佩里格林·梅特兰旅驱逐的就是这些散兵。

为了支撑这个观点,威廉·里克不得不假设帝国近卫军主力部队前方出现的大量散兵③是帝国近卫军派出的,而且帝国近卫军的这个营与佩里格林·梅特兰旅之间的距离从未少于三百码④。

但这只是猜测。威廉·纳皮耶炮兵连的一个军官沙平当时就驻守在佩里格林·梅特兰旅附近,他说:"在距我方火炮四十码或五十码的范围内,我们看到了略高出玉米丛的帝国近卫军的帽子。我相信,那是一个紧凑的纵队,人数相当于一个大型的师。"⑤

英军近卫军第一步兵团的鲍威尔上尉说:"我们发现一个掷弹兵纵队正要登上山坡,这个纵队队列紧凑、前排约有七十人。它一直前行至我军前方五十码或六十码内。"⑥

---

① 威廉·里克:《滑铁卢战役:西顿勋爵团(五十二轻步兵团)史》,伦敦,海查德出版社,1866年,第1卷,第84页。——原注
② 指挥第五十二团的是西顿勋爵士约翰·科尔伯恩。约翰·科尔伯恩承认自己没有亲眼看见,也不可能亲眼看见英军近卫军的任何行动。他只是说,当他的散兵在侧翼开火时,帝国近卫军停了下来。威廉·里克:《滑铁卢战役:西顿勋爵团(五十二轻步兵团)史》,伦敦,海查德出版社,1866年,第1卷,第101页。——原著
③ 威廉·里克:《滑铁卢战役:西顿勋爵团(五十二轻步兵团)史》,伦敦,海查德出版社,1866年,第1卷,第43页,第44页,第84页。——原注
④ 威廉·里克:《滑铁卢战役:西顿勋爵团(五十二轻步兵团)史》,伦敦,海查德出版社,1866年,第1卷,第84页。——原注
⑤ 约翰·奥德菲尔德上尉:《滑铁卢战役信函集》,第153页。对比在同一炮兵连的另一个军官的说法,这个军官很可能是沙平。乔治·琼斯:《滑铁卢战役》,伦敦,莱纳斯·布思出版社,1852年,第177页。——原注
⑥ 约翰·奥德菲尔德上尉:《滑铁卢战役信函集》,第254页、第255页。——原注

英军近卫军第一步兵团的亚历山大·迪若姆上尉说:"前进中的帝国近卫军纵队队列紧凑、全副武装,指挥最前面那个师的军官挥舞着佩剑。在前进过程中,法军纵队不像是遭到过进攻,而是队列整齐,就像在阅兵场上那样。当这个纵队走近时,我们奉命就位、准备开火。"①

本书不需要再进一步反驳威廉·里克所说的"大量散兵"这一问题。英军近卫军佩里格林·梅特兰旅的军官们看到帝国近卫军纵队确实就在他们前方,纵队前方的营排成了常见的紧凑队列,人数上相当于一个大型的师。在前面的这些营登上山顶之前,所有散兵已被撤回。

然而,需要补充的是,约翰·科尔伯恩从侧面进攻帝国近卫军纵队左侧和后方的营,完全没有受到佩里格林·梅特兰旅冲锋的影响。英军近卫军确实攻击了帝国近卫军纵队前方的营,并将这个营从山坡上往下驱逐了一小段距离。但在发现帝国近卫军纵队后方和左侧的四个营②在其右侧时,英军近卫军撤回了山坡顶部。因此,在第五十二团和弗雷德里克·亚当旅的其他团从侧方发起猛攻时,英军近卫军肯定没有予以支援。击溃帝国近卫军纵队后半部分的荣誉应该完全归于弗雷德里克·亚当旅,这个旅的行动确实巧妙、勇猛、果敢。第五十二团的战线没有被突破,这个团猛烈地朝法军射击。约翰·科尔伯恩瞥了一眼,发现帝国近卫军的一些营无法拉开,所以无法同样猛烈地回击英军。帝国近卫军确实已拼尽全力。双方的交火一度非常激烈。高勒说③,他所在的团在四分钟或五分钟内损失了一百五十名军官,但士兵们没有慌乱。他们在极近的距离内持续开火,并且拥有地势的优势。帝国近卫军纵队的伤亡惨不忍睹④。约翰·科尔伯恩看到时机已到,便命部队冲锋,帝国近卫军阵脚大乱,被追至通往沙勒罗瓦的公路另一侧。弗雷德里克·亚当旅从侧方发起的进攻一定是最精彩、准备最充分的一次战斗。只有久经沙场的老兵部队,在一个经验丰富、警惕谨慎而勇猛大胆的

---

① 约翰·奥德菲尔德上尉:《滑铁卢战役信函集》,第257页。——原注
② 更可能是三个营。——原注
③ 约翰·奥德菲尔德上尉:《滑铁卢战役信函集》,第293页。——原注
④ 布拉泽顿上校的信。威廉·里克:《滑铁卢战役:西顿勋爵团(五十二轻步兵团)史》,伦敦,海查德出版社,1866年,第1卷,第104页。——原注

军官的指挥下,才能发起这样的进攻。必须承认,约翰·科尔伯恩冒了很大的风险。他本人说①,由于他的散兵们向帝国近卫军开火,他的注意力完全转移到自己的位置和前进中的危险上,因为他在右侧发现大量骑兵。决定冒这样的险确实需要一些勇气,但这也是他的责任,因为他在没有收到弗雷德里克·亚当任何命令的情况下冒然率团前进。但胜利证明他的决定是对的。

拿破仑命帝国近卫军前进或者更确切地说,命自己能调用的部队前进,有无十足的把握?这一点引起了广泛讨论。本书倾向于认为,这对法军的战事起不了多大的帮助。回答这一问题一定要基于拿破仑在下令行动时对现实情况的掌握程度,当然这一点主要靠猜测。命令在1815年6月18日18时30分左右下达,也就是格拉夫·冯·齐滕的军到达帕佩洛特村前一小时。拿破仑肯定不希望格拉夫·冯·齐滕的军赶来,而冯·比洛的军已经被迫撤退。在拿破仑于普朗谢诺伊特附近指挥对普军侧翼的进攻时,他从前线收到的消息一定是有利的。该消息说威灵顿公爵阿瑟·韦尔斯利的军队明显出现疲态。部署在圣拉艾村附近的火炮重创了英军步兵和炮兵,埃德加·基内师和弗朗索瓦·格扎维埃·东泽洛师的步兵斗志未减、体能充沛。在本书看来,在派生力军和帝国近卫军的老兵发动决定性进攻之前,拿破仑可以认为英军战线很快会被攻破。拿破仑告诉米歇尔·奈伊,在霍蒙城堡右侧集结奥诺雷·查尔斯·雷耶伯爵的军可以集结的所有兵力,在圣拉艾村附近集结埃德加·基内师和弗朗索瓦·格扎维埃·东泽洛师,并做好准备支援骑兵的进攻②。

然而,米歇尔·奈伊对该命令的执行情况一定让拿破仑十分失望。拿破仑率帝国近卫军赶来时,吉尔贝·巴舍吕师的步兵还没有从霍蒙③附近的树林中撤出。皮尔的骑兵状况非常好,却也没有从通往尼威尔的公路④赶来。米歇尔·奈

---

① 威廉·里克:《滑铁卢战役:西顿勋爵团(五十二轻步兵团)史》,伦敦,海查德出版社,1866年,第1卷,第101页。——原注
② 查拉斯中校:《1815年战役史:滑铁卢》,莱比锡,布洛克豪斯出版社,第1卷,第321页。——原注
③ 此时,除其他部队以外,威灵顿公爵阿瑟·韦尔斯利还将荷兰-比利时联军沙斯的师派往战线右侧的中心区域。——原注
④ 此时,威灵顿公爵阿瑟·韦尔斯利将理查德·赫西·维维安的旅、约翰·奥姆斯比·范德勒的旅及爱德华·萨默塞特和威廉·庞森比旅剩余的兵力派往受法军威胁的中部战线。——原注

伊之前顽固而盲目地组织这些战斗力强大的师一次次进攻英军阵地。现在他显然没有试图从幸存的部队中组织任何骑兵力量。而拿破仑原本一定认为，凭借米歇尔·奈伊的能力和经验，他至少会做出必要的部署，并向进攻部队提供适当的支援。在没有骑兵保护其两侧或没有第二军支援的情况下，帝国近卫军的这些营登上了高地。看到这些时，拿破仑一定非常失望，继而痛苦万分。

但情况并不乐观，帝国近卫军在滑铁卢的进攻遭到了最顽强、最勇敢的抵抗。不过，我们永远不能忘记，这不是拿破仑派帝国近卫军冲锋时最惯用的方式。在这次进攻中，帝国近卫军的二十四个营最多有八个营参加了进攻，九十六门火炮只用了十二门，而且没有任何轻骑兵或重骑兵支援进攻的纵队。事实上，除了目前为止弗朗索瓦·格扎维埃·东泽洛麾下勇敢的步兵对帝国近卫军纵队右侧的保护，这次进攻没有得到任何支援，这是一个严重的错误。而且可以确定的是，如果法军认真、巧妙地组织并执行这次进攻，简而言之，如果米歇尔·奈伊能像威灵顿公爵阿瑟·韦尔斯利那样头脑冷静、指挥稳健，皮尔的枪骑兵和吉尔贝·巴舍吕师就能对抗弗雷德里克·亚当的整个旅，如果一些骑兵中队能从右侧保护纵队前进，情况就会大大不同。本书认为，上述猜测并不过分。不管怎样，吉尔贝·巴舍吕师和皮尔师近在眼前，并且由米歇尔·奈伊指挥。据我们所知，在进攻命令下达时，这些师并没有行动。

事实上，除了不顾一切的勇敢，米歇尔·奈伊对当天的战斗无甚贡献。尽管勇气必不可少，但这不能代替判断力和冷静[①]。米歇尔·奈伊显然没有充分利用自己的兵力，而且实际上忽略了自己的一个军。他用光了所有的骑兵，没有做好部署来支援帝国近卫军的进攻，他本来是可以做到这一点的。本书不可能不将

---

① 米歇尔·奈伊此时的心态。古尔戈男爵加斯帕尔：《百日战役：法兰西战役与比利时战役的关系》，巴黎，1818年，第48页，第111页，第112页。拿破仑：《拿破仑信函集》，巴黎，帝国出版社，1869年，第31卷，第249页，第250页；C.马夸特：《1815年澳属尼德兰战役详史》，布鲁塞尔，梅尔茨巴赫和福克出版社，1887年，第149页；H.O.布鲁斯：《威廉·纳皮耶传》，伦敦，约翰·默里出版社，1864年，第1卷，第505页。在《威廉·纳皮耶传》中，让·德迪乌·苏尔特评论了米歇尔·奈伊的表现。约翰·巴普蒂斯特·伯顿：《军事批评简史：弗勒吕战役和滑铁卢战役》，巴黎，德劳内出版社，1818年，第41页。《军事批评简史：弗勒吕战役和滑铁卢战役》解读了米歇尔·奈伊给奥特朗特公爵约瑟夫·富歇的那封不同寻常的信。乔治·琼斯：《滑铁卢战役》，伦敦，莱纳斯·布思出版社，1852年，第385页以后。——原注

他的表现与威灵顿公爵阿瑟·韦尔斯利的表现做对比。威灵顿公爵阿瑟·韦尔斯利的远见和冷静令人钦佩，这让他控制了局势，让他能够充分利用所有兵力。在这艰难的一天快结束时，威灵顿公爵阿瑟·韦尔斯利依然可以调用这些兵力。

本书认为，提醒大家以下事实是非常重要的。在危机重重、战斗激烈的一天，威灵顿公爵阿瑟·韦尔斯利在哈尔和蒂比兹预留了查尔斯·科尔维尔师约一万八千人。英国最权威的批评家们[1]都毫不犹疑地谴责威灵顿公爵阿瑟·韦尔斯利的这一行为。詹姆斯·肖·肯尼迪说："威灵顿公爵阿瑟·韦尔斯利本应该命查尔斯·科尔维尔率部前往滑铁卢战场。他没有任何理由将这支军队部署在哈尔方向上。拿破仑如果往那条路上派出大量兵力，这将会是巨大的失误。而且如果没有法军前往哈尔的任何消息，那么查尔斯·科尔维尔就应该在1815年6月18日早上被派往滑铁卢。"[2]

有些人可能认为，上文中所说的第二任格鲁希侯爵埃曼努尔·德格鲁希从穆斯蒂耶和奥丁尼前往拉恩镇和圣兰伯特会对冯·比洛军和路德维希·冯·皮尔希军不利言语过重，但本书并不这样认为。设想一下，三万或四万名士兵排成一个长长的纵队沿泥泞的道路进攻敌军。在离战场几英里远的地方，冯·比洛军发现了这样一支军队，看上去人数与自己相当或大致相当。这支部队向自己右侧，也就是他们自己通信路线的方向前进。如果处在冯·比洛的位置上，会有多少军官会命部队停下来抵抗这样的进攻呢？

要看到，在得知第二任格鲁希侯爵埃曼努尔·德格鲁希打算进攻瓦夫尔之后，冯·比洛和路德维希·冯·皮尔希都陷入了窘境，但各自的情况又有所不同。首先我们知道，他们估计第二任格鲁希侯爵埃曼努尔·德格鲁希的兵力只有消息上所说的一半，毕竟他们从未亲眼见过这支部队。其次，第二任格鲁希侯爵埃曼努尔·德格鲁希很可能会在瓦夫尔及其附近被约翰·冯·蒂勒曼拖住，直到反法联军赢得滑铁卢战役后才能脱身。

---

[1] 查尔斯·康沃利斯·切斯尼：《滑铁卢讲座：1815年战役研究》，伦敦，朗文格林出版社，1874年，第217页；爱德华·布鲁斯·哈姆利上校：《作战行动》，爱丁堡&伦敦，威廉·布莱克伍德出版公司，1869年，第198页。——原注

[2] 詹姆斯·肖·肯尼迪：《滑铁卢战役注解》，伦敦，约翰·默里出版社，1865年，第174页。——原注

不过，如果发现第二任格鲁希侯爵埃曼努尔·德格鲁希直接从迪莱河进攻普军前往普朗谢诺伊特的部队，那么普军指挥官们就会被迫让部队停下来以进攻第二任格鲁希侯爵埃曼努尔·德格鲁希的部队。普军即使对自己人数占优感到满意，也必须要这样做。即使第二任格鲁希侯爵埃曼努尔·德格鲁希部队的人数较少，但如果第二任格鲁希侯爵埃曼努尔·德格鲁希率部进逼普军的行军路线，也必定能拖住普军。

法军在滑铁卢完全溃败主要是因为天快黑时，格拉夫·冯·齐滕的军突然出现，并猛攻法军。这时，法军已经筋疲力尽，同时由于天色已晚，拿破仑已经不可能重整军队，并做出新的部署。英军确实击溃了帝国近卫军，取得了巨大的胜利。但即使冯·比洛的军和路德维希·冯·皮尔希的军在普朗谢诺伊特一侧支援，英军也没有强大到能将法军驱逐出战场。英军肃清了前方从霍蒙城堡到通往沙勒罗瓦的公路的法军。但霍蒙城堡由法军第二军守卫且配有诸多强大的炮兵，英军没有进攻这个牢固的据点。冯·穆费林[①]告诉我们，在右路全面撤退之后，法军中路依然牢不可摧。直到格拉夫·冯·齐滕的炮兵连来到圣拉艾村西侧，并向法军开火，这部分法军才开始撤退。接着，威灵顿公爵阿瑟·韦尔斯利命部队全线压进。但正如冯·穆费林所说，英军的这一战线非常单薄，只有一些小规模队伍，每支队伍几百人，且相互离得很远。冯·穆费林接着说："英军战线如此薄弱，相互间隔又远，它们这样前进看上去非常危险。指挥骑兵的阿克斯布里奇伯爵亨利·佩吉特提醒威灵顿公爵阿瑟·韦尔斯利说，这很危险。然而，威灵顿公爵阿瑟·韦尔斯利没有命令部队停下。威灵顿公爵阿瑟·韦尔斯利老练地看到法军已经不构成危险。他很清楚，自己的步兵确实已被经严重削弱，不会再取得更重要的战绩。但如果他按兵不动并让普军单独追击法军，那么在欧洲人的眼里，英军似乎只是勇敢地保卫了自己，而只有普军才是赢得战斗的决定性因素。"[②]

弗朗索瓦·约瑟夫·迪昌师和皮埃尔·马尔科涅师的溃败完全是由于格拉

[①] 冯·穆费林：《人生往事：1813年和1814年战役回忆》，伦敦，理查德·宾利出版社，1853年，第249页。——原注
[②] 冯·穆费林：《人生往事：1813年和1814年战役回忆》，伦敦，理查德·宾利出版社，1853年，第250页。——原注

夫·冯·齐滕军的进攻，这是普遍承认的事实。因此，要不是格拉夫·冯·齐滕军，那么1815年6月18日晚上将只会在普朗谢诺伊特及其附近爆发战斗。如果在青年近卫军和洛博伯爵乔治·穆顿的部队需要支援时拿破仑可以从麾下派兵前来，那么我们很难想象洛博伯爵乔治·穆顿会守不住这里的据点。格拉夫·冯·齐滕的军突然介入，或者准确地说是他最前方的步兵师、所有骑兵及多数炮兵的突然介入，天快黑时到达位于空旷平地上的法军一侧，最终法军彻底溃败。

拿破仑和第二任格鲁希侯爵埃曼努尔·德格鲁希谁该为普军的参战负责呢？这一问题有待讨论。可以说，如果拿破仑和第二任格鲁希侯爵埃曼努尔·德格鲁希任何一人能根据形势的需要采取必要的措施，那么普军就无法参战。如果拿破仑在想到普军可能打算与英军会合时命第二任格鲁希侯爵埃曼努尔·德格鲁希前来，并让第二任格鲁希侯爵埃曼努尔·德格鲁希的两个军或者一个军在战斗当天驻扎在拉恩和圣兰伯特或其周边，或者如果拿破仑命第二任格鲁希侯爵埃曼努尔·德格鲁希的一个或两个军参加进攻英军的行动，那么可以肯定地说，列博莱希特·冯·布吕歇尔就无法介入拿破仑与威灵顿公爵阿瑟·韦尔斯利的战斗中。

一方面，在派出第二任格鲁希侯爵埃曼努尔·德格鲁希后，如果拿破仑告诉他战斗迫在眉睫，并命他在发现普军前往瓦夫尔的情况下经穆斯蒂耶返回法军主力所在的地方，那么第二任格鲁希侯爵埃曼努尔·德格鲁希很可能可以阻止普军前进。

另一方面，如果1815年6月18日破晓时第二任格鲁希侯爵埃曼努尔·德格鲁希能按军事常识自行判断，或者中午时愿意听从艾蒂安·莫里斯·热拉尔的建议，普军也将无法前进。

拿破仑担心普军会与英军会合时，仍然派给第二任格鲁希侯爵埃曼努尔·德格鲁希那么多兵力，这完全是不必要的冒险。而且拿破仑既没有给予下属必要的信息以降低风险，也没有下达准确的命令。他相信第二任格鲁希侯爵埃曼努尔·德格鲁希会选择正确的路线，但第二任格鲁希侯爵埃曼努尔·德格鲁希并没有做到。因此，拿破仑和第二任格鲁希侯爵埃曼努尔·德格鲁希都要对普军的参战和法军的战败负责。

附录 A
《拿破仑回忆录》的一些特点

在军事历史书中，拿破仑在圣赫勒拿岛口授给他人或自己亲著的两本书《滑铁卢战役》①和《拿破仑回忆录》或许是招致批评最严厉也是最不公平的作品。读过查拉斯中校、查尔斯·康沃利斯·切斯尼和乔治·胡珀等人的书后，人们可能会认为军事历史书是最简单直白的。而且一个将军如果想著就这样的军事历史书，就应该远离同僚和下属，躲到战场几英里之外的封闭的角落里。因为如果这不是这个将军或其他与之类似的人的看法的话，他要么忽视写就这样的书所面临的巨大难题，要么坚持用不公平的眼光看待战败的拿破仑。

例如，拿破仑在自己的回忆录②中说："1815年6月14日晚上，路易·德布尔蒙叛逃敌军。1815年6月15日凌晨，法军开拔。1815年6月15日5时，第四军开拔时发现路易·德布尔蒙早已离开。"查拉斯中校说，路易·德布尔蒙所属第四军的人员记录上显示他是在1815年6月15日叛逃，而且他给艾蒂安·莫里斯·热拉尔写了一封信，信的抬头是"1815年6月15日于菲利普维尔"。但在圣赫勒拿岛，拿破仑既无法参考第四军的人员记录，也无法参考路易·德布尔蒙给艾蒂安·莫里斯·热拉尔的信。

然而，查拉斯中校说拿破仑是故意说错的③。

---

① 名义作者是古尔戈男爵加斯帕尔。——原注
② 拿破仑：《拿破仑信函集》，巴黎，帝国出版社，1869年，第31卷，第251页。——原注
③ 查拉斯中校：《1815年战役史：滑铁卢》，莱比锡，布洛克豪斯出版社，第1卷，第1页，第104页。——原注

本书对这种尖锐的批评没有什么主观偏见。本书的目的是提醒大家注意《拿破仑回忆录》的一个特征。这个特征或许可以解释为什么拿破仑在回忆录中会把不符合事实的事情说得那样肯定。这个特征就是，拿破仑下达给部下的命令在语言上都很笼统。他确实清楚地指出了自己的目标或者说出了担心的危险，但一旦紧急情况真的出现，就会交由部下来选择要采取的措施。不过，拿破仑似乎从未记住自己在下达命令时使用的语言。他能记起的是希望军官们在收到命令后能够按照命令上要求的方式行事。而且开始写回忆录时，拿破仑常常说自己至少已明确给出了在紧急情况下该怎样做的指示，希望部下在收到指示后能够按指示行动。

因此，本书看到1815年6月16日下午14时和15时15分①给米歇尔·奈伊的命令在内容上十分笼统。拿破仑命米歇尔·奈伊在打败或至少阻止英军之后就立刻调转方向，从侧方和后方进攻普军。但《拿破仑回忆录》②中说，拿破仑再次强调自己给米歇尔·奈伊的命令是让米歇尔·奈伊前往夸特布拉斯前方。一旦占领夸特布拉斯，米歇尔·奈伊就要派八千步兵及列斐伏尔·德努莱特的骑兵师携带该师所配的二十八门火炮，经夸特布拉斯到那慕尔的公路进攻敌军后方的布莱高地。拿破仑将在马尔拜村离开这条公路。

我们要看到，《拿破仑回忆录》中没有提到1815年6月16日下午下达给米歇尔·奈伊命令这件事，而实际上，拿破仑确实没有给米歇尔·奈伊下达这样的命令。从内容上看，拿破仑所说的这个命令实际上是他希望米歇尔·奈伊在收到1815年6月16日14时和15时15分的命令后要采取的行动。下文同样表明了这一点，"派出上述兵力后，米歇尔·奈伊在夸特布拉斯的据点仍有三万两千人和八十门火炮，这足以让他阻止可能于1815年6月16日从其他营地赶来的所有英军"。

也就是说，拿破仑已经谋划了这一切，让人感觉他当时就身处米歇尔·奈伊的位置。米歇尔·奈伊可以派出这么多兵力和火炮，而且仍然留有众

---

① 埃尔兴根公爵费利克斯·奈伊：《1815年战役未出版文件集》，巴黎，1840年，第13卷，第62页；第14卷，第40页。——原注
② 拿破仑：《拿破仑信函集》，巴黎，帝国出版社，1869年，第31卷，第204页。——原注

多兵力和火炮。但拿破仑给米歇尔·奈伊下达的命令实际上是让米歇尔·奈伊自己想到上述做法。

现在，本书要按照拿破仑的思路来看待《拿破仑回忆录》中他对下达给第二任格鲁希侯爵埃曼努尔·德格鲁希的命令的表述①：

> 1815年6月16日22时，皇帝认为第二任格鲁希侯爵埃曼努尔·德格鲁希在瓦夫尔，并派一个军官前往第二任格鲁希侯爵埃曼努尔·德格鲁希那里，告诉第二任格鲁希侯爵埃曼努尔·德格鲁希第二天会有大战。同时，皇帝说，英荷联军驻扎在苏瓦涅森林前方，其左翼在拉艾村休整。皇帝命第二任格鲁希侯爵埃曼努尔·德格鲁希在天亮前从瓦夫尔的军营向圣兰伯特派出装备整齐的一万六千人和十六门火炮，从而与法军主力会合，并协同行动。一旦确定列博莱希特·冯·布吕歇尔已经撤离瓦夫尔，不管他是继续向布鲁塞尔撤退，还是向其他方向撤退，第二任格鲁希侯爵埃曼努尔·德格鲁希都要率大部队前进，并支援之前派向圣兰伯特的军队。

阿道夫·梯也尔②依据《拿破仑回忆录》中该命令的细节性描述，证明这个命令是真实存在的。但本书并不这样认为。本书认为，拿破仑在上述节选的文字中所使用的措辞就是他给第二任格鲁希侯爵埃曼努尔·德格鲁希的命令中所使用的措辞。拿破仑发现列博莱希特·冯·布吕歇尔已经撤往英军方向，这些措辞仅仅表达了拿破仑内心对第二任格鲁希侯爵埃曼努尔·德格鲁希的期望。本书认为，我们可以参考利尼战役当天下午拿破仑给米歇尔·奈伊的信。本书不相信拿破仑给第二任格鲁希侯爵埃曼努尔·德格鲁希下达了《拿破仑回忆录》中提到的命令，但本书相信拿破仑确实给第二任格鲁希侯爵埃曼努尔·德格鲁希下达了伯特兰带去的命令，尽管拿破仑在回忆录中没有提到这个命令。事实上，拿破仑已经完全忘记了这个命令。本书相信拿破仑清楚地记起了他给第二任格鲁希

---

① 拿破仑：《拿破仑信函集》，巴黎，帝国出版社，1869年，第31卷，第212页，第216页。——原注
② 阿道夫·梯也尔：《拿破仑统治下的执政府和法兰西帝国史》，伦敦，威利斯和莎乐伦出版社，1861年，第20卷，第95页。——原注

侯爵埃曼努尔·德格鲁希下达了一个命令,也清楚地记起了他期望第二任格鲁希侯爵埃曼努尔·德格鲁希收到命令后应该怎样做,但他把这两件事情混淆了。拿破仑所描述的命令只是他期望中的命令。

  这一点并不奇怪,而且肯定与故意扭曲事实不同。不管怎样,这是拿破仑基于自己回忆起的零星片段所做的部分主观加工,只不过当时他思维混乱、脾气乖戾。

附录 B
第二任格鲁希侯爵埃曼努尔·德格鲁希和伯特兰命令

上文提到，第二任格鲁希侯爵埃曼努尔·德格鲁希"在评论滑铁卢战役的手册中，一次次地否认他在1815年6月18日之前接到了拿破仑或让·德迪乌·苏尔特的任何命令"。上文指出，第二任格鲁希侯爵埃曼努尔·德格鲁希的否认使人们严重误解了拿破仑，而且多年来人们对拿破仑的误解一直没有改变。现在本书要证实这一观点的正确性。

1818年，第二任格鲁希侯爵埃曼努尔·德格鲁希在费城写下了由古尔戈男爵加斯帕尔出版的《1815年各战役关系观察报告》。第二任格鲁希侯爵埃曼努尔·德格鲁希在书中描述了拿破仑给他的口头命令、他对这些命令的看法及拿破仑的回复。之后，他说："这就是我所收到的唯一部署令，我收到的唯一命令。"①

第二任格鲁希侯爵埃曼努尔·德格鲁希在手册中又说②："但为什么要不停地重复'参加滑铁卢的战斗'这个表述，为什么我不公开自己收到的命令的内

---

① 第二任格鲁希侯爵埃曼努尔·德格鲁希：《1815年各战役关系观察报告》，费城，1818年，第13页。1819年，该书的费城版第12页和1819年巴黎版第13页中插入了"逐字地"这样的表述，使语气更强。——原注
② 第二任格鲁希侯爵埃曼努尔·德格鲁希：《1815年各战役关系观察报告》，费城，1818年，第26页、第27页。第二任格鲁希侯爵埃曼努尔·德格鲁希：《1815年各战役关系观察报告》，费城，1819年，第24页，第25页。第二任格鲁希侯爵埃曼努尔·德格鲁希：《1815年各战役关系观察报告》，巴黎，1819年，第30页，第31页。——原注

容？原因很简单，那就是这些命令仅仅是通过口头的形式传达给我的。拿破仑的部下都知道拿破仑很少下达书面命令。如果表明这些命令是口头命令很重要，那么在少将让·德迪乌·苏尔特的信中提到了我前往萨尔塔瓦林这一点就算不能完全证明也部分证明了这是口头命令。让·德迪乌·苏尔特在信中说，'前往萨尔塔瓦林与下达给你的部署令相符'。如果我收到的是书面命令，那么让·德迪乌·苏尔特的表述应该是'你按送达给你的命令或指令前往萨尔塔瓦林。'"

伯特兰命令是在参谋长让·德迪乌·苏尔特外出的情况下拿破仑口授给伯特兰的，所以在常规官方档案中不可能找到它。只有记住这一点，我们才能完全领会上述论点。但第二任格鲁希侯爵埃曼努尔·德格鲁希有机会确认这一点，因为在滑铁卢战役之后不久，第二任格鲁希侯爵埃曼努尔·德格鲁希有机会核查参谋长让·德迪乌·苏尔特的记录。

因此，之后不久我们发现[①]，第二任格鲁希侯爵埃曼努尔·德格鲁希原本应该说自己确实从伯特兰那里接到了命令，只不过该命令的大意与《拿破仑回忆录》给出的大意完全不同。不过，为了证明自己没有收到《拿破仑回忆录》中所提到的命令，第二任格鲁希侯爵埃曼努尔·德格鲁希说他在1815年6月17日根本没有收到任何书面命令：

> 少将让·德迪乌·苏尔特是拿破仑与部下沟通的枢纽，他的他所经手的所有命令和信件可以证明这一点。在滑铁卢战役失利之后，我接管军队并拥有了这份事实确凿的文件。文件上说，除了这里抬头分别为"1815年6月18日10时"和"1815年6月18日13时"的两封信里所包含的命令外，没有下达给我其他命令或指令。

1829年，第二任格鲁希侯爵埃曼努尔·德格鲁希在巴黎出版的一本书中提到了1815年6月18日10时给自己的命令，他说："这封信及抬头为'1815年6月18日

[①] 第二任格鲁希侯爵埃曼努尔·德格鲁希：《对拿破仑回忆录历史真实性的质疑》，费城，1820年4月。——原注

13时于滑铁卢战场'的那封信是我收到的全部命令,分别写于1815年6月17日和1815年6月18日。我所掌握的少将让·德迪乌·苏尔特所经手的所有命令和信件证明了这一点。上面提到了签发命令的时间和传送命令的军官的名字。这些材料的内容十分详细,让人无法怀疑里面会有任何遗漏及错误的表述。"①

值得注意的是,伯特兰竟然没有对外说过这件事。后来,他似乎确实没有向他人讲述这个命令,除非安托万·亨利·约米尼男爵在《滑铁卢战役的政治和军事史》②所说的"伯特兰送给第二任格鲁希侯爵埃曼努尔·德格鲁希一封信,明确要求第二任格鲁希侯爵埃曼努尔·德格鲁希前往让布卢"是来自伯特兰的说法。

伯特兰命令首次问世是1842年,即滑铁卢战役之后的二十七年。当时这个命令被《时事、传记、政治和文学评论》杂志的创始人和主编M.E.帕斯卡列载于《第二任格鲁希侯爵埃曼努尔·德格鲁希元帅传》③一书中。该书属于歌功颂德式的。书中既没有解释第二任格鲁希侯爵埃曼努尔·德格鲁希为什么一再否认收到过这一命令,也没有说明第二任格鲁希侯爵埃曼努尔·德格鲁希到底有没有收到这一命令④。

不过,在伯特兰命令面世之后,第二任格鲁希侯爵埃曼努尔·德格鲁希在他的回忆录中承认了伯特兰命令的存在。第二任格鲁希侯爵埃曼努尔·德格鲁希在1864年出版的《格鲁希元帅:1815年6月16日至6月19日》一书中承认了这一点,其目的是反驳阿道夫·梯也尔的指责,而且在第二任格鲁希侯爵埃曼努尔·德格鲁希的儿子所整理的《第二任格鲁希侯爵埃曼努尔·德格鲁希回忆录》第四卷⑤

---

① 第二任格鲁希侯爵埃曼努尔·德格鲁希:《历史片段:对比1815年战役与滑铁卢战役》,巴黎,菲尔曼·狄多·菲尔出版社,1829年11月20日,《给梅里先生和巴泰勒米先生的信》第5页注释。——原注
② 安托万·亨利·约米尼男爵:《1815年政治军事史》,巴黎,1839年,第149页。安托万·亨利·约米尼男爵在序言中提到的时间是1838年。——原注
③ M.E.帕斯卡列:《第二任格鲁希侯爵埃曼努尔·德格鲁希元帅传》,巴黎,拉孔布夫人出版社,1842年,第79页。——原注
④ 对比《滑铁卢的拿破仑》(巴黎,J.杜梅因出版社,1866年)第199页。——原注
⑤ 德格鲁希:《第二任格鲁希侯爵埃曼努尔·德格鲁希回忆录》,巴黎,E.顿图出版社,1874年,第4卷,第50页,第51页。——原注

中也承认了这个命令。但这些著作都没有明确解释第二任格鲁希侯爵埃曼努尔·德格鲁希为什么直截了当地否认自己在1815年6月17日收到过书面命令。当然，本书很难猜测他们会给出怎样的解释。该命令内容如下[①]：

> 你要率皮埃尔·克洛德·帕若尔的骑兵军、第四军的轻骑兵、约瑟夫·伊西多尔·埃克塞尔曼斯的骑兵军、弗朗索瓦·安托万·泰斯特的师、第三步兵军和第四步兵军向让布卢推进。弗朗索瓦·安托万·泰斯特师是从他所隶属的军中分出的，你要尤其注意。
>
> 你须在那慕尔和马斯特里赫特方向上侦察并追击普军。要侦察普军的行军情况并告诉我普军的动向。这样一来，我可以揣测他们的意图。
>
> 我会将指挥部移至夸特布拉斯。今天上午，英军仍在夸特布拉斯。通往那慕尔的公路上的普军已经肃清。我们将通过通往那慕尔的公路直接联系。如果普军已经撤离那慕尔，你要写信给在查尔蒙特的第二师师长路易·约瑟夫·维谢瑞，让他在查尔蒙特集结帝国近卫军的几个营，带上火炮，占领那慕尔。第二师师长路易·约瑟夫·维谢瑞将会让一个陆军准将率领这些部队。
>
> 你要刺探普军的意图，这是非常重要的。要确定普军打算与英军分离，还是仍然想与英军会合，从而发动另一场战斗来保卫布鲁塞尔和列日。不管是哪种情况，你的两个步兵军必须一直集中在一里格的范围内，并且每晚都要占据一个好的军事位置。这些位置要拥有好几条撤退路线。你要立刻派出骑兵与指挥部联系。
>
> 少将不在，皇帝口授
大元帅伯特兰执笔
1815年6月17日于利尼

[①] M.E.帕斯卡列：《第二任格鲁希侯爵埃曼努尔·德格鲁希元帅传》，巴黎，拉孔布夫人出版社，1842年，第79页。——原注

法兰西帝国军旗

现在我们来看一下第二任格鲁希侯爵埃曼努尔·德格鲁希1815年6月17日10时于让布卢发给拿破仑的报告。这个报告最初载于艾蒂安·莫里斯·热拉尔1830年于巴黎出版的《滑铁卢战役中德尼尔勒针对法军右路的观察报告》一书中,内容如下[①]:

陛下:

我很荣幸地告诉您我军占领了让布卢。我的骑兵在索沃涅尔,大约有三万普军士兵继续撤退。我军占领了这边拐角处的一个军用物资场,里面有四百名普军士兵及其辎重。

---

① 艾蒂安·莫里斯·热拉尔:《滑铁卢战役中德尼尔勒针对法军右路的观察报告》,巴黎,德南出版社,1830年,第15页。——原注

从所收到的报告中可以看出，普军到达索沃涅尔后分成了两路，一路在萨尔瓦隆尼亚踏上了前往瓦夫尔的道路，另一路去了通向马斯特里赫特的道路上的佩尔韦。

可以推断，一部分普军将与威灵顿公爵阿瑟·韦尔斯利的军队会合，中路的列博莱希特·冯·布吕歇尔将撤往列日，拥有炮兵的另外一路已经撤往那慕尔。当天晚上，约瑟夫·伊西多尔·埃克塞尔曼斯奉命向萨尔瓦隆尼亚派出六个分遣队，并且向佩尔韦派出三个分遣队。

根据这些分遣队的报告，如果普军大部队正撤往瓦夫尔，我会在瓦夫尔方向上追击普军，阻止它们前往布鲁塞尔，并将普军与威灵顿公爵阿瑟·韦尔斯利的军队隔离。

相反，如果这些分遣队报告说普军主力已经前往佩尔韦，我会亲自前往佩尔韦追击普军。

约翰·冯·蒂勒曼和博斯特尔昨天被陛下击败，今天上午10时仍在让布卢。据悉，他们有两万人失去了行动方向。在离开时，他们还打听从这里到瓦夫尔、佩尔韦和阿尼分别有多远。列博莱希特·冯·布吕歇尔手臂受轻伤，但他包扎后继续指挥军队。列博莱希特·冯·布吕歇尔没有经过让布卢。

尊敬的陛下

您忠实的部下

（签名）第二任格鲁希侯爵埃曼努尔·德格鲁希元帅

滑铁卢战役的所有评论家都引用了第二任格鲁希侯爵埃曼努尔·德格鲁希于让布卢的这个报告，其中包括查拉斯中校[1]、威廉·西博恩上尉[2]、亨利·德拉

---

[1] 查拉斯中校：《1815年战役史：滑铁卢》，莱比锡，布洛克豪斯出版社，第1卷，第244页。——原注

[2] 威廉·西博恩上尉：《1815年战役史：法兰西战役和比利时战役》，伦敦，T.&W.布恩出版社，1844年，第1卷，第297页。——原注

图尔·奥弗涅①、查尔斯·康沃利斯·切斯尼②、埃德加·基内③及《滑铁卢的拿破仑》的作者④等人。

这个报告中最显著的一点是它对伯特兰命令的回应。伯特兰命令要求第二任格鲁希侯爵埃曼努尔·德格鲁希侦察普军的意图，确定普军打算与英军分离，还是与英军会合以发动另一场战斗保卫布鲁塞尔或列日。在让布卢报告中，第二任格鲁希侯爵埃曼努尔·德格鲁希说，如果大部分普军撤向瓦夫尔，他将沿该方向追击普军，阻止普军前往布鲁塞尔，并将普军与威灵顿公爵阿瑟·韦尔斯利的军队隔离。但相反，如果获取的信息表明普军主力前往佩尔韦，他将前往佩尔韦追击普军。但在第二任格鲁希侯爵埃曼努尔·德格鲁希的回忆录中，表明上述意图的内容被替换掉了⑤。

《第二任格鲁希侯爵埃曼努尔·德格鲁希回忆录》中整句话的内容如下："从夜间所获取的报告来看，大量普军正前往瓦夫尔，我会沿着那个方向追击普军。"

替换后的表述明确表明，如果发现普军前往瓦夫尔，第二任格鲁希侯爵埃曼努尔·德格鲁希在追上普军之后就立刻进攻普军，这完全背离了第二任格鲁希侯爵埃曼努尔·德格鲁希回忆录》之前那个版本中的表述。我们不难发现第二任格鲁希侯爵埃曼努尔·德格鲁希回忆录》整理者这样做的目的：第二任格鲁希侯爵埃曼努尔·德格鲁希和拥护者们不想让他在这个报告中表达第二天行动的目的是将普军与威灵顿公爵阿瑟·韦尔斯利的军队隔离，因为他明确拒绝了这样做，而且他声称拒绝接受艾蒂安·莫里斯·热拉尔建议的理由是，拿破仑命令

---

① 亨利·德拉图尔·奥弗涅：《滑铁卢：1815年战役研究》，巴黎，亨利·普隆出版社，1870年，第230页。——原注
② 查尔斯·康沃利斯·切斯尼：《滑铁卢讲座：1815年战役研究》，伦敦，朗文格林出版社，1874年，第153页。——原注
③ 埃德加·基内：《1815年战役》，巴黎，米歇尔·列维·弗里尔出版社，1862年，第430页。——原注
④ 《滑铁卢的拿破仑》，巴黎，J.杜梅因出版社，1866年，第219页。——原注
⑤ 埃曼努尔·德格鲁希：《第二任格鲁希侯爵埃曼努尔·德格鲁希回忆录》，巴黎，E.顿图出版社，1874年，第4卷，第58页，第263页。在书中，作者说，原件当时就在他面前。第二任格鲁希侯爵埃曼努尔·德格鲁希：《格鲁希元帅：1815年6月16日至6月19日》，第37页，第194页。阿道夫·梯也尔曾尖锐地批评大家普遍盲从已经看到的版本。——原注

他要紧跟普军，并且一追上普军就要发起进攻。因此，承认1815年6月17日10时报告的内容是正确的，就是承认第二任格鲁希侯爵埃曼努尔·德格鲁希在写这份报告时的观点与他第二天及之后所坚持的观点不符。实际上也就相当于承认第二任格鲁希侯爵埃曼努尔·德格鲁希已收到、理解并且准备执行让他注意普军可能打算与英军会合的伯特兰命令。这也表明，1815年6月17日晚上，第二任格鲁希侯爵埃曼努尔·德格鲁希至少完全意识到了真正的危险所在，并且认识到自己关键的任务不是追击普军并进攻普军的后卫部队，而是阻止普军与英军会合[1]。

有关第二任格鲁希侯爵埃曼努尔·德格鲁希的这两本书在这一内容上的变化都是出于上述目的而对原来正确文本的任意截选。《第二任格鲁希侯爵埃曼努尔·德格鲁希回忆录》中删除了有关第二任格鲁希侯爵埃曼努尔·德格鲁希在发现普军撤向佩尔韦的情况下会如何打算的表述，这也充分印证了上述观点。

在本书看来，查拉斯中校在谈到第二任格鲁希侯爵埃曼努尔·德格鲁希时[2]措辞没有那么尖锐，"他一向不是严谨的人，或者说一向不真诚"。

---

[1] 卡尔·冯·克劳塞维茨：《1815年反法战争》，柏林，迪姆勒出版社，1862年，第48章，第131页；第50章，第146页。——原注
[2] 查拉斯中校：《1815年战役史：滑铁卢》，莱比锡，布洛克豪斯出版社，第2卷，第53页。——原注

附录 C
滑铁卢战役讲话、急报与命令的节选

I

对军队的演讲：1815年6月14日[①]

（22052号对军队的演讲）

士兵们，今天是马伦戈大捷和弗里德兰大捷的周年纪念日，它们两次决定了欧洲的命运。之后，就像奥斯特利茨战役之后一样，在瓦格拉姆战役之后，我们对敌人太过慷慨。他们抗议，让我宣誓退位，我们的政权土崩瓦解了！然而，今天他们又要挑起战争，想要剥夺法兰西最神圣的独立主权。他们开始了最不公正的侵略。让我们一起去迎接他们吧！此刻，难道我们不该同仇敌忾吗？

在耶拿，我们以一敌三，对抗今天如此傲慢的普鲁士军队；在蒙米拉伊，我们以一敌六。

让那些曾被英军俘虏的人告诉你英国人那可怕的浮桥和令人发指的虐待！

为了本国君主和人民，撒克逊人、比利时人、汉诺威人及莱茵联合军队的士兵们不得不支援反法同盟的行动。他们知道这个反法同盟的贪婪。反法同盟让一千二百万波兰人、一千二百万意大利人、一百万撒克逊人、六百万比利时人卷入其中。之后，它也必然会席卷德意志。

[①] 拿破仑：《拿破仑信函集》，巴黎，帝国出版社，1869年，第28卷，第324页。——原注

这群狂妄之徒！他们见不得法兰西繁荣，法兰西人的幸福让他们难以接受，他们以此为耻。如果他们进入法兰西，那么法兰西就是他们的葬身之地。

将士们，我们不得不远征，不得不发起战斗，也不得不面对风险！但只要坚持不懈，胜利将是我们的：我们将重新夺回国家的权利、荣誉和幸福。

热爱这个国家的法兰西人，这个时刻已经到来：要么征服！要么灭亡！

拿破仑

1815年6月14日于阿韦讷

依据副本。战争文件保管处。

II

行动命令：1815年6月14日[①]

（22053号行动命令）

明天[②]2时30分，约瑟夫·勒内·旺达姆军的轻骑兵师将开拔，沿通往沙勒罗瓦的道路前行。他将派各地的分队为法军肃清路上敌人的据点。但分队每一支都不到五十人。因此，在分配任务之前，约瑟夫·勒内·旺达姆要将确保它们弹药充足。

与此同时，皮埃尔·克洛德·帕若尔集结第一骑兵军，并跟在约翰·西梅翁·多蒙师之后出发，上述行动由皮埃尔·克洛德·帕若尔指挥。第一军的骑兵师不是独立的，隶属于第三师。第三军的第一步兵营之后是约翰·西梅翁·多蒙留下殿后的炮兵连，听从约瑟夫·勒内·旺达姆的命令。

---

① 拿破仑：《拿破仑信函集》，巴黎，帝国出版社，1869年，第28卷，第325页。——原注

② 1815年6月15日。——原注

1815年6月15日2时30分，约瑟夫·勒内·旺达姆鸣响起床号。1815年6月15日3时，他将率部前往沙勒罗瓦。他的所有辎重待第六军和帝国近卫军到达之后再开始前进。约瑟夫·勒内·旺达姆会接到总部要求他率部与第六军、帝国近卫军及后勤部队会合的命令。

第三军的每个师都将拥有炮兵和流动医院。

1815年6月15日3时30分，洛博伯爵乔治·穆顿将鸣响起床号，并命第六军1815年6月15日4时出发，第六军跟在约瑟夫·勒内·旺达姆军之后并支援约瑟夫·勒内·旺达姆的行动。第六军步兵、炮兵、流动医院和辎重部队的行军方式与第三军相同。

根据总部的命令，第六军的辎重部队将与第三军的辎重部队会合。

1815年6月15日4时30分，青年近卫军将鸣响起床号，并在1815年6月15日5时出发。青年近卫军将跟在第六军之后前往沙勒罗瓦。

1815年6月15日4时，帝国近卫军猎骑兵将鸣响起床号，并在1815年6月15日5时30分前出发，跟在青年近卫军之后。

1815年6月15日5时30分，帝国近卫军掷弹兵将鸣响起床号，并在1815年6月18日6时出发，跟在近卫军猎骑兵之后。

帝国近卫军的炮兵、流动医院和辎重部队的行军命令与第三军步兵的行军命令相同。

按照总部的命令，帝国近卫军的辎重部队将与第三军和第六军团的辎重部队会合。

1815年6月15日5时50分，第二任格鲁希侯爵埃曼努尔·德格鲁希将集结最靠近沙勒罗瓦公路的三个骑兵团，并命这三个骑兵团前往沙勒罗瓦。另外两个军将相隔一小时出发。但第二任格鲁希侯爵埃曼努尔·德格鲁希将沿步兵所走的公路的侧路前进，从而也避免拥挤，同时让骑兵按更好的次序前进。

在总部下达向前推进的命令之前，第二任格鲁希侯爵埃曼努尔·德格鲁希要将所有辎重留在后方的军用设备停放处。

1815年6月15日2时30分，奥诺雷·查尔斯·雷耶伯爵将鸣响起床号，1815年6

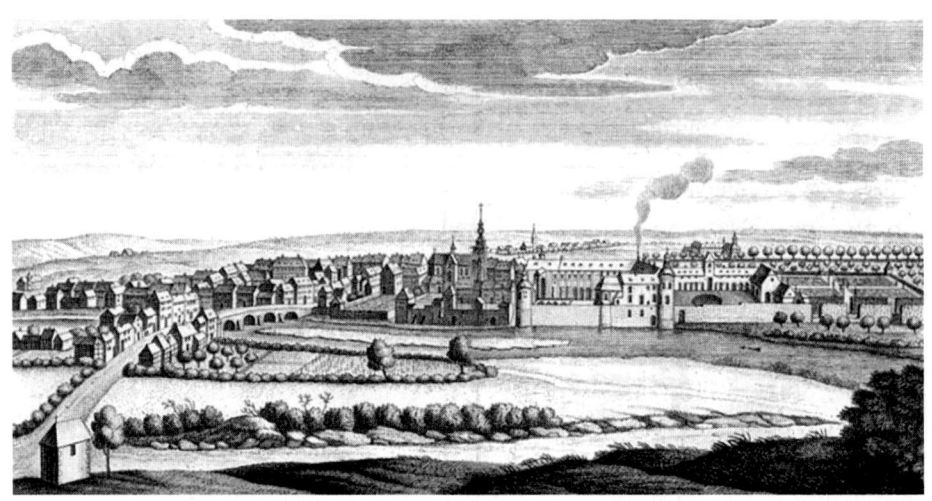
马歇纳桥

月15日3时命第二军出发。他要将第二军带到马歇纳桥并将第二军安置好,之后于1815年6月15日9时之前返回。奥诺雷·查尔斯·雷耶伯爵要率部守住桑布尔河上的所有桥梁,以确保上述桥梁无人通过。第二军所留下的空位将由第一军补上,但必须防止敌人破坏这些桥梁,特别是马歇纳桥,否则就无法从这里渡过桑布尔河。桥如果已经遭到破坏,就立刻修复。

在蒂安、马歇纳及这条路线上的所有的村庄,奥诺雷·查尔斯·雷耶伯爵均要询问当地居民,以便了解敌军最新的位置和兵力情况。奥诺雷·查尔斯·雷耶伯爵要利用各情报点收信,仔细阅读这些信,并将获取的信息立刻告知皇帝。

1815年6月15日3时,德隆伯爵约翰·巴普蒂斯特·德鲁埃将率第一军立刻出发前往沙勒罗瓦。第一军跟在第二军之后,途中第一军要迅速转向左侧以支援第二军的行动。德隆伯爵约翰·巴普蒂斯特·德鲁埃要向后方派出一支骑兵旅掩护第一军的行动,并通过这个骑兵旅与莫伯日保持联系。他要从莫伯日前方派出分遣队,让它们前往蒙斯和班什方向上的比利时边境,以获取敌军最新消息并立即报告。这些分遣队不得交战、不要越过边界线。

德隆伯爵约翰·巴普蒂斯特·德鲁埃要派一个师占领蒂安。如果蒂安的桥梁被毁,他要立即将其修复。同时德隆伯爵约翰·巴普蒂斯特·德鲁埃要在桑布尔河左岸立刻绘制和建造桥头堡,占领蒂安的师也将守卫奥尼河修道院那里的桥梁,德隆伯爵约翰·巴普蒂斯特·德鲁埃将在奥尼河左岸建造桥头堡。

第三军炮兵、流动医院和辎重部队行军的方式与第一军和第二军的行军方式相同。按照总部的命令,第三军的辎重部队要与第一军的辎重部队会合。

1815年6月15日,第四军摩泽尔的部队要占据菲利普维尔前方的位置。如果他的行动奏效,并且第四军的各个师会合,那么1815年6月16日3时,艾蒂安·莫里斯·热拉尔要率部出发前往沙勒罗瓦。第四军要在第三军侧方行军以保卫第三军右翼,并随时与第三军沟通,以便两个军能同时到达沙勒罗瓦前方。不过,艾蒂安·莫里斯·热拉尔军要肃清其右侧及那慕尔一线的所有敌军。他要严格按战斗命令行军,并将所有辎重留在菲利普维尔。这样一来,在参加同样的行动时,他的军负重更少。

1815年6月15日,艾蒂安·莫里斯·热拉尔要命到达菲利普维尔的第十四骑兵师跟在上述部队之后,前往沙勒罗瓦,或者让这个师加入第四军的骑兵。

奥诺雷·查尔斯·雷耶伯爵、约瑟夫·勒内·旺达姆、艾蒂安·莫里斯·热拉尔和皮埃尔·克洛德·帕若尔这四个军长要频繁派兵沟通。他们将依据沟通后的消息指挥各个军的前进,以便在到达沙勒罗瓦之前集结。要尽可能将会讲弗拉芒语的军官安排在行军队伍前方,以便咨询当地居民并从他们那里获取信息。不过,这些军官要对外称自己是这些部队的指挥官,而不是说部队在他们后方。

奥诺雷·查尔斯·雷耶伯爵、约瑟夫·勒内·旺达姆和艾蒂安·莫里斯·热拉尔要派各自军的工兵跟在第一步兵团之后前进,带上工兵是为了让他们修复桥梁。要命工程人员修复毁坏的通道、开通侧面的联络通道,并在步兵要跨过的河流上搭建桥梁,以便他们通过。

近卫军水兵、工兵和预备军的工兵将在第三军第一团之后前进。约瑟夫·罗尼特和阿克素男爵在行军队伍前方。他们只带两三辆轻便车辆。其他工兵部队在第三军左侧行军。如果遇到普军,不要与之交战,但约瑟夫·罗尼特和阿克素男爵应将他们派去建设各渡口、桥头堡,维修道路,并开通联络通道。

帝国近卫军骑兵同样前往沙勒罗瓦,并将于1815年6月15日8时出发。

在前往沙勒罗瓦的途中，皇帝的部队会成为先头部队。中将们要经常向皇帝报告他们的行动和他们所收集的信息。皇帝会警示他们，自己的意图是要在1815年6月15日中午之前渡过桑布尔河，并将法军带到桑布尔河左岸。

桥梁维修人员分为两个部分，第一部分进一步分为三个分队，每五个浮桥和五艘先遣船上有一个分队，以在桑布尔河上架设三座桥。每个分队都有一队架桥兵。桥梁维修人员的第一部分将跟随第三军之后的工兵部队前进。

桥梁维修人员的第二部分将与预备炮兵一起留在辎重部队中。他们拥有四队桥梁兵。

皇帝的辎重与总部的辎重将会合，并将于1815年6月15日10时出发。一旦需要这些辎重跟进，总部会命帝国近卫军、第三军和第六军的辎重部队前进。同时，皇帝将命预备骑兵的辎重部队沿骑兵部队的方向前进。

流动医院将跟随后勤长前进，并走在辎重部队的前方。但不管出现何种情况，如果没有少将让·德迪乌·苏尔特的命令，辎重部队、预备队的炮兵及桥梁维修人员的第二部分均不得距大部队超过三英里。他们也要按命令渡过桑布尔河。

后勤长要将全部辎重和行政文件的传送任务交给上述辎重部队，并在该辎重部队中指派一支队伍承担上述任务。

后方辎重车辆要靠左侧前进，且不要派出总部已指派任务的队伍。

皇帝命令将所有辎重车辆和骑兵炮台与步兵部队分离，这样一来，辎重部队的车辆就会离开原属军队。

为此，要指派给总部五十名宪兵来负责这件事，同时所有宪兵和宪兵指挥官要执行上述部署令，这决定着法军能否取胜。

皇帝的命令
帝国元帅达尔马提亚公爵让·德迪乌·苏尔特
1815年6月14日于博蒙

根据原文。战争文件保管处。

III

1815年6月15日上午
给第二军军长奥诺雷·查尔斯·雷耶伯爵①

奥诺雷·查尔斯·雷耶伯爵阁下,皇帝让我写信给你,命你军越过桑布尔河。如果你军前方没有敌军,不要多线路前进,要沿一或两个路线前进。你可以骑马沿通往布鲁塞尔的公路前进,并肃清弗拉涅方向上的敌军。德隆伯爵约翰·巴普蒂斯特·德鲁埃将在马歇纳过河,并在从蒙斯到沙勒罗瓦的公路上进行战斗。如有必要,他将随时支援你军。

这个命令送达你处时,你如果仍在马歇纳,并且无法按命令经沙勒罗瓦前进,那么就要经马歇纳前进,但你要从始至终遵从上述部署。

皇帝去了沙勒罗瓦,你要立即向陛下报告你的行动及你面临的状况。

帝国元帅达尔马提亚公爵让·德迪乌·苏尔特
1815年6月15日8时30分于瑞米哥农露营地

IV

给德隆伯爵约翰·巴普蒂斯特·德鲁埃②

伯爵阁下,皇帝命令我写信给奥诺雷·查尔斯·雷耶伯爵,命他接到命令后于沙勒罗瓦越过桑布尔河,要沿一条路线或两条路线前进,并命他骑马沿通往布鲁塞尔的公路前进。

---

① 埃尔兴根公爵费利克斯·奈伊:《1815年战役未出版文件集》,巴黎,1840年,第22页。——原注
② 埃尔兴根公爵费利克斯·奈伊:《1815年战役未出版文件集》,巴黎,1840年,第24页。——原注

陛下打算让你率部队在马歇纳或哈姆越过桑布尔河,并沿蒙斯到沙勒罗瓦的公路前行,或者兵分几路并占据靠近奥诺雷·查尔斯·雷耶伯爵的据点。要保持与奥诺雷·查尔斯·雷耶伯爵军的联系,并在蒙斯和尼威尔等方向上派出分遣队。如果奥诺雷·查尔斯·雷耶伯爵被迫从马歇纳过河,你部仍然要按上述要求行动。要告诉我你部的行动及面临的情况。皇帝将到达沙勒罗瓦前方。

帝国元帅达尔马提亚公爵让·德迪乌·苏尔特少将

1815年6月15日10时

于瑞米哥农露营地

V

给德隆伯爵约翰·巴普蒂斯特·德鲁埃的命令①

(节选自少将命令册)

德隆伯爵约翰·巴普蒂斯特·德鲁埃,皇帝命令奥诺雷·查尔斯·雷耶伯爵前往哥斯利并进攻驻守在那里的敌军。皇帝打算命你部也前往哥斯利,以支援奥诺雷·查尔斯·雷耶伯爵军的行动,并与他协同作战。但你部仍然要守住马歇纳,并派一个旅沿前往蒙斯的路线前进。建议这个旅不要卷入大规模军事冲突。

帝国元帅达尔马提亚公爵让·德迪乌·苏尔特

1815年6月15日15时

于沙勒罗瓦前方

---

① 埃尔兴根公爵费利克斯·奈伊:《1815年战役未出版文件集》,巴黎,1840年,第25页。——原注

VI

给第一军军长德隆伯爵约翰·巴普蒂斯特·德鲁埃的后续命令[1]

伯爵阁下，皇帝打算命你军在桑布尔河左岸集结，以便与在哥斯利的第二军会合。根据命令，你军要听从米歇尔·奈伊的指挥。

因此，你要召集已动身前往蒂安、索布及周边地区的军队，但你在左侧要部署大量兵力，肃清通往蒙斯的公路上的敌军。

帝国元帅达尔马提亚公爵让·德迪乌·苏尔特
1815年6月15日
于沙勒罗瓦

VII

给安托万·诺格斯将军的命令

按照统帅的意图，第一军第三师参谋长兼副师长皮埃尔·马尔科涅中将命我通知你，你要率第一师第一旅出发，并于1815年6月16日到达。你要尽早到达哥斯利。

此外，第二旅要一直留在这里，等待第一师到来，并一同前往哥斯利。

这表明，1815年6月16日3时，第四师弗朗索瓦·约瑟夫·迪吕师在瑞梅前方露营[2]，当时第二师弗朗索瓦·格扎维埃·东泽洛师一定已渡过桑布尔

---

[1] 埃尔兴根公爵费利克斯·奈伊：《1815年战役未出版文件集》，巴黎，1840年，第25页。——原注
[2] 弗朗索瓦·约瑟夫·迪吕的表述。弗朗索瓦·约瑟夫·迪吕说第二军在哥斯利，实际上第二军在瑞梅。埃尔兴根公爵费利克斯·奈伊：《1815年战役未出版文件集》，巴黎，1840年，第71页。——原注

河,第三师皮埃尔·马尔科涅师在马歇纳,而第一师阿利克斯师还没有到达桑布尔河。

> 第一军第三师参谋长兼副师长皮埃尔·马尔科涅
> 1815年6月16日3时
> 于马歇纳桥总部

VIII

1815年6月15日晚的法军公告[a]
(第22056号法军公告)

1815年6月14日,法军按以下方式部署:

帝国军队总部设在博蒙。

德隆伯爵约翰·巴普蒂斯特·德鲁埃的第一军驻扎在桑布尔河畔的索勒尔。

奥诺雷·查尔斯·雷耶伯爵的第二军驻扎在厄尔河畔的哈姆。

约瑟夫·勒内·旺达姆的第三军驻扎在博蒙的右侧。

艾蒂安·莫里斯·热拉尔的第四军已经抵达菲利普维尔。

1815年6月15日3时,奥诺雷·查尔斯·雷耶伯爵率部袭击了敌军,并向马歇纳桥推进。在战斗中,奥诺雷·查尔斯·雷耶伯爵浴血奋战,其麾下的骑兵部队向普鲁士的一个营发起猛攻,并俘虏了三百人。

1815年6月15日1时,皇帝抵达艾诺河畔的哈姆。

约翰·西梅翁·多蒙的轻骑兵师击败了普军的两个营,并俘虏了四百人。

皮埃尔·克洛德·帕若尔于1815年6月15日中午到达沙勒罗瓦。军中的工兵和水兵负责修复桥梁。他们首先要以散兵推进的方式潜入沙勒罗瓦。朱利安·克

---

① 拿破仑:《拿破仑信函集》,巴黎,帝国出版社,1869年,第31卷,第331页。——原注

拉利将军率领轻骑兵经通往布鲁塞尔的公路向哥斯利推进，皮埃尔·克洛德·帕若尔经通往那慕尔的公路前往日利。

1815年6月15日15时，约瑟夫·勒内·旺达姆率部前往日利。

第二任格鲁希侯爵埃曼努尔·德格鲁希率领约瑟夫·伊西多尔·埃克塞尔曼斯的骑兵抵达。

敌军占据了弗勒吕左侧的位置。1815年6月15日17时，皇帝下达进攻的命令后战局才好转。皇帝的副官坎德尔男爵指挥部队攻破三个阵地，击溃了普军第二十五团、第二十七团和第二十八团。我军消灭四百到五百人，俘虏一千五百人。

与此同时，奥诺雷·查尔斯·雷耶伯爵、杰罗姆·拿破仑和吉尔贝·巴舍吕率部一起通过桑布尔河上的马歇纳桥向推进并在哥斯利向敌人发动攻击，最终俘虏二百五十人并在布鲁塞尔大道上追击敌军。

在经历一系列战斗后，我军彻底占据了弗勒吕。

1815年6月15日20时，皇帝回到了沙勒罗瓦总指挥部。

这天，我军摧毁敌军五门大炮。敌军损失两千人，其中有一千名被我军俘虏。我军只有十人牺牲，八十人受伤，其中大部分来自自卫队，还有三名来自第二十龙骑兵团。他们负责冲锋陷阵，在同一阵地上英勇杀敌。皇帝已经察觉到我军的损失较轻。不过，他的副官指挥自卫队的坎德尔男爵受伤严重。坎德尔男爵腹部被子弹射击，医生担心他的伤势可能是致命的。

在给参谋长让·德迪乌·苏尔特的报告中，杰出官兵的名字将被记入其中。

皇帝将左路的指挥权交给米歇尔·奈伊。米歇尔·奈伊当晚将指挥部设在通往布鲁塞尔的公路上的夸特舍曼。

青年近卫军军长特雷维索公爵爱德华·莫蒂尔患有坐骨神经痛。他不得不卧床休息，皇帝让他留在博蒙养病。

艾蒂安·莫里斯·热拉尔的第四军今晚抵达沙特莱。艾蒂安·莫里斯·热拉尔报告说，路易·德布尔蒙、克卢埃上校和维鲁特赫中队长叛变，猎骑兵中尉叛逃投敌。少将让·德迪乌·苏尔特要求立即按照法律对这些逃兵进行审判并判决。

没有什么能够形容法军此时良好的精神状态和坚强的意志。少将让·德迪乌·苏尔特认为少数叛徒的叛逃是一件好事,因为他们因此暴露了自己。

1815年6月15日晚
于沙勒罗瓦

IX

威灵顿公爵阿瑟·韦尔斯利第一份命令备忘录①

今晚,威廉·冯·多恩伯格的骑兵旅和坎伯兰郡轻骑兵要前往到维伏迪镇,并在该镇附近的公路上露营。

今晚,阿克斯布里奇伯爵亨利·佩吉特要在尼奥乌集结骑兵,并让第二轻骑兵团监视斯凯尔特河和利斯河之间的区域。

今晚,第一步兵师要在阿特及其附近集结,并做好随时出发的准备。

今晚,第三师将在布赖纳–勒孔代集结,接到通知后要在最短的时间内出发。

今晚,除驻扎在斯凯尔特河前方的部队外,第四师其他部队将在格拉蒙特集结,并前往奥德纳尔德。

第五师、第八十一旅及第六师的汉诺威旅要随时准备从布鲁塞尔出发。

今晚,布伦瑞克公爵弗雷德里克·威廉的团要在布鲁塞尔到维伏迪镇之间的公路上集结。

明天天亮时,拿骚分遣军要在鲁汶公路上集结,并做好随时出发的准备。

今晚,第五师的汉诺威旅在哈尔集结,并做好天亮时向布鲁塞尔进发的准备。他们要在阿尔斯特和阿斯彻之间的公路上停下,以等待下一步的命令。

---

① 约翰·戈武德:《威灵顿公爵阿瑟·韦尔斯利的急报集》,伦敦,约翰·默里出版社,1838年,第12卷,第472页。——原注

奥兰治公爵威廉·亨德里克要在尼威尔集结低地国家军的第二师和第三师。如果当天尼威尔遇袭,应让英军第三步兵师在集结后立刻赶往尼威尔。

直到确认敌法袭击普军右翼和英军左翼后再开始上述行动。

希望理查德·希尔命奥兰治公爵威廉·亨德里克带五百人占领奥德纳尔德,并在索特格姆集结低地国家军的第一师和印度籍士兵组成的步兵旅,以做好第二天出发的准备。

预备炮兵做好天亮时出发的准备。

威灵顿公爵阿瑟·韦尔斯利

1815年6月15日

于布鲁塞尔

X

威灵顿公爵阿瑟·韦尔斯利给费尔特公爵亨利·克拉克的急报[1]

公爵阁下:

我听到消息说,法军今天早上在桑布尔河上的蒂安袭击了普军据点。法军似乎威胁到了沙勒罗瓦。自1815年6月15日9时起,我没有收到沙勒罗瓦的任何消息。

威灵顿公爵阿瑟·韦尔斯利

1815年6月15日22时

于布鲁塞尔

---

[1] 约翰·戈武德:《威灵顿公爵阿瑟·韦尔斯利的急报集》,伦敦,约翰·默里出版社,1838年,第12卷,第473页。——原注

XI

军队的行动"后续命令"[1]

第三步兵师继续从布赖纳-勒孔代前往尼威尔。

第一师从昂吉安前往布赖纳-勒孔代。

第二四步兵师和第四步兵师从阿特、格拉蒙特及奥德纳尔德继续前往昂吉安。

骑兵继续从尼奥乌前往昂吉安。

上述行动尽量不要拖延。

威灵顿公爵阿瑟·韦尔斯利

1815年6月15日22时

于布鲁塞尔

XII

威灵顿公爵阿瑟·韦尔斯利行动报告节选[2]
（给第三任巴瑟斯特伯爵亨利·巴瑟斯特）

伯爵阁下：

1815年6月10日至6月14日，拿破仑已在桑布尔河畔及桑布尔河和默兹河之间集结了法军第一军、第二军、第三军、第四军、第六军、帝国近卫军和几乎所

---

[1] 约翰·戈武德：《威灵顿公爵阿瑟·韦尔斯利的急报集》，伦敦，约翰·默里出版社，1838年，第12卷，第474页。——原注

[2] 约翰·戈武德：《威灵顿公爵阿瑟·韦尔斯利的急报集》，伦敦，约翰·默里出版社，1838年，第12卷，第478页。——原注

有骑兵。拿破仑命法军在1815年6月15日继续前进,并于1815年6月15日天亮时袭击普军在桑布尔河上的蒂安和洛贝斯两个据点。

直到1815年6月15日晚上,我才得到上述消息。我一从其他地方确认法军前往沙勒罗瓦并发动进攻的消息,就立刻命军队做好前往法军左侧的准备。

1815年6月15日当天,法军驱逐了普军在桑布尔河上的岗哨。指挥普军第一军的格拉夫·冯·齐滕当时在沙勒罗瓦。他撤向了弗勒吕。列博莱希特·冯·布吕歇尔在松布雷夫集结普军,并占据了圣阿曼达村和利尼村前方的村庄。

法军继续沿从沙勒罗瓦到布鲁塞尔的公路前进。同一天晚上,即1815年6月15日晚上,法军在弗拉涅袭击了由萨克森魏玛公爵卡尔·伯纳德指挥的一个尼德兰旅,并迫使这个旅撤回该公路上一个被称为"夸特布拉斯"的村庄。

佩尔旁切·谢德利尼茨师的一个旅立刻前来增援奥兰治公爵威廉·亨德里克的旅,并在1815年6月16日早上夺回了失去的部分阵地,从而控制了从尼威尔、布鲁塞尔到列博莱希特·冯·布吕歇尔驻地的联络通道。

同时,我命全部军队前往夸特布拉斯。中将托马斯·皮克顿的第五师于1815年6月16日14时30分左右到达,之后是布伦瑞克公爵弗雷德里克·威廉的军,再往后是拿骚分遣军。

此时,除了法军第一军、第二军及进攻我方在夸特布拉斯据点的艾蒂安·德谢勒曼骑兵团,其他全部兵力都用于进攻列博莱希特·冯·布吕歇尔的普军。

如果不将这一天的胜利成果归功于普军及时、关键的援助,就对不起自己的良心,对不起列博莱希特·冯·布吕歇尔和普军。冯·比洛从左侧进攻法军是具有决定意义的。而我发现,我即使没有条件发动进攻以获得最终的胜利,也可以在普军进攻失败的情况下迫使法军后撤,而且即使法军真的获胜,我也会阻止它们进一步扩大优势。

威灵顿公爵阿瑟·韦尔斯利
1815年6月19日
于滑铁卢

XIII

与里士满公爵查尔斯·伦诺克斯的谈话：1815年6月16日[①]

在里士满公爵查尔斯·伦诺克斯于布鲁塞尔举办的舞会上，就在威灵顿公爵阿瑟·韦尔斯利刚刚在晚餐桌旁就座时，指挥第一师的奥兰治公爵威廉·亨德里克突然回来，并在威灵顿公爵阿瑟·韦尔斯利身旁耳语了几句。威灵顿公爵阿瑟·韦尔斯利只是说没有新的命令，并建议奥兰治公爵威廉·亨德里克回到自己的住处上床休息。

之后，威灵顿公爵阿瑟·韦尔斯利在这里待了近二十分钟。接着，他对里士满公爵查尔斯·伦诺克斯说："我觉得我也该上床休息了。"之后，他向里士满公爵查尔斯·伦诺克斯道了晚安并小声地问他，房间里是否有好的地图。里士满公爵查尔斯·伦诺克斯说有，并带他进入通向晚餐厅的更衣室。威灵顿公爵阿瑟·韦尔斯利关上门说："拿破仑骗了我，他已提前二十四小时向我军逼进。"里士满公爵查尔斯·伦诺克斯问道："你打算怎么办？"

威灵顿公爵阿瑟·韦尔斯利回答道："我已命军队在夸特布拉斯集结，但不会在那里阻止法军。因为如果这样做的话就得与法军交战。"说话的同时，他的大拇指落在了地图上的滑铁卢。之后，威灵顿公爵阿瑟·韦尔斯利说了声"再见"，并从另一扇门离开了房间。威灵顿公爵阿瑟·韦尔斯利回到住处睡了六个小时，吃了早餐，然后迅速骑马赶往夸特布拉斯。在夸特布拉斯，他遇到了亨利·哈丁中校，并与他一同前往列博莱希特·冯·布吕歇尔那里。列博莱希特·冯·布吕歇尔将他带到了普军在利尼的驻地。威灵顿公爵阿瑟·韦尔斯利提出了很多修改意见，但列博莱希特·冯·布吕歇尔坚持按兵不动。

在里士满公爵查尔斯·伦诺克斯更衣室的对话结束两分钟后，里士满公爵查尔斯·伦诺克斯将对话的内容告诉了我。如果组建预备部队，那么这支部

[①]《乔治·鲍尔斯上尉给斐兹哈里斯勋爵兼第一任马姆斯伯里伯爵詹姆斯·阿里斯的信》。冯·穆费林：《人生往事：1813年和1814年战役回忆》，伦敦，理查德·宾利出版社，1853年，第2卷，第445页。——原注

队将由里士满公爵查尔斯·伦诺克斯指挥,我会是他的副官。里士满公爵查尔斯·伦诺克斯将威灵顿公爵阿瑟·韦尔斯利拇指所指的地方用铅笔在地图上圈了起来。之后的几个月,我们常常一起观察地图上的这个位置。

XIV

给理查德·希尔的命令:1815年6月16日[①]

给将军理查德·希尔

1815年6月16日

威灵顿公爵阿瑟·韦尔斯利命你立刻率第一步兵师赶往布赖纳-勒孔代,骑兵也会奉命赶往布赖纳-勒孔代。威灵顿公爵阿瑟·韦尔斯利本人将前往滑铁卢。

给将军理查德·希尔

1815年6月16日

你要在收到本命令后立刻命奥兰治公爵威廉·亨德里克弗雷德里克出发,命低地国家军的第一师和印度籍士兵组成的步兵旅从索特格姆前往昂吉安。按照之前的命令,你要在奥德纳尔德留五百人。

XV

威灵顿公爵阿瑟·韦尔斯利《滑铁卢战役备忘录》节选[②]

[①] 约翰·戈武德:《威灵顿公爵阿瑟·韦尔斯利的急报集》,伦敦,约翰·默里出版社,1838年,第12卷,第474页。——原注
[②] 阿瑟·理查德·韦尔斯利:《威灵顿公爵阿瑟·韦尔斯利补充的急报、信函及备忘录》,伦敦,约翰·默里出版社,1863年,第10卷,第523页。——原注

但之后的事情表明，在威灵顿公爵阿瑟·韦尔斯利的指挥下，尽管反法联军的战线不断延长，但他与各部队的联系仍然很快。因此，在命令签发后的六个小时内，威灵顿公爵阿瑟·韦尔斯利的各个部队实际上就收到了命令。威灵顿公爵阿瑟·韦尔斯利亲自率领的军队足以抵抗并阻击1815年6月15日天亮时首先进攻普军格拉夫·冯·齐滕军的法军。在得知进攻只是发生在1815年6月15日下午15时后，威灵顿公爵阿瑟·韦尔斯利于1815年6月16日3时之前到达夸特布拉斯，他所率领的军队足以应付法军左路[1]。

当然，威灵顿公爵阿瑟·韦尔斯利早就知道法军在前线增加兵力，甚至知道拿破仑已到达军中，但他并不认为现在急需行动。他只是在几个警戒哨上集结兵力，直到他听说法军发动了决定性进攻后才开始行动。

威灵顿公爵阿瑟·韦尔斯利首先从奥兰治公爵威廉·亨德里克那里得到了消息。1815年6月16日15时，奥兰治公爵威廉·亨德里克从在尼德兰的部队前哨回来，与威灵顿公爵阿瑟·韦尔斯利共进晚餐。他报告说法军攻击了蒂安的普军。法军已经占领了班什，但之后又放弃了。法军还没有到达英军在尼德兰的据点。就在奥兰治公爵威廉·亨德里克向威灵顿公爵阿瑟·韦尔斯利报告时，在威灵顿公爵阿瑟·韦尔斯利总部的列博莱希特·冯·布吕歇尔的一个军官冯·穆费林向威灵顿公爵阿瑟·韦尔斯利走来并告诉他，刚刚收到消息，法军在蒂安袭击了普军。

从卡尔·冯·克劳塞维茨的说法可以看出，1815年6月15日4时，格拉夫·冯·齐滕军在蒂安的哨所被袭。格拉夫·冯·齐滕本人率部分士兵撤退，并于1815年6月15日10时左右到达沙勒罗瓦。然而，在布鲁塞尔的威灵顿公爵阿瑟·韦尔斯利直到1815年6月15日15时才收到他的报告。1815年6月15日傍晚和晚上，格拉夫·冯·齐滕军的骑兵在哥斯和弗勒吕。

---

[1] 所引用的部分来自《威灵顿公爵阿瑟·韦尔斯利补充的急报、信函及备忘录》。但本书认为，C.D.扬所著的《威灵顿公爵阿瑟·韦尔斯利传》（伦敦，查普曼出版社，1860年）的附录中所说的才是正确的，其内容如下："威灵顿公爵阿瑟·韦尔斯利1815年6月16日到达夸特布拉斯的时间是在法军发动进攻的二十四小时之后。"即1815年6月16日15时之前，这才是事实。这两个版本还存在其他不同之处，但C.D.扬的这个版本才是最重要的。——原注

之后发出的命令要求英军整体向左行军。

1815年6月15日傍晚和晚上,整个军队都在前进。各个军独立行动,但都没有受到干扰。在行进过程中,整个军队都得到了不同地方所建的防御工事和驻军的保护。

驻扎在布鲁塞尔周边村镇的预备军奉命在布鲁塞尔的指定区域及附近集结,并于1815年6月15日傍晚集结完毕。1815年6月16日早上,预备军动身前往夸特布拉斯。包括左翼和中路,尤其是骑兵在内的所有军队都奉命前往夸特布拉斯的据点。

威灵顿公爵阿瑟·韦尔斯利本人在1815年6月16日早上天亮时前往夸特布拉斯。在夸特布拉斯,他发现了尼德兰军的一些骑兵、步兵和炮兵。他们已经与法军交火,但并不激烈。威灵顿公爵阿瑟·韦尔斯利从夸特布拉斯继续前往普军驻地。他看到普军部署在利尼村和圣阿曼达村后方的高地上。在那里,威灵顿公爵阿瑟·韦尔斯利亲自与列博莱希特·冯·布吕歇尔及普军总指挥部联系。

同时,威灵顿公爵阿瑟·韦尔斯利指挥的反法联军的预备军到达夸特布拉斯。卡尔·冯·克劳塞维茨断言,威灵顿公爵阿瑟·韦尔斯利已命上述部队在快要离开苏瓦捏森林时停下,但他无法证实这一点[①],因为没有任何证据。事实上,英军和普军于1815年6月16日中午左右在威灵顿公爵阿瑟·韦尔斯利指挥的反法联军驻扎地左侧会合。从布鲁塞尔赶来的预备军现在与第一步兵师[②]和骑兵会合。尽管尔·冯·克劳塞维茨批评威灵顿公爵阿瑟·韦尔斯利指挥的部队占领这些位置,并且批评威灵顿公爵阿瑟·韦尔斯利的部队与普军会合的方式,但从表面上看,英军与尼德兰军不但早在冯·比洛军到达二十四小时之前[③]就协同行动,而且比格拉夫·冯·齐滕的整个军[④]在利尼后方的高地上集结并将其左翼部署于松布雷夫的时间早二十四小时。

---

① 威廉·西博恩上尉:《1815年战役史:法兰西战役和比利时战役》,伦敦,T.&W.布恩出版社,1844年,第1卷,第102页;弗朗西斯·卡林·卡尔戈姆:《威廉·梅纳德·戈姆信函和日记汇编》,伦敦,约翰·默里出版社,1881年,第352页。——原注
② 1815年6月16日18时以后第一师才到达战场,而且骑兵压根没有到达战场。——原注
③ 卡尔·冯·克劳塞维茨认为,在冯·比洛军到达之前行动是个意外的错误。——原注
④ 格拉夫·冯·齐滕军在1815年6月15日首先遭到进攻。——原注

起初，威灵顿公爵阿瑟·韦尔斯利并不相信有关法军将由桑布尔河和默兹河河谷进攻的报告，但这是不争的事实。

法军已经破坏了通向这些河谷的道路。威灵顿公爵阿瑟·韦尔斯利认为，拿破仑可能已经经其他更便捷的路线进攻位于尼德兰和莱茵河左侧省份的反法联军。但在进攻时，威灵顿公爵阿瑟·韦尔斯利显然并不是没有做好支援普军抵抗法军的准备，而且事实上，在1815年6月16日下午和晚上他确实击退了在奥诺雷·查尔斯·雷耶伯爵支援下的米歇尔·奈伊对夸特布拉斯据点的进攻，而这部分法军也就是在1815年6月15日天亮时进攻普军格拉夫·冯·齐滕军的部队。在对抗法军的过程中，威灵顿公爵阿瑟·韦尔斯利指挥的反法联军为格拉夫·冯·齐滕军解了围。

XVI

威灵顿公爵阿瑟·韦尔斯利给列博莱希特·冯·布吕歇尔的信[1]

尊敬的公爵阁下：

我军现部署如下：

奥兰治公爵威廉·亨德里克军的一个师在弗拉涅和夸特布拉斯，其他部队在尼威尔。

预备军正从滑铁卢赶往热纳普，并将于中午到达。

英军骑兵将在中午到达尼威尔。

理查德·希尔的军在布赖纳-勒孔代。

我军前方没有发现大股法军，而且我在等待阁下的消息及部队到达的消息，以确定今天的行动方案。

班什一侧和我军右侧均未发现敌情。

---

[1] 冯·奥勒赤：《1815年战役史》，柏林，1876年，第124页背面。——原注

威灵顿公爵阿瑟·韦尔斯利
1815年6月16日10时30分
于弗拉涅前方高地

XVII

让·德迪乌·苏尔特给米歇尔·奈伊的第一次命令①

元帅阁下：

　　陛下刚刚命令第三骑兵军军长艾蒂安·德谢勒曼前来会合，并命他去哥斯利。在哥斯利，第三骑兵军将由您调遣。

　　陛下的目的是在通往布鲁塞尔的公路上，让近卫军骑兵殿后，从而与帝国近卫军的剩余部队会合。然而，为了不让该骑兵部队逆行，您可以更换部队在线路上的位置，将该骑兵置于稍后的位置，或者在当天行进中发布命令。因此，列斐伏尔·德努莱特会派遣一名官员听候命令。

　　如果第一军已经动身，请您通知我，并告知我今天早上第一军、第二军及隶属于这两个军的两个骑兵师的确切位置，让我知道您面前是否有敌人及您所了解的情况。

帝国元帅达尔马提亚公爵让·德迪乌·苏尔特
1815年6月16日
于沙勒罗伊

---

① 埃尔兴根公爵费利克斯·奈伊：《1815年战役未出版文件集》，巴黎，1840年，第26页。——原注

XVIII

皇帝给米歇尔·奈伊的信①

我的兄弟：

　　我派我的副官查尔斯·约瑟夫·弗拉奥将军将这封信送到你的手上。达尔马提亚公爵让·德迪乌·苏尔特也必然要给你下达命令。但与之相比，你会更早收到我的来信。因为我的军官比达尔马提亚公爵让·德迪乌·苏尔特的军官更早出发而且速度更快。你将收到当天的行军命令。基于它的重要性，我想写信给你详细说明一切。我与第二任格鲁希侯爵埃曼努尔·德格鲁希元帅率领的步兵第三军和第四军驻扎在松布雷夫。我提防着弗勒吕的敌军，并将在中午之前到达弗勒吕。我如果与敌军不期而遇，就会和它们战斗到底，我会肃清前往让布卢的道路。在弗勒吕，根据所发生的一切，我做出了决定（也许是15时，也许是今晚）。我一离开，你就准备向布鲁塞尔行军。我将派帝国近卫军支持你。帝国近卫军驻扎在弗勒吕或者松布雷夫。我预计明早到达布鲁塞尔。你只要可以在白天获知消息，晚上指挥部队走完三里格到四里格的路程，并且可以在1815年6月17日7时之前到达布鲁塞尔，而且我可以很早地做出决定，那么今晚就可以指挥部队前进。你可以通过以下方式部署部队。如果没有不便的话，在距离夸特舍曼两里格的地方首次将部队分散，在夸特舍曼周围分散部署六支步兵师，在马尔拜分散部署一支步兵师，如果有必要的话，我可以在松布雷夫吸引住敌人的注意力。部队的部署最好不要影响你的行军进程。通往罗马的公路和通往布鲁塞尔的公路的交叉口驻扎着拥有三千名胸甲骑兵精锐的艾蒂安·德谢勒曼军，如果有必要的话，我会统率这支部队。一旦我拿定主意，那么你就把与你会合的命令传达给艾蒂安·德谢勒曼。我想统率列斐伏尔·德努莱特指挥的近卫军师，然后把艾蒂安·德谢勒曼军的两个师派给你，让这两个师去取代帝国近卫军的空缺。然而，在我目前的计划中，我更愿意将艾蒂安·德谢勒曼军部

---

① 拿破仑：《拿破仑信函集》，巴黎，帝国出版社，1869年，第28卷，第334页。——原注

署在附近,以便在我需要时召回它们。我还希望列斐伏尔·德努莱特不要再错误地行军,因为我很可能今晚会做出与帝国近卫军一起前往布鲁塞尔的决定。其间,请你用德隆伯爵约翰·巴普蒂斯特·德鲁埃的一个骑兵师和奥诺雷·查尔斯·雷耶伯爵的一个骑兵师填补列斐伏尔·德努莱特师留下的空白,以安置好近卫军。如果英军发动攻击,最好和他们交战而不是防守。我在这场战役中采纳了惯用的原则,将我的军队分成两翼和一支后备军。你的左翼部队将由第一军的四个师、第二军的四个师、两个轻骑兵师和艾蒂安·德谢勒曼军的两个师组成,总人数不能超过五万人。

第二任格鲁希侯爵埃曼努尔·德格鲁希元帅拥有与我相同的权力,他将指挥右路部队。帝国近卫军将组成预备部队。我将根据具体情况亲自指挥两翼军队中的一翼。达尔马提亚公爵让·德迪乌·苏尔特会下达最准确的命令,以便你离开时也能从令如流。当我在场时,各军指挥官要直接服从于我。根据具体情况,我通过增加预备部队数量来削弱敌军的左翼或右翼。你应该感觉到了我们极其重视布鲁塞尔。这很可能引发意外,因为这种突然而迅速的行军将使英军与蒙斯、奥斯坦德等地隔离开来。我希望你做好安排,以便在执行第一个命令时,你的八个师可以在布鲁塞尔所向披靡。

拿破仑
1815年6月16日
于沙勒罗瓦

XIX

奥诺雷·查尔斯·雷耶伯爵给米歇尔·奈伊的急报[1]

---

[1] 埃尔兴根公爵费利克斯·奈伊:《1815年战役未出版文件集》,巴黎,1840年,第37页。——原注

元帅阁下：

我荣幸地告知你约翰·巴普蒂斯特·吉拉尔的一名军官向我呈递的报告。

敌军轻骑兵占领了弗勒吕。前方有几名骑兵岗哨。我们发现两股敌军正在前往那慕尔的路上，其先头部队已经到达圣阿曼达村的高地上。敌军逐渐会集，并凭借众多兵力攻占了一些地区。由于距离的原因，我们很难判断它们的兵力情况。然而，皇帝认为，敌军的六个营排成六个纵队。我们观察到，后方也有部队前行。

查尔斯·约瑟夫·弗拉奥让我向你转达他带给你的命令。我已提前告知德隆伯爵约翰·巴普蒂斯特·德鲁埃，这样一来他就可以跟在我部后面前进。一旦他的师开拔，我就会从弗拉涅开拔。不过，根据约翰·巴普蒂斯特·吉拉尔的报告，在等待你的命令时，我会让部队做好行军准备，并且部队能够很快到达我这里，所以不会浪费太多时间。

我把向约翰·巴普蒂斯特·吉拉尔报告的军官也派往皇帝那里。

我向你重申我的忠诚和敬意。

奥诺雷·查尔斯·雷耶伯爵
1815年6月16日10时15分
于哥斯利

XX

米歇尔·奈伊给奥诺雷·查尔斯·雷耶伯爵和
德隆伯爵约翰·巴普蒂斯特·德鲁埃的命令[①]

[①] 埃尔兴根公爵费利克斯·奈伊：《1815年战役未出版文件集》，巴黎，1840年，第38页。——原注

根据皇帝的指示，第二军将继续前进并行进至热纳普后方第五师的位置，即到达热纳普的高地。高地左侧是通往布鲁塞尔的公路，由一个营或两个营负责运送通往布鲁塞尔的公路上的所有辎重。预备车辆和第五师的辎重将留在第二线。

第九师将跟随第五师行进，并将占领邦蒂勒村右侧和左侧高地的第二线上的有利位置。

第六师和第七师将到达夸特布拉斯的分岔路口，即你的辖区。德隆伯爵约翰·巴普蒂斯特·德鲁埃的前三个师将占领弗拉涅的有利位置。第四师将与皮尔将军的第二轻骑兵师驻扎在马尔拜。第一师将掩护你的行动，并为你肃清通往布鲁塞尔的公路和你的侧翼的敌军。我的指挥部设在弗拉涅。

艾蒂安·德谢勒曼军的两个师将驻扎在弗拉涅和利比切兹。

近卫军列斐伏尔·德努莱特将军和科尔伯特将军的师将仍然留在弗拉涅。

米歇尔·奈伊

1815年6月16日

于弗拉涅

XXI

让·德迪乌·苏尔特给米歇尔·奈伊发起夸特布拉斯战役的正式命令[①]

元帅阁下：

皇帝要求你命令指派给你的德隆伯爵约翰·巴普蒂斯特·德鲁埃指挥的第一军、奥诺雷·查尔斯·雷耶伯爵指挥的第二军及瓦尔米伯爵艾蒂安·德谢勒曼指挥的第三骑兵军动身，以到达三叉路口（与通往布鲁塞尔的公路交会处）。你

[①] 埃尔兴根公爵费利克斯·奈伊：《1815年战役未出版文件集》，巴黎，1840年，第27页。——原注

要让部队占领那里的有利位置，同时在通往布鲁塞尔的公路和通往尼韦尔的公路上侦察，因为敌人可能从那里撤离。

皇帝希望，如果你方便的话，你要在热纳普部署一个骑兵师。皇帝命令你在马尔拜一侧部署另一个师，以坚守松布雷夫和三叉路口之间的区域。在这些师的后方，你要部署帝国近卫军列斐伏尔·德努莱特将军的师及昨日被派往哥斯利的第一轻骑兵团。

在马尔拜的军也要竭力支持第二任格鲁希侯爵埃曼努尔·德格鲁希元帅在松布雷夫的行动，并在必要时支持你在三叉路口的部署。请你向在马尔拜的将军指明各个方向，特别是让布卢和瓦夫尔的路线。

不过，如果列斐伏尔·德努莱特将军的师已经全部行进在通往布鲁塞尔的公路上，请你不必管它，并把在马尔拜的军更换为艾蒂安·德谢勒曼指挥的第三骑兵军和第一轻骑兵团。

我荣幸地告知你，皇帝将前往松布雷夫，或者根据皇帝的命令，第二任格鲁希侯爵埃曼努尔·德格鲁希元帅会率第三步兵军、第四步兵军及第一骑兵军、第二骑兵军和第四骑兵军一同前往。第二任格鲁希侯爵埃曼努尔·德格鲁希元帅将占领让布卢。

我请求你，让我立刻向皇帝报告你执行我发给你的命令的情况，以及你所了解的关于敌人的一切。

皇帝让我建议你，你要命军长们集结部队，并让散兵返回，保持部队完整的秩序，并集结所有可能留在后方的炮兵和流动医院。

达尔马提亚公爵让·德迪乌·苏尔特

1815年6月16日

于沙勒罗瓦

XXII

让·德迪乌·苏尔特命米歇尔·奈伊占领夸特布拉斯的第二次命令①

元帅阁下：

  一个枪骑兵军官刚刚告诉皇帝，敌军在夸特布拉斯一侧大量集结。请你集结奥诺雷·查尔斯·雷耶伯爵的军、德隆伯爵约翰·巴普蒂斯特·德鲁埃的军及艾蒂安·德谢勒曼的军，艾蒂安·德谢勒曼的军正前去与你会合。你必须凭借这些力量，击败并歼灭可能出现的所有敌军。列博莱希特·冯·布吕歇尔昨天在那慕尔，他很可能不会向夸特布拉斯进军。因此，你只需应付来自布鲁塞尔的敌军。

  第二任格鲁希侯爵埃曼努尔·德格鲁希元帅准备在松布雷夫发动进攻。我已经通知过你。皇帝将前往弗勒吕。你将在弗勒吕给皇帝呈递最新报告。

达尔马提亚公爵让·德迪乌·苏尔特
1815年6月16日
于沙勒罗瓦

XXIII

查尔斯·约瑟夫·弗拉奥将军给埃尔兴根公爵费利克斯·奈伊的信②

  亲爱的公爵，我想更精确地回答你的问题，但在没有记录的情况下，在十五年的间隔之后，我不可能记住你想知道的细节。

  我是在（1815年6月）16日接到你父亲的命令向夸特布拉斯进军，并占领了

---

① 埃尔兴根公爵费利克斯·奈伊：《1815年战役未出版文件集》，巴黎，1840年，第31页。——原注
② 埃尔兴根公爵费利克斯·奈伊：《1815年战役未出版文件集》，巴黎，1840年，第63页。——原注

夸特布拉斯。皇帝一大早就把这件事情告诉了我。我记得,那是(1815年6月16日)8时到9时之间。

至于我交给米歇尔·奈伊的那封信,我不可能说出来,目前这不重要。

在交给米歇尔·奈伊之后,我率军与指挥先头部队的列斐伏尔·德努莱特将军会合。形势一直处于僵局,但你的父亲一加入(并且在部队到来之前),英军就遭到了我军的进攻。这是我能记住的一切。我很遗憾不能更加具体,因为你想拥有更精确的细节。

我亲爱的公爵,请相信我对你真挚的友谊。

查尔斯·约瑟夫·弗拉奥将军
1829年11月24日
于巴黎

XXIV

拿破仑给第二任格鲁希侯爵埃曼努尔·德格鲁希的信①

我的兄弟,我派副官拉贝杜瓦耶给你带来这封信。达尔马提亚公爵让·德迪乌·苏尔特本应让你知道我的打算,但因为他的军官数量少且力量薄弱,所以我的副官可能会提前到达。

我的打算如下,由作为右路指挥官的你来统率约瑟夫·勒内·旺达姆将军的第三军、艾蒂安·莫里斯·热拉尔将军的第四军及皮埃尔·克洛德·帕若尔将军的骑兵军、约翰·巴普蒂斯特·米约将军的骑兵军和约瑟夫·伊西多尔·埃克塞尔曼斯将军的骑兵军,但总兵力一定不能超过五万人。我们会在松布拉夫与你统率的右路部队会合。你可以随时调遣皮埃尔·克洛德·帕若尔将军、约翰·巴

---

① 拿破仑:《拿破仑信函集》,巴黎,帝国出版社,1869年,第28卷,第336页。——原注

普蒂斯特·米约将军、约瑟夫·伊西多尔·埃克塞尔曼斯将军和约瑟夫·勒内·旺达姆将军的部队。你也可以继续你在松布雷夫的一切活动。在沙特莱的第四军接到命令后要直接前往松布雷夫，不要绕道弗勒吕。这一点很重要，因为我本人就在弗勒吕的总指挥部，所以要避免道路拥堵。请立即派一名军官将你的行动告诉艾蒂安·莫里斯·热拉尔将军，让他立即执行命令。

我希望所有将军都直接听从你的命令，只有我本人在场的情况下才听从我的命令。我将在（1815年6月16日）10时到11时之间到达弗勒吕。我将前往松布雷夫，并将近卫军、步兵和骑兵留在弗勒吕。除特殊情况外，我不会进攻松布雷夫。但如果敌军在松布雷夫，我将一举将其歼灭。我甚至想同时占领让布卢。接下来，我打算在了解两地的地形地势后，于当晚命米歇尔·奈伊的左路部队和你的右路部队要协同作战，牵制英军。所以不要错过一分一秒，因为越早动手，后面的行动就越顺利。我想让你留在弗勒吕，与艾蒂安·莫里斯·热拉尔将军不断沟通，因为在必要情况下他可以助你攻克松布雷夫。

约翰·巴普蒂斯特·吉拉尔的师在弗勒吕。除紧急情况外，你不要将部队部署于此，因为这里路程很远，部队要走上一整晚。请你把我的青年近卫军及其炮兵留在弗勒吕。

艾蒂安·德谢勒曼和他的两个胸甲骑兵师正在前往布鲁塞尔的路上。艾蒂安·德谢勒曼会联合米歇尔·奈伊，协助左翼部队今晚的行动。

正如上面提到的，我将于（1815年6月16日上午）10时到11时之间到弗勒吕。请把你收到的所有情报发给我。注意保持通往弗勒吕的道路畅通。当然，所有行动的前提条件都必须是，普军人数不能超过四万人。

拿破仑
1815年6月16日
于沙勒罗瓦

XXV

达尔马提亚公爵让·德迪乌·苏尔特给米歇尔·奈伊的命令①

元帅，皇帝让我告诉你，敌人一个军已经在松布雷夫和布莱之间集结了，并且1815年6月16日14时30分，第二任格鲁希侯爵埃曼努尔·德格鲁希元帅的第三和第四军将进攻这个军。陛下的意图是，你也要攻击你前面的敌人，驱逐敌人后回到我们身边，协助包围我刚刚说的这个军。

如果这个军在此前冲破了防线，那么陛下将在你的方向行动，以促使你部行动。

立即将你的位置和正在发生的事情告知皇帝

达尔马提亚公爵让·德迪乌·苏尔特

1815年6月16日14时

于弗勒吕前方

XXVI

达尔马提亚公爵让·德迪乌·苏尔特给米歇尔·奈伊的命令②

元帅，一个小时前，我写信告诉你，皇帝会在1815年6月16日14时30分进攻圣阿曼达和布莱之间的敌军。现在战斗十分激烈。陛下命我告诉你，你必须在现场指挥，以包围敌军的右翼并深入它的腹地。如果您积极采取行动，敌军就会溃败。法兰西的命运掌握在您手中。因此，不要有片刻犹豫，按照皇帝的命令行

---

① 埃尔兴根公爵费利克斯·奈伊：《1815年战役未出版文件集》，巴黎，1840年，第40页。——原注
② 埃尔兴根公爵费利克斯·奈伊：《1815年战役未出版文件集》，巴黎，1840年，第42页。——原注

动,并且继续向布莱和圣阿曼达的高地攀登,以夺取可能是决定性的胜利。普军在试图与英军时会合时陷入了困境。

达尔马提亚公爵让·德迪乌·苏尔特

1815年6月16日15时15分

于弗勒吕前方

XXVII

让·德迪乌·苏尔特给米歇尔·奈伊的信[①]

公爵阁下,查尔斯·约瑟夫·弗拉奥的到来让所有人觉得您似乎对昨天的战果不甚确定。但我相信您已经获悉皇帝获胜的消息。普军被击溃,皮埃尔·克洛德·帕若尔正在通向那慕尔和列日的道路上追击普军。我军俘虏了几千名敌兵,缴获了三十多门大炮。我军战果颇丰,帝国近卫军的六个营、现役骑兵连和安托万·阿德里安·德洛尔的骑兵师冲破普军防线,最大限度地打乱普军阵脚,并拔掉了普军的据点。

皇帝去了布莱的风车房,并从那里穿过从那慕尔通往滑铁卢的主干道。这样一来,英军就不可能在你部前面采取行方。如果英军果真在你部前方,皇帝将沿通往滑铁卢的公路直接向英军进逼,而你则应带领所有部队前进。这样一来,英军瞬间定会被歼灭。因此,向皇帝陛下准确报告你部的详细位置和交代清楚前期作战情况是十分必要的。

得知你昨天未能成功集结部队,皇帝很难过。你的部队各自为战,因此损失惨重。

如果德隆伯爵约翰·巴普蒂斯特·德鲁埃和奥诺雷·查尔斯·雷耶伯爵的军

---

① 埃尔兴根公爵费利克斯·奈伊:《1815年战役未出版文件集》,巴黎,1840年,第45页。——原注

能够协同作战,那么任何一支来袭的英军都无法逃脱你的手掌心。如果德隆伯爵约翰·巴普蒂斯特·德鲁埃进攻圣阿曼达,普军必定会被彻底摧毁,我军极有可能俘虏三万敌兵。

艾蒂安·莫里斯·热拉尔军、约瑟夫·勒内·旺达姆军和帝国近卫军一直在一起。它们一旦分开就必然会被击败。

皇帝希望你的步兵和骑兵的七个师能很好地联合起来,形成一个亲密无间、如影随形的共同体。你要好好地掌控这七个师,以备不时之需。陛下希望你占据夸特布拉斯,这实际上是给你的命令。但如果实在不可能的话,那就作罢。请立刻详细汇报一切实时的情况。如果事实如我所说,皇帝会亲前往夸特布拉斯。如果事实并非如此,你要命一支后卫部队进攻荷军并占据它们的据点。

今天是完成战斗部署的重要一天,我军要装配弹药并召回分遣队。要依次下达命令并确保所有伤员都运送到后方。有人抱怨流动医院没有履行职责。

达尔马提亚公爵让·德迪乌·苏尔特
1815年6月17日
于弗勒吕

XXVIII

让·德迪乌·苏尔特给米歇尔·奈伊的命令①

公爵阁下:

皇帝刚刚率一个步兵军和帝国近卫军到达马尔拜前方。皇帝命令我告诉你,他打算让你攻击夸特布拉斯的敌军并将它们逐出夸特布拉斯。在马尔拜的法军将支援你的行动。皇帝将前往马尔拜,他迫切期待收到你的报告。

---

① 埃尔兴根公爵费利克斯·奈伊:《1815年战役未出版文件集》,巴黎,1840年,第44页。——原注

达尔马提亚公爵让·德迪乌·苏尔特

1815年6月17日中午

于利尼前方

XXIX

乔治·鲍尔斯上尉对在夸特布拉斯的威灵顿公爵阿瑟·韦尔斯利的描述[①]

    1815年6月17日上午,我的连队停在夸特布拉斯农舍的前方。威灵顿公爵阿瑟·韦尔斯利天亮后不久就来到这里。他与我谈了一个多小时。其间,他不停地说,没有得到列博莱希特·冯·布吕歇尔的任何消息他很惊讶。最后,一个参谋到达,他所骑的马累得口吐白沫。这个参谋官跟威灵顿公爵阿瑟·韦尔斯利耳语了几句。威灵顿公爵阿瑟·韦尔斯利不动声色地给他下达了一些命令并命他离开。威灵顿公爵阿瑟·韦尔斯利继而转身对我说:"列博莱希特·冯·布吕歇尔的部队遭到了猛烈进攻,并撤向了十八英里以外的瓦夫尔。既然他已回撤,我军也要回撤。当然,我知道英国国内肯定会说我们被打败了,但我必须这样做。既然他们已回撤,我们必然要回撤。"

    威灵顿公爵阿瑟·韦尔斯利就在原地做出了撤退的部署,总共花了不到五分钟。

[①] 《乔治·鲍尔斯上尉给斐兹哈里斯勋爵兼第一任马姆斯伯里伯爵詹姆斯·阿里斯的信》。冯·穆费林:《人生往事:1813年和1814年战役回忆》,伦敦,理查德·宾利出版社,1853年,第2卷,第447页。——原注

XXX

第二任格鲁希侯爵埃曼努尔·德格鲁希从萨尔瓦隆尼亚写给拿破仑的报告[①]

陛下：

我会传递我在这里收集的信息。我已经确认这些信息，以便陛下能尽快收到它们。我将派您的老部下弗雷奈少校送达信息。他的骑术十分精湛。

列博莱希特·冯·布吕歇尔的第一军、第二军和第三军正赶往布鲁塞尔。其中两个军已经穿过萨尔瓦隆尼亚。普军分成三列，并沿同一高地的一侧前进。在没有干扰的情况下，它们连续行进了六个小时。从萨尔瓦隆尼亚的情况来看，估计普军至少有三万人，五十支到六十支枪。

来自列日的一个军与在弗勒吕作战的部队会合，报告附上的是要求证明这一情况的请求。我部前方的一些普军正前往位于通往鲁汶的公路附近、距通往鲁汶的公路两点五里格的克莱斯勒平原。

普军似乎有可能在克莱斯勒平原集结，或在那里迎战追击它们的法军，或最终与威灵顿公爵阿瑟·韦尔斯利的军队会合，这是普军军官们宣称的目标。1815年6月16日，普军军官们宣称，他们离开战场是为了在布鲁塞尔与英军会合。

今晚我将在瓦夫尔集结大部分军队。这样一来，我就会遇到威灵顿公爵阿瑟·韦尔斯利的军队，我会在陛下您和普军前方撤退。

我需要进一步说明我所执行的陛下的命令。瓦夫尔和克莱斯勒平原之间的道路十分难走，到处是沟壑和沼泽。

沿前往到维伏迪的道路，我将很快到达布鲁塞尔。如果普军在此停留，我军将在克莱斯勒平原上进攻普军。

[①] 德格鲁希：《第二任格鲁希侯爵埃曼努尔·德格鲁希回忆录》，巴黎，E.顿图出版社，1874年，第4卷，第71页。——原注

在明天行动之前，我希望收到陛下您传达给我的命令。

本报告包含的大部分信息都是在房舍主人提供给我的住处内写给您的。房舍主人曾在法军服役，他将房子完全按我军的方式布置。我把这个房舍作为战线上的一个点。

1815年6月18日11时

于萨尔瓦隆尼亚

XXXI

为滑铁卢战役做准备的总体命令①

米歇尔·奈伊：

  皇帝命令军队准备在1815年6月18日9时攻击敌军。各军军长将集结各自部队，准备好枪支，让士兵们制作好羹汤，并让他们吃好饭。因此，1815年6月18日9时整，在皇帝昨晚指示的战斗位置，每个军及它们的炮兵和流动医院都做好了战斗准备。

  指挥步兵和骑兵部队的中将将立即派遣军官到少将让·德迪乌·苏尔特那里了解他们的位置并接受命令。

达尔马提亚公爵少将让·德迪乌·苏尔特

1815年6月18日

于帝国总指挥部

---

① 埃尔兴根公爵费利克斯·奈伊：《1815年战役未出版文件集》，巴黎，1840年，第53页。——原注

XXXII

1815年6月18日13时开始进攻的命令：

　　一旦军队做好了战斗的准备，1815年6月18日13时左右，皇帝将下令米歇尔·奈伊开始进攻在蒙圣让的公路交会处。因此，第二军第十二炮兵连和第六军的炮兵连将与第一军的炮兵连会合。二十四门火炮将向蒙圣让的敌军开火，德隆伯爵约翰·巴普蒂斯特·德鲁埃将发起攻击，率领左翼的师前进，并相机支援第一军的师。

　　第二军前进，去保卫德隆伯爵约翰·巴普蒂斯特·德鲁埃所在的高地。

　　第一军的工兵准备在蒙圣让的现场设置路障。

米歇尔·奈伊执笔

德隆伯爵约翰·巴普蒂斯特·德鲁埃明白攻击将从左侧开始，而不是右侧。向奥诺雷·查尔斯·雷耶伯爵传达新位置。

米歇尔·奈伊补充

XXXIII

1815年6月18日10时给第二任格鲁希侯爵埃曼努尔·德格鲁希的命令

元帅：

　　皇帝已经收到你从让布卢发出的最后一份报告。

　　你跟陛下说，在索沃涅尔和萨尔瓦隆尼亚只有两支普军经过。然而，有报告说，第三支普军已经过了盖瑞和让蒂尼，并前往瓦夫尔。它们兵力很强。

皇帝让我告诉你，此刻他打算在苏瓦涅森林附近进攻已占据滑铁卢的英军。因此，他希望你率部前往瓦夫尔，靠近并进入他的部队的作战范围。部分普军可能已前往瓦夫尔并在那里逗留。你要尽快赶到瓦夫尔，进攻这部分敌军。

你要派轻骑兵追击你部右侧的普军，以监视普军的行动并俘虏落伍的敌兵。要即刻向我报告你部的部署和行军情况，不要忘记与我保持联系。皇帝希望经常听到你的消息。

达尔马提亚公爵让·德迪乌·苏尔特
1815年6月18日10时
于卡尤农场前方

XXXIV

1815年6月18日13时给第二任格鲁希侯爵埃曼努尔·德格鲁希的命令①

元帅：

今天2时你给皇帝写信说，你将前往萨尔瓦隆尼亚。你当时的计划是继续前往科贝克斯或瓦夫尔，这一行动与之前通知你的皇帝陛下的计划吻合。然而，皇帝命我告诉你，你部应该始终在主力所在方向上行动。你应关注我们的位置，按此来指挥你的部队并与我们保持联系。这样一来，我们就可以随时做好准备，攻击并歼灭试图骚扰我军右路的敌军。

此刻，滑铁卢一线的战斗正在进行中。敌军的中路在蒙圣让。因此，你部要行动起来，与主力的右翼会合。

达尔马提亚公爵让·德迪乌·苏尔特

---

① 亨利·德拉图尔·奥弗涅：《滑铁卢：1815年战役研究》，巴黎，亨利·普隆出版社，1870年，第270页。——原注

此外，刚刚截获了一封信，上面说冯·比洛的军将进攻我军右路。我们确认在圣兰伯特高地上看到了冯·比洛军。因此，你要赶快过来与我部会合，以击溃冯·比洛军并俘虏冯·比洛。

1815年6月18日13时
于滑铁卢战场

专有名词英汉对照

Constant Rebecque	康斯坦特·勒贝克
Binche	班什
Brye	布莱
Vilvorde	维伏迪
Ninove	尼诺弗
Sambre	桑布尔河
Meuse	默兹河
Champaubert	尚波贝尔
Montmirail	蒙米拉伊
Rheims	兰斯
Brienne	布里耶纳
Laon	拉昂
Arcis-sur-aube	阿尔西
Austerlitz	奥斯特利茨
Jena	耶拿
Namur	那慕尔
Huy	胡伊
Mons	蒙斯
Tournay	图尔奈
Charleroi	沙勒罗瓦
Quatre Bras	夸特布拉斯
Genappe	热纳普
Nivelles	尼威尔
Liege	列日

Azores	亚速尔群岛
Cape Blanco	布兰科角
Cape Verde	佛得角
William Willis	威廉·威利斯
Madeira	马德拉群岛
Canary Islands	加那利群岛
Guinea	几内亚
Western Islands	西部群岛
Alexander von Humboldt	亚历山大·冯·洪堡
Markland	马克兰岛
Vineland	瓦恩兰岛
Conrad Malte-Brun	康拉德·马尔特·布戎
Adam of Bremen	不莱梅的亚当
Finn Magnusen	芬恩·马格努森
Scandinavian	古斯堪的纳维亚人
Japan	日本
Cuba	古巴
Convent of All Saints	万圣修道院
Filipa Moniz Perestrelo	菲利帕·莫尼兹·佩雷斯特罗
Diego Columbus	迭戈·哥伦布
Domenico Colombo	米尼科·哥伦布
Palos	帕洛斯
Rio Tinto (river)	力拓河
Moors	摩尔人
Cordova	哥多华
Convent of La Rabida	拉比达修道院
Juan Pérez	胡安·佩雷斯
Martin Fernandez de Navarette	马丁·费尔南德兹·德·纳瓦雷特
Medina Sidonia	梅迪纳·西多尼亚
Medina Celi	梅迪纳·塞利
Fernando Talavera	费尔南多·塔拉韦拉
Granada	格拉纳达
Salamanca	萨拉曼卡

Maestricht	马斯特里赫特
Ostend	奥斯坦德
Antwerp	安特卫普
Fleurus	弗勒吕
Beaumont	博蒙
Lille	里尔
Valencienne	瓦朗谢讷
Ghent	根特
Sombreffe	松布雷夫
Louis Alexandre Berthier	路易·亚历山大·贝尔捷
Honoré Charles Reille	奥诺雷·查尔斯·雷耶
Count de Lobau	洛博伯爵
Georges Mouton	乔治·穆顿
Andre Massena	安德烈·马塞纳
Jean Lannes	约翰·拉纳
Louis Charles Antoine Desaix	路易·查尔斯·安托万·德赛
Edouard Mortier	爱德华·莫尔捷
Antoine Drouot	安托万·德鲁奥
Joseph Isidore Exelmans	约瑟夫·伊西多尔·埃克塞尔曼斯
Étienne de Kellermann	艾蒂安·德谢勒曼
Jean Baptiste Milhaud	约翰·巴普蒂斯特·米约
Maximilien Sebastien Foy	马克西米利安·塞巴斯蒂安·富瓦
Allix	阿利克斯
François Xavier Donzelot	弗朗索瓦·格扎维埃·东泽洛
Pierre Marcognet	皮埃尔·马尔科涅
François Joseph Durutte	弗朗索瓦·约瑟夫·迪吕
Baron Jaquinot	雅基诺男爵
Gilbert Bachelu	吉尔贝·巴舍吕
Jerome Napoleon	杰罗姆·拿破仑
Jean- Baptiste Girard	让-巴普蒂斯特·吉拉尔
Pire	皮尔
EtienneNicolas Lefol	艾蒂安·尼古拉·勒福尔
Pierre Joseph Habert	皮埃尔·约瑟夫·阿贝尔

Pierre Berthezene	皮埃尔·贝尔特泽纳
JeanSiméon Domon	约翰·西梅翁·多蒙
Nicolas Louis Pecheux	尼古拉·路易·佩奇尤克斯
LouisJoseph Vichery	路易·约瑟夫·维谢瑞
Louis de Bourmont	路易·德布尔蒙
Antoine Maurin	安托万·莫兰
Martin Valentin Simmer	马丁·瓦朗坦·西梅
Jeannin	让南
François Antoine Teste	弗朗索瓦·安托万·泰斯特
Louis Friant	路易·弗里昂
Michel Morand	米歇尔·莫朗
BarroisDuhesme	巴鲁瓦·迪埃姆
Charles Lefebvre-Desnouettes	查尔斯·列斐伏尔－德努莱特
Baron Subervie	舒贝维男爵
Baptiste Alexandre Stroltz	巴普蒂斯特·亚历山大·斯特兹
Aimé Chastel	艾梅·沙斯泰
L'Heritier	莱里捷
Nicolas Roussel	尼古拉·鲁塞尔
Pierre Wathier	皮埃尔·瓦蒂耶
Antoine Adrien Delort	安托万·阿德里安·德洛尔
Louis Marchand	路易·马尔尚
Philippe Paul Segur	菲利普·保罗·塞居尔
History of the Russian Campaign	《拿破仑征俄史》
Earl of Albemarle	阿尔比马尔伯爵
Augustus Keppel	奥古斯塔斯·凯佩尔
Aurelien Gudin	奥雷利安·古丁
Graf von Zieten	格拉夫·冯·齐滕
Karl Friedrich von Steinmetz	卡尔·弗里德里希·冯·斯坦梅茨
Lorenz von Pirch	洛伦茨·冯·皮尔希
Friedrich Wilhelm von Jagow	弗里德里希·威廉·冯·雅戈
Henckel von Donnersmarck	亨克尔·冯·多纳斯马克
Friedrich Erhard von Roder	弗里德里希·埃哈德·冯·罗德尔
Ludwig von Pirch	路德维希·冯·皮尔希

Ernst Ludwig Von Tippelskirchen	恩斯特·路德维希·冯·蒂佩尔斯基希
Karl August Adolf von Krafft	卡尔·奥古斯特·阿道夫冯·克拉夫特
von Langen	冯·朗让
Johann von Thielmann	约翰·冯·蒂勒曼
Kampfen	肯普弗恩
von Luck	冯·吕克
von Stulpnagel	冯·斯塔普纳盖
von Hacke	冯·哈克
Ryssel	冯·里尔
von Losthin	冯·洛斯蒂恩
von Hiller	冯·希勒
Karl von Prussia	卡尔·冯·普鲁士
Ciney	西内
Dennewitz	德里维兹
Peregrine Maitland	佩里格林·梅特兰
John Byng	约翰·宾
Frederick Adam	弗雷德里克·亚当
Hugh Henry Mitchell	休·亨利·米切尔
Colin Halkett	科林·哈尔克特
George Johnstone	乔治·约翰斯通
James Kempt	詹姆斯·普特
Dennis Pack	丹尼斯·帕克
John Lambert	约翰·兰伯特
Edward Somerset	爱德华·萨默塞特
William Ponsonby	威廉·庞森比
John Ormsby Vandeleur	约翰·奥姆斯比·范德勒
Wilhelm von Dornberg	威廉·冯·多恩贝格
Colquhoun Grant	科洪·格朗
Richard Hussey Vivian	理查德·赫西·维维安
Friedrich von Arentsschildt	弗里德里克·冯·阿伦特席尔德特
Duplat	迪普拉
Graf von Kielmansegge	格拉夫·冯·凯尔曼塞格
Baron Hugh Halkett	休·哈尔克特男爵

Charles Best	查尔斯·贝斯特
Ernst von Vincke	恩斯特·冯·芬克
James Frederick Lyon	詹姆斯·弗雷德里克·里昂
Albrecht von Estorff	阿尔布雷希特·冯·艾斯托夫
Frederik van Bylandt	弗雷德里克·范比兰特
Carl Bernhard	卡尔·伯纳德
Ditmers	迪特内
Alexander d'Aubreme	亚历山大·多布雷姆
Ferdinand d'Hauw	斐迪南·奥夫
Johann de Eerens	约翰·德伊恩斯
Heinrich Wilhelm Anthing	海因里希·威廉·安托宁
Albert Dominicus Trip	阿尔伯特·多米尼克斯·特里普
Étienne de Ghigny	艾蒂安·德·吉尼尼
Jean Baptiste van Merlen	让·巴布蒂斯特·范梅莱
Buttlar	布特拉尔
Frederich von Specht	弗里德里克·冯·施佩希特
August Von Kruse	奥古斯特·冯·克鲁泽
George Cooke	乔治·库克
Charles Alten	查尔斯·阿尔滕
Perponcher Sedlnitsky	佩尔旁切·谢德利尼茨基
Chasse	沙斯
Prince of Orange	奥兰治公爵
Willem Hendrik	威廉·亨德里克
Enghien	昂吉安
Nivelles	尼韦尔
Roeulx	鲁尔克斯
Soignies	苏瓦涅
Braine-leC-omte	布赖纳-勒孔代
CharlesColville	查尔斯·科尔维尔
Stedmann	斯特德曼
Richard Hill	理查德·希尔
Ath	阿特
Grammont	格拉蒙特

Audenarde	奥德纳尔德
Thomas Picton	托马斯·皮克顿
Lowry Cole	劳里·科尔
Duke of Brunswick	布伦瑞克公爵
Frederick William	弗雷德里克·威廉
Earl of Uxbridge	阿克斯布里奇伯爵
Henry Paget	亨利·佩吉特
Ninove	尼诺弗
Hanover	汉诺威
Mezieres	埃尔
Metz	梅茨
Laon	拉昂
Compiegne	贡比涅
Avesnes	阿韦讷
Battle of Marengo	马伦戈战役
Battle of Friedland	弗里德兰
Philippeville	菲利普维尔
Marchienne	马歇纳
Chatelet	沙特莱
Gilly	日利
Antoine Nogues	安托万·诺格斯将军
Agathon Jean François Fain	阿加顿·让·弗朗西斯·费恩
Felix Ney	费利克斯·奈伊
Colonel Heymes	海梅斯上校
St.Amand	圣阿曼达村
Balatre	巴拉特村
Tirlemont	迪勒蒙
Hannut	汉努特
Thuin	蒂安
Joseph Behr	约瑟夫·贝尔
Scheldt	斯凯尔特河
Duchness of Richmond	里士满公爵夫人
Charlotte Gordon	夏洛特·戈登

Duke of Richmond	里士满公爵
Charles Lennox	查尔斯·伦诺克斯
Battle of Gettyburg	盖兹堡战役
George Gleig	乔治·格莱格
Walter Scott	沃尔特·斯科特
John Pringle	约翰·普林格尔
Charles Joseph Flahaut	查尔斯·约瑟夫·弗拉奥
Marbais	马尔拜
Liberchies	利比切兹
MontPotriaux	蒙斯·波特奥艾斯
Wagnelee	瓦格纳丽
PointduJour	波因汝
Tilly	蒂利
Villers	维莱尔
Peruin	佩鲁恩
Labedoyere	拉贝杜瓦耶
Laurent	劳伦
Forest of Soignes	苏瓦涅森林
Bertrand	伯特兰
Charlemont	查尔蒙特
Sauvenieres	索沃涅尔
MontSt.Jean	蒙圣让
MontSt.Guibert	蒙圣吉贝尔
St.Trond	圣特伦德
Henry Hardinge	亨利·哈丁
Tongrinelle	通格瑞奈尔
Baudeset	鲍德赛特
Bierges	比耶日
Aisemont	艾瑟蒙
Tourinnes	图林斯
DionleMont	迪翁蒙特
Winterfeldt	温特费尔特
Massow	马索

St.Lambert	圣兰伯特
Strathfieldsaye	斯卓菲萨耶
Rev Julian Charles Young	雷夫·朱利安·查尔斯·扬
Hampshire	汉普郡
Lady Charles Wellesley	查尔斯·韦尔斯利夫人
Henry Pierrepont	亨利·皮尔庞特
Conholt	康瓦特村
Duke of Beaufort	博福特公爵
Assheton Smith	阿瑟顿·史密斯
Copenhagen	哥本哈根
Fitzroy Somerset	菲茨罗伊·萨默塞特
Coltman	科尔特曼
John Wilson Croker	约翰·威尔逊·克罗克
Marne	马恩省
aillouHouse	卡尤农庄
Moustier	穆斯蒂耶
Ottignies	奥丁尼
Gery	盖瑞
Antoine Marbot	安托万·玛博特
Limale	利马尔
Maransart	马朗萨特镇
Planchenoit	普朗谢诺伊特镇
GrandLeez	格朗利兹
Lasne	拉恩
Nil St.Vincent	尼圣文森特
Chyse	克莱斯勒
Baltus	巴尔蒂
Valaze	沃勒兹
LaBaraque	勒巴洛克
Limelette	达利马莱特
Ledebur	列杰布尔
NeufSart	努萨特
Wood of Paris	巴黎树林

Ohain	奥安
Couture	库蒂尔
Mill of Bierges	耶日磨坊
Duke of Dalmatia	达尔马提亚公爵
Frischermont	福瑞斯彻蒙特
Eloy	埃洛伊
Sarats	萨拉斯
Warlombrout	瓦卢姆布洛特
Reckow	雷科
Manil	马尼尔
St.Anne	圣安妮
Wallin	沃林
Sart Wallin	萨尔沃林
Denniee	丹尼耶
La Belle Alliance	拉贝尔客栈
James Smyth	詹姆斯·史密斯
Braine la Leud	布赖讷勒路德
Smohain	斯莫汉村
Papelotte	帕佩洛特村
LaHaye	拉艾村
RoyalDragoons	皇家龙骑兵团
Scots Greys	苏格兰龙骑兵团
Inniskilling Dragoons	恩尼斯基罗龙骑兵团
Baring	巴林
Merbe Braine	梅尔布赖讷
Francois Bourgeois	弗朗索瓦·布儒瓦
Maisondu Roi	比利时皇宫
Chantelet	尚蒂勒
Rossomme	罗索姆
Francois Roguet	弗朗索瓦·罗格
Poret de Morvan	波雷·德莫尔万
Louis Harlet	路易·哈雷特
De Saint Michel	德·圣米歇尔

Mallet	马莱
Henrion	昂里翁
Louis Friant	路易·弗里恩特
Lord of Saltoun	萨尔托恩勋爵
Alexander Fraser	亚历山大·弗雷泽
VanderSmissen	范·德史密森
William Elphinstone	威廉·埃尔芬斯通
John Colborne	约翰·科尔伯恩
Peers	皮尔斯
Digby Mackworth	迪格比·麦克沃斯
Gawler	高勒
Sharpin	沙平
Alexander Dirom	亚历山大·迪若姆

华文全球史

往期回顾

华文全球史 001　莫卧儿帝国：从奥朗则布大帝时代到莱克勋爵占领德里

华文全球史 002　黑死病：大灾难、大死亡与大萧条（1348—1349）

华文全球史 003　希波战争：文明冲突与波斯帝国世界霸权的终结

华文全球史 004　法国大革命与法兰西第一帝国

华文全球史 005　新美国：从门罗主义、泛美主义到西奥多·罗斯福新国家主义的蜕变

华文全球史 006　美国艺术史

华文全球史 007　德皇威廉二世回忆录

华文全球史 008　杰斐逊总统：独立战争、国父时代与共和思想在美国的滥觞

华文全球史 009　三十年战争史：哈布斯堡家族的衰落、法兰西王国大陆霸权的建成与"威斯特伐利亚体系"的确立（1618—1648）

华文全球史 010　清史九讲

华文全球史 011　澳大利亚史

华文全球史 012　美国第一夫人回忆录

华文全球史 013　美洲奴隶贸易：起源、繁荣与终结

华文全球史 014　大英殖民帝国

华文全球史 015　印度文明史

华文全球史 016　美国内战史：1861—1865

华文全球史 017　阿育王：一部孔雀王国史

华文全球史 018　拜占庭帝国史

华文全球史 019　西班牙无敌舰队

华文全球史 020　罗马三巨头

华文全球史 021　古希腊史（全二册）

华文全球史 022　哥伦布、大航海时代与地理大发现

华文全球史 023　德国无限制潜艇战

华文全球史 024　汉斯·克里斯蒂安·安徒生：一部传记

华文全球史 025　莎士比亚传

华文全球史 026　滑铁卢战役：一部军事史

精品推荐

华文全球史

002

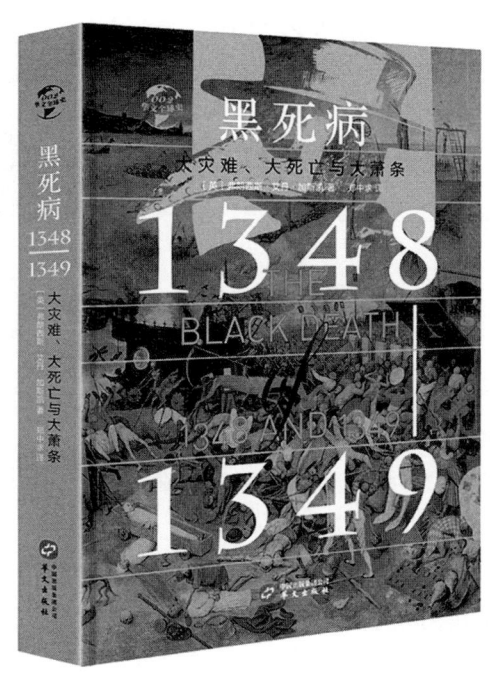

编辑推荐

英国近二十家知名高校图书馆、美国八十余家知名高校图书馆珍藏

《美国历史评论》《英国医学杂志》《都柏林评论》《演讲者》《东盎格利亚人》等媒体给予好评

内容简介

《黑死病：大灾难、大死亡与大萧条（1348—1349）》一书详实记录了1348年到1349年的黑死病在欧洲起源、传播和扩展的过程，对黑死病在英格兰传播过程的叙述尤其详尽。作者以黑死病为主题，参阅大量资料，尤其是选用了英格兰的主教登记簿、庄园档案等原始资料，阐述了黑死病给英格兰带来的影响。

精品推荐 | 华文全球史 005

编辑推荐

普利策历史奖得主代表作品
研究美国崛起战略思想的史学名著
《华盛顿邮报》点赞的畅销经典

内容简介

《新美国：从门罗主义、泛美主义到西奥多·罗斯福新国家主义的蜕变》讲述了从亚伯拉罕·林肯到伍德罗·威尔逊期间美国发生的重大事件和历史变革，梳理了西进运动、南方重建、反托拉斯运动、格兰其运动、自由铸银币运动、反改革运动、黑幕揭发运动的始末；讲述了平民主义及人民党的发迹、兴盛与衰落；通过描述巴拿马运河的修建、美英关系的平衡和美西战争的爆发等，揭示了美国从门罗主义、泛美主义到西奥多·罗斯福新国家主义的蜕变，展现了美国成长为世界强国的艰难与曲折。

华文全球史 007

精品推荐

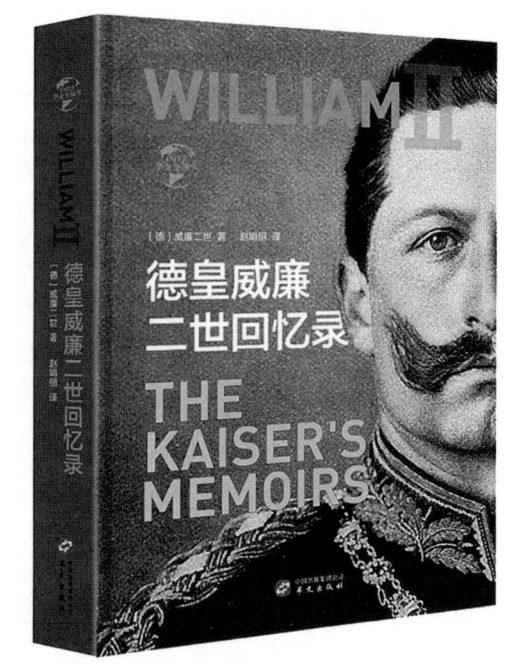

编辑推荐

研究德意志第二帝国历史
无法回避的史源性文献

内容简介

《德皇威廉二世回忆录》是德意志第二帝国末代君主威廉二世流亡荷兰期间,对德意志统一、德意志第一帝国崛起、第一次世界大战、德意志革命、德意志第一帝国灭亡等重大历史事件的回忆。威廉二世是怎样对待和评价德意志统一和崛起的功臣俾斯麦的?德意志第一帝国的外交斗争在他的领导下为什么如此跌宕起伏、交锋激烈?第一次世界大战为什么会爆发?德意志革命发生的根源是什么?德意志第二帝国覆亡阶段发生了哪些不可思议或令人唏嘘的事情?本书都给予翔实、充分的解答。

精品推荐 | 华文全球史 016

编辑推荐

普利策历史奖作品

《纽约时报》《华盛顿邮报》联袂推荐的佳作

内容简介

《美国内战史：1861—1865》引用大量官方记录、日记、传记、回忆录、书信等资料，讲述了北方联邦军和南方邦联军之间长达五年的战争，揭示了美国南北方矛盾的本质及北方获胜、南方战败的深层原因。林肯上台为什么会引发内战？战争初期，北方联邦军因何节节败退？被邦联军多次包围的首都华盛顿如何一次次化险为夷？保持中立的英国对美国内战产生了哪些影响？势如破竹的南方邦联军缘何一步步走向失败？内战给美国南北方人民造成了哪些伤害？本书将一一解答。

精品推荐

华文全球史

017

编辑推荐

圣约翰学院印度研究所所长
"印度帝国勋章"得主
牛津大学出版社首版
文森特·亚瑟·史密斯作品

内容简介

《阿育王：一部孔雀王国史》以阿育王的一生为主线，援引在印度各处发现的阿育王时期的大量石柱法敕、碑文与洞穴石刻，以法显和玄奘等中国求佛者的游记为佐证，讲述了公元前323年到公元前232年孔雀王国的重大历史事件，理清了孔雀王国转变为佛国的历史脉络，对阿育王的转变、阿育王时期佛教的发展及阿育王时期孔雀王国的疆域、军事和行政机构等做了详细的描述和合理的分析。

精品推荐

华文全球史
019

编辑推荐

普利策历史奖作品

哥伦比亚大学欧洲史教授

"古根海姆学者奖"获得者

牛津大学客座教授

加勒特·马丁利经典作品

内容简介

加勒特·马丁利,普利策历史奖得主,哥伦比亚大学教授,牛津大学客座教授,主攻欧洲史,尤擅16世纪欧洲外交史。他毕业于哈佛大学,先后获得哈佛大学学士、硕士和博士学位。他深受西班牙历史学家罗杰·梅里曼的影响,开始主攻16世纪欧洲史。先后四次获得"古根海姆学者奖"。